CSS

LE GUIDE COMPLET

Micro Application

Copyright

© 2007 Micro Application
20-22, rue des Petits-Hôtels
75010 Paris

2ème Édition - Janvier 2007

Auteurs

Fabien BASMAISON, Antoine CAILLIAU, Jean-Rémy DUBOC

ISBN : 978-2-7429-6727-8

MICRO APPLICATION
20-22, rue des Petits-Hôtels
75010 PARIS
Tél. : 01 53 34 20 20
Fax : 01 53 34 20 00
http://www.microapp.com

Support technique :
Également disponible sur
www.microapp.com

Retrouvez des informations sur cet ouvrage !

Rendez-vous sur le site Internet de Micro Application **www.microapp.com**. Dans le module de recherche, sur la page d'accueil du site, entrez la référence à 4 chiffres indiquée sur le présent livre.
Vous accédez directement à sa fiche produit.

Avant-propos

Destinée aussi bien aux débutants qu'aux utilisateurs initiés, la collection *Guide Complet* repose sur une méthode essentiellement pratique. Les explications, données dans un langage clair et précis, s'appuient sur de courts exemples. En fin de chaque chapitre, découvrez, en fonction du sujet, des exercices, une check-list ou une série de FAQ pour répondre à vos questions.

Vous trouverez dans cette collection les principaux thèmes de l'univers informatique : matériel, bureautique, programmation, nouvelles technologies...

Conventions typographiques

Afin de faciliter la compréhension des techniques décrites, nous avons adopté les conventions typographiques suivantes :

- **gras** : menu, commande, boîte de dialogue, bouton, onglet.
- *italique* : zone de texte, liste déroulante, case à cocher, bouton radio.
- `Police bâton` : Instruction, listing, adresse internet, texte à saisir.
- ✂ : indique un retour à la ligne volontaire dû aux contraintes de la mise en page.

REMARQUE

Propose conseils et trucs pratiques.

ATTENTION

Met l'accent sur un point important, souvent d'ordre technique qu'il ne faut négliger à aucun prix.

ASTUCE

Il s'agit d'informations supplémentaires relatives au sujet traité.

DEFINITION

Donne en quelques lignes la définition d'un terme technique ou d'une abréviation.

Chapitre 10 Ajouter un peu de dynamisme aux CSS 405

Chapitre 11 Les bonnes pratiques 437

Chapitre 12 Trucs, astuces et compléments 477

Chapitre 1

Présentation

1.1. Objectif du livre

Bien que les CSS aient été développées pour le Web à leur origine, leurs applications existent actuellement hors des réseaux et pour des outils de plus en plus diversifiés (divers exemples, notamment avec le développement des applications XUL). Le développement de ce langage s'explique en partie par sa puissance, mais également par le fait qu'il s'agit d'un standard, d'un langage commun à une multitude d'applications.

L'objectif de ce livre est de vous apprendre à utiliser ce langage, dans le respect des standards que l'on peut trouver sur le Web. Dans la majeure partie des cas, nous suivrons ces recommandations.

Ce livre se veut avant tout inscrit dans une démarche pratique. Nous ne nous étendrons pas sur les notions historiques ou théoriques relatives aux CSS, même si quelques connaissances d'ordre général viendront émailler ici ou là notre discours. En particulier, nous expliquerons pourquoi certaines propriétés CSS ne fonctionnent pas correctement sur tel ou tel navigateur, et comment remédier à ces bogues.

Une autre vision que nous souhaitons partager peut se résumer par cette citation de Ludwig Mies Van Der Rohe, architecte allemand : "Less is more" (moins, c'est plus). Appliqué aux CSS, cet aphorisme implique notamment que le code reste compréhensible par tous, optimisé au maximum, et conçu intelligemment. En d'autres termes, plus le code est simple et léger, plus il est adaptable à toute situation. À vous de le complexifier au cas par cas par la suite, selon les besoins.

Cette manière de procéder permet d'obtenir des sites propres, donc faciles à maintenir, et le plus souvent bien référencés dans les moteurs de recherche. Si vous avez l'habitude d'utiliser des tableaux pour vos mises en page, attendez-vous à un dépaysement total, voire à être désorienté pendant un temps. Sachez cependant que la souplesse et la puissance des CSS, la possibilité de changer un design en quelques heures, et la vitesse d'accès aux sites en fin de compte, seront des atouts qui valent bien le temps consacré à l'apprentissage de ce langage.

Vous trouverez à l'adresse suivante **http://arkhi.org/livre-CSS-MA/** des informations complémentaires apportées depuis la parution de cet ouvrage.

1.2. Choisir les outils

Pour vous aider dans le suivi des exemples, voici quelques logiciels ou ressources que nous utiliserons pour coder, valider ou illustrer nos pages web. Afin de limiter les dépenses et de privilégier une certaine interopérabilité, nous emploierons le plus souvent des logiciels libres et gratuits.

Les noms et adresses entre parenthèses correspondent aux auteurs ou aux contacts appropriés, suivis des liens où se procurer le logiciel.

ATTENTION

Licence

Dans ce qui suit, la mention "licence payante" indique que le logiciel nécessite une licence d'utilisation qui doit être achetée.

Outils de rédaction

- Dreamweaver (Macromedia, **www.macromedia.com/fr/software/dreamweaver/**, licence payante) est une suite dédiée à la création de pages web, disponible pour Microsoft Windows et Mac OS X. Cet outil permet entre autres de passer rapidement d'un espace de travail WYSIWYG à un espace de travail affichant uniquement le code de la page. La dernière version de Dreamweaver (v8) contient des fonctions spécialement adaptées pour la création de sites web conformes aux standards. On peut, par exemple, choisir le type de document HTML ou XHTML à créer. Le logiciel comprend une fonctionnalité de validation des pages HTML ou XHTML, ainsi qu'une fonctionnalité de vérification de l'accessibilité de la page (même si cela reste peu fiable de manière générale ; un contrôle humain avec des tests utilisateur est plus pertinent) (voir Figure 1.1, 1.2).
- Eclipse, CSS Editor et Vex (Eclipse Foundation, **www.eclipse.org**, **csseditor.sourceforge.net/**, **vex.sourceforge.net/index.html**, gratuits). Eclipse est un environnement de programmation conçu à l'origine pour le langage Java. Il supporte aujourd'hui bien d'autres langages, grâce à des plugins écrits en marge du logiciel principal. Pour les développeurs XHMTL/CSS, il faudra installer Vex (édition de documents XML et XHTML) et CSS Editor. Cet environnement est particulièrement adapté aux programmeurs qui utilisent d'autres langages, comme Python ou Perl, pour

développer leurs sites. Avec ces plugins, ils peuvent développer tout leur site à l'aide du même logiciel.

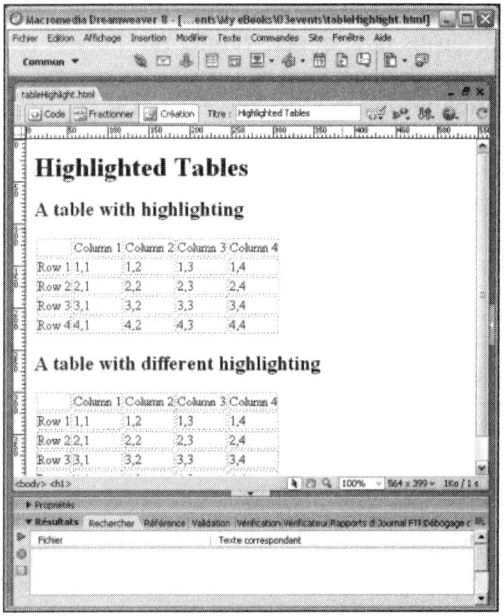

Figure 1.1 : *Interface WYSIWYG de Dreamweaver*

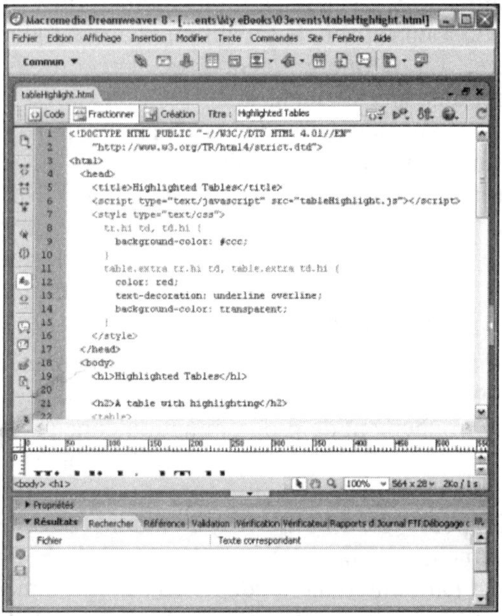

Figure 1.2 : *Vous pouvez travailler directement sur le code depuis Dreamweaver*

- gedit (projet open source, **www.gnome.org/projects/gedit/**, gratuit) est l'éditeur de texte par défaut du bureau graphique pour Linux, GNOME. Il ne fonctionne donc que sur ce dernier. Il est doté de nombreuses fonctionnalités, comme la coloration syntaxique pour HTML et XML.
- jEdit (projet open source, **www.jedit.org/**, gratuit) est un éditeur de texte gratuit orienté programmation, compatible avec de multiples systèmes d'exploitation, dont Mac OS, Microsoft Windows ou Unix. Il permet entre autres une meilleure gestion des projets par l'ajout de plugins. Voici nos préférés :
  - Buffertabs : pour accéder facilement aux fichiers ouverts.
  - Docker : pour accéder facilement aux palettes.
  - ErrorList : pour avoir immédiatement un listing des erreurs dans le code courant.
  - Jtidy : pour optimiser le code HTML et faire la course aux erreurs.
  - Sessions : pour organiser les projets.
  - XML : pour valider tout code XML, et donc, le (X)HTML.

Figure 1.3 : *Interface de jEdit sur Microsoft Windows*

- Nvu (Disruptive innovation, **www.nvu.com/**, gratuit) est l'équivalent de Dreamweaver, dont le fer de lance a toujours été la production d'un code respectueux des standards. Le développement de ce logiciel est terminé. Un fork existe cependant : Kompozer.
- OpenOffice (OpenOffice.org/Guy Capra & Sophie Gautier, **http://fr.openoffice.org/**, gratuit) est une suite bureautique disponible gratuitement sur Internet. Elle est basée principalement sur des formats interopérables et fonctionne sur de nombreux systèmes d'exploitation.
- TopStyle Lite (Bradbury Software, **www.bradsoft.com/download/**, gratuit) est un éditeur de feuilles de style recensant toutes les propriétés et valeurs disponibles dans plusieurs spécifications liées aux CSS.

Gestion des images

- Illustrator (Adobe, **www.adobe.com/**, payant) est un éditeur de dessin vectoriel, très utilisé par les professionnels.
- Inkscape (projet open source, **www.inkscape.org/**, gratuit) est un éditeur d'image vectorielle idéal pour créer des logos ou toute illustration animant un site web.
- Photoshop (Adobe, **www.adobe.com/**, payant) est un logiciel très puissant. C'est le standard pour la retouche d'image. Il est disponible sur Windows et Mac OS X. Il est l'enfant chéri de la grande majorité des graphistes et des webdesigners.
- The GIMP (projet open source, **www.gimp.org/**, gratuit) est pour certains un sérieux challenger de Photoshop. Il est en effet presque aussi puissant et largement suffisant pour beaucoup. De plus, il est libre, gratuit et disponible sur Linux, Solaris, Mac OS X et Windows.
- XnView (Pierre-Emmanuel Gougelet, **http://perso.wanadoo.fr/pierre.g/xnview/frxnview.html**, gratuit) est un outil permettant de gérer et d'éditer des images, films, et tout fichier multimédia en général.

Navigateurs et plugins

- Firefox (Mozilla, **www.mozilla-europe.org/fr/products/firefox/**, gratuit) est un navigateur disponible pour de nombreux systèmes d'exploitation. Il offre de nombreuses extensions :

- Document Map permet d'avoir un rapide aperçu de la structure des titres d'un document.
- HTML Validator ajoute une série d'outils de validation à Firefox, et notamment un aperçu rapide des erreurs d'une page.
- MeasureIt propose une règle permettant de mesurer des zones de l'écran. Pratique pour ajuster des images !
- Read Easily permet de passer rapidement du style défini par l'auteur à une page affichée sans aucun style.
- Web Developper est un outil indispensable à tout designer web. Il offre une multitude de fonctions très pratiques. Parmi celles-ci figure l'édition des CSS ou du HTML, avec répercussion immédiate des modifications sur le document affiché, de nombreuses informations sur la page et son contenu, etc.

- IES4Linux (Sergio Lopes, **www.tatanka.com.br/ies4linux/**, gratuit) est une émulation du navigateur de Microsoft pour Linux, permettant de tester des pages pour une meilleure interopérabilité.

ATTENTION

Licence non libre

Microsoft Internet Explorer n'étant pas gratuit (livré avec Microsoft Windows), il faut posséder une licence de Windows pour avoir le droit de l'installer.

- Internet Explorer (Microsoft, **www.microsoft.com/downloads/details.aspx?FamilyID=1e1550cb-5e5d-48f5-b02b-20b602228de6&displaylang=fr**, licence payante), le navigateur de Microsoft, respecte moins les CSS que la plupart des navigateurs.
- Konqueror (David Faure, **www.konqueror.org/**, gratuit) est un navigateur basé sur KHTML, tout comme Safari (Apple, **www.apple.com/fr/macosx/features/safari/**, gratuit).
- Opera (Opera Software, **www.opera.com/**, gratuit) propose des modes de rendu "handheld", "aural" et "projection" (respectivement "périphériques portables", "audio" et "présentation"), qui adaptent le rendu du document en cours aux besoins. De plus, la version "Opera pour mobile" est installée sur de plus en plus de téléphones portables disposant d'un accès Internet.

Outils divers

- Filezilla (Tim Kosse, **http://filezilla.sourceforge.net/**, gratuit) est un client FTP. Il permet de transférer vos fichiers sur l'espace disque fourni par l'hébergeur de vos sites web.
- Le validateur HTML (W3C, **http://validator.w3.org/**, gratuit) est un outil en ligne permettant, avant toute recherche d'un bogue dans les CSS, de valider le code HTML de la page que vous développez.
- Le validateur CSS (W3C, **http://jigsaw.w3.org/css-validator/**, gratuit) permet de mettre en évidence les erreurs présentes dans les CSS. Il s'agit d'un outil disponible en ligne uniquement.

1.3. Historique

En 1994, chaque navigateur utilise sa propre convention de mise en page pour les documents HTML. La plupart des scientifiques de l'époque s'en contentent et refusent ainsi d'implémenter un quelconque protocole de mise en page commun pour HTML.

Marc Andreessen, l'un des développeurs de Mosaic 1, inclut alors des fonctions basiques de mise en forme des documents. Avec James Clark, il fonde Netscape 2 et publie une première version de Navigator. Celui-ci supporte des balises de mise en page (`center`, puis d'autres comme `blink`, `basefont` ou encore `layer`). Au même moment, les développeurs Bert Bos et Håkon Wium Lie proposent ce qui deviendra les CSS 3.

Ce langage de mise en page est présenté à Chicago en octobre 1994, à l'occasion d'une conférence intitulée "Mosaic and the Web". Il crée de nombreuses polémiques, car le concept associé aux CSS est un compromis entre les styles définis par l'utilisateur et ceux de l'auteur. Cette idée, déjà novatrice à l'époque, suscite encore aujourd'hui bien des débats, notamment pour savoir qui de l'auteur ou de l'utilisateur doit avoir le dernier mot en ce qui concerne la présentation d'un document. Un atelier de travail dédié aux CSS est créé en 1997 au sein du W3C4, suite au dépôt de la première certification CSS 1, fin 1996.

Microsoft décide d'implémenter CSS dans son navigateur, Internet Explorer 3, rapidement suivi par Netscape Communicator. Mais pris dans un engrenage commercial, les deux leaders se lancent dans une surenchère de balises et de propriétés spécifiques, loin des recommandations (ou standards du Web, comme les appellent nombre de professionnels) du W3C. La tendance actuelle est à l'image des nouveaux navigateurs, comme Opera ou Firefox, conçus pour respecter le mieux possible ces standards. Même Internet Explorer 7 commence à aller dans ce sens, malgré une faible prise en charge dans sa version 6.

1.4. Rôle du W3C

Le W3C (World Wide Web Consortium) est fondé en octobre 1994, avec pour objectif de mener le Web à son plein potentiel ("Leading the Web to Its Full Potential...", annonce le site officiel). Tim Berners Lee, inventeur du Web, en est le président depuis sa création.

Le W3C se charge de définir des technologies destinées au Web, des directives techniques à suivre, et fournit des outils permettant d'implémenter ces technologies (logiciels ou services open source).

Le W3C est aussi en charge de garantir la pérennité, la pertinence et l'interopérabilité des technologies du Web. Cela assure l'indépendance technique à tous les acteurs du Web. En effet, créer pour le Web et consulter les informations disponibles devraient être des activités qui ne dépendent pas d'un outil unique. C'est là la philosophie originale du Web.

Parmi les documents qui intéressent le plus le designer web, citons :

- les spécifications concernant HTML et XHTML : **www.w3.org/TR/xhtml1/** ;
- les spécifications concernant les CSS : **www.w3.org/TR/REC-CSS2/** ;
- les spécifications concernant l'accessibilité : **www.w3.org/TR/WAI -WEBCONTENT/**.

Pour que vous puissez vérifier la validité de vos sites conformément à ces recommandations, le W3C propose également des outils/services en ligne :

- le validateur HTML : **http://validator.w3.org/** ;
- le validateur CSS : **http://jigsaw.w3.org/css-validator/**.

1.5. Support des applications

Dans ce livre, nous nous concentrerons sur les CSS appliquées au design de pages web, grâce à HTML ou à XHTML. Cela dit, de nos jours, les CSS ne sont pas réservées à une utilisation sur les navigateurs web graphiques. Actuellement, de nombreux efforts visent au développement d'applications utilisant les CSS pour le rendu et le positionnement des éléments de leur interface graphique. Mais comme nous le verrons par la suite, les CSS ne se limitent pas à un rendu visuel sur un écran d'ordinateur.

Citons entre autres :

- Les logiciels de navigation web pour aveugles, qui peuvent utiliser CSS pour définir le volume et l'intonation de la voix artificielle qui lit le contenu de la page web. Les propriétés "speech" sont conçues spécialement pour cette utilisation. Il est également possible de modifier la vitesse de lecture, le type de voix, la tonalité plus ou moins aiguë, etc.
- Certains logiciels, comme l'ensemble de la suite Mozilla (Firefox, Thunderbird…) et, de manière générale, tous les logiciels dotés d'une interface en XUL (format basé sur XML), et bien souvent associés au moteur de rendu Gecko.
- Le format SVG (Scalable Vector Graphics, graphiques vectoriels redimensionnables), basé sur XML et créé par Adobe, permet de concevoir des animations et des graphiques vectoriels en 2D. C'est un standard du Web, qui n'est malheureusement pas supporté par beaucoup de navigateurs actuels (les dernières moutures de Firefox et Opera sont les seules qui peuvent, à l'heure de l'écriture de ce livre, se targuer de le supporter en natif). Cela dit, ce format est beaucoup plus largement utilisé pour les applications multimédias sur téléphones portables.
- Macromedia Flash, format vectoriel appartenant à la société Adobe/Macromedia, est beaucoup plus utilisé que SVG. Dans Flash, le logiciel d'édition de Macromedia, il est possible de créer des champs de texte dynamique auxquels on peut parfaitement appliquer des styles CSS.
- De manière générale, tout programme utilisant des documents XML peut utiliser les CSS pour mettre en forme ces documents.

REMARQUE

Interopérabilité

Lisez bien les remarques relatives aux problèmes d'interopérabilité entre les navigateurs : elles sont d'une importance cruciale et peuvent influencer grandement les résultats visuels obtenus.

1.6. Feuilles de style

Les CSS (Cascading Style Sheets, feuilles de style en cascade) sont un ensemble de règles qui permettent d'attribuer à toutes les balises (que ce soit HTML ou autres) un certain nombre de propriétés de mise en page, des couleurs aux polices de caractères, en passant par les images et le positionnement.

En écrivant par exemple `h1{font-weight: bold;}`, on indique au navigateur web ou à tout programme susceptible de comprendre les CSS, que tous les textes inclus dans les balises `<h1></h1>` doivent apparaître en gras. La feuille de style est soit intégrée soit liée au document de différentes manières (nous y reviendrons).

Le premier avantage des CSS par rapport aux attributs de style intégrés aux balises est de bien séparer le contenu du contenant. En effet, un code HTML ne sert qu'à structurer des informations, alors que la CSS décrit l'aspect formel de ces informations. À chacun son travail !

Ainsi, la relecture et la maintenance de chaque code sont facilitées : on sait où chercher pour modifier la mise en page, la structure, ou les données elles-mêmes.

L'autre atout des CSS consiste en la légèreté du code. La page web, débarrassée des informations de mise en page, peut être jusqu'à deux fois moins lourde. Elle est donc potentiellement téléchargée en deux fois moins de temps. On peut donc voir les informations rapidement, même si la mise en page tarde un peu à se charger par la suite. Nous verrons que d'autres aspects rendent un code utilisant CSS plus performant qu'un code sans CSS.

Les exemples suivants donnent le même résultat visuel :

Listing 1-1 : Extrait des fichiers 01-titr-01.htm et 01-titr-02.htm

```
<html>
<head>
<meta content="text/html; charset=ISO-8859-1"
http-equiv="content-type" />
<title>exemples de styles définis dans chaque
✂ balise</title>
</head>
<body>
<h1><FONT face="Verdana">titre1</FONT></h1>
<h1><FONT face="Verdana">titre2</FONT></h1>
<h1><FONT face="Verdana">titre3</FONT></h1>
<h1><FONT face="Verdana">titre4</FONT></h1>
</body>
</html>

<html>
<head>
<meta content="text/html; charset=ISO-8859-1"
http-equiv="content-type" />
<title>exemples de styles définis dans une CSS</title>
<style type="text/css">
h1{
font-family: Verdana;
}
</style>
</head>
<body>
<h1>titre1</h1>
<h1>titre2</h1>
<h1>titre3</h1>
<h1>titre4</h1>
</body>
</html>
```

Figure 1.4 :
Capture d'écran du rendu dans Firefox 1.5 pour Microsoft Windows

Mais le code est bien plus facile à maintenir dans le deuxième cas : il suffit de modifier une propriété dans la CSS pour que tous les titres de niveau 1 (<h1>) subissent la même transformation. Inutile de changer chaque balise <font> !

1.7. Cascade

Le mot "cascade" dans "feuille de style en cascade" revêt une importance particulière. Il est nécessaire ici d'approfondir le sujet.

Le principe de la cascade permet de définir un parent dont tous les enfants possèdent les mêmes attributs. Dans un sens, la cascade définit une hérédité entre un élément et ceux en son sein.

Comme dans l'exemple précédent, il suffit de changer l'une des propriétés du parent pour que les retombées se répercutent sur chacun des enfants.

- Le code HTML :

```
<div>
<p>Ce paragraphe a la taille par défaut.</p>
<div>
Le texte dans ce diviseur est plus petit.
<div>
Le texte dans ce diviseur est plus petit.
<div>
Le texte dans ce diviseur est plus petit.
<div>
Le texte dans ce diviseur est plus petit.
</div>
</div>
</div>
</div>
</div>
```

- Le code CSS associé :

Listing 1-2 : Extrait du fichier 01-cascade.htm

```
div > div {
font-size: 85%;
}
```

Dans ce cas, `div > div` indique que chaque diviseur présent dans un autre diviseur verra son texte réduit de 85 %. La maîtrise des propriétés de chaque élément est possible, mais l'on peut tout simplement appliquer des styles "en cascade", qui se répercutent automatiquement.

1.8. Priorité dans les feuilles de style

CSS est conçu pour laisser, en dernier recours, le dernier mot à l'utilisateur quant à la présentation des pages web. Mais quel mécanisme se cache derrière ce concept ?

Une page web reçoit en fait trois sources d'informations pour sa mise en page :

- Les styles par défaut du navigateur : ils permettent d'avoir une mise en page par défaut pour chaque balises (X)HTML si aucun style n'est précisé. Les styles navigateur varient d'un logiciel à l'autre.
- Les styles éventuellement ajoutés par l'utilisateur (paramétrés par la personne utilisant le navigateur) : ils servent plutôt au confort du lecteur. Les personnes ayant des déficiences cognitives ou visuelles peuvent avoir besoin de ces styles pour lire les informations de la page correctement (agrandir les caractères ou définir les couleurs pour un contraste maximum). Ces styles peuvent être modifiés dans les options du navigateur, ou directement via des feuilles de style (pour les utilisateurs experts).

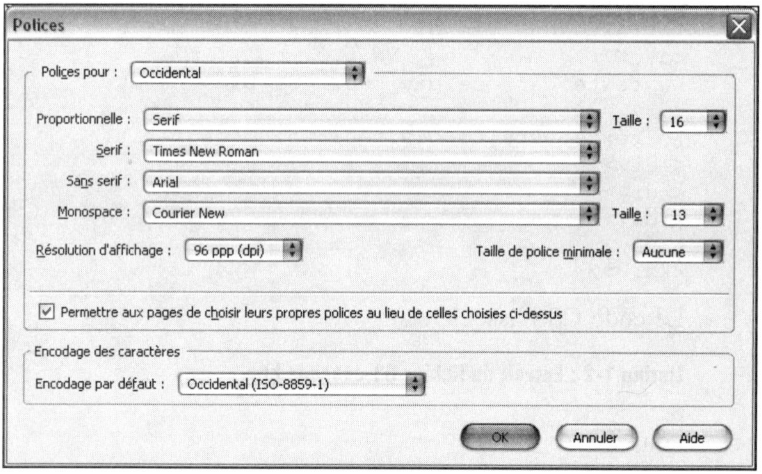

Figure 1.5 : *Outils/Options/Contenu/Avancé affiche l'interface de personnalisation des styles utilisateur dans Firefox 1.5 pour Microsoft Windows*

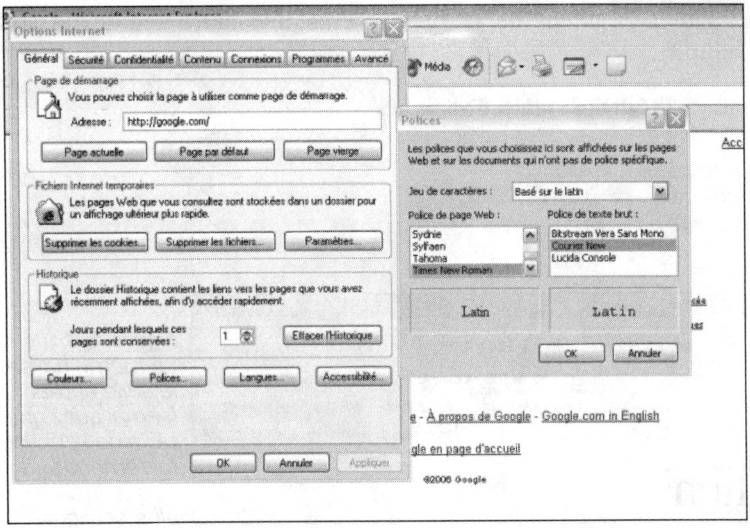

Figure 1.6 : Outils/Options Internet/Général/Polices affiche l'interface permettant de modifier les polices par défaut dans Internet Explorer 6 pour Microsoft Windows

- Les styles créés par l'auteur.

"Nos" feuilles de style ne sont donc pas les seules à prendre en compte dans le rendu final d'une page web.

Avec une balise de ce type <a href="./">lien</a>, le style par défaut du navigateur s'applique de cette manière :

```
a {
color: blue;
text-decoration: underline;
border: 1px solid transparent;
}
```

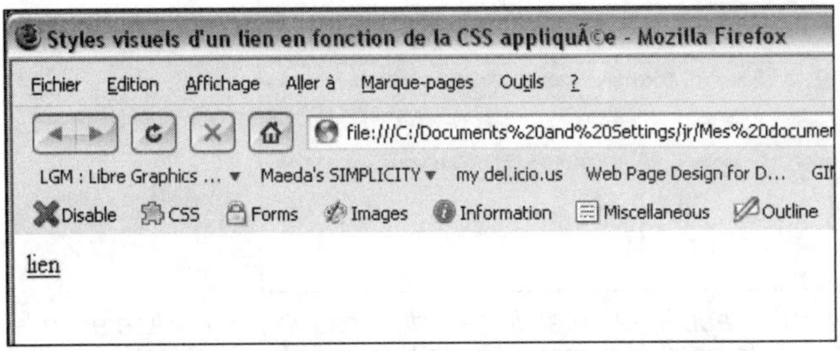

Figure 1.7 : Un simple lien bleu, appliqué par défaut par le navigateur

… sauf si l'auteur de la page a créé une autre feuille de style, par exemple :

Listing 1-3 : Extrait du fichier 01-liens.htm

```
a {
font-size: 2em;
text-decoration: none;
color: black;
}
```

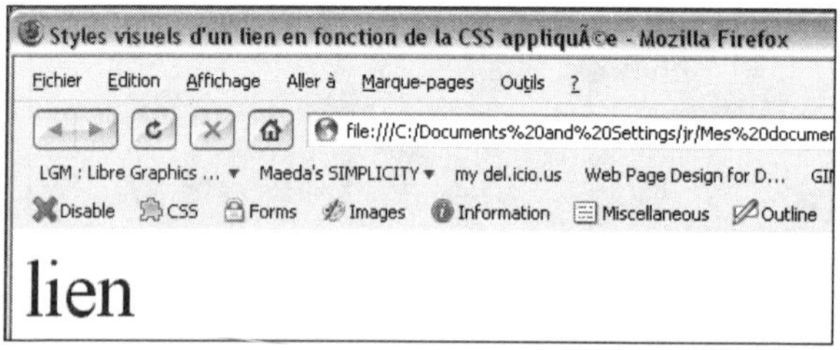

Figure 1.8 : *La même balise, avec le style auteur (remarquez que la taille de la police a fortement augmenté, et que le texte n'est plus souligné)*

… ou à moins que le lecteur n'ait défini une valeur qu'il aura identifiée clairement comme étant prioritaire :

```
a {
font-size: 1.5em !important;
text-decoration: underline !important;
color: green !important;
}
Remarque : "!important"
"!important" donne la priorité aux valeurs qui le
  précèdent.
  Dans ce code, la couleur verte ("color: green;") et le
  soulignement ("text-decoration: underline;") deviennent
  donc prioritaires sur les styles définis par l'auteur de
  la page.
```

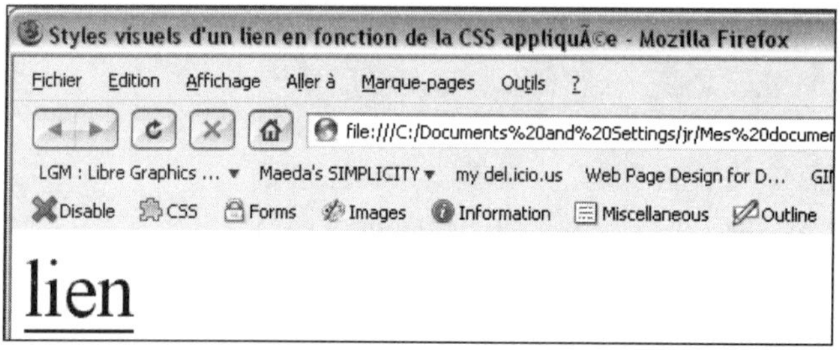

Figure 1.9 : *Si le lecteur applique un style text-decoration : underline avec le paramètre !important, le soulignement apparaît malgré les instructions de l'auteur (le soulignement est dit "forcé")*

En fin de compte, c'est donc bien l'utilisateur qui a le contrôle de l'aspect des documents qu'il consulte. Il ne faut donc jamais partir du principe que vous maîtrisez l'aspect final de votre site web. C'est toujours l'utilisateur qui aura le dernier mot sur l'apparence du contenu qu'il consulte. La mise en page doit donc prendre en compte ce principe d'accessibilité.

Si vous avez l'habitude de concevoir des sites en utilisant des tableaux pour placer vos éléments graphiques (par exemple avec la technique des "spacers"), vous vous rendrez vite compte que, pour très répandue qu'elle soit, elle pose des problèmes en termes de relecture du code (maintenance), d'accessibilité (les tableaux sont un cauchemar, dans ce contexte), et a tendance à donner des sites plutôt lourds.

ASTUCE

Ne développez pas pour vous !

Pensez la mise en page de votre site web comme un aspect par défaut de ce que pourra consulter le visiteur, et non comme une fin en soi.

Après ce bref tour d'horizon, nous allons vous initier en douceur à ce langage dans le chapitre suivant, en commençant par son "vocabulaire" et sa syntaxe.

Chapitre 2

Généralités et syntaxe

2.1. Quand appliquer les CSS ?

Une feuille CSS s'applique forcément à un autre document existant : une instruction CSS seule est parfaitement inutile. Les CSS n'existent que dans un contexte prédéfini, que l'on appelle couramment "langage de balisage". Elles s'appliquent à tout document HTML ou XML (donc XHTML, ODT, RSS...). Le point commun entre ces formats est qu'ils utilisent un système de balises pour définir, classer et structurer le contenu. Prenons un exemple en HTML ou XHTML :

```
<h1>Titre</h1>
<p>Voici le contenu de notre paragraphe.</p>
```

Ce code indique que le document contient un titre de niveau 1, puis un paragraphe. "Voici le contenu de notre paragraphe." forme l'information en elle-même. Une CSS permet de créer la mise en page de ce contenu et des éléments qui gravitent autour. Ainsi, nous pourrons faire apparaître le titre ou le paragraphe dans la couleur de notre choix, changer leurs positions, la taille des caractères, changer les polices de caractères, et bien d'autres choses encore que nous allons découvrir ensemble, et ce sans modifier le code HTML.

Nous touchons ici un principe crucial des standards du Web : la séparation du fond et de la forme. En effet, le code décrivant l'information (document HTML ou XML) et les instructions qui définissent la manière dont cette information sera affichée (CSS) sont clairement distincts : chacun à sa place, ils forment la page. Cette dissociation est extrêmement pertinente en ce qui concerne la portabilité. En traitant séparément contenu et mise en page, on peut adapter un site à tous les supports existants, et même ceux à venir : écran, impression, organiseurs de poche, téléphones portables, etc. Il est important de faire la différence entre contenu et mise en page.

De plus, ce principe permet de modifier le design d'un site plus vite, car nous n'avons plus à intervenir sur le contenu pour en modifier la mise en page. C'est ainsi que parfois des sites complexe changent de mise en page rapidement. En effet, en utilisant les CSS, il suffit de modifier la feuille de style pour que tout le site change de peau.

Notez également un troisième élément constitutif des pages : le comportement interactif (animations, réactions diverses au clic ou au survol de la souris...). Ce point est assuré par un script en JavaScript.

RENVOI

***À ce sujet, lisez le chapitre* Ajouter un peu de dynamisme aux CSS.**

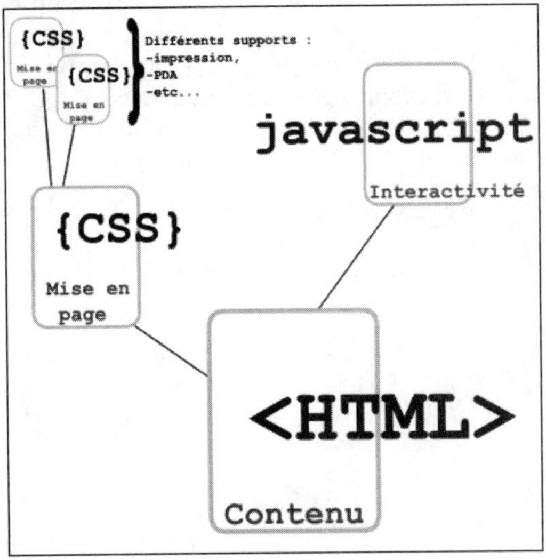

Figure 2.1 : *Schéma de l'organisation contenu/mise en page/interactivité*

2.2. Comment appliquer les CSS ?

Il existe plusieurs méthodes pour appliquer des règles CSS aux balises d'un document.

L'une des premières méthodes est l'application directe du style dans l'attribut `style` de l'élément en question.

```
<a href="#" style="color: red;">Ce lien est rouge</a>
```

Cependant, nous réserverons cette syntaxe à des interventions ponctuelles afin de, par exemple, tester une propriété précise. Il est important que cette syntaxe ne devienne pas la syntaxe principale. En effet, elle empêche d'utiliser pleinement les possibilités des CSS, pour les raisons suivantes :

- Nous devons définir le style pour chacune des balises séparément.
- Nous ne profitons pas de la séparation entre contenu et mise en page.

- Il est impossible d'appliquer ce style à plusieurs documents HTML distincts.

La méthode la plus simple est sans doute d'écrire directement les règles CSS dans l'en-tête du document, entre les balises `<style>`, comme ceci :

```
<!DOCTYPE html PUBLIC "-//W3C//DTD XHTML 1.0 Strict//EN"
"http://www.w3.org/TR/xhtml1/DTD/xhtml1-strict.dtd">
<html xmlns="http://www.w3.org/1999/xhtml" xml:lang="fr">

    <head>
        <title>Exemple d'insertion directe de règles
        ✂ CSS</title>
        <style type="text/css">
            [règles CSS]

        </style>
    </head>

    <body>
        [...]
    </body>
</html>
```

Nous précisons le type de style que nous appliquons dans l'attribut `type` de la balise `<style>`. Cette technique présente l'avantage d'être rapide à mettre en place, mais elle a l'inconvénient d'obliger à copier les règles CSS d'un document à l'autre, nous empêchant ainsi de profiter d'un avantage majeur des CSS.

Pour pallier ce problème et lier une CSS à plusieurs pages d'un site, de manière à ce qu'un seul changement dans la CSS puisse avoir des répercussions sur l'ensemble de celles-ci, plusieurs méthodes s'offrent à vous.

La première consiste à insérer le fichier CSS de cette façon :

```
<!DOCTYPE html PUBLIC "-//W3C//DTD XHTML 1.0 Strict//EN"
"http://www.w3.org/TR/xhtml1/DTD/xhtml1-strict.dtd">
<html xmlns="http://www.w3.org/1999/xhtml" xml:lang="fr">

    <head>
        <title>Exemple d'insertion indirecte de règles
        ✂ CSS</title>
        <link rel="stylesheet"
        ✂ href="chemin_vers_la_feuille_de_style"
        ✂ type="text/css" />
    </head>
```

```
    <body>
        [...]
    </body>
</html>
```

Pour lier les pages à une même feuille de style, il suffit d'intégrer la ligne `link` présentée dans l'exemple précédent. Dans l'attribut `href`, nous précisons un lien (de manière absolue ou relative) vers la feuille CSS en question. Nous indiquons dans l'attribut `type` le type de style dont il s'agit.

Nous pouvons ajouter un dernier attribut pour appliquer la feuille de style au média que l'on a précisé. Nous verrons par la suite les divers médias et les avantages que les CSS apportent avec cette fonctionnalité.

REMARQUE

Compatibilité

Cette technique est compatible avec toutes les versions d'Internet Explorer et de Netscape.

La deuxième technique consiste à utiliser l'importation "at-rules". Le principe est le même qu'avec la balise `<link>`, mais la syntaxe est différente :

```
<!DOCTYPE html PUBLIC "-//W3C//DTD XHTML 1.0 Strict//EN"
"http://www.w3.org/TR/xhtml1/DTD/xhtml1-strict.dtd">
<html xmlns="http://www.w3.org/1999/xhtml" xml:lang="fr">

    <head>
        <title>Exemple d'insertion directe de règles
        ✂ CSS</title>
        <style type="text/css" media="all">
            @import
            ✂ url(chemin_vers_la_feuille_de_style.css);
        </style>
    </head>
    <body>
        Contenu HTML
    </body>
</html>
```

Cette importation est une règle CSS, construite de la façon suivante :

- Elle commence par `@import`.
- Vient ensuite le mot-clé `url`.
- Entre parenthèses figure le chemin vers la feuille de style.

REMARQUE

Compatibilité

Cette technique n'est compatible pas avec les versions antérieures à Internet Explorer 4 et à Netscape 4.

Cette syntaxe permet elle aussi d'implémenter des feuilles de style différentes en fonction du média. Il suffit de préciser le type de média à la fin de la ligne. En effet, on dispose de plusieurs mots-clés pour désigner le type de média qui utilisera la CSS liée :

Tableau 2.1 : *Principaux médias disponibles pour les CSS*

Mot-clé	Description
`All`	Désigne l'ensemble des médias disponibles.
`Print`	Pour l'impression. Avec ce mot-clé, vous pouvez appliquer une feuille de style qui va décrire la mise en page uniquement pour les pages imprimées. Par exemple, on peut choisir de ne pas afficher les outils de navigation, qui deviennent inutiles sur une version papier de la page web.
`Aural`	Réservé aux synthétiseurs vocaux (navigateurs pour déficients visuels principalement).
`Projection`	Pour une version projetée à l'écran, comme le ferait un diaporama.
`Screen`	Pour un moniteur d'ordinateur : c'est le cas de figure classique.
`Handheld`	Pour les appareils portables (PDA, téléphones).

Ainsi, si nous voulons appliquer la feuille de style uniquement à l'impression, ce qui peut être extrêmement pratique pour garantir une impression de qualité, nous pouvons utiliser les deux fragments de code suivants, qui sont équivalents, mis à part le fait que la deuxième syntaxe ne sera pas prise en compte sur les navigateurs Internet Explorer 4 (et versions antérieures) et Netscape 4 (et versions antérieures).

```
<link rel="stylesheet" href="feuille_de_style.css"
✂ type="text/css" media="print" />

<style type="text/css" media="all">
    @import url(feuille_de_style.css) print;
</style>
```

REMARQUE

Choisir entre <style> et @import

`<style>` est une balise HTML, contrairement à `@import`, qui est une propriété CSS 2. Sur d'anciens navigateurs, comme Netscape 4, qui ne sont pas aux normes CSS, les feuilles ne sont pas importées par le biais de la syntaxe `@import`. Pour les autres navigateurs, le rendu est le même. Il est donc souvent préférable de choisir la seconde syntaxe, `@import`, car une feuille de style mal interprétée est souvent bien plus illisible qu'une page HTML sans mise en page.

Aux dernières statistiques (mars 2006), la part de marché de Netscape (même dans ses dernières versions) n'est que de 0,5 %.

2.3. Syntaxe

Pour apprendre un langage, il faut nécessairement connaître sa structure (syntaxe) et les mots qui le composent (vocabulaire). Dans notre cas, pour pouvoir converser facilement avec le navigateur web afin de mettre en place les divers éléments d'une page, nous devons apprendre le vocabulaire (les noms de propriété et les mots-clés) ainsi que la syntaxe (façon d'organiser le vocabulaire) propres aux CSS.

Règles CSS

Les CSS ne sont en fait qu'un agrégat de règles respectant la même structure. En effet, dans une règle CSS, il y a toujours un premier élément qui permet de savoir à quelle balise elle s'applique. Cet élément est nommé "sélecteur".

La partie entre accolades est nommée "bloc de déclaration". Il contient l'ensemble des déclarations qui seront appliquées aux éléments sélectionnés.

```
sélecteur {
    propriété: valeur;      /* une déclaration */
    propriété: valeur;      /* une deuxièmeme déclaration */
}
```

Nous allons dans cette partie nous intéresser à la construction d'une règle CSS complète.

Commençons par un exemple simple.

```
a {
    color: red;
}
```

Cette règle a pour effet de mettre tous les liens (construits avec un élément HTML <a>) en rouge.

La première partie est le sélecteur correspondant à l'élément. Elle indique que le contenu entre les balises <a> et </a> doit s'afficher selon les propriétés listées dans le bloc de déclaration. Dans notre cas, nous sélectionnons un certain type d'élément : il s'agit donc d'un "sélecteur de type".

Ces déclarations sont caractérisées par deux parties : le nom de la propriété, suivi d'un deux-points, puis de la ou des valeurs que l'on attribue à l'élément sélectionné. Dans notre cas, la propriété est `color` et sa valeur `red`. Cette valeur est exprimée à l'aide d'un mot-clé, mais cela pourrait tout aussi bien être indiqué, entre autres, sous forme de code hexadécimal (de la forme `#123456`). Cette instruction donne au texte de l'ancre, une couleur rouge. Nous verrons par la suite les diverses valeurs autorisées.

Il n'est pas obligatoire de retourner à la ligne et d'indenter le code à la suite de la première accolade, mais c'est ce que nous ferons pour des raisons de lisibilité.

Les exemples suivants sont équivalents :

```
a { color: red; }
a { color: red
;}
```

Parfois, il est plus avantageux de cibler d'avantage les éléments. En effet, il n'est pas toujours souhaitable de se retrouver avec tous les liens de la page en rouge.

Considérons le code suivant :

```
<p>Ceci est un <a href="#">lien</a></p>
<p>Ceci est un autre <a href="#"
✂ class="interne">lien</a></p>
```

Ce code définit deux paragraphes contenant chacun un lien. Mais le lien du second paragraphe possède une particularité qui va nous aider à cibler au mieux cet élément. Cet élément est sélectionné à l'aide d'une classe. Nous verrons plus loin comment en définir une et comment l'utiliser à bon escient, mais en voici déjà un aperçu :

```
a.interne {
    color: green;
}
```

Ainsi, tous les éléments de lien (balise <a>) qui possèdent la classe "interne" auront une couleur verte, et non plus une couleur rouge, comme défini précédemment. Nous pourrions être encore plus précis. En effet, seuls les liens présents dans une balise de paragraphe <p> nous intéressent. Afin de restreindre encore l'usage de la couleur rouge dans tous les liens de la page, nous pourrions définir la règle suivante :

```
p a {
    color: red;
}
p a.interne {
    color: green;
}
```

Ainsi, dans le premier bloc de déclaration, nous sélectionnons les liens présents dans les paragraphes. Dans le second bloc, nous sélectionnons les liens <a> munis de la classe `interne` et présents dans les paragraphes <p>. Il existe bien évidemment d'autres sélecteurs qui permettent de choisir et de cibler au mieux les éléments auxquels nous voulons affecter des propriétés (nous y reviendrons par la suite).

Nous pouvons regrouper les différents éléments auxquels nous voulons donner les mêmes propriétés en les séparant par des virgules :

```
a {
    color: red;
}
a.interne {
    color: red;
}
```

Ce code est équivalent en terme de rendu visuel à ceci :

```
a, a.interne {
    color: red;
}
```

Intéressons-nous maintenant à l'organisation des déclarations. Elles sont structurées d'une manière rigoureuse : propriété, deux-points, valeurs, point-virgule.

```
propriété: valeurs;
```

Les caractères blancs (espace, tabulation, retour à la ligne…) entre les caractères de séparation n'ont pas d'importance. Ainsi les exemples suivants sont équivalents :

```
color: red ;

color :red;

color :
    red
;
```

Nous utiliserons la première syntaxe dans la suite du livre. Notez que toutes les déclarations se terminent par un point-virgule. Seul le dernier point-virgule d'une déclaration n'est pas indispensable, mais vivement conseillé pour des raisons de lisibilité et de maintien du code.

```
a {
    font-weight: bold;
    color: red /* Remarquez que nous avons omis le dernier
    ✂ pointvirgule */
}
```

Ces quelques exemples nous mènent tout naturellement à une généralisation de la structure d'une règle CSS. Elles sont, fort heureusement, ordonnées de la même manière. Elles commencent toutes par un sélecteur, suivi d'une accolade, des déclarations et d'une accolade finale.

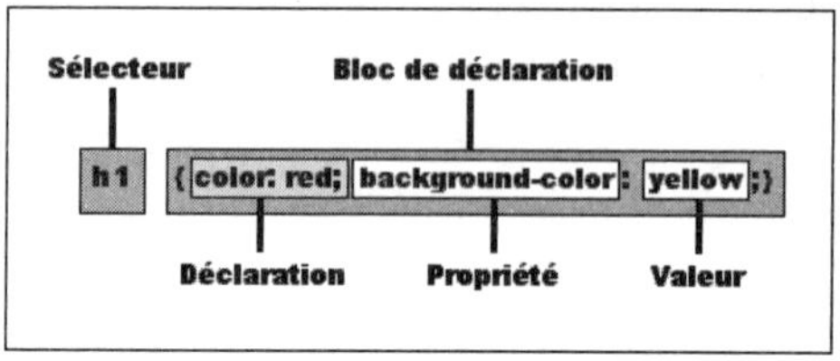

Figure 2.2 :
Structure d'une règle CSS

Atelier : appliquez des couleurs

Dans le code suivant, appliquez la couleur rouge aux liens (balises `<a>`), la couleur bleue aux paragraphes (balises `<p>`) et aux balises `<strong>`.

```
<!DOCTYPE html PUBLIC "-//W3C//DTD XHTML 1.0
✂ Transitional//EN" "http://www.w3.org/TR/xhtml1/DTD/
✂ xhtml1-transitional .dtd">
<html xmlns="http://www.w3.org/1999/xhtml">
    <head>
```

```
        <title>Sommaire</title>
        <style type="text/css">

        </style>
    </head>
    <body>
        <p>Le contenu de <a href="#">notre paragraphe</a> :
        "Lorem ipsum dolor sit amet, consectetur
        ✂ adipisicing elit, <a href=""><strong>sed do
        ✂ eiusmod tempor incididunt ut labore et dolore
        ✂ magna aliqua.
Ut enim ad minim veniam, quis nostrud exercitation
    ullamco laboris nisi ut aliquip ex ea
    ✂ commodo</strong></a>
consequat. Duis aute irure dolor in reprehenderit
 in voluptate velit esse cillum dolore eu fugiat
 nulla pariatur. Excepteur sint occaecat
cupidatat non proident, sunt in culpa qui
officia deserunt mollit anim id est laborum."</p>
    </body>
</html>
```

Solution

```
p, strong{
  color: blue;
}
```

Commentaires

Pour maintenir un site plus facilement, surtout si plusieurs personnes interviennent dessus, il est vivement conseillé de commenter le code. Ainsi, il sera plus simple de le modifier par la suite, et les personnes amenées à travailler sur la même feuille de style pourront s'y retrouver facilement.

Pour les CSS sont autorisés les commentaires de bloc ; il n'existe pas de commentaire de fin de ligne. Un bloc de commentaire commence par `/*` et termine par `*/`. Tout le texte contenu entre `/*` et `*/` est ignoré par le navigateur. Il est évident qu'un bloc de commentaire ne peut pas contenir de `*/`.

```
/* Ceci est un commentaire */

/*
 * Ceci est aussi
 * un commentaire
 * qui s'étale sur plusieurs lignes
```

```
*/

a.interne {
/*    color: red;
    Cette déclaration sera ignorée par le navigateur
*/
}
```

Le commentaire suivant n'est pas un commentaire valide. En effet, il contient une suite illégale de caractères, à savoir */ :

```
/* Ceci est le début du commentaire
*/ Attention ceci est hors du commentaire */
```

Atelier : ajoutez des commentaires

Reprenez le code précédent et ajoutez des commentaires qui faciliteront par la suite les modifications.

Solution

```
/*Donner la couleur bleue au paragraphe et au contenu de
✂ la balise strong*/
p, strong{
  color: blue;
}
```

Cascade, éléments, sélecteurs et pseudo-classes

Souvent il est utile de cibler de manière précise un élément d'une page en fonction de sa structure. L'une des grandes forces des CSS est de pouvoir, de manière aisée, appliquer des propriétés à des éléments en fonction de la structure des documents.

Il est important de comprendre le concept de cascade, parfois appelé "héritage". Tous les éléments compris dans un autre héritent, sauf contre-indication, des propriétés de son parent.

```
<h1>Le titre <em>est</em> très important !</h1>
```

Ainsi, si l'on applique dans l'exemple un style au titre, l'élément mis en évidence (<em>) héritera automatiquement des propriétés citées préalablement. Si, par exemple, aucune autre couleur n'est précisée pour l'élément <em>, il apparaîtra dans la même couleur que le titre.

```
h1 {
   color: blue;
}
```

Ce code va donc mettre tout ce qui est compris entre <h1> et </h1> en bleu. Si nous voulons préciser une couleur différente à l'élément <em>, nous pouvons le faire à l'aide du code suivant :

```
em {
   color: red;
}
LEGEND=Sans ce bloc, l'élément mis en évidence
✂ apparaîtrait en bleu
```

Différentes propriétés sont également conservées telles que la taille ou le style de police, et bien d'autres encore.

Le concept peut s'avérer réellement utile. Ainsi, nous pouvons aisément préciser des styles par défaut en jouant sur l'héritage. Comme tout contenu d'un document HTML est toujours compris entre les balises <body> et </body>, nous pouvons préciser des valeurs par défaut dans cette balise. Les éléments enfants hériteront donc des déclarations.

```
body {
   color: black;
}
```

Grâce à cette règle, tout texte sera de couleur noire, nous ne devons plus le préciser de nouveau par la suite. Cependant, toutes les propriétés ne sont pas héritées. Dans certains cas, cela paraît évident.

Par exemple, les propriétés d'arrière-plan ne sont pas héritées. Si l'on précise une image d'arrière-plan à l'élément principal <body>, les autres éléments n'auront pas l'image en arrière-plan.

```
body {
   background: url(image.gif) repeat 0% 0%;
}
```

Dans le cas de tailles de police, ainsi que des interlignes, le principe de l'héritage est important. En effet, si l'on applique une taille relative à la hauteur de l'interligne, la valeur est calculée en fonction de la taille du caractère du texte courant.

```
p {
   font-size: 10pt;
   line-height: 120%;
}
```

L'interligne sera ici de 12 points. Si d'autres éléments sont dans le paragraphe, ils hériteront d'un interligne de 12 points, et ce même si l'on modifie la taille des caractères. L'interligne sera toujours de 12 points pour l'élément `<em>` dans l'exemple suivant :

```
p {
    font-size: 10pt;
    line-height: 120%;
}
em {
    font-size: 14pt;
}
```

Les CSS offre une façon élégante de profiter de la structure du document. Pour appliquer un style propre à toutes les balises `<p>` contenues dans un élément `<div>`, nous allons séparer les sélecteurs de type par un espace. La façon dont s'enchaînent les éléments est appelée "cascade".

```
div p {
    color: red;
}
```

Ce morceau de code met tous les éléments `<p>` contenus dans les éléments `<div>` en rouge. Parfois, on peut construire de longues cascades afin de cibler de manière précise un élément :

```
body div ul li a {
    color: red;
}
```

Cet exemple n'est pas plus compliqué que le précédent. Il suffit de le lire de droite à gauche : appliquer la couleur rouge à tous les éléments `<a>` compris dans les éléments `<li>`, compris eux-mêmes dans les éléments `<ul>`, présents dans n'importe quel élément `<div>`, et ainsi de suite. En séparant les sélecteurs de type par des espaces, nous sélectionnons tous les éléments qui sont des descendants de ces sélecteurs.

Il est également possible d'appliquer le même style à des sélections différentes :

```
div p {
    color: red;
}

body div ul li a {
    color: red;
}
```

Mais, il existe une syntaxe plus élégante. Nous pouvons en effet appliquer ce style en une fois. Il suffit de séparer les sélections à l'aide d'une virgule. L'exemple précédent devient donc :

```
div p, body div ul li a {
    color: red;
}
```

L'espace après ou avant la virgule n'a pas d'importance.

Atelier : mettez des couleurs aux balises

Reprenez le code précédent et affichez les balises <strong> présentes dans les balises <a> en vert.

Solution

```
a strong{
  color : green;
}
```

Atelier : mettez des couleurs aux liens

Dans l'exemple suivant, mettez le lien contenu dans la balise <div> en vert, et le lien contenu dans la balise <p> en bleu.

```
<!DOCTYPE html PUBLIC "-//W3C//DTD XHTML 1.0
✂ Transitional//EN" "http://www.w3.org/TR/xhtml1/DTD
✂ /xhtml1-transitional.dtd">
<html xmlns="http://www.w3.org/1999/xhtml">
    <head>
        <title>Sommaire</title>
        <style type="text/css">

        </style>
    </head>
    <body>
        <h1>Notre titre à modifier</h1>
        <div>
            <p>Petit texte <a href="#">ici</a></p>
        </div>
        <p>Ce <a href="#">lien</a> doit rester en bleu</p>
    </body>
</html>
```

Solution

```
div a {
  color: green;
}
p a{
  color: blue;
}
```

class

Afin d'étendre encore le contrôle sur les divers éléments, les CSS se basent sur la possibilité de définir des classes. On en affecte une à un élément HTML en la précisant dans l'attribut `class`. Il est possible d'affecter plusieurs classes à un même élément ; il suffit de les séparer par un espace.

```
<p class="chapeau en-edition">…</p>
```

Cet élément de paragraphe en possède donc deux : `chapeau` et `en-edition`.

> REMARQUE
>
> **Des noms explicites**
>
> Choisissez bien vos noms de classe. Par exemple, évitez des noms tels que `petit`, `rouge`, `vert`, qui donnent des informations quant à la mise en forme des éléments. Le jour où vous voulez changer le style, vous devez, pour rester cohérent, changer le nom de la classe. En effet, une classe qui porte le nom `rouge` mais affiche le texte en vert n'est pas logique. Préférez donc des noms tels que `sommaire`, `interne`, `externe`, etc.

En général, il n'est pas nécessaire d'affecter plusieurs classes à un élément. Si la liste des classes affectées est importante, revoyez la structure de votre document et essayez d'en rassembler plusieurs en une seule.

> REMARQUE
>
> **Attention au nombre de classes**
>
> Évitez d'inscrire de nombreuses classes dans une balise. La classe appliquée en dernier est celle qui est le plus à droite. Le principe des classes est parfois utilisé à tort. Préférez un nombre restreints de classes et jouez avec l'héritage et les balises HTML. Un code HTML bien structuré ne demande en général que peu de classes.

Maintenant que vous savez comment affecter une classe à un élément, il est utile de voir comment l'appeler dans une feuille de style CSS. Il suffit de préfixer un point au nom de la classe. Ainsi l'exemple suivant peut s'appliquer au code HTML précédent :

```
.chapeau  {
    font-size: small;
}
```

Le sélecteur de classe peut être couplé à un sélecteur de type. Examinons le code HTML qui suit :

```
<p class="chapeau">Ceci est un petit paragraphe</p>
<p>Ceci est un <a href="#" class="chapeau">lien vers le
✂ chapeau</a></p>
```

Nous avons appliqué la même classe à différents éléments HTML, à savoir un paragraphe et un lien. Nous voulons que le paragraphe et le lien aient une petite taille de caractères, et que les liens qui ont la classe `chapeau` soient en gras. Pour cela, définissons deux règles dans la feuille CSS :

```
.chapeau  {
    font-size: small;
}
a.chapeau  {
    font-weight: bold;
}
```

Pour préciser une classe en fonction de la balise HTML à laquelle elle est affectée, il suffit de préfixer le nom de l'élément au nom de la classe, sans insérer d'espace. Si l'on ajoute un espace, les propriétés s'appliquent aux éléments qui possèdent la classe et qui sont contenus dans cette balise. Grâce à l'héritage, nous ne devons pas préciser de nouveau la taille des caractères :

```
a .chapeau  {
    font-weight: bold;
}
```

Dans cet exemple, tous les éléments qui portent la classe `chapeau` et qui sont entre des balises `<a>` et `</a>` seront en gras. C'est le même principe que celui mis en œuvre dans les cascades.

Si nous voulons appliquer des propriétés spécifiques à un élément possédant plusieurs classes, nous ne pouvons pas utiliser la syntaxe suivante :

```
a.chapeau.en-edition {
    /* Cette syntaxe n'est pas valide */
}
```

En général, il n'est pas nécessaire d'appliquer un style particulier à un élément qui possède deux classes. Il est souvent possible d'éliminer l'une des deux.

Atelier : mettez des couleurs aux classes

Dans l'exemple suivant, appliquez une couleur rouge aux classes `important`. Si la classe est appliquée à un lien, mettez-le en gras.

```
<!DOCTYPE html PUBLIC "-//W3C//DTD XHTML 1.0
✂ Transitional//EN"
✂ "http://www.w3.org/TR/xhtml1/DTD/xhtml1-transitional.dtd">
<html xmlns="http://www.w3.org/1999/xhtml">
    <head>
        <title>Sommaire</title>
        <style type="text/css">

        </style>
    </head>
    <body>
        <h1>Notre titre à modifier</h1>
        <div>
            <p>Petit texte <a href="#"
            ✂ class="important">ici</a></p>
        </div>
        <p class="important">Ce <a href="#">lien</a> doit
        ✂ rester en bleu</p>
    </body>
</html>
```

Solution

```
.important{
  color : red;
}
a.important{
  font-weight : bold;
}
```

Figure 2.3 : *Résultat*

id

Il est utile de pouvoir limiter l'application d'une règle à un seul élément. Voyons comment mettre en forme un menu dont le code HTML ressemble à ceci :

```
<ul>
    <li>Bouton</li>
    <li>Bouton</li>
    <li>Bouton</li>
</ul>
```

Dans le reste de la page, d'autres listes sont présentes sous la même forme. Comme le menu en question est unique, nous n'allons pas utiliser une classe mais un sélecteur par `id`. Nous pouvons associer dans le code HTML un `id` à chaque élément qui accepte l'attribut `id`. La syntaxe est la même que lorsque nous définissons une classe. Le code précédent devient alors :

```
<ul id="menu">
    …
</ul>
```

Voyons maintenant comment appliquer des propriétés précises au menu, ou plutôt à tout élément auquel nous avons affecté un `id` précis.

Dans le cas des classes, nous mettons un point ; dans le cas des `id`, nous mettons un dièse (#).

```
#menu {
    font-family: sans-serif;
}
```

Il est possible de combiner ce sélecteur avec le principe des cascades :

```
body #menu {
    /* Déclarations */
}
body .colonne #menu {
    /* Autres déclarations si le menu placé ailleurs (dans
✂ une autre page par exemple */
}
```

> ATTENTION
>
> **Héritage**
>
> Si le menu est présent dans un élément avec la classe `colonne`, il héritera des propriétés précisées dans le premier bloc et celles-ci seront complétées ou écrasées par les propriétés présentes dans le second bloc.

Jouer sur l'héritage et les id permet de se simplifier la vie. Rappelez-vous qu'il est possible de charger une feuille de style CSS pour plusieurs pages. Admettons maintenant que toutes les pages n'aient pas exactement la même structure visuelle. Nous aimerions pourtant garder une seule feuille de style pour pouvoir facilement modifier un nombre de propriétés communes. Il suffit alors d'associer dans la page un id à la balise <body>. En jouant avec l'héritage, nous pourrons modifier les propriétés en fonction de la page sur laquelle nous sommes. Considérons les exemples suivants :

```
<body id="accueil">
    <p>Bienvenue sur ma page</p>
</body>

<body id="contact">
    <p>Si vous voulez me contacter, vous pouvez
    ✂ m'écrire.</p>
</body>
```

Ces deux pages dans lesquelles nous avons affecté des id différents à la balise <body> pourraient avoir un certain nombre de propriétés en commun, mais d'autres qui diffèrent. Nous aimerions, par exemple, avoir une taille de police plus grande pour le paragraphe présent dans la page d'accueil, et mettre le texte présent dans la page de contact en gris. Nous pouvons dès lors utiliser une feuille de style commune, semblable à celle-ci :

```
body {
    font-family: sans-serif;
}
#accueil p {
    font-size: 20pt;
}
#contact p {
    color: red;
}
```

Dans le premier bloc, nous précisons les propriétés communes aux deux pages. En effet, nous ne précisons pas d'id en particulier. Dans les deux blocs suivants, nous limitons la portée des enfants aux enfants de l'id accueil ou contact. Nous profitons ainsi de la présence d'une seule feuille de style avec des avantages de modularité supplémentaire.

Atelier : réalisez des enrichissements

Dans l'exemple suivant, faites en sorte que le paragraphe contenu dans la balise `<div>` qui possède l'`id` `contenu` soit en gras et mettez le paragraphe qui possède l'`id` `important` en rouge et en gras.

```
<!DOCTYPE html PUBLIC "-//W3C//DTD XHTML 1.0
✂ Transitional//EN"
✂ "http://www.w3.org/TR/xhtml1/DTD/xhtml1-transitional.dtd">
<html xmlns="http://www.w3.org/1999/xhtml">
    <head>
        <title>Sommaire</title>
        <style type="text/css">

        </style>
    </head>
    <body>
        <h1>Notre titre à modifier</h1>
        <div id="contenu">
            <p>Texte gras <a href="#">ici</a></p>
        </div>
        <p id="important">Ce <a href="#">lien</a> doit
        ✂ rester en bleu</p>
    </body>
</html>
```

Solution

```
div#contenu{
  font-weight: bold;
}
p#important{
  font-weight: bold;
  color: red;
}
```

Différence entre id et class

Il existe une différence fondamentale entre `class` et `id` qu'il ne faut en aucun cas négliger : un `id` ne peut être affecté qu'à un seul élément dans une même page, alors qu'une classe peut être affecté à plusieurs éléments. Le code suivant est tout à fait possible :

```
<div class="fenetre"></div>
...
<div class="fenetre"></div>
```

Mais celui-ci est incorrect :

```
<div id="fenetre"></div>
…
<div id="fenetre"></div>
```

`class` et `id` ont tous les deux des avantages et des inconvénients. Mais l'`id` possède deux avantages prépondérants. Le premier est qu'il peut servir d'identifiant unique lors de la programmation en JavaScript ou en DHTML. En effet, l'`id` joue le rôle de l'attribut `name` (devenu obsolète), comme le montre l'exemple suivant.

```
function fenetre() {
    document.getElementById('fenetre').style.display =
    ✂ 'block';
}
```

Ce code est en JavaScript. La méthode intéressante est `getElementById`, qui permet de sélectionner facilement l'élément qui se rapporte à cet `id`.

RENVOI *Nous reviendrons sur cette fonction au chapitre **Ajouter un peu de dynamisme aux CSS**.*

Autre avantage, l'`id` peut servir d'ancre et permet ainsi de faire un lien vers un bloc :

```
<body id="accueil">
    <p>…</p>
    <p><a href="#accueil">Retourner au début</a></p>
</body>
```

Sélecteurs

Il est utile de connaître un peu mieux les différents sélecteurs, qui sont des caractères ayant un sens particulier. Certains permettent la sélection de plusieurs éléments, d'autres sont plus sélectifs.

Sélecteur universel, sélecteur d'enfant et sélecteur adjacent

Tout abord, voyons le sélecteur le plus générique, qualifié d'"universel". Il permet de sélectionner n'importe quel élément. Il est représenté à l'aide d'une étoile (`*`). Ainsi, dans l'exemple suivant, tous les éléments enfants de la balise `div` seront sélectionnés :

```
div * {
    ...
}
```

Si aucune balise n'est précisée devant l'étoile, c'est la racine du document qui est prise en compte. Ainsi l'exemple suivant sélectionnera toutes les balises du document :

```
* {
...
}
```

Parfois, le sélecteur est omis mais sous-entendu. Nous avons déjà vu un exemple. En effet, quand nous sélectionnons une classe ou un `id` et que nous ne précisons aucun type d'élément, le sélecteur universel est sous-entendu et peut donc être omis. Les exemples suivant sont équivalents :

```
*.maClasse {}
/* est équivalent à */
.maClasse {}

*#monId {}
/* est équivalent à */
#monId {}
```

Nous avons vu précédemment la sélection par type. Pour sélectionner un type de balise, il suffit de mettre son nom comme dans l'exemple ci-après :

```
a {
/* Ces propriétés s'appliqueront à tous les éléments <a>
*/
}
```

Nous avons également précédemment vu la sélection des descendants. Il suffit de séparer les sélecteurs par des espaces :

```
div a {
/* Ces propriétés s'appliqueront à tous les éléments <a>
descendant d'un élément <div> */
}
```

Il existe un lien encore plus restrictif. En effet, un descendant de l'élément `<div>` peut ne pas être son enfant direct. En CSS, on peut sélectionner les éléments enfants directs d'un autre élément par le biais d'un sélecteur d'enfant (>) couplé à un sélecteur simple. Malheureusement, tous les navigateurs ne prennent pas encore en compte ce sélecteur. Les navigateurs les plus courants et les plus récents qui le reconnaissent sont Internet Explorer 7, Firefox, Opera 8.5.

```
<div>
    <p>Petit texte d'introduction</p>
    <blockquote>
        <p>petite citation</p>
    </blockquote>
</div>
```

Si nous n'utilisons pas le sélecteur d'enfant, nous appliquerons le style à toutes les balises <p> descendant de <div>, y compris à celles présentes dans la balise <blockquote>. Or nous ne voulons pas que la citation soit affectée par cette modification de style. Nous utilisons donc le sélecteur d'enfant :

```
div > p {
    font-size: 1.3em;
}
```

Les navigateurs qui ne supportent pas encore ce sélecteur vont tout simplement ignorer la règle.

Il est par ailleurs possible d'appliquer un style différent à une balise si elle est suivie d'une balise bien spécifique. Par exemple, pour indenter tout paragraphe qui suit une citation, nous disposons en CSS du sélecteur (+), qualifié d'"adjacent", qui n'est malheureusement pas supporté par tous les navigateurs. En règle générale, ceux qui respectent le sélecteur précédent supportent celui-ci aussi. Considérons l'exemple suivant :

```
<div>
    <p>Petit texte d'introduction</p>
    <blockquote>
        <p>petite citation</p>
    </blockquote>
    <p>Paragraphe suivant une citation</p>
</div>
```

Pour appliquer un style à un élément qui en suit un autre, il suffit d'utiliser le sélecteur adjacent (+) couplé à deux sélecteurs simples :

```
blockquote + p {
    text-indent: 0;
}
```

Sélecteur par attribut

Voyons maintenant la sélection en fonction des attributs des éléments. Le problème est que peu de navigateurs la prennent actuellement en compte.

Considérons le code suivant :

```
<div>
    <p>Petit texte d'<a href="#"
    ✂ lang="fr">introduction</a></p>
    <blockquote cite="http://www.google.com/">
        <p lang="en-US">Once upon a time…</p>
    </blockquote>
    <p rel="copyright copyleft copyeditor">Paragraphe
    ✂ suivant une citation</p>
</div>
```

Nous souhaitons souligner tous les éléments qui ont un attribut `lang`, quelle que soit sa valeur. Il suffit alors d'encadrer le nom de l'attribut d'une paire de crochets, comme dans l'exemple suivant :

```
[lang] {
    text-decoration: underline;
}
```

Il est aussi possible de limiter la sélection aux éléments ayant une valeur d'attribut précise. Par exemple, pour que tous les liens qui ont un attribut `lang` dont la valeur est `fr` soient en bleu, nous utilisons le sélecteur suivant :

```
a[lang="fr"] {
    color: blue;
}
```

Parfois, les attributs prennent plusieurs valeurs séparées par un espace. Il est également possible en CSS de sélectionner ces éléments, à l'aide d'un autre sélecteur spécifique, à savoir un tilde suivi du caractère égal (~=) :

```
p[rel~="copyleft"] {
    font-weight: bold
}
```

Il existe, pour les CSS 2.1, encore un autre sélecteur basé sur les attributs. Il s'agit de la barre verticale suivie du caractère égal (|=). Il permet de sélectionner les éléments dotés d'un attribut ayant une valeur qui commence par un certain motif (une suite de caractères précise), suivi d'un tiret, puis d'un motif quelconque. Ainsi, le code suivant peut s'appliquer à tous les éléments `<p>` dont l'attribut `lang` a une valeur commençant par le motif `en` suivi par un tiret, entre autres `lang="en"`, `lang="en-US"`, `lang="en-cockney"` :

```
p[lang|="en"] {
    color: red;
}
```

Sélecteur par pseudo-classe et pseudo-élément

Les pseudo-classes sont peu nombreuses mais parfois utiles. On en distingue deux types :

- les pseudo-classes, qui permettent d'appliquer des styles en fonction de l'état des balises (survol de la souris, souris enfoncée, focus…) ;
- les pseudo-éléments, qui permettent de sélectionner aisément des endroits particuliers d'une balise (première ligne, premier caractère…).

Nous ne nous intéresserons ici qu'aux sélecteurs présents dans les spécifications du W3C pour les CSS 2.1. Les sélecteurs pour les CSS 3 apportent de nombreuses nouveautés.

Considérons le code suivant :

```
<p>Nous allons maintenant mettre le lien <a
✂ href="#">suivant</a> en forme de manière plus
✂ avancée</p>
<form action="">
<p>
    <label>Votre nom :</label>
    <input type="text" value="" />
</p>
</form>
```

Comme l'élément `<a>` possède l'attribut `href`, les navigateurs vont le considérer comme un lien. La propriété suivante va donc s'appliquer à cet élément :

```
a:link {
    color: blue;
}
```

Mais une fois que l'utilisateur aura cliqué sur le lien et qu'il reviendra sur la page, à l'aide, par exemple du bouton **Précédent**, les CSS offrent la possibilité de lui indiquer qu'il a déjà visité cette page. Nous pouvons le faire à l'aide de la pseudo-classe suivante, qui aura pour effet de mettre les liens visités en mauve :

```
a:visited {
    color: purple;
}
```

Nous pouvons également agrémenter la visite du surfeur en lui offrant un changement de propriétés lorsqu'il passe sa souris sur l'élément. Ici, nous changeons la couleur du lien :

```
a:hover {
    color: red;
}
```

Quand l'utilisateur clique, ou maintient sa souris enfoncée, la pseudo-classe qui est appelée est "active". Cet état peut être particulièrement utile si l'on fait par exemple d'un lien un bouton. Ainsi, l'utilisateur verra un changement quand il cliquera dessus et maintiendra sa souris enfoncée.

```
a:active {
    background-color: grey;
}
```

Ces quatre propriétés s'appliquent principalement aux liens. Elles doivent être définies un ordre précis, à savoir `link`, `visited`, `hover`, `active`, sans lequel le code ne fonctionnerait pas correctement.

Le code suivant est donc correct et donnera le résultat escompté :

```
a:link {
    color: blue;
}
a:visited {
    color: purple;
}
a:hover {
    color: red;
}
a:active {
    background-color: grey;
}
```

En revanche, celui-ci donnera un résultat qui ne correspond pas à ce que nous attendons :

```
a:visited {
    color: purple;
}
a:link {
    color: blue;
}
a:active {
    background-color: grey;
}
a:hover {
```

```
    color: red;
}
```

Moyen mnémotechnique

ASTUCE

Pour retenir l'ordre des pseudo-classes, souvenez-vous de la chaîne "LoVe, HAte. Link-o-Visited-e-, HoverActive-te.".

Intéressons-nous à présent à la dernière partie du code d'exemple, qui représente un champ de texte. Celui-ci peut avoir ce que l'on appelle le focus. Il l'obtient quand, par exemple, le curseur est dans le champ de formulaire. Ici, nous changeons la couleur de fond du champ en jaune :

```
input:focus {
    background-color: yellow;
}
```

Les pseudo-classes suivantes sont des pseudo-éléments. Elles permettent de sélectionner les premières lignes, les premières lettres, par exemple. Pour que le paragraphe placé en premier enfant d'un quelconque élément soit affiché dans une taille de police de caractères plus grande, nous écrivons le code suivant :

```
p:first-child {
    font-size: 1.5em;
}
```

En revanche, cette pseudo-classe ne sélectionne pas, comme on pourrait le croire, le premier élément de la balise <p>. Pour ce faire, il faudrait utiliser le sélecteur suivant :

```
p > *:first-child {
    font-size: 1.5em;
}
```

Il est possible de modifier la première lettre d'un élément. Le code suivant affiche la première lettre d'un titre dans une autre couleur :

```
h1:first-letter {
    color: red;
}
```

Un dernier pseudo-élément permet de sélectionner la première ligne. Le code suivant met la première ligne de tous les paragraphes en gras :

```
p:first-line {
    font-weight: bold;
}
```

Atelier : enrichissez vos textes

Dans le code suivant, mettez la première lettre du titre en taille de 50 pixels.

Mettez le premier lien de chaque paragraphe en rouge. Quand l'utilisateur survole un lien, il doit s'afficher en bleu.

Quand le champ `input` de type `texte` a le focus, sa couleur de fond doit être le jaune. Si l'utilisateur survole le bouton (`input` de type `submit`), sa couleur de fond doit être le mauve.

Le bloc de citation qui possède l'attribut `lang` commençant par `fr` doit être en italique.

```
<!DOCTYPE html PUBLIC "-//W3C//DTD XHTML 1.0
✂ Transitional//EN"
✂ "http://www.w3.org/TR/xhtml1/DTD/xhtml1-transitional.dtd">
<html xmlns="http://www.w3.org/1999/xhtml">
<head>
    <title>Sommaire</title>
    <style type="text/css">

    </style>
    </head>
<body>
    <h1>Notre titre à modifier</h1>
    <p>Appliquons ensemble la <a href="#">théorie des
    ✂ sélecteurs</a></p>
    <blockquote lang="fr">
Personnage éminent de la culture occidentale, Shakespeare
✂ continue d'influencer les artistes d'aujourd'hui.
    </blockquote>
    <div>
        <form action="">
            <label for="texte">Mettez votre texte :
            ✂ </label>
            <input type="text" id="texte" value="mon champ"
            ✂ />
            <input type="submit" text="Cliquez ici "/>
        </form>
    </div>
    <p>Ce <a href="#">lien</a> doit rester en bleu et
    ✂ celui-ci en <a href="#">vert</a></p>
</body>
</html>
```

Solutions

```
h1:first-letter {
   font-size: 20px;
   }
   p a:first-child {
   color: red;
   }
   a:hover, p a:hover {
   color: blue;
   }
   input[type="text"]:focus {
   background-color: yellow;
   }
   input[type="submit"]:hover {
   background-color: purple;
   }
   blockquote[lang|=fr] {
   font-style: italic;
   }
```

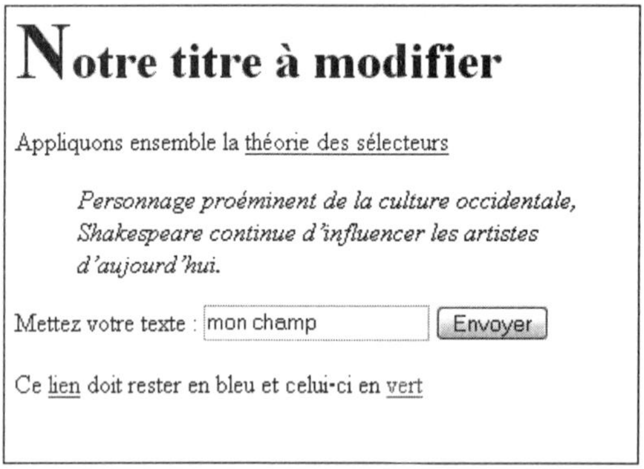

Figure 2.4 : *Résultat*

Mots-clés

Dans les CSS, il existe une série de mots-clés, qui ne doivent pas être placés entre guillemets, qu'ils soient simple ou double. Ainsi, `red` est un mot-clé, alors que `"red"` ou `'red'` n'en sont pas.

Les mots-clés sont d'une importance capitale car il s'agit du vocabulaire utilisé par les programmeurs et reconnu et compris de la même manière par tous les ordinateurs. Par exemple, il existe des mots-clés pour désigner les couleurs, comme nous le verrons par la suite.

Certains mots-clés sont spécifiques aux entreprises d'informatique qui développent des navigateurs. Selon les prescriptions du W3C, ils commencent par un tiret suivi d'un identifiant propre à la société éditrice et enfin de la propriété. Les exemples suivants sont des propriétés des navigateurs Mozilla :

```
-moz-box-sizing
-moz-border-radius
```

Tableau 2.2 : Principaux préfixes des propriétés non standard

Préfixe	Organisation
-mso-	Microsoft Corporation (ces extensions ont été mises en service avant la standardisation des noms)
-moz-	The Mozilla Organization
-o-	Opera Software
-atsc-	Advanced Television Standards Committee
-wap-	The WAP Forum

En règle générale, les CSS sont insensibles à la casse. Ainsi, ces deux propriétés sont équivalentes :

```
p { color: red }
P { COLOR: rEd; }
```

Par contre, comme les noms des classes et des identifiants font partie du code HTML, ils sont eux sensibles à la casse. Ainsi, `#sommaire`, `#Sommaire` et `#soMMaire` ne représentent pas les mêmes identifiants.

Certains caractères ne sont pas autorisés dans les noms en CSS. Mais une grande partie de l'alphabet Unicode est disponible. Les identifiants en CSS, à savoir, `id`, nom de classe, nom d'élément et autres, ne peuvent contenir que des lettres minuscules et majuscules, des chiffres, des tirets (–) et des underscores (_). Toutefois, les noms doivent commencer par une lettre.

REMARQUE

Utilisation des noms

Nous vous conseillons d'utiliser uniquement des lettres et des chiffres pour composer les noms de classe et autres identifiants. Évitez donc des libellés tels que `b&W?`.

Types de valeurs

Tailles

Les valeurs pour définir les tailles d'élément, qu'il s'agisse d'une hauteur ou d'une longueur, sont de type absolu ou relatif.

Les valeurs absolues sont :

Tableau 2.3 : *Les valeurs absolues en CSS (à éviter la plupart du temps)*

Abréviation CSS	Unité
cm	centimètre
mm	millimètre
in	pouce (inch)
pt	point
pc	pica

Ces valeurs s'appliquent seulement si l'on connaît les dimensions physiques exactes du matériel qui va afficher le site, ce qui n'est presque jamais le cas. Qui connaît en effet la taille en centimètres des écrans de chaque visiteur ? Par conséquent, elles sont à proscrire dans la plupart des cas, et ne servent que dans des situations particulières.

Nous utiliserons plutôt les valeurs relatives :

Tableau 2.4 : *Les valeurs relatives en CSS*

Abréviation CSS	Unité
px	pixel
em	cadratin
ex	valeur par rapport à la hauteur x d'une police (assez pauvrement implémentée, donc à éviter)

REMARQUE

Unités et valeur nulle

Lorsque la valeur que l'on veut attribuer à une propriété vaut 0, il n'est pas nécessaire de préciser l'unité.

Nous utiliserons ces valeurs pour définir la taille des éléments en largeur et en hauteur, la taille des caractères, les `margin` et `padding`, en recourant parfois à des valeurs négatives.

URL, URN et URI

Une URL (Uniform Resource Locator, localisateur de ressource uniforme) est l'adresse d'une ressource sur le réseau. Une nouvelle appellation pour les appels de ressources est URN (Uniform Resource Name, nom de ressource uniforme). Les URL et URN forment ensemble les URI (Uniform Resource Identifier, identificateur de ressource uniforme).

Pour le designer CSS, les ressources sont, le plus souvent, les images à afficher en fond (`background`) d'un élément.

RENVOI

Nous y reviendrons au chapitre Communiquer et promouvoir un site.

Il s'agit aussi des images utilisées en guise de puces dans les listes HTML.

On désigne la ressource en utilisant le mot-clé `url`, comme ceci :

```
body {
    background: url("http://adresse_de_la_ressource")
}
```

Les guillemets sont facultatifs.

REMARQUE

Adresses relatives

Les adresse relatives sont déterminées à partir de la feuille CSS, et non à partir du document HTML lié à cette feuille.

Couleurs

Pour déterminer les couleurs des textes et de fond, nous faisons en général appel à deux types de données : les mots-clés, les codes RVB et les codes hexadécimaux.

Le codage RVB permet de décrire une couleur avec des pourcentages de rouge, de vert et de bleu (les couleurs primaires). On dispose ainsi d'une large palette de couleurs (plus d'un million).

Il existe plusieurs syntaxes possibles pour décrire les valeurs. L'espace RVB définit pour chaque couleur primaire un intervalle d'entiers, entre 0 et 255, correspondant à 256 nuances.

```
#couleur {
    color: rgb(255,0,0);
}
```

Dans la notation suivante, les pourcentages de couleur sont indiqués de manière explicite. Nous pouvons utiliser des valeurs à virgule (dites "flottantes") :

```
#couleur {
    color: rgb(100%, 0%, 0%);
}
```

La notation hexadécimale, qui utilise le préfixe `#`, exprime chaque couleur primaire grâce à deux chiffres, correspondant aux mêmes valeurs que dans le système à 256 niveaux. Pour connaître la valeur RVB (de 0 à 255) de chaque canal, il suffit d'additionner le nombre de droite et le nombre de gauche, préalablement multiplié par 16. Exemple : ff (hexadécimal) = (15 × 16) + 15 = 255 (RVB).

```
#couleur {
    color:#ff0000;
}
#couleur {
    color:#f00;
}
```

Pour raccourcir la lecture, il est possible de ne mentionner que trois chiffres. Pour chaque canal, il faut doubler chaque chiffre afin d'obtenir la valeur réelle (ex : `f` = `ff`).

Enfin, les couleurs peuvent être décrites sous forme de mots-clés, ayant pour origine la palette VGA par défaut de Windows :

```
#couleur{
    color:blue;
}
```

Tableau 2.5 : Codes des couleurs et mots-clés			
Mot-clé	**Nom**	**Code hexadécimal**	**Code RVB**
`blue`	bleu	`#0000FF`	`0,0,255`
`fuchsia`	fuchsia	`#FF00FF`	`55,0,255`
`lime`	vert citron	`#00FF00`	`0,255,0`
`maroon`	brun	`#800000`	`128,0,0`
`purple`	mauve	`#800080`	`128,0,128`
`red`	rouge	`#FF0000`	`255,0,0`
`white`	blanc	`#FFFFFF`	`255,255,255`
`yellow`	jaune	`#FFFF00`	`255,255,0`
`aqua`	bleu clair	`#00FFFF`	`0,255,255`
`black`	noir	`#000000`	`0,0,0`
`gray`	gris	`#808080`	`128,128,128`
`green`	vert	`#008000`	`0,128,0`
`navy`	bleu foncé	`#000080`	`0,0,128`
`olive`	vert olive	`#808000`	`128,128,0`
`silver`	argenté	`#C0C0C0`	`192,192,192`
`teal`	turquoise	`#008080`	`0,128,128`

REMARQUE

Trouver le bon code couleur

La plupart des éditeurs d'images permettent de savoir à quel code hexadécimal correspond la couleur que l'on veut obtenir, et l'extension Firefox ColorZilla est idéale pour extraire le code couleur de toutes les parties d'une page web.

Mots-clés

Dans certains cas, nous ne pouvons pas affecter une valeur numérique aux propriétés CSS. Nous faisons alors appel aux mots-clés prévus. Par exemple, le style de police (propriété `font-style`) doit s'exprimer avec les mots-clés `bold`, `italic`, `oblique`, `inherit` ou `normal`. Il en est de même pour bien d'autres propriétés que nous verrons plus loin.

Pour exprimer une valeur de type mot-clé, nous utilisons cette syntaxe :

```
selecteur {
    propriete: motcle;
}
```

Écritures abrégées

Il existe en CSS une façon élégante d'affecter des valeurs à des propriétés particulières : les écritures abrégées. Elles permettent une écriture rapide et condensée des valeurs à affecter. L'avantage de cette notation réside dans un gain de temps à la rédaction et bien souvent au chargement de la feuille de style. Dans de nombreux cas, l'écriture abrégée facilite la lecture et réduit le nombre d'erreurs qui peuvent survenir lors de surcharge. Les principales propriétés qui acceptent cette technique sont présentées dans le tableau suivant :

***Tableau 2.6 :** Les principales propriétés supportant les écritures abrégées*

Mot-clé	Description
`font`	Permet de contrôler les propriétés telles que `font-size`, `font-weight`, etc.
`background`	Permet de contrôler les propriétés propres aux fonds.
`list-style`	Permet de contrôler les propriétés propres aux listes.
`margin`	Permet de contrôler toutes les marges.
`padding`	Permet de contrôler les marges internes.
`border`	Permet de contrôler les bordures.

Voyons la balise `font` ainsi que l'ordre dans lequel les propriétés sont affectées :

```
font-style font-variant font-weight font-size
✂ line-height font-family
```

Il n'est pas obligatoire de préciser tous les éléments. Si certains sont omis, ils prennent la valeur par défaut de la propriété à laquelle il se rapporte. Ainsi, les deux exemples suivants sont équivalents, la deuxième syntaxe étant bien plus agréable à lire :

```
p {
    font-style: italic;
    font-variant: small-caps
    font-weight: bold;
    font-size: 12px;
    line-height: 2em;
    font-family: serif;
}
LEGEND=La version longue

p {
    font: italic small-caps bold 12px 2em serif;
}
LEGEND=La version courte
```

Voyons maintenant la propriété `background` :

```
background-color background-image background-repeat
✂ background-attachment background-position
```

La même méthode peut aisément s'appliquer à la balise `background`. Il suffit de respecter l'ordre.

```
body {
    background-color: #fff;
    background-image: url(fond.png);
    background-repeat: no-repeat;
    background-attachment: scroll;
    background-position: 0 0;
}
LEGEND=La version longue

body {
    background: #fff url(fond.png) no-repeat scroll 0 0;
}
LEGEND=La version courte
```

Pour les listes (`list`), l'ordre est défini comme suit :

```
list-style-type list-style-position list-style-image
```

Ces propriétés fonctionnent de la même manière que les précédentes.

Pour les bordures (`border`), nous appliquons aussi le même principe que pour les balises `background`. Les propriétés sont alors présentes dans l'ordre suivant :

```
border-width border-style border-color
```

Pour appliquer des valeurs aux marges (`margin`) d'une boîte, il suffit d'aller dans le sens des aiguilles d'une montre, c'est-à-dire de commencer par la valeur du dessus, puis celle de droite, celle du dessous et de terminer par celle de gauche.

```
div {
margin-top : 1em ;
margin-right : 1em ;
margin-bottom : 1em ;
margin-left : 1em ;
}
div {
margin : 1em 1em 1em 1em;
}
```

Si, comme dans cet exemple, les quatre valeurs sont identiques, il est possible de les regrouper comme suit :

```
div {
margin : 1em;
}
```

Si les valeurs sont semblables deux à deux (marges du dessus et du dessous, ainsi que les marges de côté), il est aussi possible de les regrouper :

```
div {
margin : 1em 2em;
/*
Equivaut à
margin-top : 1em ;
margin-right : 2em ;
margin-bottom : 1em ;
margin-left : 2em ;
*/
}
```

La propriété `padding` s'applique exactement de la même manière.

Vous comprendrez aisément le confort que l'utilisation de raccourcis comme ceux-ci peut apporter, à vous comme à ceux qui doivent vous relire ou modifier par la suite vos codes.

Atelier : modifiez marges et police

Dans le code suivant, ajoutez des marges internes au bloc de citation, `1em` sur le dessus, `2em` sur les côtés et `5px` sur le bas. Appliquez aussi une police et une taille de police de votre choix à tout le document.

```
<!DOCTYPE html PUBLIC "-//W3C//DTD XHTML 1.0
✂ Transitional//EN"
✂ "http://www.w3.org/TR/xhtml1/DTD/xhtml1-transitional.dtd">
<html xmlns="http://www.w3.org/1999/xhtml">
<head>
    <title>Sommaire</title>
    <style type="text/css">

    </style>
    </head>
<body>
    <h1>Notre titre à modifier</h1>
    <p>Appliquons ensemble la <a href="#">théorie des
    ✂ sélecteurs</a></p>
    <blockquote lang="fr">
Personnage éminent de la culture occidentale, Shakespeare
✂ continue d'influencer les artistes d'aujourd'hui.
    </blockquote>
    <div>
        <form action="">
            <label for="texte">Mettez votre texte :
            ✂ </label>
            <input type="text" id="texte" value="mon champ"
            ✂ />
            <input type="submit" text="Cliquez ici "/>
        </form>
    </div>
    <p>Ce <a href="#">lien</a> doit rester en bleu et
    ✂ celui-ci en <a href="#">vert</a></p>
</body>
</html>
```

Solution

```
blockquote {
  width: 300px;
  height: 150px;
  padding: 25px 15px;
  margin: 25px 10px;
}
```

Vous pouvez aussi ajouter des propriétés de texte à votre convenance.

At-rules

Il existe en CSS quelques règles particulières nommées "at-rules". On les appelle ainsi car elles commencent par le caractère `@`, qui se prononce "at" en anglais.

Une des règles les plus utilisées est `@import`. Elle permet de récupérer l'intégralité d'une feuille CSS, ce qui est pratique pour séparer éventuellement certaines parties du code.

REMARQUE

Ce qui précède conditionne la prise en compte de @import

Si la règle `@import` est précédée d'un bloc ou d'une règle autre que `@charset` ou `@import`, elle est ignorée par le navigateur.

Il est possible d'importer une feuille de style en fonction du média auquel elle doit se référer. Ainsi, avec le code suivant, la feuille de style sera chargée uniquement si le média est `print`, appelé quand on imprime.

```
@import url(mafeuille.css) print;
```

Admettons maintenant que nous voulions charger cette feuille s'il s'agit également d'une présentation. Il suffit alors de séparer les noms par une virgule :

```
@import url(mafeuille.css) print, presentation;
```

La balise `@media` permet d'appliquer des propriétés uniquement si l'on est dans un espace qui s'applique au média. Ainsi, la propriété que nous appliquons à <p> dans l'exemple suivant ne le sera que si l'on imprime :

```
@media print {
    p {
        line-height: 2em;
    }
}
```

La règle `@charset` permet de préciser le type d'encodage de caractères que l'on souhaite. Ainsi si l'on enregistre la page CSS encodée en `UTF-8` ou `ISO-8859-15`, il suffit de le préciser comme suit :

```
@charset "UTF-8";
@charset "ISO-8859-15"
```

REMARQUE

Quel encodage choisir ?

Pour un texte francophone, il existe trois grands types d'encodages :

- L'ISO-8859-1 comprend l'ensemble des caractères francophones utiles. Il est régulièrement utilisé.
- L'ISO-8859-15 est comparable au précédent, mais il contient le caractère € en plus.
- L'UTF-8 est un encodage beaucoup plus large, qui contient bien plus de caractères. Il tend à se répandre de plus en plus car il offre par exemple le support des langues asiatiques.

Une dernière règle "at" est `@page`. Elle permet de préciser la taille ou les marges d'une page CSS. L'exemple qui suit définit une page dont la taille est de 8,5 × 11 pouces, avec une marge de 2 centimètres.

```
@page {
   size: 8.5in 11in;
   margin: 2cm
}
```

2.4. En résumé

Nous avons vu les principaux points de syntaxe permettant de construire des pages CSS. Avec la pratique et le temps, vous apprendrez à les maîtriser. Nous appliquerons bien évidement ces notions tout au long du livre.

Vous savez comment insérer du code CSS dans une page, et ce de diverses manières. Vous pouvez définir des cascades et appliquer des styles à vos éléments HTML, en vous appuyant sur les `id` et les classes. Vous pouvez également jouer avec les pseudo-classes et les pseudo-éléments afin de définir des mises en page élaborées.

Nous allons voir dans les chapitres suivants les différentes propriétés que nous pouvons appliquer aux éléments que nous avons appris à sélectionner.

Synthèse des sélecteurs	
`*`	Sélectionne n'importe quel élément.
`E`	Sélectionne les éléments du type `E`.
`E F`	Sélectionne les éléments du type `F` qui sont des descendants d'éléments de type `E`.
`E > F`	Sélectionne les éléments du type `F` qui sont des enfants directs des éléments du type `E`.
`E:first-child`	Sélectionne les éléments du type `E` quand `E` est le premier élément de son parent.
`E:link`	Sélectionne les éléments du type `E` qui sont des ancres ou des liens hypertextes non visités.
`E:visited`	Sélectionne les éléments du type `E` qui sont des ancres ou des liens hypertextes déjà visités.

Synthèse des sélecteurs	
`E:active`	Sélectionne les éléments du type `E` qui sont des ancres ou des liens hypertextes actifs.
`E:hover`	Sélectionne les éléments du type `E` qui sont des ancres ou des liens hypertextes survolés.
`E:focus`	Sélectionne les éléments du type `E` qui ont le focus.
`E:lang(c)`	Sélectionne les éléments du type `E` qui sont de la langue `c`.
`E + F`	Sélectionne les éléments du type `F` qui sont immédiatement précédés d'un élément de type `E`.
`E[foo]`	Sélectionne les éléments du type `E` qui possèdent l'attribut `foo` (quelle que soit sa valeur).
`E[foo="warning"]`	Sélectionne les éléments du type `E` pour lesquels la valeur de l'attribut `foo` est exactement `warning`.
`E[foo~="warning"]`	Sélectionne les éléments du type `E` pour lesquels la valeur de l'attribut `foo` est la valeur `warning` dans une liste séparée par des espaces.
`E[lang|="en"]`	Sélectionne les éléments du type `E` pour lesquels la valeur de l'attribut `lang` commence par `en` suivi d'un tiret.
`.warning`	Sélectionne les éléments qui ont la classe `.warning`.
`E.warning`	Sélectionne les éléments de type `E` qui ont la classe `.warning`.
`#monId`	Sélectionne les éléments qui ont l'identifiant `#monId`.
`E#monId`	Sélectionne les éléments de type `E` qui ont l'identifiant `#monId`.

Chapitre 3

Positionner le contenu

En CSS, lorsque vous positionnez un élément, il est important de savoir ce qui structure la page et comment vont se comporter les éléments adjacents, parents ou enfants, en raison du principe de cascade.

RENVOI

Pour en savoir plus sur ce principe, lisez le chapitre Généralités et syntaxe.

Plus précisément, il s'agit de savoir :

- comment s'articulent les éléments entre eux (`display`) ;
- de quelle façon qu'ils se positionnent par rapport à l'élément parent (`position`) ;
- de quelle manière ils s'empilent parmi les différentes couches de la page (`z-index`).

Lors de l'affichage d'une page web, chaque élément se voit affecter des propriétés par le navigateur. Mais il ne s'agit là que de valeurs par défaut : tout élément peut voir ses propriétés changées.

Une liste informative des valeurs données à chaque balise par le navigateur est disponible à l'adresse **www.w3.org/TR/CSS21/sample.html**. Nous insistons sur l'aspect informatif, et non pas normatif, de cette liste. En effet, chaque navigateur peut décider d'implémenter une marge ou une taille de police différentes. Par conséquent, prendre à la lettre les recommandations du W3C peut apporter des surprises, tout du moins dans l'état actuel des choses. Mais la tendance est à une homogénéisation du support des navigateurs pour une meilleure interopérabilité.

Quoi qu'il en soit, testez vos sites sur le plus grand nombre de navigateurs, afin de vous assurer qu'ils ont un rendu similaire sur chacun d'entre eux. Vous éviterez de mauvaises surprises lors de sa mise en service.

3.1. Mise en boîte

Le contenu du corps d'un document est principalement composé de deux types de boîtes :

- les éléments de type bloc ;

- les éléments en ligne.

Tableau 3.1 : Liste des principales balises de type bloc (par défaut)	
Élément	**Description**
div	La boîte générique de type bloc
dl, dt, dd, ol, ul, li	Les éléments de liste (<li> génère deux types de boîtes simultanément)
h1, h2, etc.	Les titres
p	Le paragraphe
table	Le tableau

Tableau 3.2 : Liste des principales balises de type en ligne (par défaut)	
Élément	**Description**
strong, em	Met en gras ou emphase le texte balisé.
sub, sup	Met le texte en indice ou en exposant.
del, ins	Supprime ou ajoute du contenu.
button, textarea, input, select	Ces éléments sont de type inline-block. Cela signifie que leur comportement sera de type en ligne, mais que le contenu se comportera comme s'il était dans une boîte de type bloc.

Tout élément, ou balise, contient une boîte, qu'elle soit définie ou implicite. Par exemple, un paragraphe <p> contenant du texte génère un ensemble de boîtes, correspondant à chaque objet qui s'y trouve. Un objet pouvant être un mot, une citation, une image, ou toute boîte considérée en ligne.

Voyons un exemple :

```
<p>
    Dans ce paragraphe, <sup>ce texte est en
    ✂ exposant</sup>.
</p>
```

Ici, nous avons quatre boîtes :

- la boîte générée par <p> (le conteneur) ;
- "Dans ce paragraphe, " qui est une boîte anonyme, puisque non délimitée par une balise ;

- "ce texte est en exposant", qui est une boîte en ligne, d'après ses valeurs par défaut ;
- la boîte de ligne qui regroupe toutes les boîtes (anonymes ou pas) comprises dans le conteneur.

Si le conteneur généré par le paragraphe n'est pas assez long pour que la boîte de ligne y entre totalement, une ou plusieurs autres boîtes de ligne sont alors générées.

Voyons un exemple. Dans ce qui suit, pour obtenir plusieurs boîtes de ligne, nous avons réduit la taille du paragraphe à `400px`. De plus, pour faciliter la lecture des différentes boîtes, nous définissons un soulignage, un surlignage, ainsi que des couleurs différentes via CSS.

- HTML :

```
<p>
    Dans ce paragraphe, <sup>ce texte</sup> est en
    ✂ exposant, <sub>celui-ci</sub> en indice. On
    ✂ peut ainsi constater que la hauteur des boîtes
    ✂ de ligne peut être supérieure à celle des
    ✂ éléments la composant.
</p>
```

- CSS :

Listing 3-1 : extrait du fichier 03-lin-box.htm

```
p {
    width: 400px;
    text-decoration: underline overline;
    background-color: #ddd;
}
sup, sub {
    background-color: #999;
}
```

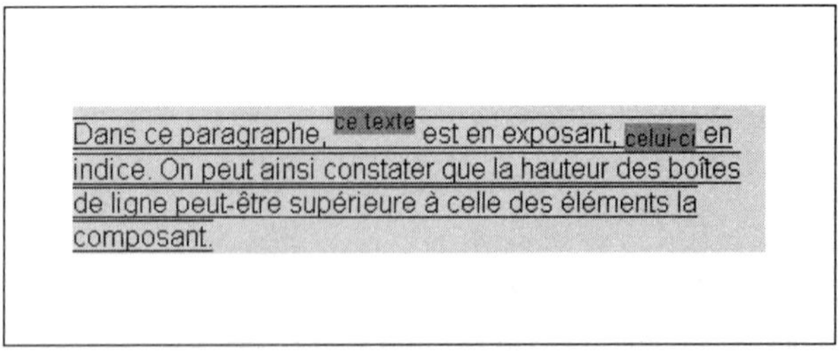

Figure 3.1 : *Résultat : les différentes boîtes générées par un document XHTML*

Nous pouvons voir ici le conteneur (<p>) dont l'arrière-plan est gris clair, les boîtes anonymes représentées par l'intervalle horizontal entre le soulignage et le surlignage, les boîtes en ligne (<sup> et <sub>), et enfin les lignes de boîte, visibles entre les boîtes anonymes. Chaque nouvelle ligne de texte constitue en fait une nouvelle boîte de ligne. Nous avons donc ici treize boîtes en tout :

- un conteneur ;
- quatre lignes de boîte ;
- deux boîtes en ligne ;
- six boîtes anonymes en ligne.

Nous retrouverons sensiblement le même comportement pour les boîtes de type bloc : des boîtes anonymes de type bloc sont générées en fonction du conteneur et de la présence d'un bloc.

3.2. Affichage des éléments

Vous pouvez changer le comportement par défaut de chaque élément à votre convenance en utilisant la propriété `display`. Nous allons détailler ici les différents comportements possibles, ainsi que les avantages que nous pouvons en tirer.

block

Cette valeur concerne par défaut tous les éléments contenant des blocs ou listes de texte (titre, paragraphe, citation, liste ordonnée ou non…). Elle définit un élément comme étant une boîte de type bloc.

Les éléments dont la propriété `display` a cette valeur seront placés successivement de façon verticale, avec leurs propriétés par défaut.

L'espacement qui sépare les paragraphes (et de façon générale, tous les blocs) est spécifié par la propriété `margin`.

RENVOI

Nous reviendrons sur cette propriété au chapitre Hiérarchiser le contenu.

Ces marges ne peuvent être confondues lorsqu'elles sont horizontales, à l'inverse des marges verticales.

Les blocs peuvent contenir d'autres éléments du même type, comme le montre l'exemple suivant :

```
<blockquote>
    <p>
        Il vaut mieux être bête comme tout le monde que
        ✂ d'avoir de l'esprit comme personne.
    <p>
</blockquote>
<p class="auteur">
    Anatole France
</p>
```

inline

Des éléments `inline` se suivent sur la ligne de boîte à laquelle ils appartiennent, tant que celle-ci n'est pas limitée par un retour à la ligne ou les bords du conteneur, auxquels elle s'adapte en revenant à la ligne.

Les boîtes `inline` ne peuvent contenir des boîtes de type bloc, même si l'on attribue un `display: inline` à la boîte incluse. Elles ne peuvent contenir qu'elles-mêmes. Par conséquent, le code suivant n'est pas valide :

```
<p>
    Ceci est un exemple de texte <em>mis en exergue</em>,
    ✂ tout à fait cohérent. Mais la <span>boîte en ligne
    ✂ suivante ne pourra contenir <div>un élément de type
    ✂ bloc</div></span>.
</p>
```

En effet, `<span>` étant une balise en ligne, `<div>` qui est de type bloc, ne pourra y trouver sa place.

inline-block

Dans le flux normal d'un conteneur, un élément étant affiché comme `inline-block` se comportera comme un élément `inline` envers son entourage, mais sera considéré comme une boîte de type block vis-à-vis de son contenu. Il héritera par conséquent des attributs d'un bloc (hauteur, largeur…). Ce type de boîte est un bloc qu'il est possible d'afficher dans une boîte de ligne, ce qui ouvre des horizons.

Par ailleurs, nous pouvons utiliser la propriété `vertical-align` afin de positionner l'élément par rapport au flux dans lequel il se trouve, en raison de son comportement `inline` et de sa possibilité d'avoir une hauteur particulière.

Voyons un exemple :

- HTML :

```
<p>
    Dans ce paragraphe, <span>ce texte est situé
    à l'intérieur d'une boîte "inline-block".</span>
    Comment se comporte-t-elle vis-à-vis du flux
    ✂ courant ?
</p>
```

- CSS :

Listing 3-2 : extrait du fichier 03-dpl-ilb.htm

```
span {
    display: inline-block;
    width: 150px;
    padding: .5em;
    border: dashed 2px #000;
    background-color: #999;
}
```

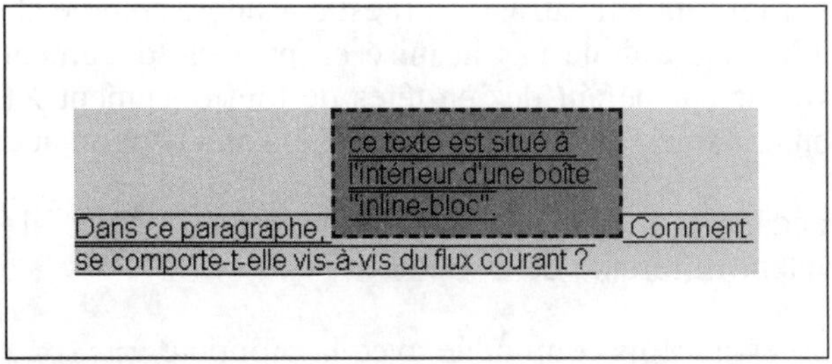

***Figure 3.2 :** Résultat : un élément affiché comme inline-block*

Nous pouvons constater que la boîte s'aligne par défaut sur la ligne de base du flux courant. Il est également possible de faire varier sa position par rapport au flux de données.

- CSS :

Listing 3-3 : extrait du fichier 03-dpl-ilb.htm

```
span {
    display: inline-block;
    width: 150px;
```

```
    padding: .5em;
    border: dashed 2px #000;
    vertical-align: middle;     /* nous ajoutons cette
    ✂ propriété */
    background-color: #999;
}
```

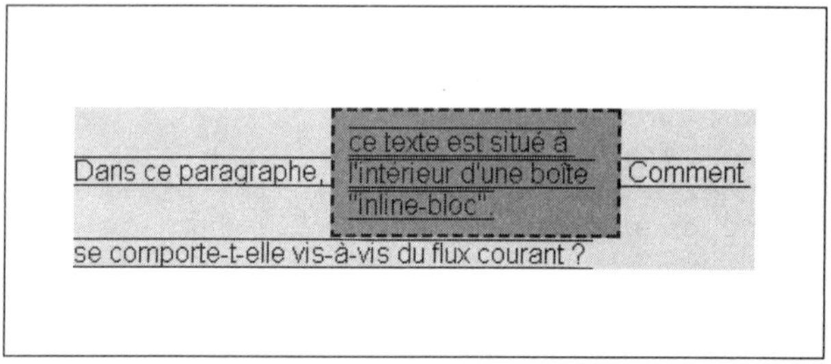

Figure 3.3 : *Résultat : un élément affiché comme inline-block*

Cette valeur n'est pas prise en compte par Gecko (moteur de rendu de la suite Mozilla, Firefox, Thunderbird…).

none

Un élément dont la propriété `display` a la valeur `none` ne sera pas affiché, ni lu par un synthétiseur vocal. Il est considéré comme absent du document et n'affectera donc pas la mise en page du document. C'est d'ailleurs la valeur par défaut des en-têtes de tout document XHTML, même si de toute manière, les navigateurs ne les affichent en aucun cas.

Tous les descendants d'une boîte `none` seront ignorés, même s'il leur est attribué une valeur différente de `display`.

La valeur `none` est parfois confondue avec la propriété `visibility` et sa valeur `hidden`. Même si elles participent au masquage d'un contenu, les conséquences sur la mise en page ne sont pas les mêmes. Nous verrons plus loin comment se comporte `visibility`.

3.3. Table et variantes

Les valeurs suivantes s'appliquent par défaut aux éléments composant les tableaux.

Tableau 3.3 : Une liste des valeurs utilisées par défaut et leur correspondance en HTML

Valeur de display	Balise HTML	Description
`table`, `table-inline`	`table`	Ces deux valeurs génèrent des boîtes initiant un tableau. La seule différence réside dans leur comportement vis-à-vis de leur environnement immédiat : `table` crée une boîte de type bloc, tandis que `table-inline` génère une boîte en ligne. Leurs comportements sont comparables à ceux de `block` et `inline`.
`table-row`, `table-column`	`tr`, `col`	Lorsque ces valeurs sont attribuées à un élément, celui-ci se comporte comme une ligne ou une colonne.
`table-row -group`, `table-header -group`, `table-footer -group`, `table-column -group`	`tbody`, `thead`, `tfoot`, `colgroup`	Ces valeurs ont toutes en commun qu'elles s'appliquent à un ensemble de cellules. * `table-row-group` affecte le même style aux boîtes qu'elle regroupe. * `table-header-group` positionne le contenu de la boîte au-dessus des autres lignes, puisqu'il s'agit des en-têtes des colonnes du tableau. * `table-footer-group` positionne le contenu de la boîte au-dessous des autres lignes ou groupes de lignes. * `table-column-group` définit un style unique sur un ensemble de colonnes.
`table-cell`	`td, th`	Une boîte avec cette valeur se comporte comme une cellule de tableau.
`table-caption`	`caption`	Un élément avec cette valeur est positionné par défaut avant les en-têtes et les lignes du tableau. Il s'agit de la légende du tableau.

RENVOI *La manipulation des tableaux sera abordée au chapitre **Hiérarchiser le contenu.***

Dans la mesure où ces valeurs sont encore assez mal gérées par les navigateurs dès que l'on sort du schéma classique d'un tableau, vous ne pourrez donc pas les utiliser de manière fiable sans prendre de gros risques sur l'interopérabilité de votre site. En effet, chaque navigateur semble interpréter ces valeurs à sa façon.

Pourtant, la mise en page par "pseudo-tableaux" pourrait apporter des solutions, et notamment pour ce qui est de l'adaptation en hauteur d'un contenu sur plusieurs colonnes.

Voici ce que l'on pourrait réaliser avec un navigateur respectant cette valeur :

- HTML :

```
<div class="table">
    <div class="row1">
        <p>
            Ceci est le premier paragraphe.
            <br />Si nous ajoutons du texte, il y a
            ✂ de fortes chances pour que les autres
            ✂ paragraphes s'adaptent automatiquement
            ✂ à sa hauteur.
            <br />À moins que comme ici, les trois
            ✂ paragraphes suivants soient considérés
            ✂ comme un groupement de cellules.
        </p>
        <div>
            <p>
                Voici le deuxième paragraphe.
            </p>
            <p>
                Voici le troisième paragraphe.
            </p>
            <p>
                Voici le quatrième paragraphe. Si
                ✂ nous ajoutons du texte, il y a de
                ✂ fortes chances pour que les autres
                ✂ paragraphes s'adaptent
                ✂ automatiquement à sa hauteur.
            </p>
        </div>
    </div>
```

- CSS :

Listing 3-4 : extrait du fichier 03-dpl-tab.htm

```
.table {
    width: 300px;              /* se comporte comme un
    ✂ tableau */
    display: table;
    border-collapse: collapse;
    background-color: #555;
    color: inherit;
}
.row1 {
    display: table-row;          /* se comporte comme
    ✂ une ligne */
    background-color: #999;
    color: inherit;
}
.row1 p {
    display: table-cell;      /* se comporte comme une
    ✂ cellule */
    padding: 1em;
    border: solid 5px #000;
    vertical-align: top;
    background-color: #ddd;
    color: inherit;
}
```

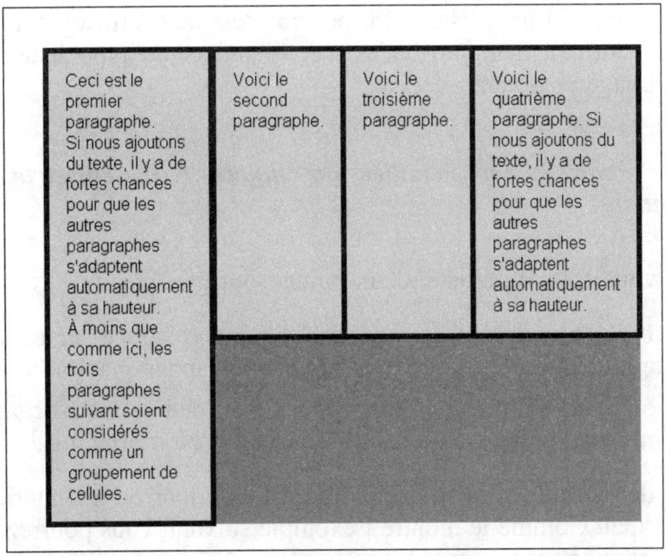

***Figure 3.4 :** Résultat : l'affichage de diviseurs en colonnes, rendu avec Mozilla Firefox, idéal pour une adaptation automatique des hauteurs de chaque pseudo-colonne*

En fait, nous demandons ici à l'élément doté d'une classe `table` (le diviseur <div>) de se comporter comme un tableau (`display: table;`).

Le diviseur suivant est considéré comme une ligne de ce tableau, puisqu'il s'est vu affecter une classe `row1`, qui a la propriété display à `table-row`.

Par conséquent, tous les enfants des `row1` se comporteront comme des cellules s'ils sont de type <p>.

list-item et run-in

Nous avons réservé cette section aux valeurs de `display` qui ne sont pas encore suffisamment supportées par les navigateurs actuels. Certaines d'entre elles peuvent s'avérer pratiques, mais votre site en subira les conséquences visuelles dans le cas où l'utilisateur emploierait le mauvais navigateur.

list-item

La valeur `list-item` implique que l'élément associé se comportera comme l'`item` d'une liste. On pourra dès lors utiliser toutes les propriétés normalement attribuées aux éléments de type liste : puce, numéro, image personnalisée, etc.

RENVOI

*Ces propriétés sont détaillées au chapitre **Hiérarchiser le contenu.***

Lorsque vous créez une liste, deux boîtes sont générées :

- la boîte principale, de type bloc, qui correspond au contenu à proprement parlé : le texte et les images appartenant à la liste ;
- la boîte de marqueurs, de type en ligne, dédiée à l'affichage des symboles, chiffres ou lettres précédant le bloc principal.

La boîte de marqueurs peut être placée à l'extérieur ou à l'intérieur du bloc principal. Comme le montre l'exemple suivant, vous pourrez régler ce comportement par la propriété `list-style-type` dont les valeurs sont `inside` ou `outside`.

- HTML :

```
<ol>
    <li>item 1 (oustide)</li>
    <li>item 2 (oustide)</li>
    <li class="in">item 3 (inside)</li>
    <li class="in">item 4 (inside)</li>
</ol>
<p>Ceci est le premier paragraphe. (oustide)</p>
<p>Voici le deuxième paragraphe. (oustide)</p>
<p class="in">Voici le troisième paragraphe.
✂ (inside)</p>
<p class="in">Ceci est le quatrième paragraphe.
✂ (inside)</p>
```

- CSS :

Listing 3-5 : extrait du fichier 03-dpl-lst.htm

```
.in {
    list-style-position: inside;
}
p, li {
    width: 350px;
    background-color: #ddd;
}
p {
    display: list-item;
    list-style-type: circle;
}
```

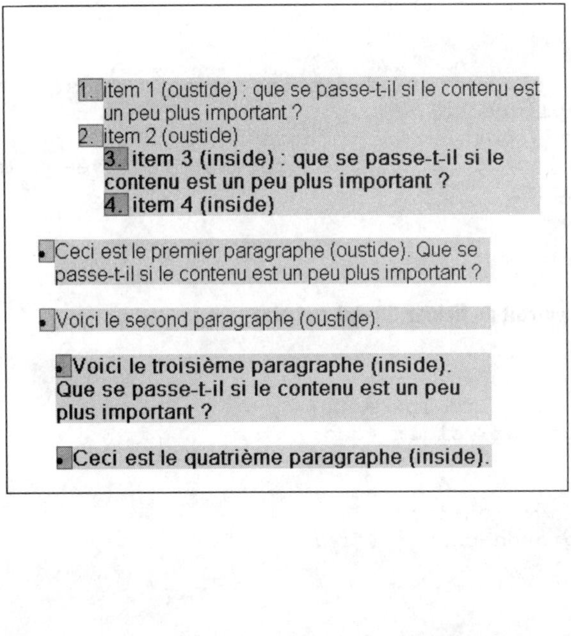

Figure 3.5 : *Résultat : la liste de quatre items suivie de quatre paragraphes*

Les boîtes de marqueurs sont alternativement placées à l'extérieur, puis à l'intérieur. Les blocs ont été grisés, et les marqueurs entourés et grisés, ce qui permet de mieux situer les différents éléments composant ce type d'affichage.

Pourquoi les secondes lignes ne sont-elles pas décalées comme la première ? Tout simplement parce que le bloc de marqueurs étant considéré comme en ligne, il se positionne devant le texte courant, décalant d'autant la première boîte de ligne.

run-in

Cette valeur est un peu contrariante : elle se comporte de la manière inverse que l'on attend d'elle. Si un élément de type bloc suit celui dont le `display` est `run-in`, ce dernier se comportera comme s'il était en ligne. À l'inverse, s'il est suivi d'un élément en ligne, il deviendra alors un élément de type bloc.

- HTML :

```
<p class="run">
    " display: run-in " est appliqué à ce paragraphe.
</p>
<p>
    La valeur par défaut de " display " est appliquée
    à celui-ci (type bloc) ; il est donc de type bloc
    et le paragraphe précédent se comporte comme un
    ✂ élément en ligne.
</p>
<p>
    <span class="run">" display: run-in " est
    ✂ appliqué
    à cette portion de paragraphe,</span>
    la suite du paragraphe est donc renvoyée à la
    ✂ ligne.
</p>
```

- CSS :

Listing 3-6 : extrait du fichier 03-dpl-run.htm

```
p {
    width: 200px;
    border: solid 1px #000;
    background-color: #ddd;
}
.run {
    display: run-in;
    background-color: #fff;
}
```

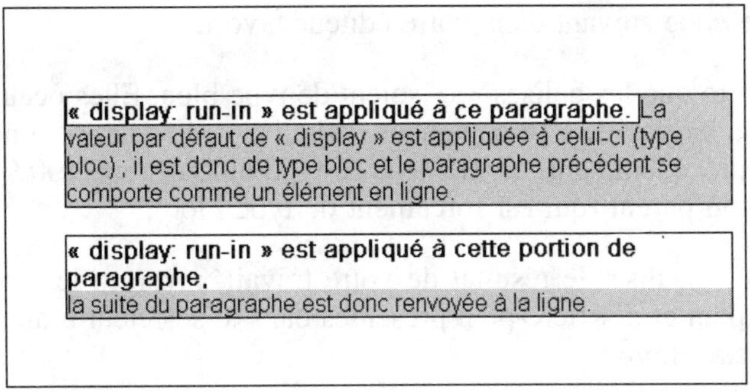

Figure 3.6 : *Résultat : les différents comportements lors d'un display; run-in*

Atelier : créez des listes

Vous allez utiliser une liste afin de créer un menu de navigation. Il faudra que des ancres <a> occupent l'intégralité de l'`item` qui les contient, afin que la zone "cliquable" ne se limite pas au texte.

Augmenter la taille des zones "cliquables" permet notamment une meilleure accessibilité.

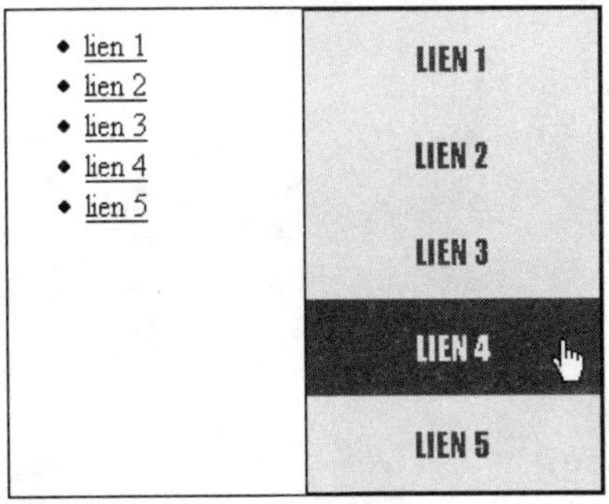

Figure 3.7 : *Deux vues de la même liste : sans style, puis telle que vous devriez la voir à la fin de cet atelier*

REMARQUE

À propos des ateliers

Afin d'avoir un rendu visuel plus agréable, nous avons utilisé un certain nombre de propriétés encore non abordées dans cet ouvrage. Nous les étudierons plus loin. Pour vous orienter sur les modifications à effectuer, nous insérerons des lignes vides dans chacun des ateliers, afin que vous sachiez où intervenir.

Recopiez le code suivant dans votre éditeur favori.

Faites en sorte que les balises <a> soient de type bloc. Elles occuperont ainsi toute la largeur de leur conteneur (la balise <li>) car, comme nous l'avons vu précédemment, un élément de type bloc occupe 100 % de la largeur de son parent (qui est forcément de type bloc).

Pour mieux visualiser le résultat de votre travail, inversez les couleurs de premier plan et d'arrière-plan présentes dans le sélecteur a au niveau du sélecteur a:hover.

Listing 3-7 : contenu du fichier 03-ex-dpl.htm

```
<!DOCTYPE html PUBLIC "-//W3C//DTD XHTML 1.0 Strict//EN"
"http://www.w3.org/TR/xhtml1/DTD/xhtml1 strict.dtd">
<html xmlns="http://www.w3.org/1999/xhtml" xml:lang="fr">
<head>
    <title>un menu plus accessible</title>
    <meta http-equiv="Content-language" content="fr" />
    <style type="text/css">
        ul {
            width: 150px;
            padding: 0;
            margin: 0;
            list-style-type: none;
            border: solid 1px #000;
            font: 1em/3 Impact, Arial, Helvetica,
            ✂ sans-serif;
            text-transform: uppercase;
        }
        li {
            line-height: 3em;
            text-align: center;
        }
        a {
            height: 3em;
            text-decoration: none;
            background-color: #eee;
            color: #555;
        }
        a:hover {

        }
    </style>
</head>
<body>
    <ul>
        <li><a href="#">lien 1</a></li>
        <li><a href="#">lien 2</a></li>
        <li><a href="#">lien 3</a></li>
```

```
        <li><a href="#">lien 4</a></li>
        <li><a href="#">lien 5</a></li>
    </ul>
</body>
</html>
```

Solution

```
    <style type="text/css">
        ul {
            width: 150px;
            padding: 0;
            margin: 0;
            list-style-type: none;
            border: solid 1px #000;
            font: 1em/3 Impact, Arial, Helvetica,
            ✂ sans-serif;
            text-transform: uppercase;
        }
        li {
            line-height: 3em;
            text-align: center;
        }
        a {
            display: block;
            height: 3em;
            text-decoration: none;
            background-color: #eee;
            color: #555;
        }
        a:hover {
            background-color: #555;
            color: #eee;
        }
    </style>
```

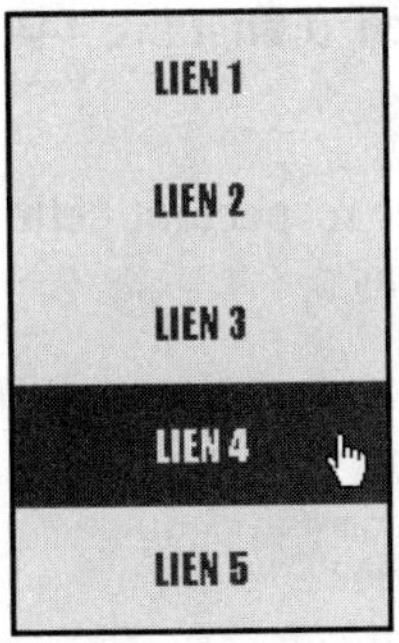

Figure 3.8 :
L'apparence de votre liste, à la fin de l'atelier

3.4. Taille des éléments

Les boîtes de type bloc sont les seules (à quelques exceptions près, que nous n'aborderons pas dans ce livre, car très spécifiques) qui peuvent se voir attribuer des dimensions, qu'elles soient fixes, proportionnelles ou limitées.

En effet, si vous tentez de spécifier des dimensions à une boîte en ligne, cela n'aura strictement aucun effet, si ce n'est pour les éléments ayant `display: block` par défaut.

Largeur et hauteur

Les dimensions se définissent par les propriétés `width` et `height`. Il est possible d'utiliser n'importe quelle unité supportée par les CSS.

Les largeur et hauteur d'une boîte définissent la taille du contenu, et non pas celle de l'ensemble de la boîte.

ATTENTION

Internet Explorer et le modèle de boîte

Microsoft Internet Explorer interprète le modèle de boîte de la mauvaise façon et applique les largeur et hauteur à la boîte du conteneur, pas au contenu.

Au lieu d'ajouter les marges, espacements et bordures, à la dimension spécifiée par `width` ou `height`, Internet Explorer les soustrait. Par conséquent, une boîte de 300 pixels de large, ayant un espacement de 50 pixels, une bordure de 2 pixels et des marges de 10 pixels fera en tout 300 pixels de large avec MS Internet Explorer, au lieu d'en faire 444 ($300 + 2 \times 50 + 2 \times 2 + 2 \times 20$).

Cet exemple montre le résultat obtenu sur un navigateur respectant cette propriété des CSS, et sur un autre qui ne la respecte pas :

- HTML :

```
<p>
    Voici un exemple qui vous montrera comment un
    ✂ navigateur doit interpréter le modèle de
    ✂ boîte, et comment il ne le doit pas.
</p>
```

- CSS :

Listing 3-8 : extrait du fichier 03-siz-bxm.htm

```
p {
    width: 300px;
    height: 100px;
    margin: 20px;
    padding: 50px;
    border: solid 2px #000;
}
```

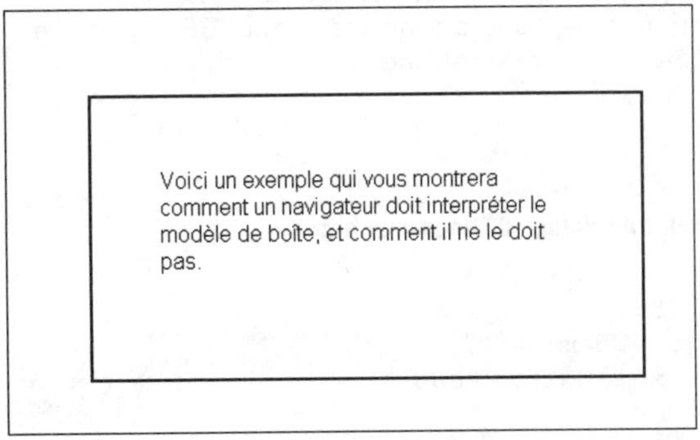

Figure 3.9 : *Résultat : rendu correct avec Mozilla Firefox*

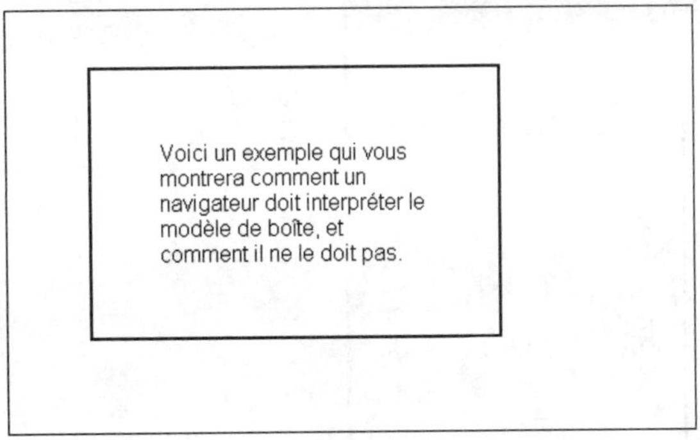

Figure 3.10 : *Rendu non standard avec Microsoft Internet Explorer*

Dimensions minimales et maximales

Dans le cas où vous souhaiteriez une mise en page "élastique", vous voudrez peut-être fixer des limites à cette élasticité.

Qu'est-ce qu'une mise en page élastique (on pourrait également la qualifier de "fluide") ? Tout simplement une mise en page qui s'adapte aux dimensions de la fenêtre du navigateur (ou tout autre support : papier, téléviseur…) en hauteur, ou en largeur.

Il s'agit ici de définir les dimensions du contenu en pourcentage, ou des valeurs de marges fixes pour le conteneur principal (<body>). Le contenu du document n'a pas de dimension, donc il s'adapte aux contraintes du <body>. Voici deux exemples qui illustrent notre propos :

- HTML :

```
<p>
    Ce paragraphe a ses dimensions fixées en
    ✂ pourcentage, il occupera donc 35 % de la
    ✂ taille de son conteneur.
</p>
```

- CSS :

Listing 3-9 : extrait du fichier 03-max-min.htm

```
p {
    width: 25%;
    padding: 0.5em;
    border: solid 2px #000;
}
```

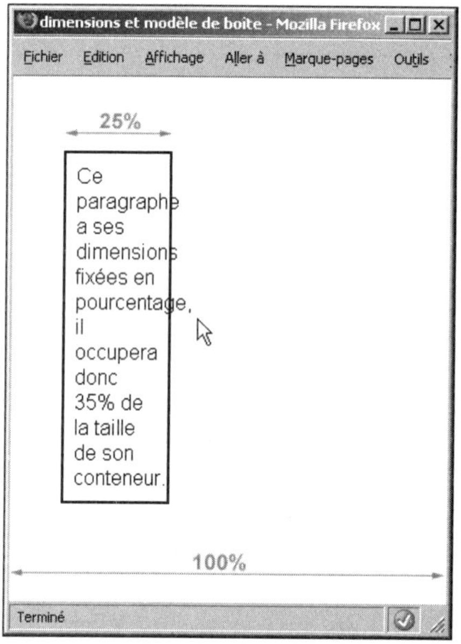

Figure 3.11 : *Résultat : les dimensions du paragraphe sont fixées en fonction de celles de son conteneur <body>*

Ce genre de solution est pratique puisque le site s'adaptera à l'outil utilisé par le visiteur, mais deux problèmes se posent :

- Si la fenêtre du navigateur est trop grande, les lignes seront beaucoup trop longues, ce qui nuit à la facilité de lecture.

- Si la fenêtre du navigateur est trop petite, le paragraphe sera comprimé et l'utilisateur n'aura qu'une suite de mots alignés verticalement, rompant toute cohérence dans la phrase.

À tout problème sa solution…

Il est possible de fixer des limites en utilisant les propriétés `min-width`, `max-width`, `min-height` et `max-height`. Elles permettent de définir des seuils au-delà desquels les dimensions de la boîte resteront fixes.Reprenons l'exemple précédent et ajoutons deux choses :

- HTML :

```
<p class="max-min">
    Si vous spécifiez des dimensions minimales ou
    ✂ maximales, ce qui est le cas pour ce
    ✂ paragraphe, le rendu sera un peu plus facile à
    ✂ lire.
    <br />Ce paragraphe a les mêmes propriétés que
    ✂ dans l'image précédente, avec en plus
    ✂ <em>min-width: 250px;</em>.
</p>
```

- CSS :

Listing 3-10 : extrait du fichier 03-max-min.htm

```
.max-min {
    max-width: 450px;
    min-width: 275px;
}
```

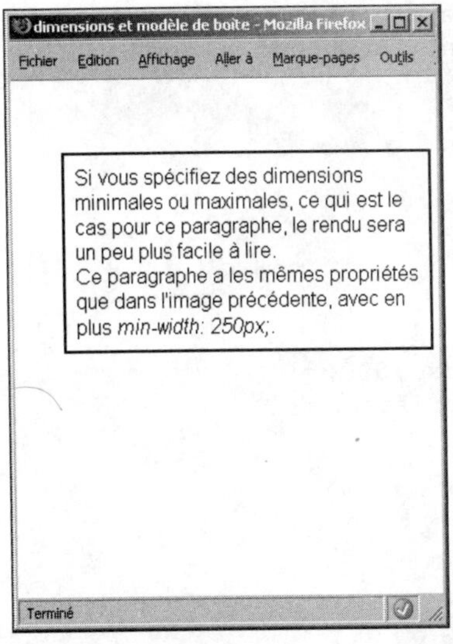

Figure 3.12 :
Résultat : les dimensions extrêmes du paragraphe ne feront pas plus de 450 pixels, et pas moins de 275 pixels

ATTENTION

Internet Explorer

Dans sa version actuelle, le navigateur de Microsoft ne comprend pas les propriétés `min-width`, `max-width`, `min-height` et `max-height`. Pensez-y lorsque vous développez vos sites.

Atelier : dynamisez vos mises en page

Dans cet atelier, vous constaterez qu'une simple règle rendra votre mise en page dynamique : elle s'adaptera à l'interface de l'utilisateur.

Recopiez le code suivant dans votre éditeur favori.

Faites en sorte que chaque diviseur occupe 80 % de son conteneur. Affectez-leur ensuite des dimensions minimales et maximales (dans notre exemple 250 et 750 pixels).

Redimensionnez la fenêtre de votre navigateur pour observer comment se comportent les diviseurs.

Listing 3-11 : contenu du fichier 03-ex-dim.htm

```
<!DOCTYPE html PUBLIC "-//W3C//DTD XHTML 1.0 Strict//EN"
"http://www.w3.org/TR/xhtml1/DTD/xhtml1 strict.dtd">
<html xmlns="http://www.w3.org/1999/xhtml" xml:lang="fr">
<head>
    <title>Les poupées russes</title>
    <meta http-equiv="Content-language" content="fr" />
    <style type="text/css">
        html, body {
            padding: 0;
            margin: 0;
            width: 100%;
            height: 100%;
        }
        div {
            position: relative;
            border: solid 1px #000;
            background-color: #eee;
            color: #555;
        }
        div div {

            margin: 5px;
        }
```

```
    </style>
</head>

<body>
    <div>
        Voici un peu de texte…
        <div>
            … qui va se continuer dans ce diviseur…
            <div>
                … passer par celui-ci…
                <div>
                    … pour finir dans ce dernier.
                </div>
            </div>
        </div>
    </div>
</body>
</html>
```

Solution

```
<style type="text/css">
    html, body {
        padding: 0;
        margin: 0;
        width: 100%;
        height: 100%;
    }
    div {
        position: relative;
        width: 80%;
        min-width: 250px;
        max-width: 700px;
        height: 80%;
        min-height: 250px;
        max-height: 700px;
        border: solid 1px #000;
        background-color: #eee;
        color: #555;
    }
    div div {
        margin: 5px;
    }
</style>
```

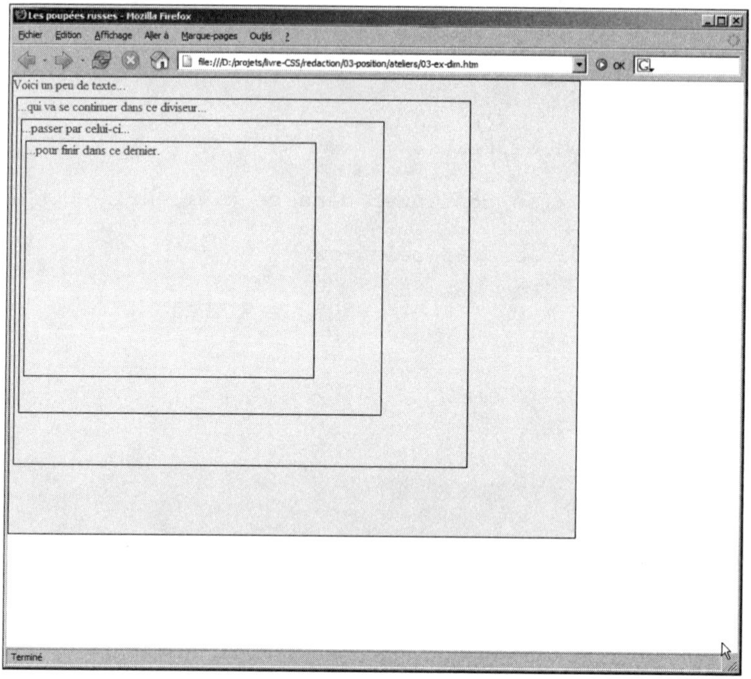

Figure 3.13 : *Les div s'adaptent à la taille de la fenêtre du navigateur...*

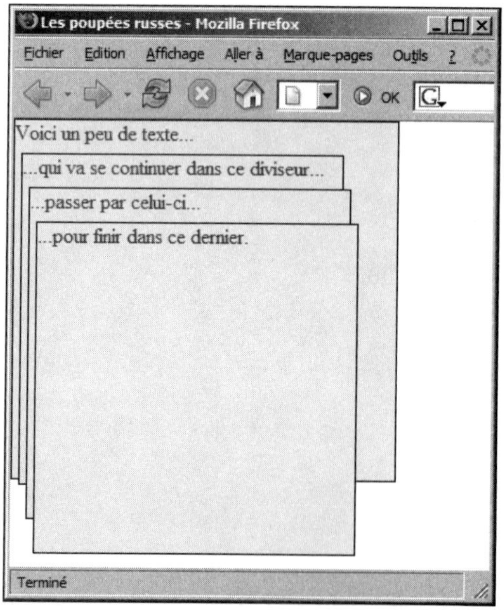

Figure 3.14 : *... en respectant les valeurs minimales et maximales*

3.5. Affichage du contenu

Maintenant que vous avez expérimenté les différentes manières d'afficher une boîte, ainsi que les possibilités de manipuler ses dimensions, voyons comment intervenir sur l'affichage de son contenu.

En effet, dans le cas où un conteneur possède un descendant plus large ou plus haut que lui, plusieurs cas de figure sont envisageables :

- Le contenu dépasse, simplement.
- Le contenu qui dépasse est masqué et non accessible.
- Le contenu qui dépasse est masqué, et le conteneur permet d'y accéder.

Comme nous allons le voir, il est également possible de masquer entièrement le contenu.

visibility

Alors que `display` définit le comportement d'une boîte par rapport au contenu la jouxtant, `visibility` ne concerne que l'affichage du contenu de cette boîte. Ses valeurs sont les suivantes :

Tableau 3.4 : *Liste des valeurs possibles de la propriété visibility*

Valeur	Description
`visible`	Valeur par défaut : affiche le contenu d'une boîte.
`hidden`	Masque le contenu d'une boîte.
`collapse`	Utilisée avec les tableaux, cette valeur permet de masquer une ligne ou une colonne, comme si celles-ci avaient disparu. Dans un autre contexte, cela équivaut à `hidden`.

Dans le premier cas, qui est celui par défaut de tout élément XHTML, le contenu de l'élément est visible et se comporte comme indiqué par `display`. Sont affichés le conteneur et ce qu'il contient.

En revanche, la valeur `hidden` masque le contenu de la boîte représentant l'élément, ainsi que les différentes propriétés du conteneur. Mais l'effet se limite au contenu, la boîte et ses dimensions existent bel et bien, et gardent leur place dans le flux du document. Par conséquent, le contenu est décalé d'autant.

Voici une illustration du fonctionnement de `visibility: hidden`.

- HTML :

```
<p>
    Un paragraphe est un conteneur de type bloc. Nous
    ✂ allons affecter une valeur " hidden " au
    ✂ paragraphe suivant.
</p>
<p class="exemple">
    Un paragraphe est un conteneur de type bloc. Nous
    ✂ avons affecté une valeur " hidden " au
    ✂ paragraphe.
</p>
<p>
    Nous allons maintenant affecter une valeur "
    ✂ hidden " au début du paragraphe suivant, un
    ✂ élément en ligne.
</p>
<p>
    <span class="exemple">Un paragraphe est un
    ✂ conteneur de type bloc</span>. Nous avons
    ✂ affecté une valeur " hidden " au début de ce
    ✂ paragraphe.
</p>
```

- CSS :

Listing 3-12 : extrait du fichier 03-vis-all.htm

```
p {
    width: 450px;
    border: solid 1px #000;
    background-color: #ddd;
    padding: 2px;
}
```

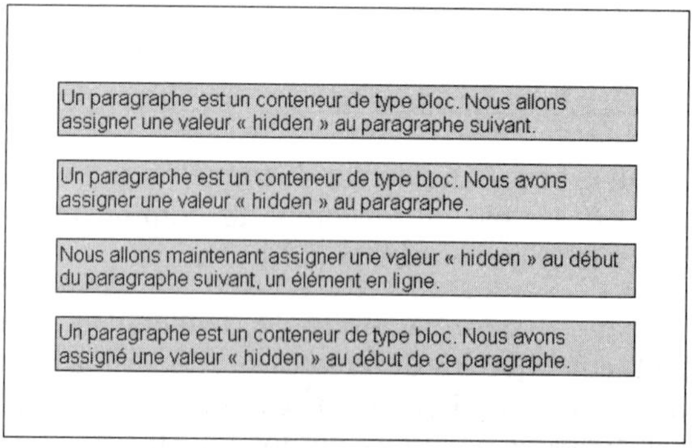

Figure 3.15 : *Résultat : les blocs <p> s'affichent normalement puisque la valeur de visibility est visible par défaut*

Ajoutons maintenant une règle à la classe `exemple`.

- CSS :

```
.exemple {
    visibility: hidden;
}
```

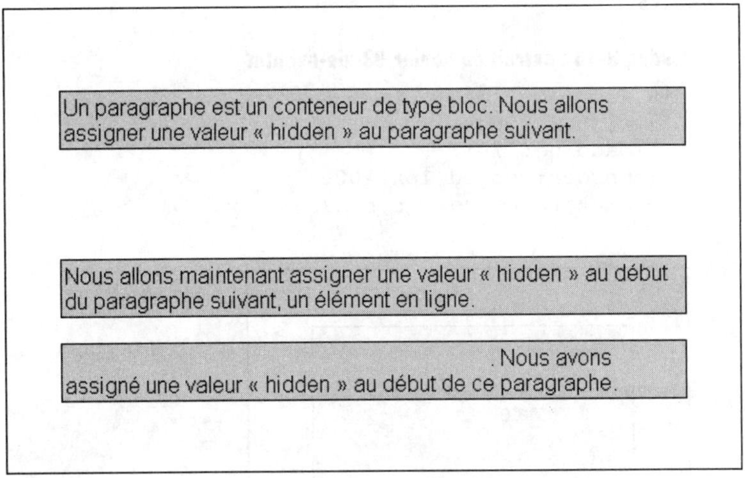

Figure 3.16 : *Résultat : tous les éléments dotés de la classe exemple disparaissent mais laissent la mise en page intacte*

clip et overflow

overflow

Comme nous l'avons vu, il est possible de définir les dimensions des boîtes de type bloc. Mais que se passe-t-il lorsque le contenu a également une taille fixe, et que celle-ci est supérieure à celle de son conteneur ? On trouvera une liste exhaustive des cas de figure sur la page dédiée du W3C : **www.w3.org/TR/CSS21/visufx.html**.

Prenons un exemple :

- HTML :

```
<div>
    <p>Voici un exemple de texte préfromaté.</p>
    <pre>blockquote {
    width: 250px;
```

```
    padding: 1em;
    border: solid 1px #000;
    overflow: auto;
    background-color: #ddd;
}</pre>
</div>
```

- CSS :

Listing 3-13 : extrait du fichier 03-vis-ovf.htm

```
div {
    width: 200px;
    padding: 1em;
    border: solid 1px #000;
    background-color: #ddd;
}
```

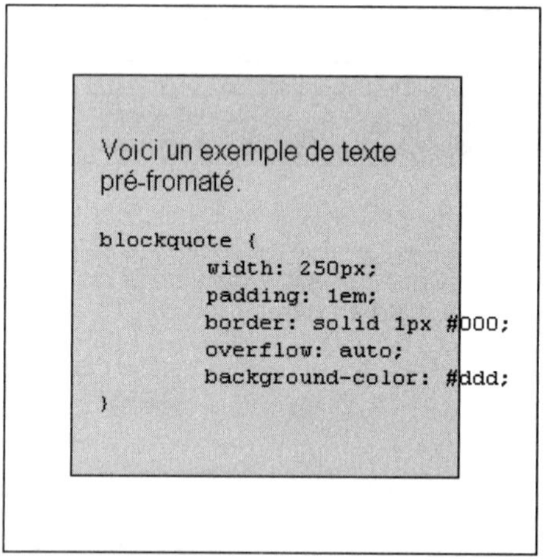

Figure 3.17 : *Résultat : le texte formaté contenu dans le diviseur sort de celui-ci car sa taille est plus longue que celle définie pour ce dernier*

Le résultat est inesthétique. Dans le cadre d'un bloc de texte préformaté, le but est de garder ce formatage intact, nous ne pouvons donc pas réduire sa taille.

Voyons comment masquer le texte qui dépasse.

- CSS :

```
div {
    width: 200px;
    padding: 1em;
    border: solid 1px #000;
```

```
        overflow: auto;     /* nous ajoutons cette
        ✂ propriété */
        background-color: #ddd;
}
```

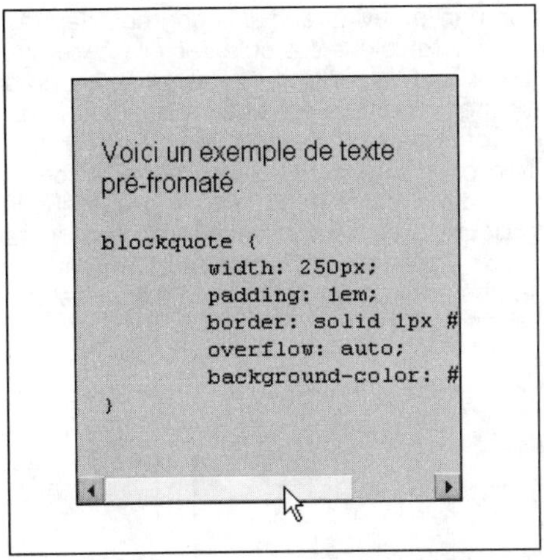

Figure 3.18 : *Résultat : le texte préformaté ne déborde plus du conteneur*

En appliquant `overflow: auto`, nous conservons le formatage du texte préformaté tout en conservant les dimensions nécessaires au diviseur.

`overflow` permet de décider si les boîtes qui débordent d'un conteneur sont visibles. Dans le cas où elles ne le sont pas, cette propriété propose des mécanismes d'accès, que l'on pourra utiliser ou non, selon le cas de figure.

Tableau 3.5 : *Liste des valeurs possibles de la propriété overflow*

Valeur	Description
`visible`	Valeur par défaut : le contenu de la boîte n'est pas rogné par les limites de son conteneur. Il déborde, comme nous l'avons vu dans le premier exemple.
`hidden`	Cette valeur masque tout contenu qui déborde de son conteneur, sans proposer de mécanisme pour faire défiler celui-ci.

Valeur	Description
`scroll`	Des ascenseurs verticaux et horizontaux sont mis à disposition par le navigateur si le contenu dépasse du conteneur. Cette valeur est utile car elle évite une apparition et une disparition des ascenseurs en cas de contenu dynamique. Elle est également utile dans le cas d'une mauvaise implémentation de `auto`. Dans le cas de Microsoft Internet Explorer, sa façon de calculer les dimensions de la boîte implique que la boîte intérieure aura deux ascenseurs là où un seul suffit. `scroll` permet d'éviter cela en forçant le calcul préalable des deux ascenseurs, l'un d'eux restant fixe. 
`auto`	Le navigateur détermine la manière la plus pertinente de gérer le contenu d'une boîte de type bloc. Il propose un ascenseur vertical si la hauteur n'est pas suffisante, et horizontal si la largeur fait défaut. Comme indiqué précédemment, Microsoft Internet Explorer implémente mal cette valeur, ce qui rend l'affichage assez disgracieux : 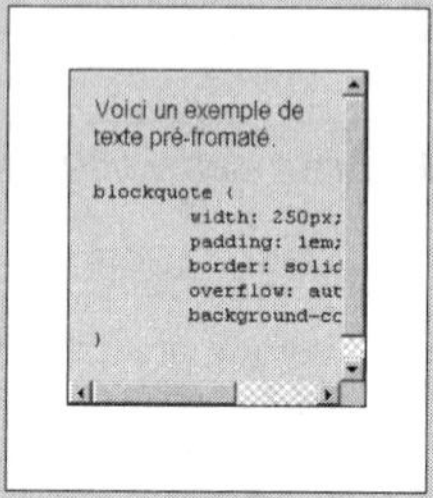

Tableau 3.5 : *Liste des valeurs possibles de la propriété overflow*

clip

Nous avons vu comment gérer le débordement des boîtes. Mais est-il possible de les cacher en partie ? Cela peut s'avérer intéressant dans le cas d'un effet dynamique par exemple : on cache ce que l'on souhaite afficher lors d'une action précise de l'utilisateur, pour offrir un effet de loupe, des menus déroulants, etc.

Reprenons l'exemple précédent, qui fait intervenir les ascenseurs et la propriété `overflow`. Si nous lui ajoutons une propriété `clip`, tout est rogné, y compris les barres de défilement. Notez que cette propriété ne s'applique qu'à des blocs positionnés de manière absolue.

- CSS :

Listing 3-14 : extrait du fichier 03-vis-clp.htm

```
div {
    position: absolute;
    width: 200px;
    padding: 1em;
    border: solid 1px #000;
    overflow: auto;
    clip: rect(60px, 240px, 238px, 8px);
    background-color: #ddd;
}
```

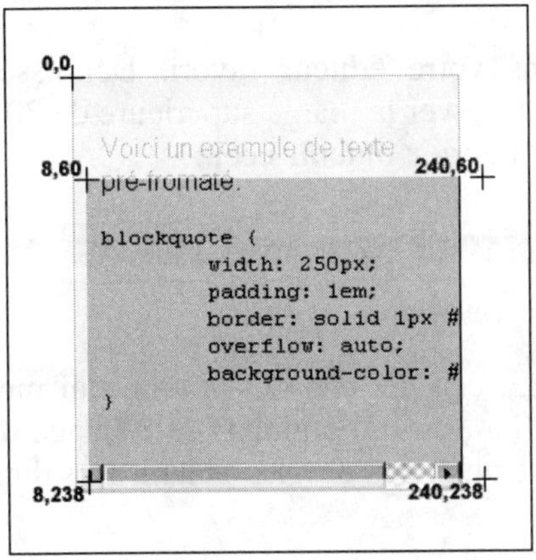

Figure 3.19 : Résultat : ce ne sont pas les éléments que l'on rogne, uniquement leur affichage

Dans cet exemple, les coordonnées sont définies successivement par rapport à la distance depuis les bords gauche et droit du conteneur :

- 60 pixels du bord supérieur ;
- 240 pixels du bord gauche ;
- 238 pixels du bord supérieur ;
- 8 pixels du bord gauche.

Si la valeur de `clip` passe à `auto`, l'élément n'est plus rogné.

Pour l'instant, il n'est possible de spécifier que des zones rectangulaires, mais CSS 3 nous apportera peut-être des surprises.

Atelier : créez des menus dynamiques

Vous allez tester la propriété `clip`.

Le but de cet exercice est de proposer un menu dynamique au visiteur. Il s'agit de masquer le menu, tout en laissant une partie visible, qui permet d'interagir avec l'utilisateur. Cet exemple ne fonctionne pas avec Internet Explorer, qui ne supporte les pseudo-éléments que sur les ancres <a>.

Cette fois, nous avons placé les items horizontalement. Chaque item faisant 150 pixels de large, le menu fait 752 pixels de large : (5 × 150) + (2 × 1 de bordure).

Nous définissons un `padding` de 20 pixels afin de conserver la zone d'interaction, en plus d'une accroche visuelle pour guider le visiteur.

Recopiez le code suivant dans votre éditeur favori. Définissez une propriété `clip` qui permet de conserver la marge supérieure de 20 pixels visible, et seulement elle. Vous devriez obtenir ceci :

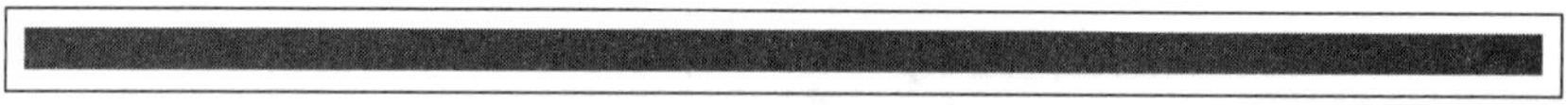

Figure 3.20 : *Seul l'espacement supérieur est visible*

Pour le sélecteur `#menu:hover`, écrivez une déclaration qui montrera l'ensemble du menu de navigation, ou qui annulera le rognage déclaré dans `#menu`. Voici maintenant ce que vous devriez obtenir lors du survol de la zone précédente :

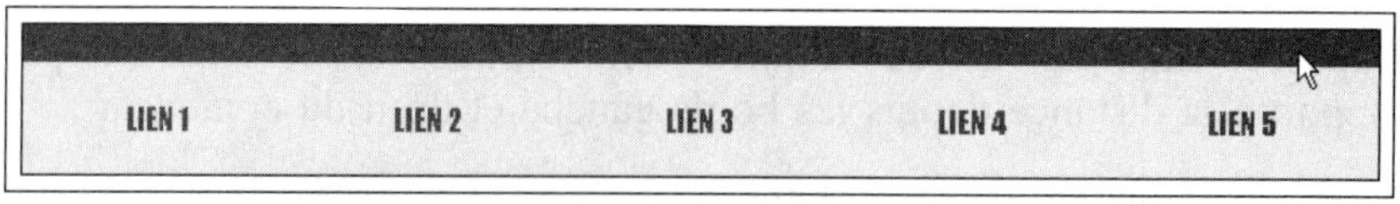

Figure 3.21 : *Le reste du menu apparaît lors du survol*

Listing 3-15 : contenu du fichier 03-ex-vis.htm

```
<!DOCTYPE html PUBLIC "-//W3C//DTD XHTML 1.0 Strict//EN"
"http://www.w3.org/TR/xhtml1/DTD/xhtml1 strict.dtd">
<html xmlns="http://www.w3.org/1999/xhtml" xml:lang="fr">
<head>
```

```
<title>cache-cache</title>

    <meta http-equiv="Content-language" content="fr" />
    <style type="text/css">
        ul {
            position: absolute;
            width: 750px;
            height: 60px;
            padding: 20px 0 0;
            margin: 0;
            list-style-type: none;
            border: solid 1px #000;
            font: 1em/3em Impact, Arial, Helvetica,
            ✂ sans-serif;
            text-transform: uppercase;

            background-color: #555;
        }
        ul:hover {

        }
        li {
            float: left;
            width: 150px;
            line-height: 60px;
            text-align: center;
        }
        a {
            display: block;
            height: 60px;
            text-decoration: none;
            background-color: #eee;
            color: #555;
        }
        a:hover {
            background-color: #555;
            color: #eee;
        }
    </style>
</head>

<body>
    <ul>
        <li><a href="#">lien 1</a></li>
        <li><a href="#">lien 2</a></li>
        <li><a href="#">lien 3</a></li>
        <li><a href="#">lien 4</a></li>
        <li><a href="#">lien 5</a></li>
    </ul>
</body>
</html>
```

Solution

```
<style type="text/css">
    ul {
        position: absolute;
        width: 750px;
        height: 60px;
        padding: 20px 0 0;
        margin: 0;
        list-style-type: none;
        border: solid 1px #000;
        font: 1em/3em Impact, Arial, Helvetica,
        ✂ sans-serif;
        text-transform: uppercase;
        background-color: #555;
    }
    ul:hover {
        clip: auto;
    }
    li {
        float: left;
        width: 150px;
        line-height: 60px;
        text-align: center;
    }
    a {
        display: block;
        height: 60px;
        text-decoration: none;
        background-color: #eee;
        color: #555;
    }
    a:hover {
        background-color: #555;
        color: #eee;
    }
</style>
```

3.6. Positionnement des éléments

Par défaut, tous les éléments s'organisent dans le flux du contenu : ils se succèdent, qu'ils soient de type bloc ou en ligne. Ils forment un ensemble cohérent, que rien ne vient troubler.

Nous allons rompre le flux de données en positionnant une boîte, qui par là même sera retirée du flux courant du contenu.

Contrairement à la mise en page par tableaux, le positionnement des éléments par CSS dans une page se fonde sur des coordonnées. En effet, les cellules d'un tableau sont interdépendantes, puisqu'elles sont ordonnées par ligne et colonne. De plus, elles sont organisées selon trois dimensions. Plus précisément, grâce aux CSS, il est possible d'affecter des positions en suivant les coordonnées définies par les bords de l'écran, mais aussi de jouer sur une superposition de plusieurs éléments en utilisant la propriété `z-index`. Ce nom fait référence à la "profondeur", de coordonnée "z". Les coordonnées horizontale et verticale de la zone d'affichage peuvent ainsi s'interpréter comme les coordonnées "x" et "y" et se définissent par la propriété `position`. Examinons cette dernière dans un premier temps.

Nous pouvons définir une position par son type, à savoir `relative`, `absolute`, `fixed` et `static`, suivi de coordonnées dans les trois premiers cas. Par exemple, nous pouvons décider qu'une boîte "enfant" sera située à 50 pixels de la gauche et du haut de son parent :

```
#enfant {
    position: absolute;
    left: 50px;
    top: 50px;
}
```

Cependant, chaque type de positionnement obéit à des règles différentes, en fonction du comportement de l'élément dans le flux et dans l'ensemble de la mise en page. C'est ce que nous allons voir au fil des sections suivantes, grâce à un exemple dont voici le code :

- HTML :

```
<blockquote id="parent">
    <p>
        Ceci est le premier paragraphe. Ajoutons un
        ✂ peu de contenu pour avoir une ligne plus
        ✂ longue.
    </p>
    <p id="enfant-2">
        Voici le deuxième paragraphe, auquel est
        ✂ affecté un identifiant  " enfant-2 ".
    </p>
    <p>
        Ceci est le troisième paragraphe. Ajoutons un
        ✂ peu de contenu pour avoir une ligne plus
        ✂ longue.
    </p>
</blockquote>
```

- CSS :

Listing 3-16 : extrait du fichier 03-pos-ini.htm

```
body {
    font-family: Helvetica, Arial, sans-serif;
    margin: 0%;
    padding: 40px;
}
blockquote {
    width: 350px;
    padding: 10px;
    margin: 0%;
    border: solid 5px #000;
}
```

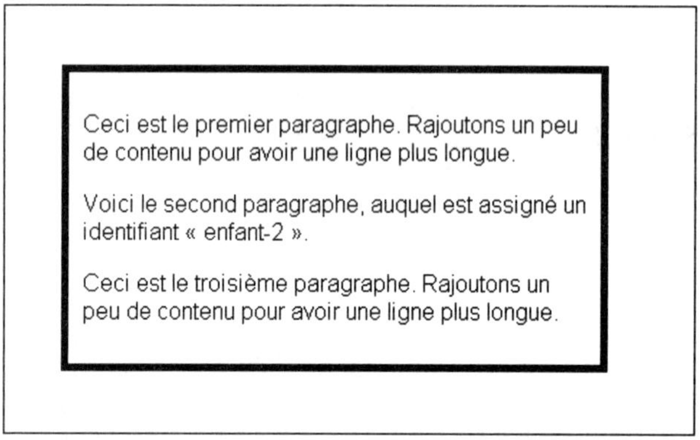

Figure 3.22 : *Résultat : le document initial avec un flux continu de données*

La bordure autour du bloc de citation (`border: solid 5px #000;`) permet de le délimiter visuellement, afin que vous puissiez mieux saisir les exemples qui suivront. De plus, nous avons augmenté l'espacement (`padding`) du corps de document pour rendre les démonstrations plus parlantes. Dans `body`, `margin: 0%` permet d'annuler les paramètres par défaut du navigateur et de réinitialiser les marges.

static

Avec cette valeur, un élément retourne à sa place initiale dans le flux de contenu. Les propriétés de positionnement comme `left` ou `top` sont donc inefficaces. Le seul moyen d'aérer un peu l'élément est de lui affecter des marges ou espacements (`margin` ou `padding`).

`static` est la valeur par défaut de la propriété `position`.

relative

En position relative, le calcul des coordonnées se fait systématiquement en fonction du padding du conteneur parent. Si nous reprenons le cas précédent, nous obtenons ceci :

- CSS :

Listing 3-17 : extrait du fichier 03-pos-rel.htm

```
blockquote {
    width: 350px;
    padding: 10px;
    margin: 0%;
    border: solid 5px #000;
}
#enfant-2 {
    position: relative;
    left: 50px;
    top: 50px;
    width: inherit;
    padding: inherit;
    border: solid 1px #444;
    background-color: #777;
    color: #fff;
}
```

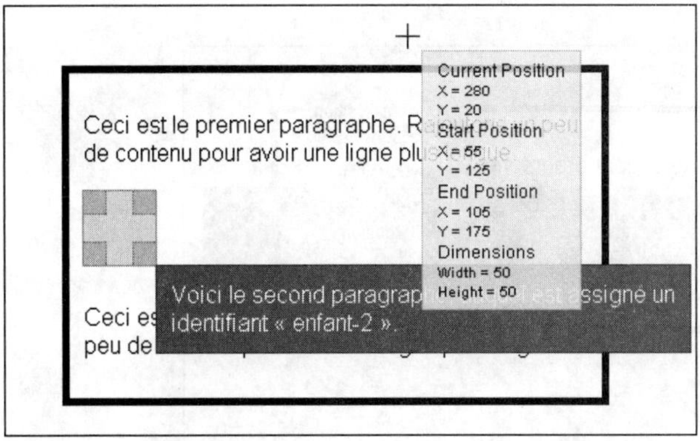

***Figure 3.23 :** Résultat : le paragraphe "enfant-2" est positionné sur le document initial avec un flux continu de données*

Remarquez sur cette image que le contenu laisse un vide à l'endroit où aurait dû se trouver le paragraphe `enfant-2`. En effet, `relative` garde toujours son point d'ancrage ainsi que ses dimensions dans le flux courant.

absolute

Jusqu'à présent, toutes les propriétés ainsi que leurs valeurs considéraient chaque élément comme appartenant à un flux de texte et de balises. Effectivement, les nouvelles coordonnées d'une boîte étaient calculées en fonction d'un point précis, qui demeurait dans la continuité du reste du contenu, comme vu dans le positionnement avec la valeur `relative` par exemple.

Ici, nous allons totalement rompre cette continuité, en détachant les boîtes du flux de données. Nous verrons que cela a ses avantages et ses inconvénients.

Un élément dont la valeur de `position` est `absolute` est complètement retiré du flux. Ses coordonnées sont calculées par rapport au parent positionné le plus près de lui, sans prise en compte des marges intérieures (`padding`). L'origine est le sommet supérieur gauche du plus proche parent ; toutes les coordonnées qui lui sont attribuées sont fonction de ce nouveau référentiel, où que soit placé l'élément dans le contenu du parent.

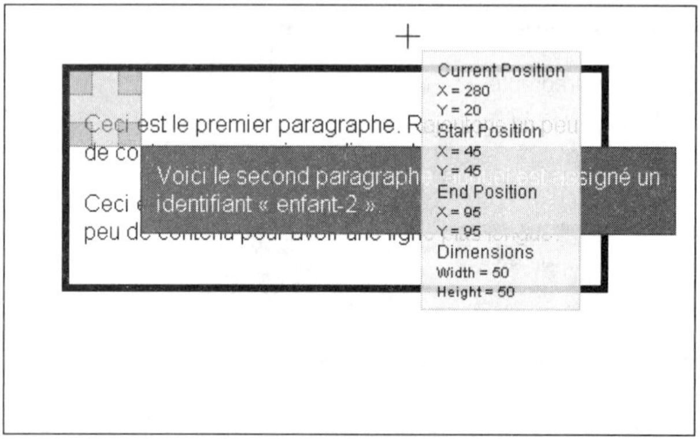

Figure 3.24 : *Grâce à l'extension Web Developper pour Firefox (la boîte grise avec les poignées et la zone d'information jaune font partie des outils disponibles), vous pouvez visualiser ici les différentes positions occupées par les éléments*

REMARQUE

Attention

Pensez à attribuer une propriété `position` autre que `static` à l'élément parent. Dans le cas contraire, les valeurs `left` et `top` de l'enfant sont calculées par rapport à la zone d'affichage du document (ou au parent positionné le plus près), et non par rapport au parent.

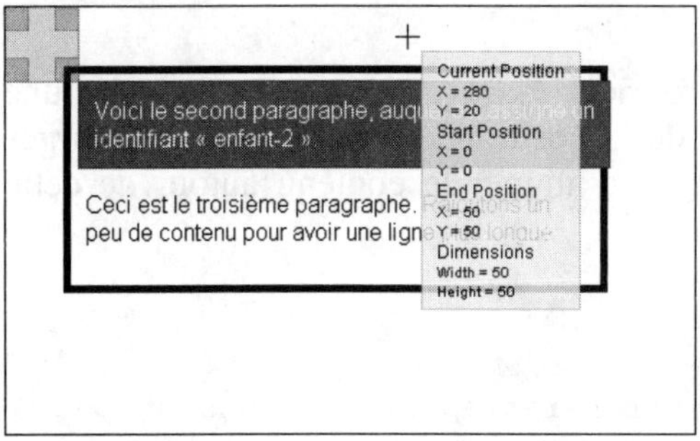

Figure 3.25 :
Si l'on ne spécifie pas de position à l'élément parent, voici comment est calculée la position de la boîte enfant avec un modèle absolute

fixed

Un élément dont la `position` est `fixed` est fixe par rapport à la zone d'affichage du navigateur. Ses coordonnées sont calculées en fonction du coin supérieur gauche du corps du document. Par ailleurs, il se retrouve sur chaque page lors d'une impression. Cela peut être utile dans le cas d'une signature en bas de page, ou encore d'un pied de page indiquant le titre d'un ouvrage, lorsqu'il est publié sur Internet, et le numéro de page.

C'est un peu comme une image de fond qui resterait fixe malgré un contenu défilant.

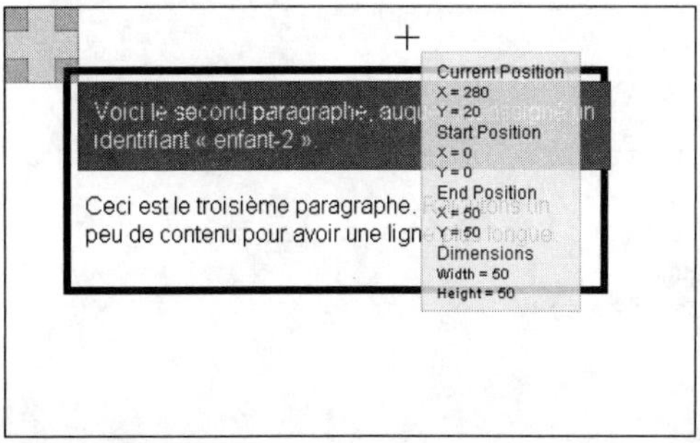

Figure 3.26 :
position: fixed; ne prend pas en compte les éléments parents comme référentiels, il se préoccupe uniquement de la zone d'affichage

float et clear

Nous abordons à présent un nouveau type de positionnement. Après avoir positionné des éléments par rapport au flux courant, s'être s'affranchi de tout rapport avec ce dernier, nous allons traiter des éléments flottants.

float

Les flottants, définis par la propriété `float`, permettent de créer une boîte dans le flux de données, de la positionner par rapport aux marges verticales de son conteneur, puis d'aligner le contenu autour de cette boîte. Voici un exemple :

- HTML :

```
<p>
    Ceci est le premier paragraphe. Ajoutons un peu
    ✂ de contenu pour avoir une ligne plus longue.
</p>
<p id="enfant-2">
    <img src="couloir.jpg" alt="un couloir" /> Voici
    ✂ le deuxième paragraphe, auquel est affecté un
    ✂ identifiant " enfant-2 ". Nous y avons placé
    ✂ une image afin d'illustrer le principe de
    ✂ flottement.
</p>
<p>
    Ceci est le troisième paragraphe. Ajoutons un peu
    ✂ de contenu pour avoir une ligne plus longue.
</p>
```

- CSS :

Listing 3-18 : extrait du fichier 03-flt-I.htm

```
p {
    width: 350px;
    padding: 1em;
    border: solid 1px #000;
}
#enfant-2 img {/* Toutes les images dans "enfant-2"
✂  */
    float: left; /* sont flottantes à gauche. */
    margin-right: 1em;
    border: solid 5px #aaa;
}
```

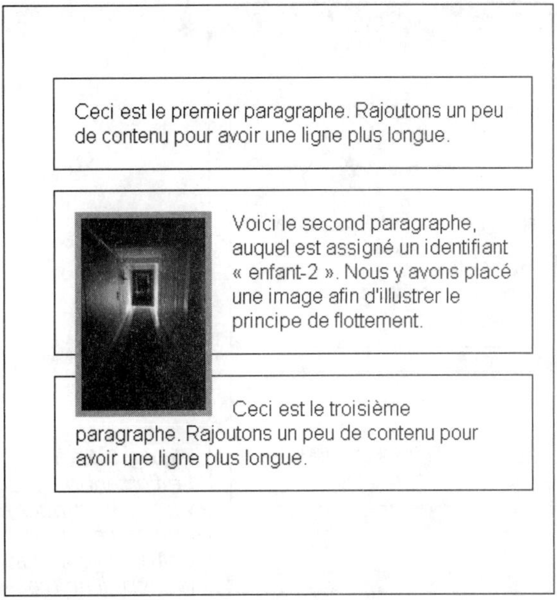

Figure 3.27 : *Résultat : le flux courant épouse l'image flottante*

Le flux continu se propage autour de l'élément flottant représenté par l'image.

Comme la propriété `display` d'une boîte flottante vaut par défaut `block` (tant qu'elle n'est pas explicitement réglée à une autre valeur), la marge droite de `1 em` peut s'appliquer, ce qui laisse un peu d'espace entre l'image et le texte qui l'entoure.

Comment se comporte une boîte flottante ?

Une boîte flottante est issue d'une boîte en ligne ou de type bloc. Sa position est définie par la boîte de ligne dans laquelle elle se trouve (si elle existe) et son conteneur. Si la ligne de boîte existe, un flottant se positionne sur l'une des extrémités de celle-ci, à droite ou à gauche, selon que sa valeur est `right` ou `left`. Le cas échéant, il est poussé à droite ou à gauche jusqu'à ce que l'un de ses côtés touche le côté du conteneur. Par défaut, le côté supérieur de la boîte flottante n'est jamais au-dessus de celui de la boîte de ligne ou du conteneur dans lequel elle se trouve.

Dans l'exemple précédent, si l'image "flottante" se situait plus loin dans le texte, elle serait positionnée comme suit, puisqu'elle appartient à la seconde ligne de boîte :

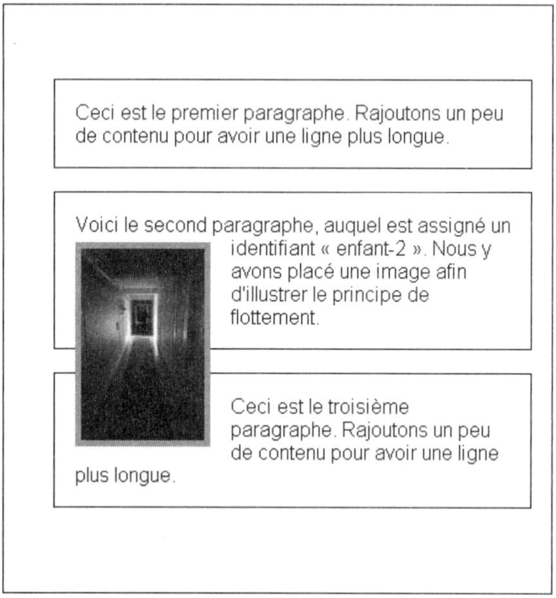

Figure 3.28 :
Le flottant se positionne toujours en haut et à une extrémité de la boîte de ligne sur laquelle il se trouve

> REMARQUE
>
> **Décalage d'une ligne**
>
> Il semble que seuls Opera et Amaya interprètent correctement cette propriété. Les autres navigateurs placent le flottant une ligne en dessous. Cela n'est pas dramatique dans la plupart des cas.

Lorsqu'un ou plusieurs éléments flottants existent, le flottant suivant vient se positionner contre le précédent. On peut ainsi facilement réaliser une galerie, comme dans l'exemple suivant.

- HTML :

```
<ul>
    <li><img src="couloir.jpg" alt="un couloir" />
    ✂ image 1</li>
    <li><img src="couloir.jpg" alt="un couloir" />
    ✂ image 2</li>
    <li><img src="couloir.jpg" alt="un couloir" />
    ✂ image 3</li>
    <li><img src="couloir.jpg" alt="un couloir" />
    ✂ image 4</li>
    <li><img src="couloir.jpg" alt="un couloir" />
    ✂ image 5</li>
</ul>
```

- CSS :

Listing 3-19 : extrait du fichier 03-flt-gal.htm

```
ul {
   width: 350px; /* implique un retour à la ligne */
   list-style-type: none; /* désactive les puces */
}
li {
   float: left; /* flottement de chaque item */
   width: 100px; /* largeur de l'image */
   padding: 0 0 3px 0;
   margin: 1px;
   border: solid 1px #000;
   text-align: center; /* pour centrer la légende */
   background-color: #888;
   color: #fff;
}
```

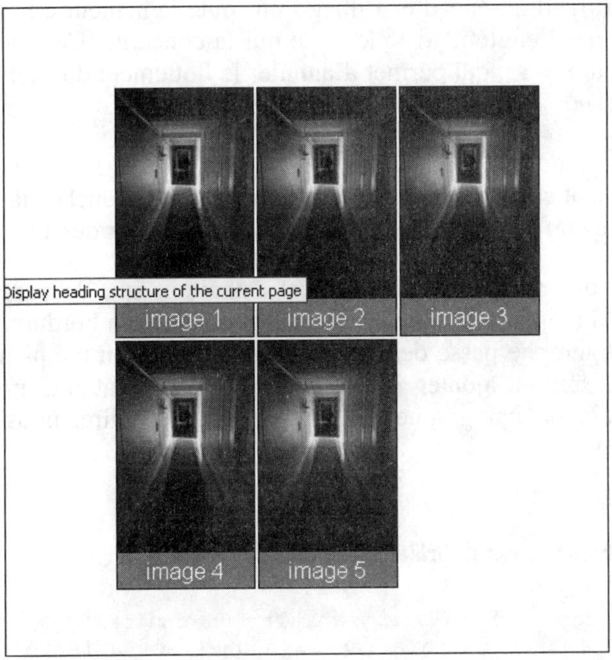

Figure 3.29 : *Résultat : une liste peut facilement devenir une galerie de photos*

Nous avons vu qu'un élément flottant est retiré du flux, même s'il se positionne par rapport à celui-ci. Les éléments du flux courant ne tiennent donc pas compte de sa présence et continuent à se comporter comme s'il était inexistant.

Seul le contenu s'adapte à la boîte flottante, comme l'illustre les exemples précédents. En effet, les boîtes représentant les paragraphes passent derrière le flottant, tandis que le texte s'adapte à celui-ci. En outre, si le contenu du flux courant n'a pas suffisamment de place à gauche ou à droite du flottant, il s'affiche en dessous de ce dernier. Ce comportement, s'il est pratique lorsque les paragraphes n'ont pas de bordure (cela permet de ne pas avoir de blanc et d'obtenir un flux de texte constant, comme dans un article de journal), n'est pas esthétique dans le cas présent.

clear

Idéalement, il faudrait encadrer l'image sur toute la hauteur afin d'avoir le conteneur qui l'englobe avec le texte qui la concerne. Cela peut être réalisé grâce à `clear`, qui permet d'annuler le flottement du flux le long d'un élément possédant `float`.

`clear` dispose des valeurs suivantes : `left`, `right`, `both` et `none`. Elles empêchent le flottement respectivement sur la gauche, la droite, des deux côtés ou sur aucun des deux côtés (valeur par défaut).

Dans le cas qui nous préoccupe, nous souhaitons que le paragraphe contenant le flottant s'étire jusqu'à l'envelopper dans sa bordure, et que le dernier paragraphe passe dessous, comme il le fait en temps normal. Pour cela, il suffit d'ajouter une balise vide possédant une propriété `clear` au sein du paragraphe `enfant-2`. Pour ce faire, nous allons placer une balise `<br />` :

- HTML :

Listing 3-20 : extrait du fichier 03-clr-inc.htm

```
<p id="enfant-2">
    <img src="couloir.jpg" alt="un couloir" /> Voici
    ✂ le second paragraphe, auquel est affecté un
    ✂ identifiant " enfant-2 ". Nous y avons placé
    ✂ une image afin d'illustrer le principe de
    ✂ flottement.<br style="clear:both;" />
</p>
```

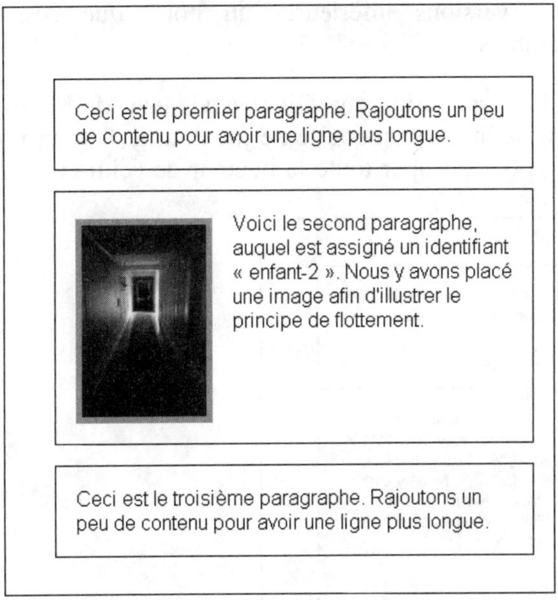

Figure 3.30 : *Résultat : le paragraphe est contraint d'entourer le flottant*

Nous avons juste ajouté <br style="clear:both;" /> dans le code HTML, ce qui a pour effet de forcer un retour à la ligne qui n'aura lieu qu'après le flottant (puisque d'après sa propriété clear, il ne doit accepter aucun flottant à ses côtés). Comme cette balise est invisible, tout se déroule comme si le paragraphe s'étirait jusqu'à contenir le flottant.

Mais au royaume des flottants, tout n'est pas rose…

Microsoft Internet Explorer et les flottants

Microsoft Internet Explorer implémente float avec beaucoup d'"originalité".

Microsoft travaille en ce moment à une nouvelle version qui devrait corriger de nombreux bogues, dont ceux présentés ici. Mais il faudra posséder la toute dernière version de Windows XP (Service Pack 2 ou version supérieure) afin de pouvoir en bénéficier. Autant dire que vous devrez continuer à prendre en compte ces bogues pendant encore un certain nombre d'années, tant qu'une mise à jour d'Internet Explorer 6 n'aura pas été programmée (a priori, jamais…), ou que tout le parc informatique mondial ne sera pas grandement purgé de Windows XP –

Service Pack 1 et versions inférieures au point que ces bogues deviennent négligeables.

Voici notamment l'interprétation que fait le navigateur de Microsoft du modèle `float` par défaut, lorsque le texte jouxtant le flottant n'est pas suffisamment long pour occuper toute la hauteur de celui-ci :

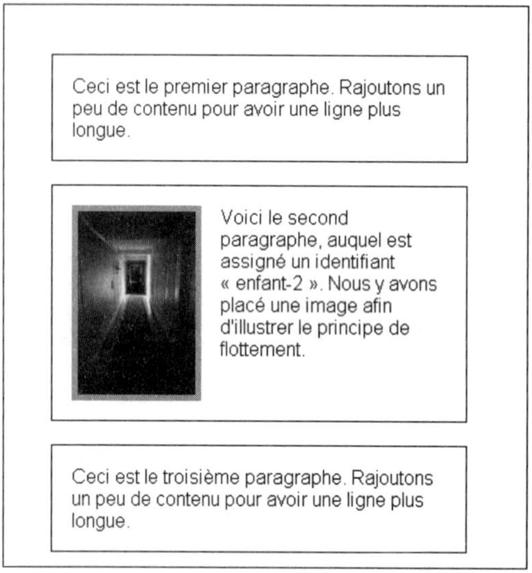

Figure 3.31 : *Mauvaise interprétation des flottants*

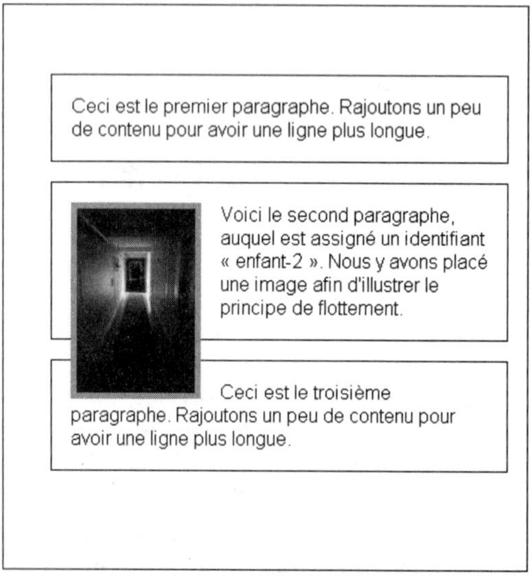

Figure 3.32 : *Mauvaise interprétation de float par Microsoft Internet Explorer*

Ici, le paragraphe ne devrait pas s'adapter à l'élément flottant, mais plutôt occuper la hauteur minimale occupée par le flux normal. Internet Explorer réagit en fait comme si le flottant appartenait encore au flux du document, ce qui n'est bien sûr plus le cas.

Un bon nombre de bogues autour du thème des flottants et d'Internet Explorer sont répertoriés (en anglais) à l'adresse **www.positioniseverything.net/explorer.html**.

Bien sûr, ce navigateur n'est pas le seul à posséder des bogues. Mais dans le domaine des flottants, il est le plus mauvais de la "classe". Les auteurs du site précédent ont poussé leurs recherches jusqu'à obtenir un code, appelé "Holly Hack", qui résout une grande partie des problèmes (**www.communitymx.com/content/article.cfm?page=2&cid=C37E0**). Merci à eux ! Pour les amateurs de jeux de mots, sachez que "Holly", le nom de la créatrice de ce hack, a pour homophone "holy", qui signifie "saint", et que "Holly Hack" à l'oral pourrait donc se traduire par "sainte astuce".

z-index

Pour l'instant, toutes les propriétés que vous avez étudiées ne concernaient que le positionnement suivant deux axes : horizontal (selon la largeur de la surface d'affichage) et vertical (selon la hauteur). Or la superposition de plusieurs éléments peut être gérée par les CSS, et cela engendre une notion de profondeur du document.

Comment fonctionne `z-index` ?

Cette propriété ne s'applique qu'aux éléments positionnés, c'est-à-dire qu'un élément qui n'a pas son `display` à `relative`, `absolute`, ou `fixed`, ou qui n'est pas un flottant, ne pourra pas être positionné selon la profondeur du document.

L'empilement des boîtes ainsi positionnées peut être positif ou négatif, le conteneur ayant `z-index: 0;` par défaut.

Comme toujours, un exemple est souvent plus parlant :

- HTML :

```
<div id="d1">
    <p id="p1">
        Voici un premier paragraphe.<br />
```

```
            Il est positionné et son <code>z-index</code>
            ✂ est à -1, il se positionnera donc en
            ✂ dessous du paragraphe 2 par rapport à
            ✂ l'empilement local (dans le conteneur
            ✂ auquel il appartient), et selon l'index de
            ✂ son conteneur au niveau global (le
            ✂ document).
        </p>
        <p id="p2">
            Voici un deuxième paragraphe. Il n'est pas
            ✂ positionné et n'appartient donc pas à
            ✂ l'empilement local (celui de son
            ✂ conteneur), mais se comporte comme s'il
            ✂ était à <code>z-index: 2;</code> dans le
            ✂ contexte global (celui de son conteneur
            ✂ par rapport au document).
        </p>
    </div>
    <div id="d2">
        <p id="p3">
            Voici le troisième paragraphe. sa propriété
            ✂ <code>z-index</code> réglée à 3 implique
            ✂ qu'il sera positionné au-dessus du
            ✂ paragraphe suivant dont la valeur est -2
            ✂ (plus bas, donc).<br />
            On remarquera cependant qu'il n'est pas
            ✂ au-dessus du paragraphe <code>#p1</code>
            ✂ (<code>z-index: -1;</code>), car ils ne se
            ✂ situent pas dans le même contexte local
            ✂ (chacun dans un diviseur positionné
            ✂ différent).
        </p>
        <p id="p4">
            Voici un quatrième paragraphe.<br />
            Globalement (<code>#d2</code> a son
            ✂ <code>z-index</code> à 1), il sera
            ✂ positionné au-dessous de <code>#p1</code>
            ✂ puisque le <code>z-index</code> de son
            ✂ conteneur est inférieur.<br />
            Localement (<code>z-index: -2;</code>), il
            ✂ sera également en dessous de <code>#p3</
            ✂ code> (<code>z-index: -1;</code>).
        </p>
    </div>
```

- CSS :

Listing 3-21 : extrait du fichier 03-z-index.htm

```
p {
    width: 350px;
    min-height: 150px;
    padding: 0.5em;
    border: solid 1px #000;
    background-color: #fff;
}
#d1 {
    position: relative;
    z-index: 2;
}
/*    déclarations ajoutées pour Firefox */
/*    dans le cas de bo^tes avec un z-index négatif,
      */
/*    celles-ci disparaissent si leur conteneur */
/*    n'est pas positionné, et s'il n'a pas de
✂ z-index. */
#d2 {
    position: relative;
    z-index: 1;
}
/*    fin du code pour Firefox    */
#p1 {
    position: absolute;
    left: 20px;
    top: 60px;
    z-index: -1;
    background-color: #666;
}
#p2 {
    background-color: #999;
}
#p3 {
    position: relative;
    left: 50px;
    top: -50px;
    z-index: 3;
    background-color: #ccc;
}
#p4 {
    position: relative;
    left: 100px;
    top: -300px;
    z-index: -2;
}
```

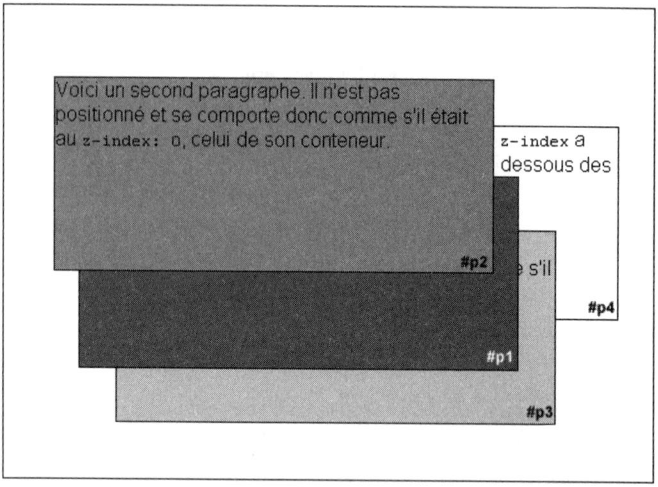

Figure 3.33 : *Résultat : les boîtes peuvent être positionnées comme on le souhaite, en profondeur*

Ici, chaque paragraphe se voit affecter une couleur de plus en plus claire en fonction de l'ordre d'apparition dans le code. Ainsi, même si les paragraphes `#p3` et `#p4` arrivent en dernier, il est possible de les positionner en dessous des autres.

> ATTENTION
>
> **Bogue de Firefox**
>
> Sous Firefox, si vous n'attribuez pas de `z-index` au conteneur d'un élément ayant un `z-index` négatif, ce dernier n'est pas affiché.

Voici un schéma représentant la façon de fonctionner de ce script :

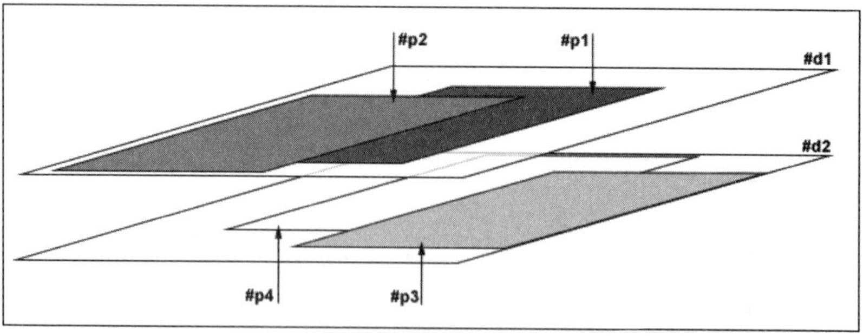

Figure 3.34 : *Deux <div> se superposent, puis un autre empilement a lieu dans chacun d'entre eux*

Les deux diviseurs contenant chacun deux paragraphes agissent comme de nouveaux repères locaux. Dans la hiérarchie du document, nous avons un empilement de deux diviseurs. Ensuite, dans le contexte local de chaque diviseur, nous retrouvons une autre superposition d'éléments, qui agit indépendamment du reste.

Nous pouvons aisément faire l'analogie avec des logiciels de dessin, qui combinent des calques, ou des dossiers de calques. Ici, chaque diviseur pourrait être représenté par un dossier, et chaque calque par un paragraphe.

Chaque nouveau conteneur sera le nouveau référentiel local de ceux qu'il contiendra.

Atelier : positionnez des boîtes

Dans cet atelier, vous réaliserez un positionnement de boîtes, dans les trois dimensions possibles.

Recopiez le code suivant dans votre éditeur favori.

Positionnez les différents paragraphes (à l'aide de `left` et `top` ; `#p5` contient un exemple qui vous aidera) de telle sorte qu'ils forment la figure suivante, sans vous préoccuper de `#p1` pour l'instant. Ce dernier n'est plus visible ; situé en premier, il est recouvert par les autres blocs positionnés en `position: absolute;`. Les boîtes font 200 pixels de `width` + (2 × 2) pixels de bordure.

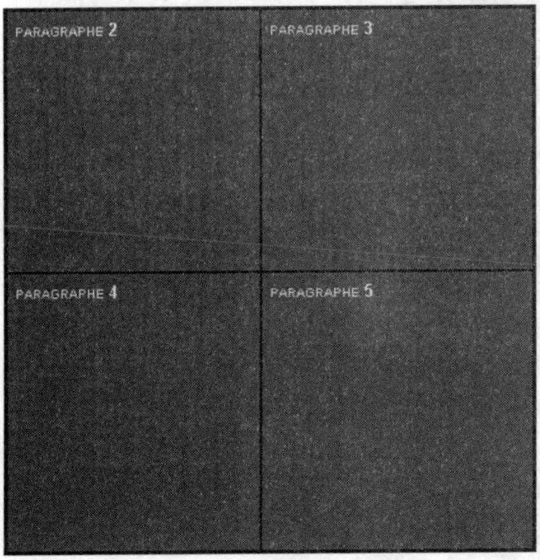

Figure 3.35 :
Les quatre derniers paragraphes forment un quadrillage et recouvrent le premier

Grâce à un `z-index`, placez `#p1` au-dessus des autres. Vous devriez obtenir ceci :

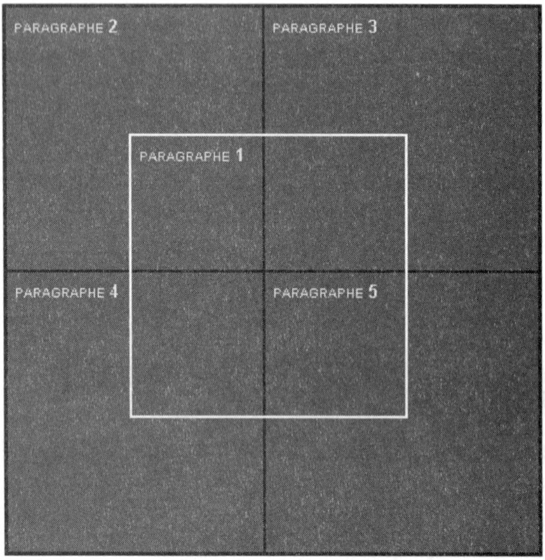

Figure 3.36 :
#p1 est placé sur les autres grâce à un z-index positif

Pour aller encore plus loin, vous pouvez essayer de positionner le contenu des paragraphes comme sur l'image suivante. Mais pour cela, l'utilisation de balises supplémentaires s'avère indispensable.

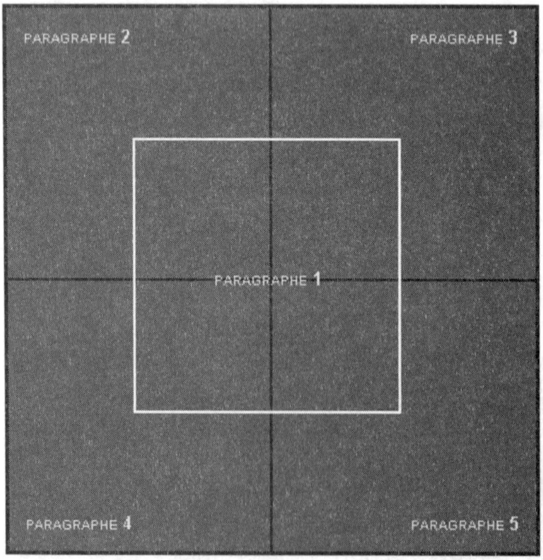

Figure 3.37 :
Chaque contenu de paragraphe commence du côté le plus à l'extérieur de la figure géométrique

La solution de cet exemple est située dans le fichier *03-ex-pos2.htm*, disponible sur le site de l'éditeur.

Listing 3-22 : extrait du fichier 03-ex-pos1.htm

```
<!DOCTYPE html PUBLIC "-//W3C//DTD XHTML 1.0 Strict//EN"
"http://www.w3.org/TR/xhtml1/DTD/xhtml1 strict.dtd">
<html xmlns="http://www.w3.org/1999/xhtml" xml:lang="fr">
<head>
    <title>Legos</title>

    <meta http-equiv="Content-language" content="fr" />
    <meta http-equiv="Content-type" content="text/html;
    ✂ charset=UTF-8" />
    <style type="text/css">
        p {

            width: 200px !important;
            height: 200px !important;
            width: 204px;
            height: 204px;
            margin: 0;
            padding: 0.5em;
            border: solid 2px #000;
            font: bold small-caps 0.8em Arial, Helvetica,
            ✂ sans-serif;
            background-color: #555;
            color: #eee;
        }
        #p1 {

            border-color: #fff;
            background-color: transparent;
        }
        #p2 {

        }
        #p3 {

        }
        #p4 {

        }
        #p5 {
            left: 202px;
            top: 202px;
        }
    </style>
</head>

<body>
```

```
    <p id="p1">paragraphe 1</p>
    <p id="p2">paragraphe 2</p>
    <p id="p3">paragraphe 3</p>
    <p id="p4">paragraphe 4</p>
    <p id="p5">paragraphe 5</p>
</body>
</html>
```

3.7. En résumé

Il existe deux types de boîtes :

- les boîtes de type bloc : `block`, `table`, `list-item`, etc.
- les boîtes en ligne : `inline`, `inline-table`, `inline-block`, `run-in` (selon les cas).

Nous avons trois types de positionnements :

- le positionnement dans le flux normal du contenu : `static`, `relative` ;
- le positionnement hors du flux : position `absolute` ou `fixed` ;
- le positionnement flottant : `float` et `clear`.

Les éléments peuvent s'arranger par couches à l'aide de `z-index` :

- de façon globale : par rapport aux empilements présents dans le même conteneur ;
- de façon locale : par rapport au conteneur.

Dans ce chapitre, les exemples contenaient des propriétés qui n'étaient pas abordées. Le chapitre suivant répondra sans doute à toutes vos questions concernant les marges, et les propriétés permettant de structurer des documents mis en page avec les CSS.

Chapitre 4

Hiérarchiser le contenu

Un des points à prendre en compte pour la lisibilité d'un site est l'espace dans et entre les éléments. Avec les CSS, nous disposons d'outils puissants pour gérer les marges intérieures et extérieures. De plus, nous pouvons obtenir des effets visuels variés grâce aux bordures. C'est l'objet de la première partie de ce chapitre.

Pour afficher les éléments classés et ordonnés, XHTML propose des objets spécifiques : les listes et les tableaux. Bien utilisés, ces objets sont utiles et favorisent l'accessibilité d'un site.

Bien entendu, des propriétés CSS spécifiques sont prévues pour ces objets. Nous allons les étudier dans les sections suivantes.

4.1. margin

La propriété `margin` permet de spécifier les marges extérieures des boîtes. Ainsi, il est possible de donner l'espacement d'un élément par rapport à ses "frères" (les éléments qui sont dans le même conteneur que lui), et à son conteneur (si l'élément ciblé n'est pas inclus dans un autre élément, le conteneur est le bord de la page). Il suffit pour cela de noter les marges en haut, en bas, à droite et à gauche grâce aux propriétés `margin-top`, `margin-bottom`, `margin-right` et `margin-left`. Les valeurs de marge s'expriment en valeurs relatives (`px`, `em`, `ex`).

Précisons également qu'il est possible et plus fiable de noter les marges avec des valeurs abrégées ; toutes les valeurs de marge tiennent alors sur une seule ligne. Pour utiliser cette notation, il suffit d'utiliser la propriété `margin`, et d'inscrire ensuite les valeurs séparées d'un espace, en allant de la marge du haut à celle de gauche, dans le sens des aiguilles d'une montre.

Ces deux notations sont équivalentes :

```
#elementCible{margin-top : 2px ;
margin-right : 3px ;
margin-bottom : 4em ;
margin-left : 5px ;}

#elementCible{margin : 2px 3px 4em 5px ;}
marges.pcx
```

Retenez bien l'ordre des marges : `top`, `right`, `bottom`, `left`.

Il est possible de raccourcir encore plus l'écriture, en précisant deux valeurs : une pour les marges du haut et du bas, et l'autre pour les marges de droite et de gauche.

Ces deux notations sont équivalentes :

```
#elementCible{margin : 2px 3px 2px 3px ;}
#elementCible{margin : 2px 3px ;}
```

Les marges ont une importance particulière pour la lisibilité du texte. En effet, un texte aéré est facile à lire et a plus d'impact.

Voyons par exemple ce code HTML :

```
<h1>Titre 1 : les marges</h1>
<p>Pour comprendre les marges, il faut bien conna^tre la
✂ structure du code HTML. En effet, cette structure permet
✂ de savoir par rapport à quoi les marges seront
✂ appliquées, et de déterminer la hiérarchie du design</p>
<h1>Titre 2 : les positionnements</h1>
<p>Pour comprendre le positionnement, il est important de
✂ savoir à quel conteneur appartient l'élément à placer.
✂ Les décalages et autres flottements sont en effet
✂ appliqués par rapport à la structure du code HTML, et
✂ c'est cette structure qui, en grande partie, détermine
✂ le design.</p>
<h1>Titre 3 : conclusion</h1>
<p>Les CSS existent pour mettre en page le contenu. Ce
✂ contenu est prépondérant, et il est indissociable de la
✂ manière dont il est présenté. Que ce soit sur un
✂ navigateur, sur un PDA ou un portable, ou sur une page
✂ imprimée, la présentation est intimement liée au
✂ contenu.</p>
```

Supprimons toutes les marges dans ce code :

```
h1,p{
margin : 0;
}
```

Nous obtenons un texte peu agréable à lire, uniforme et dont la hiérarchie n'est pas claire.

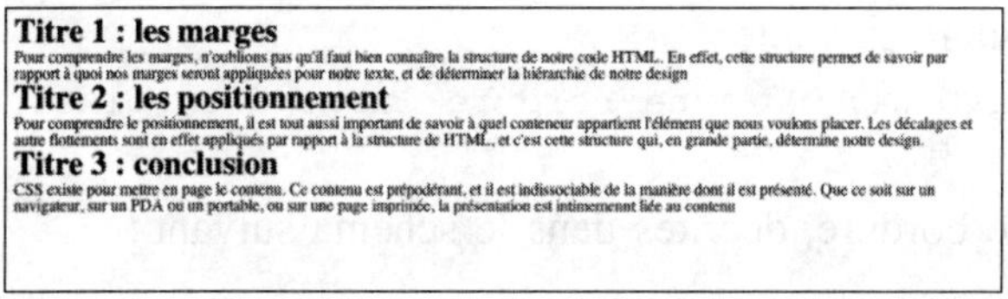

Figure 4.1 : *Le texte est peu agréable à lire*

Mettons à présent des marges appropriées :

```
h1{
margin : 0 0 20px 30px;
}
p{
margin : 0 30px 40px 60px;
}
```

Le texte est plus lisible, plus clair et agréable.

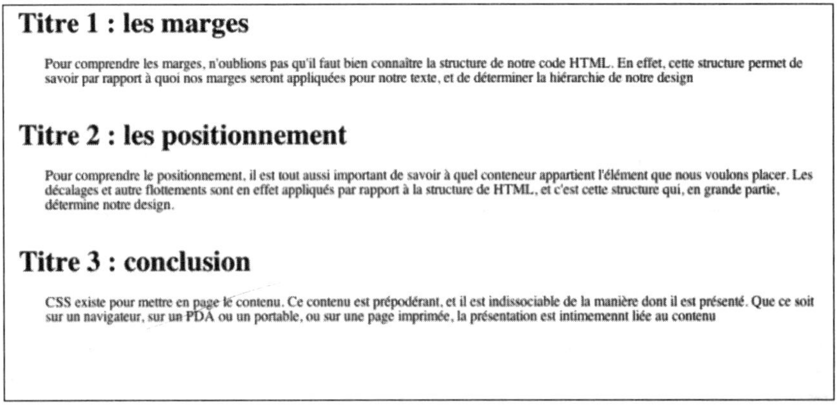

Titre 1 : les marges

Pour comprendre les marges, n'oublions pas qu'il faut bien connaître la structure de notre code HTML. En effet, cette structure permet de savoir par rapport à quoi nos marges seront appliquées pour notre texte, et de déterminer la hiérarchie de notre design

Titre 2 : les positionnement

Pour comprendre le positionnement, il est tout aussi important de savoir à quel conteneur appartient l'élément que nous voulons placer. Les décalages et autre flottements sont en effet appliqués par rapport à la structure de HTML, et c'est cette structure qui, en grande partie, détermine notre design.

Titre 3 : conclusion

CSS existe pour mettre en page le contenu. Ce contenu est prépodérant, et il est indissociable de la manière dont il est présenté. Que ce soit sur un navigateur, sur un PDA ou un portable, ou sur une page imprimée, la présentation est intimemennt liée au contenu

Figure 4.2 : *Il y a une nette amélioration*

4.2. border

Les bordures d'un élément définissent son contour et permettent des effets graphiques variés et souvent peu exploités. Voyons ici les possibilités offertes par cette propriété.

Pour définir une bordure, il convient de lui donner une épaisseur (toujours en unité relative), un style et une couleur. Les propriétés `border-width`, `border-style` et `border-color` sont là pour cela.

Mais il est plus rapide, comme pour les marges, de tout spécifier en une seule ligne, de la manière suivante :

```
border : 1px solid blue; : /*une bordure large d'un pixel,
✂ continue, et bleue*/
```

Il existe huit styles de bordure, décrites dans le schéma suivant :

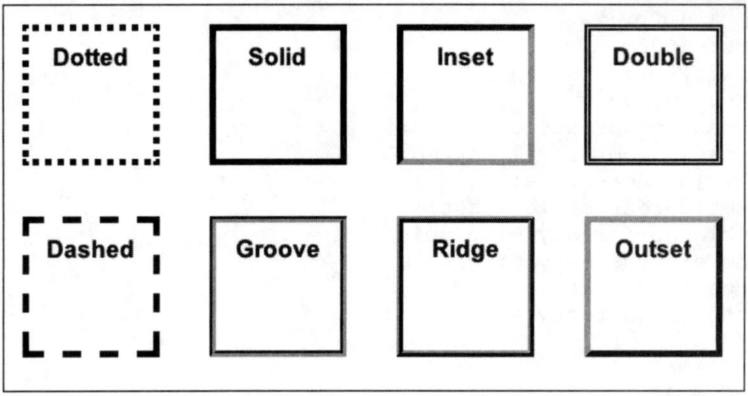

Figure 4.3 : *Les différents types de bordures*

Le code HTML permettant d'obtenir ce résultat est :

```
<div id="dotted">
  <h1>Dotted</h1>
</div>
<div id="solid">
  <h1>Solid</h1>
</div>
<div id="inset">
  <h1>Inset</h1>
</div>
<div id="double">
  <h1>Double</h1>
</div>
<div id="dashed">
  <h1>Dashed</h1>
</div>
<div id="groove">
  <h1>Groove</h1>
</div>
<div id="ridge">
  <h1>Ridge</h1>
</div>
<div id="outset">
  <h1>Outset</h1>
</div>
```

Le code CSS associé est :

```
h1{font-family: Arial, Helvetica, sans-serif;
  font-size: 1.2em;
  width:100%;
  text-align:center;
  margin : 10px 0 0 0;}
div{border-width : 5px;
```

```
  width : 100px;
  height: 100px;
  margin: 20px;
  float : left;}
div#dashed{border-style:dashed;}
div#dotted{border-style:dotted;}
div#solid{border-style:solid;}
div#inset{border-style:inset;}
div#double{border-style: double;}
div#groove{border-style: groove;}
div#ridge{border-style: ridge;}
div#outset{border-style: outset;}
```

4.3. padding

Le padding représente les marges intérieures d'un élément. Il s'agit de l'écart entre les bords de l'élément ciblé et son contenu. Il est intéressant de jouer avec le padding et les bordures ; il se crée ainsi un cadre aéré qui permet divers effets décoratifs. Pour illustrer l'effet de padding, prenons ce petit code en HTML :

```
<!DOCTYPE html PUBLIC "-//W3C//DTD XHTML 1.0
✂ Transitional//EN"
✂ "http://www.w3.org/TR/xhtml1/DTD/xhtml1-transitional.dtd">

<html xmlns="http://www.w3.org/1999/xhtml">
<head>
<meta http-equiv="Content-Type" content="text/html;
✂ charset=UTF-8" />
<title>Untitled Document</title>

</head>

<body>

<p>"Lorem ipsum dolor sit amet, consectetur adipisicing
✂ elit, sed do eiusmod tempor incididunt ut labore et
✂ dolore magna aliqua. Ut enim ad minim veniam, quis
✂ nostrud exercitation ullamco laboris nisi ut aliquip ex
✂ ea commodo consequat. Duis aute irure dolor in
✂ reprehenderit in voluptate velit esse cillum dolore eu
✂ fugiat nulla pariatur. Excepteur sint occaecat cupidatat
✂ non proident, sunt in culpa qui officia deserunt mollit
✂ anim id est laborum." </p>

</body>

</html>
```

Adjoignons-lui un padding de 2em, puis plaçons une marge autour :

```
p{

padding: 2em;

border : 1px solid black;

width : 100px
;
}
```

Figure 4.4 :
Effet de padding

4.4. Problèmes avec les marges et les paddings

Problème du modèle de boîte sur Internet Explorer

Ce dysfonctionnement peut devenir un vrai cauchemar lorsqu'on a besoin de créer des sites compatibles avec les anciens navigateurs.

Expliquons le problème : sur Internet Explorer 5/Windows et Internet Explorer 4/Mac, et toutes les versions précédentes, le modèle standard des boîtes n'est pas respecté. Les dimensions des marges intérieures (`padding`) et des bordures (`border`) se soustraient aux dimensions spécifiées avec les propriétés `width` et `height`.

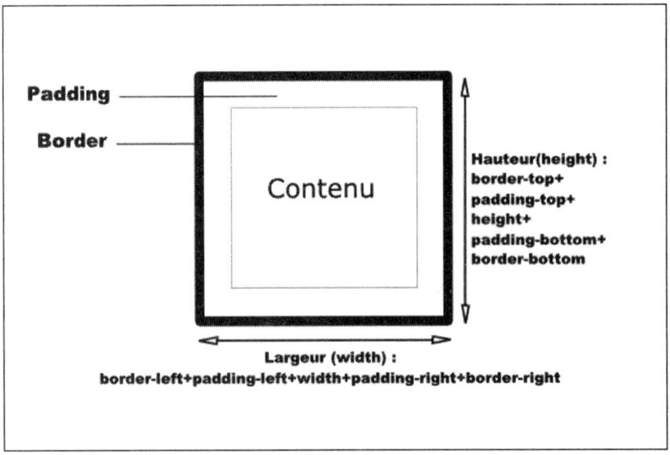

Figure 4.5 : *Modèle erroné des boîtes sur les anciennes versions d'Internet Explorer*

Selon le modèle standard, en revanche, il faut prendre en compte non seulement les dimensions des bordures et des marges intérieures, mais aussi les dimensions `width` et `height` pour connaître la taille réelle d'un élément.

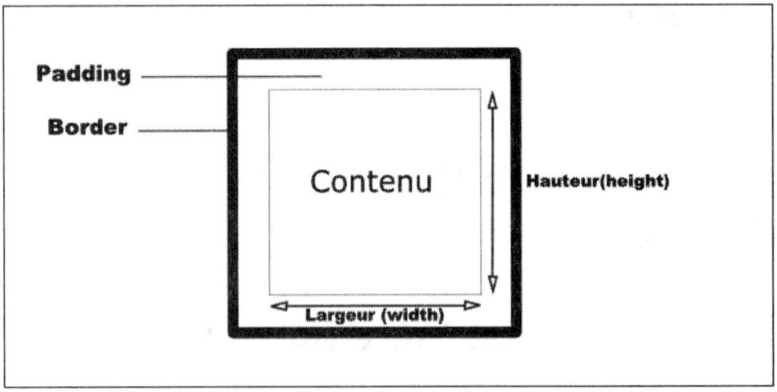

Figure 4.6 : *Modèle des boîtes standard, respecté aujourd'hui par tous les navigateurs modernes (y compris Internet Explorer 6, de loin le navigateur le plus utilisé lors de l'écriture de ce livre)*

Pour résoudre ce problème, Tantek Çelik (**http://tantek.com/**), spécialiste des CSS, a conçu un "hack" (une petite astuce CSS). Il s'agit de "berner" Internet Explorer. On lui donne des dimensions correspondant à son modèle de boîte, puis on spécifie les dimensions standard acceptées par tous les autres navigateurs, dans un code que ne peut pas comprendre Internet Explorer. On écrit cela de la manière suivante :

```
div.content{
  width : 400px;
  voice-family: "\"}\"";
  voice-family : inherit;
  width : 300px;}
/*La première dimension, plus grande pour pouvoir prendre
✂ en compte les marges intérieures et les bordures, est
✂ la seule prise en compte par Internet Explorer
✂ (anciennes versions). La deuxième, plus petite car on y
✂ ajoutera en plus les bordures et paddings, est lue par
✂ les autres navigateurs.*/
```

ATTENTION

Utiliser la bonne DTD

Pour que Internet Explorer fonctionne avec le modèle standard des boîtes, n'oubliez pas d'utiliser la bonne version de HTML. En l'occurrence, il faut coder en XHTML, en précisant la bonne DTD (Document Type Definition, définition de type de document) au début de la page. La DTD indique au navigateur quel type de code est utilisé. Vous pouvez par exemple mettre le code suivant en tête de page :

```
<!DOCTYPE html PUBLIC "-//W3C//DTD XHTML 1.0
✂ Transitional//EN" "http://www.w3.org/TR/xhtml1/DTD/
✂ xhtml1-transitional .dtd">
<html xmlns="http://www.w3.org/1999/xhtml">
```

Ne mettez pas d'en-tête XML (`<?xml version="1.0"?>`) en tête de la page, sinon Internet Explorer utilisera encore le modèle de boîte non standard Microsoft, malgré la DTD XHTML. En effet, Internet Explorer ne comprend pas encore le "vrai" XML.

Fusion des marges verticales

Dans certaines circonstances, les marges verticales fusionnent entre elles et peuvent générer des comportements inattendus.

Cela arrive quand deux éléments de type bloc sont imbriqués. Nous n'allons pas nous étendre sur ces comportements. Vous trouverez plus de détails sur ce sujet à l'adresse **www.yoyodesign.org/doc/w3c/css2/box.html#collapsing-margins** (traduction française des spécifications CSS).

Prenons un exemple simple, sous la forme du code HTML suivant :

```
<div id="conteneur">
  <div class="cadre">
    <div class="page">
      <p>Paragraphe de test.</p>
      <p>Deuxième paragraphe.</p>
    </div>
  </div>
</div>
```

Voici son style CSS :

```
div.cadre {
background: skyblue;
}
div.page {
  margin: 2em;
  background: lightsalmon;
}
#conteneur{
  border : 1px solid black
}
```

On s'attendrait à avoir un contenu central (`div.page`) entouré d'un cadre bleu (`div.cadre`), à cause des marges de `2em` appliquées tout autour de `div.page`. À la place, nous obtenons le résultat suivant :

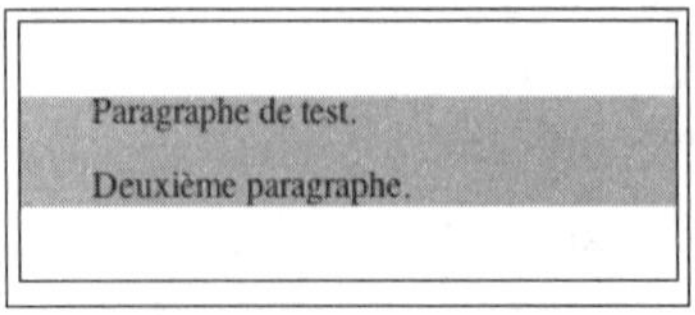

Figure 4.7 :
Illustration du problème de la fusion des marges

Remarquez que les marges verticales (en haut et en bas) du bloc de classe `.page` et du bloc de classe `.cadre` sont fusionnées en une seule, qui s'applique au bloc parent (en l'occurrence le bloc `.cadre`, qui a donc une marge de `2em` par rapport à son conteneur, le bloc `.conteneur`). Par contre, les marges horizontales (gauche et droite) ne sont pas concernées par cette fusion.

Il existe plusieurs solutions pour résoudre ce problème (qui n'en est pas vraiment un, car ce comportement fait partie des spécifications CSS).

Nous pouvons par exemple appliquer des bordures supérieure et inférieure à l'élément parent :

```
.cadre {
background: skyblue;
border-top :1px solid black;
```

```
border-bottom : 1px solid black;
}
```

Nous pourrions mettre la propriété color: transparent pour rendre les bordures invisibles.

On peux aussi mettre des padding-top et padding-bottom sur le conteneur .cadre (même de 1 pixel) pour résoudre ce problème.

Enfin, il est aussi possible d'appliquer une propriété float au conteneur .cadre :

```
.cadre {
background: skyblue;
  float : left;
}
```

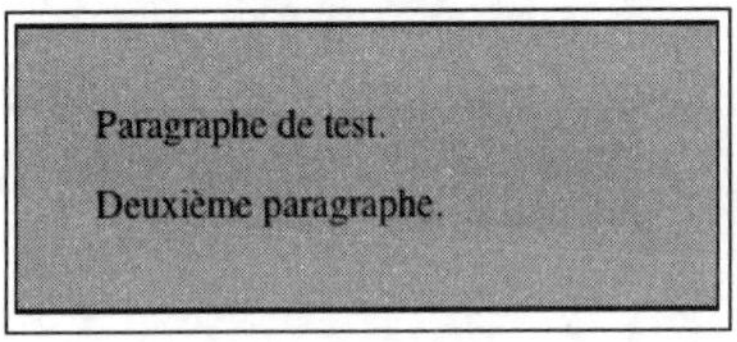

Figure 4.8 :
Il existe plusieurs techniques pour obtenir le rendu désiré

4.5. Les listes

Même si vous connaissez HTML, il est bon d'aller plus loin dans la mise en page CSS. De plus, savoir à quoi servent exactement les listes vous permettra de créer des sites plus accessibles et mieux référencés, car les balises HTML choisies auront du sens (on parle de balises sémantiques).

Les listes permettent d'énoncer des suites d'éléments et de les classer de plusieurs manières, en fonction du type de liste utilisé. Les éléments d'une liste sont affichés par défaut en mode block.

Listes non ordonnées

Elles permettent d'énoncer une suite d'éléments. Ils seront chacun précédés d'une puce (un petit disque noir) une fois affichés à l'écran.

Une liste non ordonnée débute et se termine par une balise <ul> (pour "unordered list", liste non ordonnée). Chaque élément de la liste est placé entre des balises <li></li>. Le tout se présente ainsi :

```
<ul>
	<li>1er élément</li>
	<li>2ème élément</li>
	<li>3ème élément</li>
</ul>
```

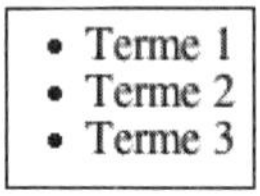

Figure 4.9 :
Rendu visuel par défaut d'une liste non ordonnée

Listes ordonnées

Elles servent à afficher les éléments dans un ordre donné. Les puces sont remplacées par des numéros : le 1 pour le premier élément, le 2 pour le deuxième, etc.

Une liste ordonnée débute et se termine par une balise `<ol>` (pour "ordered list", liste ordonnée). Le code ressemble à ceci :

```
<ol>
	<li>1er élément</li>
	<li>2ème élément</li>
	<li>3ème élément</li>
</ol>
```

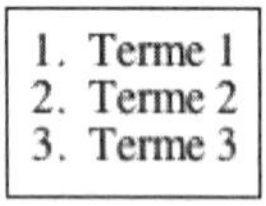

Figure 4.10 :
Rendu visuel par défaut d'une liste ordonnée

Listes de définition

On peut, grâce à elles, afficher une suite de termes, chacun suivi par sa définition.

La liste est placée entre des balises <dl></dl> (pour "definition list", liste de définition), chaque terme est entre des balises <dt></dt>, et les définitions sont entre des balises <dd></dd>. L'ensemble s'organise ainsi :

```
<dl>
   <dt>Premier terme</dt>
   <dd>Définition du premier terme.</dd>
   <dt>Second terme</dt>
   <dd>Définition du second terme.</dd>
</dl>
```

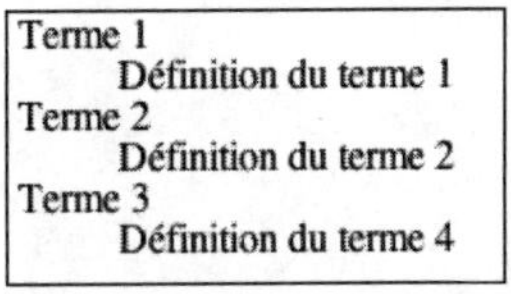

Figure 4.11 :
Rendu visuel par défaut d'une liste de définition

Il est bien sûr possible de mettre en page les listes à l'aide des CSS. Passons en revue les propriétés dédiées aux listes.

list-style-position

Cette propriété permet de placer la puce dans la liste. Il est possible de la placer en dehors du contenu de la liste, ou de l'inclure à l'intérieur, le reste du contenu flottant le long de la puce.

Examinons les codes suivants :

```
<!DOCTYPE html PUBLIC "-//W3C//DTD XHTML 1.0
✂ Transitional//EN"
✂ "http://www.w3.org/TR/xhtml1/DTD/xhtml1-transitional.dtd">
<html xmlns="http://www.w3.org/1999/xhtml">
<head>
<meta http-equiv="Content-Type" content="text/html;
✂ charset=ISO-8859-1" />

<title>La propriété liste-style-position</title>

<style type="text/css">
#outside li{list-style-position: outside;}

#inside li{list-style-position: inside;}
</style>
</head>
<body>

<h1>Listes non ordonnées</h1>

<h2>Outside</h2>

<ul id="outside">

  <li>1er élément : Lorem ipsum dolor sit amet,<br/>
  consectetur adipisicing elit, sed do</li>

  <li>2ème élément</li>

  <li>3ème élément</li>
```

```
</ul>

<h2>Inside</h2>

<ul id="inside">

  <li>1er élément : Lorem ipsum dolor sit amet,<br/>
 consectetur adipisicing elit, sed do</li>

  <li>2ème élément</li>

  <li>3ème élément</li>

</ul>
```

Nous voyons nettement la différence de rendu visuel :

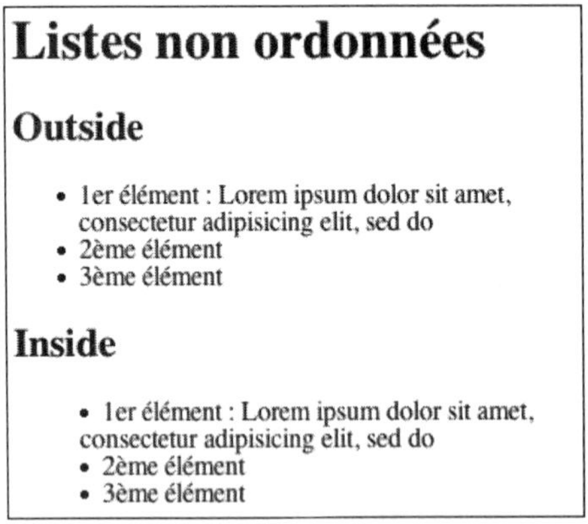

Figure 4.12 :
Comparaison inside-outside sur une liste non ordonnée

Cela fonctionne de la même manière avec des listes non ordonnées. On applique le même code CSS aux balises HTML précédentes, un peu modifiées :

```
<h1>Listes ordonnées</h1>
<h2>Outside</h2>
<ol id="outside">
  <li>1er élément : Lorem ipsum dolor sit amet,<br/>
  ✂ consectetur adipisicing elit, sed do</li>
  <li>2ème élément</li>
  <li>3ème élément</li>
</ol>

<h2>Inside</h2>
<ol id="inside">
  <li>1er élément : Lorem ipsum dolor sit amet,<br/>
  ✂ consectetur adipisicing elit, sed do</li>
  <li>2ème élément</li>
```

```
  <li>3ème élément</li>
</ol>
```

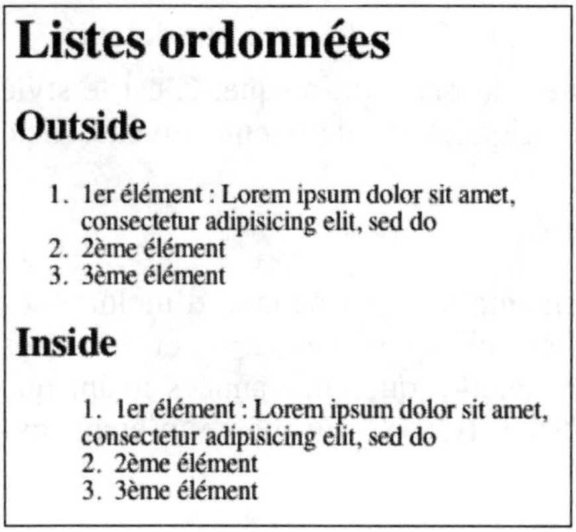

Figure 4.13 :
Comparaison inside-outside sur une liste ordonnée

Bien entendu, les liste de définition n'ayant pas de puce ni de numéro, cette propriété ne les affecte pas.

list-style-type

Cette propriété dispose de nombreuses valeurs, qui permettent de mettre en forme les puces des listes ordonnées et non ordonnées.

On peut tout simplement supprimer les puces en utilisant `list-style-type : none`. Les autres valeurs de cette propriété diffèrent, selon que les listes sont ordonnées ou non. Les listes de définition, toujours à cause de l'absence de puce ou de numéro, sont insensibles à `list-style-type`.

Cette propriété appliquée aux listes ordonnées gère la manière dont les chiffres sont affichés. On peut même les afficher sous forme de lettres. Voyons les principales possibilités :

- `decimal` : chiffres arabes (1, 2, 3…).
- `decimal-leading-zero` : 01, 02, 03.
- `lower-roman` et `upper-roman` : chiffres romains en majuscules ou en minuscules.
- `cjk-ideographic` : représentations des nombres sous forme d'idéogrammes primitifs en bâton (écriture cunéiforme).

Sur les listes non ordonnées, la propriété `list-style-type` contrôle le style des puces devant les items :

- `disc` : la puce est un petit disque. C'est le style par défaut.
- `circle` : on a un cercle vide à la place du disque. C'est le style par défaut pour les listes imbriquées de deuxième niveau (liste placée dans une autre).
- `square` : la puce est un carré.

CSS 3 prévoit des valeurs supplémentaires, permettant d'inclure des puces en forme de losange (mot-clé `"diamond"`), et d'autres décorations, mais il faudra attendre encore quelques années avant que tous les navigateurs intègrent CSS 3 (CSS 2 lui-même n'étant pas encore complètement implémenté).

Pour enrichir l'aspect graphique des listes grâce aux CSS, nous pouvons utiliser des images à la place des puces.

list-style-image

Cette propriété prend comme valeur l'URL de l'image (flèche, puce graphique avec des dégradés, des textures, petite icône…) qui sera affichée à la place des puces.

Voici les codes CSS et HTML adéquats pour créer une liste avec des puces graphiques :

```
...
<style type="text/css">
li{list-style-image: url(puce.png);}
</style>
...
<h1>Puces graphiques : la propriété 'liste-style-image'</h1>
<ul>
  <li>1er élément</li>
  <li>2ème élément</li>
  <li>3ème élément</li>
</ul>
...
```

Il faut bien sûr avoir une petite image disponible dans le même dossier que la page HTML. Ici, par exemple, nous avons utilisé un carré avec un dégradé à l'intérieur.

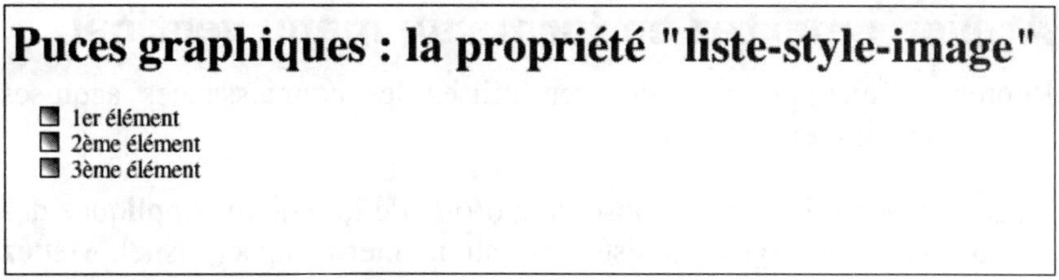

Figure 4.14 : *Liste graphique*

On peut tirer parti de cette propriété pour classer l'information, l'enrichir et la rendre plus lisible. Imaginons par exemple une liste de liens (un menu de navigation), auquel nous voulons ajouter des icônes. Il suffit de donner à chaque item de la liste un `id` spécifique, et utiliser cet `id` pour attribuer l'image-icône correspondante.

Voici le code à utiliser :

```
...
li#accueil{list-style-image: url(maison.png);}
li#contact{list-style-image: url(contact.png);}
li#apropos{list-style-image: url(apropos.png);}
...
<h1>Puces graphiques : un menu avec des icônes</h1>
<ul>
  <li id="accueil"><a href="#">Accueil</a></li>
  <li id="contact"><a href="#">Contact</a></li>
  <li id="apropos"><a href="#">A propos</a></li>
</ul>
```

Bien entendu, il faut disposer des images ad hoc, bien nommées et placées à l'endroit approprié.

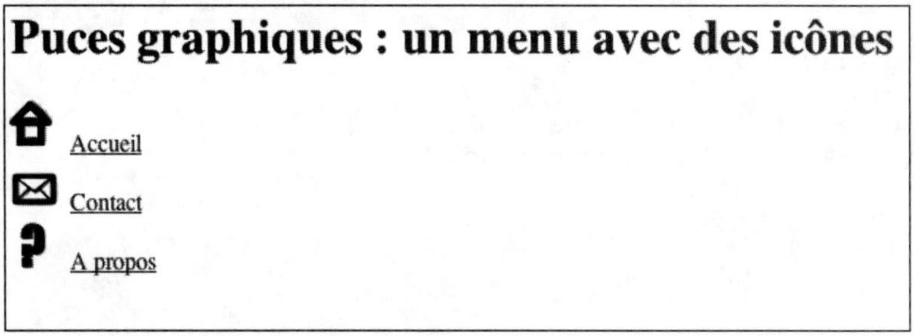

Figure 4.15 : *Menu graphique avec icônes*

Atelier : mettez en forme un menu vertical

Reprenez l'exemple précédent et utilisez les connaissances acquises pour créer un menu vertical.

Placez le menu de manière absolue à droite de la fenêtre. Appliquez des bordures et des marges à la liste pour augmenter l'impact visuel. Mettez en place des puces graphiques.

Solution

Commençons par placer le menu de manière absolue à droite, et à 20 pixels du haut de la fenêtre d'affichage :

```
ul{
  position: absolute ;
  top: 40px ;
  right: 0 ;
  width: 160px ;
}
```

Ensuite, ajoutons des bordures et des marges (intérieures et extérieures) :

```
ul{
  position: absolute ;
  top: 40px ;
  right: 0 ;
  width: 160px ;
  border : 3px double black ;
  border-right:none ;
  padding: 5px 1px 10px 50px ;
  margin: 0 ;
}
li{
  margin:10px 0 ;
  padding: 0 ;
  border-bottom : 3px double black;
  border-left : 1px dashed black;
  border-top: none;
  border-right: none;
  /*width:100%;*/
  list-style-position: inside;
}
```

La propriété `width` est notée comme un commentaire. Elle permet de régler les problèmes d'incompatibilité avec Internet Explorer/Windows.

Notez la manière dont on crée des bordures en haut, en bas et à gauche du menu, mais pas à droite. Nous définissons une largeur, un style et une couleur qui s'appliquent a priori de tous les côtés. Ensuite, nous spécifions qu'il n'y a pas de bordure à droite avec la propriété `border-right : none`.

Notez également l'utilisation de la propriété `liste-style-position`, qui permet de placer des bordures autour des éléments de la liste et de leur puce.

Les marges et paddings avec des valeurs nulles évitent que des marges définies par défaut dans un navigateur de l'utilisateur viennent perturber la présentation.

Le menu se place au-dessus du titre. Donnons donc au titre une marge à gauche, supérieure à la largeur du menu, et égale à 160 + (20 + 50) + 3 = 233 pixels. Nous additionnons ici la largeur des paddings droit et gauche, et la largeur de la bordure (qui n'existe que sur la gauche). Pour Internet Explorer (anciennes versions), il faudra donner une largeur de 233 pixels au menu, avec le code suivant :

```
ul{
  width : 233px;
  voice-family: "\"}\"";
  voice-family : inherit;
  width : 100px;
}
```

REMARQUE

Utilité du hack "modèle de boîte"

Cette astuce n'est valable que si l'on veut un site compatible avec Internet Explorer 5/Windows (Internet Explorer 4/Mac), et toutes les versions précédentes. En effet, sur Internet Explorer 6, ces problèmes n'apparaissent pas, si l'on a pris soin d'utiliser la bonne DTD (voir l'encadré Attention intitulé "Utiliser la bonne DTD").

Figure 4.16 : *Première étape de l'exercice*

La suite de l'exercice porte sur les textes. Pour commencer, nous allons donner une taille de police en pourcentage, qui servira de base pour l'ensemble du document. Nous l'attribuons à la balise <body> :

```
body{
  font-size: 100%;
}
```

Ensuite, nous donnons des tailles de police en `em` au titre (balise <h1>) et au menu (balise <ul>). Nous attribuons aussi des styles de police, en prenant soin de trouver des "solutions de rechange", au cas où la première police demandée ne soit pas disponible. Enfin, nous ajoutons un peu de couleur au titre (la coloration des liens sera effectuée par la suite).

RENVOI

Nous reviendrons sur les polices de caractères au chapitre Gérer les caractères.

```
ul{
  position: absolute ;
  top: 40px ;
  right: 0 ;
  width: 160px ;
  border : 3px double black ;
  border-right:none ;
  padding: 5px 1px 10px 50px ;
  margin: 0 ;
  font-size: 1.2em ;
  font-family:"Courier New", Courier, monospace;
  font-weight: bold;
}
...
h1{
  margin: 0 200px 0 0;
  font-family: Arial, Helvetica, sans-serif;
  font-size: 1.7em;
  color: #000066;
}
```

Occupons-nous maintenant des liens, à l'aide des pseudo-classes :

```
li a{
text-decoration :none;
}
li a:link{
  color:#993300;
}
li a:visited{
  color:#996600
```

```
}
li a:hover, li a:active{
  color:#CC0000;
  border-top : 7px solid black;
}
```

Nous commençons par supprimer le soulignement quel que soit l'état du lien grâce au sélecteur `li a`. Nous aurions pu utiliser le sélecteur `a` seul. Mais si nous avions ajouté des liens en dehors des listes, les styles définis maintenant s'appliqueraient aussi à ces liens extérieurs, ce qui ne convient pas forcément.

Nous attribuons ensuite les couleurs, qui changent en fonction de l'état du lien.

Enfin, nous appliquons un effet au passage de la souris, en utilisant la propriété `border-top` sur les sélecteurs `a:hover` et `a:active`.

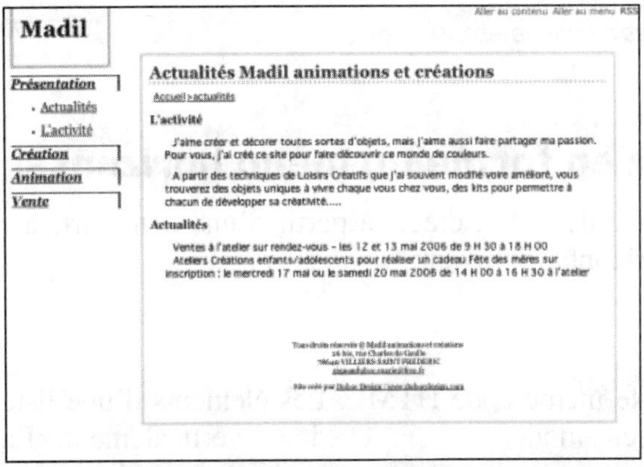

Figure 4.17 : *Deuxième étape de l'exercice*

La petite touche finale consiste à utiliser des pseudo-classes pour créer un changement de couleur des icônes au passage de la souris.

```
li#accueil:hover {
  list-style-image: url(maison_hover.png);
}
li#contact:hover {
  list-style-image: url(contact_hover.png);
}
li#apropos:hover {
  list-style-image: url(apropos_hover.png);
}
```

Notez tout cela ne fonctionne qu'avec les images adéquates placées dans le dossier approprié.

De plus, cet effet ne fonctionne pas sous Internet Explorer, qui ne supporte pas les pseudo-classes CSS 2 sur les listes, et toutes les balises autres que `a` en général.

RENVOI

Pour en savoir plus à ce sujet, lisez le chapitre ***Présentation****.*

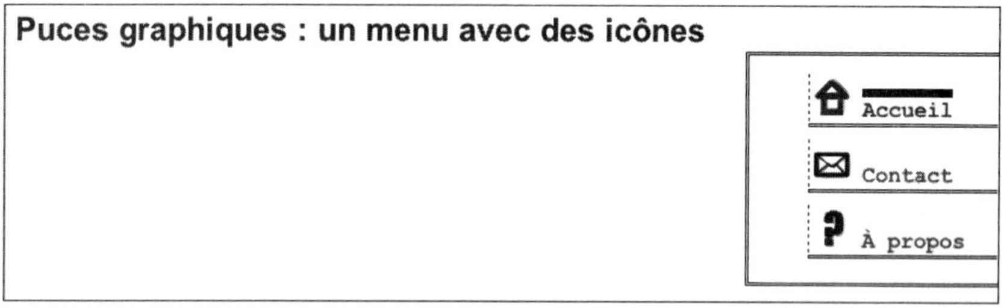

Figure 4.18 : *Troisième et dernière étape*

Atelier : mettez en forme un menu horizontal

En exploitant la souplesse des CSS, créez, à partir d'une liste verticale par défaut, un menu horizontal attrayant.

Solution

Nous utilisons toujours le même code HTML. Les éléments d'une liste s'affichent par défaut en mode `block`, et donc verticalement. La propriété `display` permet de les transformer en éléments en ligne :

```
ul li {
  display: inline;
```

Puis, nous supprimons les puces de la liste car elles ne s'affichent pas dans Internet Explorer lorsque les éléments `li` sont en ligne. De plus, Internet Explorer crée des marges gênantes sur les éléments `li` dans cette configuration. Supprimons donc ces puces gênantes.

```
  list-style: none;
```

Parfois, dans les menus de navigation, des caractères | séparent les items de liste. Nous allons les simuler à l'aide de la propriété `border` :

```
  border-right: 1px solid #000;
```

Enfin, mettons des marges pour aérer la composition :

```
  margin: 10px;
  padding: 0 15px 0 0 ;
```

Créons ensuite un cadre pour le menu, en vue de l'habiller un peu. Nous utilisons pour cela le sélecteur `ul` :

```
ul{
  width : 15.3em;
  margin: 0;
  padding: 10px;
  border: 1px solid #000;
  margin-bottom: 0;
}
```

Nous spécifions une largeur en `em` pour que le menu s'adapte en largeur à la taille de la police. Ainsi, si l'utilisateur décide d'augmenter les tailles de texte, le cadre entourant le menu suivra le mouvement, et augmentera également.

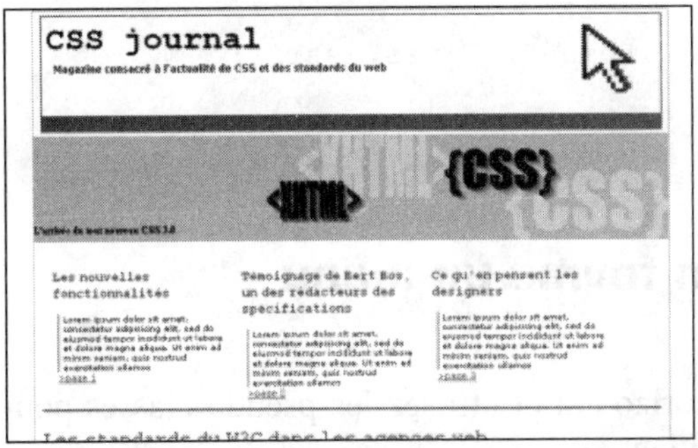

Figure 4.19 :
Affichage en taille normale

Figure 4.20 :
Affichage après que l'utilisateur a augmenté la taille du texte

Passons aux polices de caractères à présent :

```
li {
  display: inline;
  list-style: none;
  border-right: 1px solid #000;
  margin: 5px;
  padding: 0 15px 0 0;
```

```
  font-family: "Times New Roman", Times, serif;
  font-weight:bold;
  font-style: italic;
}
```

Enfin, différencions un élément d'un autre (par exemple pour distinguer les rubriques). Pour ce faire, nous utilisons encore une fois les bordures :

```
li#contact{
  border-top : 3px solid black;
}
```

Pour éviter que la bordure du haut ne touche les textes (ce qui serait inesthétique), agrandissons les paddings des éléments `li` :

```
li {
  display: inline;
  list-style: none;
  border-right: 1px solid #000;
  margin: 10px;
  padding: 5px 15px 5px 0;
  font-family: "Times New Roman", Times, serif;
  font-weight:bold;
  font-style: italic;
}
```

Atelier : mettez en forme un menu "drop-down"

Mettez en forme un menu horizontal et utilisez les pseudo-classes pour créer un effet de menu déroulant.

Voici le code de départ :

```
<!DOCTYPE html PUBLIC "-//W3C//DTD XHTML 1.0
✂ Transitional//EN"
✂ "http://www.w3.org/TR/xhtml1/DTD/xhtml1-transitional.dtd">

<html xmlns="http://www.w3.org/1999/xhtml">
<head>
<meta http-equiv="Content-Type" content="text/html;
✂ charset=UTF-8" />

<title>Menu "drop-down"</title>
</head>

<body>
<h1>Un menu "drop-down" </h1>

<ul>
```

```
<li id="accueil"><a href="#">Accueil</a>

    <ul class="drop">

      <li><a href="#">Qui suis-je ?</a></li>

      <li><a href="#">Mes services</a></li>

    </ul>
</li>

  <li id="contact"><a href="#">Contact</a>

    <ul class="drop">

      <li><a href="#">E-mail</a></li>

      <li><a href="#">Adresse</a></li>
    </ul></li>

  <li id="apropos"><a href="#">À propos</a>

    <ul class="drop">

      <li><a href="#">Biographie</a></li>

      <li><a href="#">CV</a></li>
    </ul></li>
  </ul>

</body>

</html>
```

Solution

Nous allons d'abord empêcher l'affichage des listes de classes `.drop` (qui sont en fait les sous-menus) :

```
.drop {display : none;}
```

Pour le moment, nous ne prenons plus en compte les listes de classes `.drop`. Tout se passe pratiquement comme si le code ressemblait à cela :

```
<!DOCTYPE html PUBLIC "-//W3C//DTD XHTML 1.0
✂ Transitional//EN"
✂ "http://www.w3.org/TR/xhtml1/DTD/xhtml1-transitional.dtd">

<html xmlns="http://www.w3.org/1999/xhtml">
```

```
<head>
<meta http-equiv="Content-Type" content="text/html;
✂ charset=UTF-8" />

<title>Menu "drop-down"</title>
</head>

<body>
<h1>Un menu "drop-down" </h1>

<ul>

<li id="accueil"><a href="#">Accueil</a></li>

  <li id="contact"><a href="#">Contact</a></li>

  <li id="apropos"><a href="#">À propos</a></li>
  </ul>

</body>

</html>
```

Puis nous appliquons les styles nécessaires pour que le menu soit horizontal, et nous ajoutons des bordures pour l'aspect esthétique :

```
li#accueil, li#contact, li#apropos{
  position: relative;
  float: left;
  border-right: 3px double black;
  border-top: 1px solid black;
  margin : 0 20px;
  padding : 0 20px;
  list-style:none;
  height: 50px;
}
```

Nous allons nous occuper de la liste de deuxième niveau. Nous allons commencer par créer l'effet de drop-down. La pseudo-classe `li:hover`, en commun avec la classe `.drop`, permet d'afficher les sous-menus uniquement lorsque la liste parente est survolée par la souris.

```
li:hover ul.drop{
  display: block;
}
```

Malheureusement, comme la liste de sous-menus s'affiche en mode `block` et qu'elle est imbriquée dans les listes de premier niveau, son apparition "casse" le menu horizontal. Pour résoudre ce problème, nous devons retirer les sous-menus du flux normal, à l'aide de la propriété position. Nous positionnons les sous-menus en fonction de leur conteneur, à savoir les éléments li de la liste de premier niveau. Le code CSS final se présente comme ceci :

```
.drop{
  display:none;
}

li#accueil, li#contact, li#apropos{
  position: relative;
  display:inline;
  border-right: 3px double black;
  border-top: 1px solid black;
  margin : 0 20px;
  padding : 0 20px;
  list-style:none;
}

li:hover ul.drop{
  display: block;
  position: absolute ;
  top: 20px;
  left: 0;
  margin: 0;
  padding:0;
}
```

Le problème de cette technique est qu'elle ne fonctionne pas sur Internet Explorer 6 et les versions précédentes. Nous espérons que tout s'arrangera avec la prochaine version (en phase bêta lors de l'écriture de ce livre). Pour l'instant, si nous voulons que ce type de menu fonctionne partout, il faut faire appel à JavaScript.

RENVOI

Ce sujet est traité brièvement au chapitre ***Ajouter un peu de dynamisme aux CSS.***

4.6. Les tableaux

La mise en page web avec des tableaux est une pratique qui pose de nombreux problèmes, notamment en termes de poids de page et d'accessibilité. Cela dit, les tableaux ont une vraie utilité en HTML, quand on s'en sert de manière adéquate. Ils permettent d'afficher un contenu de façon tabulaire, et c'est un outil fantastique pour présenter des données.

En résumé, les tableaux ne sont pas adaptés ni conseillés pour créer des mises en page, mais ils conviennent parfaitement à la présentation de certaines données.

Les CSS permettent de gérer la mise en page d'un certain nombre d'éléments au sein d'un tableau. Il est bien sûr possible d'utiliser la plupart des propriétés déjà vues. Nous pouvons ainsi spécifier les styles de bordure des cellules grâce à la propriété `border` et ses dérivées.

Mais comme les tableaux sont des objets HTML particuliers, ils ont droit à des propriétés spécifiques. Passons les en revue…

border-collapse

Nous pouvons, à l'aide de cette propriété, indiquer si les cellules du tableau doivent être séparées (valeur `separate`) ou fusionnées (valeur `collapse`). On choisit ainsi le modèle de bordure.

Cette propriété peut s'appliquer à un tableau entier, ou à une ligne (balise `<tr></tr>`).

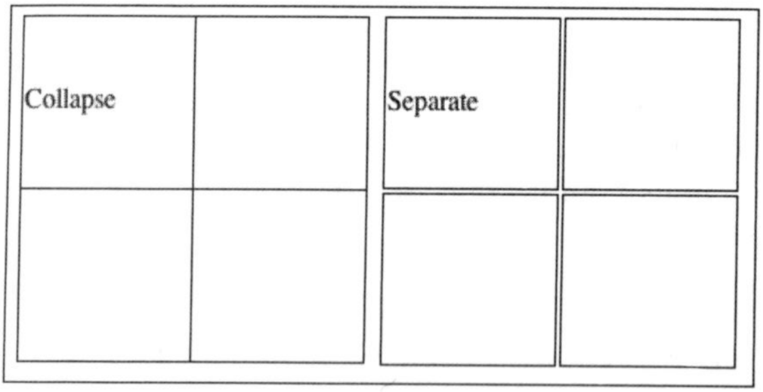

Figure 4.21 : *Les deux valeurs possibles de la propriété collapse*

border-spacing

Cette propriété permet de spécifier la distance qui sépare les cellules les unes des autres.

On peut spécifier cette propriété pour un tableau entier ou une ligne.

Exemple :

```
border-spacing : 2em ;
```

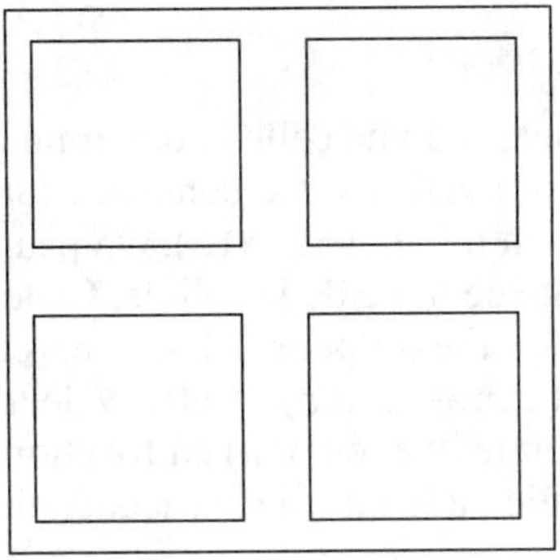

Figure 4.22 :
Résultat

empty-cells

Cette propriété gère l'affichage des cellules qui n'ont pas de contenu. La valeur `hide` sert à cacher le contenu, et `show` à montrer la cellule.

On peut l'appliquer à un tableau, à une ligne ou à une cellule.

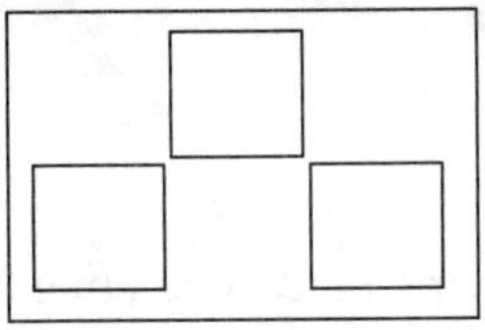

Figure 4.23 :
En appliquant aux cellules (vides) de ce tableau de deux lignes et de trois colonnes chacune, la propriété empty-cells avec les classes appropriées, nous obtenons un effet de mosaïque

C'est particulièrement pratique, par exemple dans un tableau à double entrée où, le plus souvent, la case supérieure gauche est vide. Avec cette propriété, nous pouvons décider si elle sera affichée ou non, selon le contexte de la page.

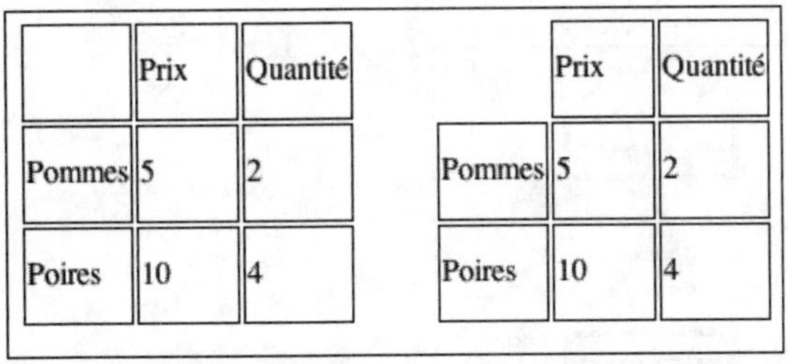

	Prix	Quantité
Pommes	5	2
Poires	10	4

	Prix	Quantité
Pommes	5	2
Poires	10	4

Figure 4.24 : *La seule différence entre ces deux tableaux est que la propriété empty-cells a la valeur hide dans l'un, et la valeur show dans l'autre*

vertical-align

Cette propriété, appliquée à un tableau entier ou à une cellule, détermine l'alignement vertical du contenu de la ou des cellules. Ce contenu peut être placé en haut (`top`), en bas (`bottom`), au milieu (`middle`). On peut aussi le placer au niveau de la première boîte de ligne de la cellule. Cette boîte de ligne utilise les propriétés propres au texte pour déterminer sa hauteur (`line-height`) ou sa largeur (`line-width`). Cette valeur permet en fait de placer le contenu (qu'il soit textuel ou non) en fonction des propriétés de texte définies pour la cellule ou le tableau sur lequel on travaille.

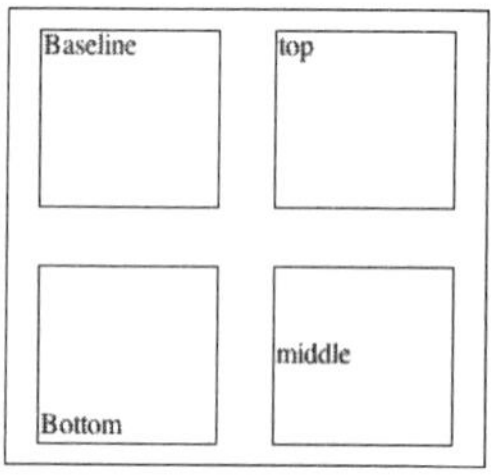

Figure 4.25 :
Le placement "baseline" est ici identique au placement "top", car aucune propriété de texte n'a été appliquée

caption-side

Cette propriété peu connue s'applique à la balise `<caption>`, également peu employée. Cette balise permet d'afficher une légende pour donner des informations sur le contenu du tableau.

Nous pouvons placer la légende au-dessus du tableau (`top`), en dessous (`bottom`), à droite ou à gauche (`right` ou `left`). Malheureusement, cette propriété est mal comprise par Internet Explorer.

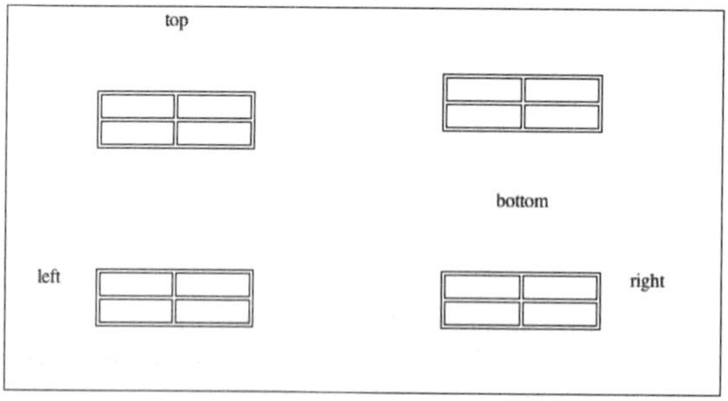

Figure 4.26 :
Les différents placements de légende

table layout

Cette propriété très technique est présentée en détail dans les spécifications CSS 2 du W3C (**www.yoyodesign.org/doc/w3c/css2/tables .html#width-layout**). Elle permet de choisir l'algorithme de présentation des tableaux. Les deux valeurs possibles sont :

- `auto` (valeur par défaut) : le contenu détermine en priorité les dimensions des cellules.
- `fixed` : les dimensions fixées par les CSS (`width` et `height`) sont utilisées en priorité.

Il s'agit d'un résumé simpliste des calculs réels recommandés par le W3C. Les différences sont plus techniques et cette propriété est rarement utilisée.

REMARQUE

Propriétés CSS vs attributs HTML

Certaines propriétés décrites précédemment ont le même rôle que les attributs HTML `cellspacing`, `cellpadding`, et `border`, insérés directement dans les balises `<table>`, `<tr>` ou `<td>`.

Pourquoi utiliser les propriétés CSS plutôt que les attributs HTML ? C'est simple : imaginez que vous ayez cinquante tableaux sur votre site, à mettre en forme exactement de la même manière. La moindre modification vous obligera à réécrire toutes les valeurs des attributs cinquante fois, avec le temps perdu et les risques d'oubli que cela comporte. Avec les CSS, une seule ligne de code suffit. De plus, en utilisant les classes et les `id`, vous pouvez attribuer des styles communs, et affecter des styles spécifiques à certains tableaux, cellules, lignes, etc. Au final, c'est beaucoup plus simple et puissant.

Atelier : une première maquette

Une page contient un titre `h1`, une liste qui fait office de menu, et un tableau à double entrée.

Positionnez le titre en haut, le menu à gauche de la page (collé au bord de la fenêtre) et le tableau à droite. Ajoutez au menu des bordures et des marges. Mettez en forme le tableau en utilisant, entre autres, les propriétés propres à ce type d'objet.

Voici le code HTML que vous utiliserez :

```
<!DOCTYPE html PUBLIC "-//W3C//DTD XHTML 1.0
✂ Transitional//EN"
✂ "http://www.w3.org/TR/xhtml1/DTD/xhtml1-transitional.dtd">
<html xmlns="http://www.w3.org/1999/xhtml">
<head>
<meta http-equiv="Content-Type" content="text/html;
✂ charset=UTF-8" />
<title>Chapitre 4 : exercice final (étape 1)</title>
<style type="text/css">

</style>
</head>

<body>
<h1>Chapitre 4, exercice final : positionnement, marges,
✂ listes et tableaux</h1>
<ul>
  <li>Margin</li>
  <li>Padding</li>
  <li>Border</li>
  <li>Tableaux</li>
</ul>
<table>
<caption>Tableau de présentation des valeurs de marge et
✂ de bordure</caption>
<tr>
  <td></td>
  <td>margin</td>
  <td>padding</td>
  <td>border</td>
</tr>
<tr>
  <td>Description</td>
  <td>Donne la valeur des marges à l'extérieur de
  ✂ l'objet</td>
  <td>Donne la valeur des marges à l'intérieur de
  ✂ l'objet</td>
  <td>Donne les caractéristiques des bordures de
  ✂ l'objet</td>
</tr>
<tr>
  <td>exemples</td>
  <td>#objet{<br/>margin : 3px 3em 4px 5px ;<br/>}</td>
  <td>#objet{<br/>padding : 3px 4px 5px 3em;<br/>}</td>
  <td>#objet{<br/>border : 2px solid #000;<br/>}</td>
</tr>
</table>

</body>
</html>
```

Solution

Le titre étant un élément bloc par défaut, la liste et le tableau apparaissent en dessous. Soyons prudent, et spécifions par avance les marges du corps de page et du titre. En effet, chaque navigateur a ses propres marges par défaut pour ces objets.

```
body, html{
  margin : 0;
}
h1{
  margin : 20px 0 20px 10px;
}
```

Nous utilisons les deux sélecteurs `body` et `html`, pour nous assurer que les instructions seront bien comprises par tous navigateurs.

Ensuite, nous positionnons la liste :

```
ul{
  float: right ;
}
```

Puis nous "collons" le titre complètement à gauche de la fenêtre, tout en laissant quelque espace pour le séparer du tableau :

```
ul{
  float: left;
  padding : 0 30px 0 0;
  margin: 0 50px 0 0;
}
```

Nous constatons alors que les puces ont disparu. La raison est simple : elles sont, par défaut, en dehors du contenu des listes (la propriété `liste-style-position` a pour valeur `outside`). Or, les marges sont calculées par rapport au contenu, et non à l'ensemble de la liste, puces comprises. Du coup, les puces sont maintenant en dehors des limites de l'affichage. Il suffit, pour les afficher de nouveau, de donner la valeur `inside` à la propriété `liste-style-position`.

```
ul{
  float: left;
  padding : 0 30px 0 0;
  margin: 0 50px 0 0;
  list-style-position: inside;
}
```

Aérons la liste :

```
li{
  padding : 3px 5px;
  margin : 5px 0;
}
```

Ajoutons quelques bordures pour agrémenter le tout :

```
ul{
  float: left;
  padding : 0 30px 0 0;
  margin: 0 50px 0 0;
  list-style-position:inside;
  border : 2px solid black;
  border-left: none;
}
li{
  padding : 3px 5px;
  margin : 5px 0;
  border : 1px dashed black;
  border-left: none;
}
```

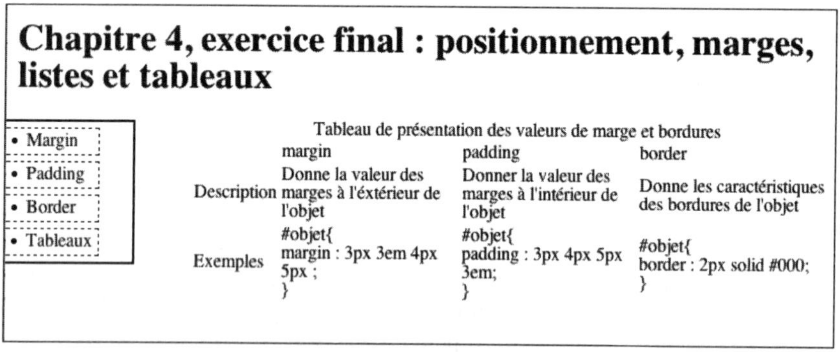

Figure 4.27 : *Première étape de l'exercice*

Regardons à présent le tableau. Il n'a aucune bordure pour l'instant.

Commençons par lui en ajouter :

```
table, td{
  border: 1px solid black;
}
```

En appliquant la bordure à la fois au tableau dans son ensemble (balise `<table>`) et aux cellules (balise `<td>`), nous avons deux jeux de bordures, autour du tableau et autour des cellules. Cela est visible car la propriété `border-collapse` vaut `separate` par défaut.

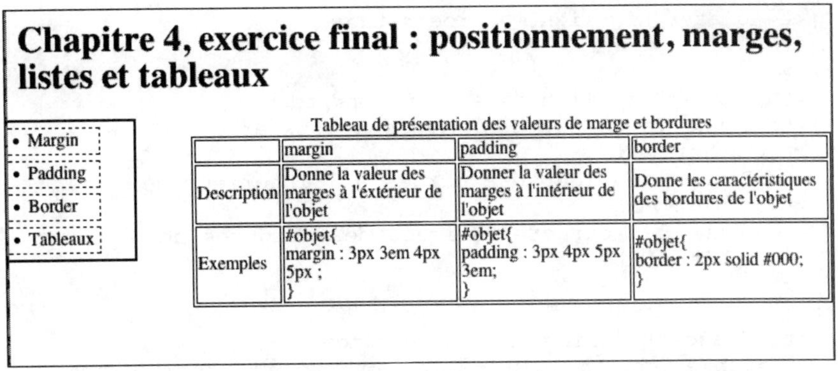

	margin	padding	border
Description	Donne la valeur des marges à l'éxtérieur de l'objet	Donner la valeur des marges à l'intérieur de l'objet	Donne les caractéristiques des bordures de l'objet
Exemples	#objet{ margin : 3px 3em 4px 5px ; }	#objet{ padding : 3px 4px 5px 3em; }	#objet{ border : 2px solid #000; }

Figure 4.28 : *Deuxième étape de l'exercice : les bordures apparentes*

Nous allons ôter cet effet en supprimant le sélecteur `table`. Simultanément, nous donnons la valeur `collapse` à la propriété `border-collapse`.

```
td{
  border: 1px solid black;
}
table{
  border-collapse: collapse;
}
```

Le bord droit du tableau est maintenant collé au bord de la fenêtre. C'est l'occasion de mettre en pratique nos connaissances concernant les marges :

```
table{
  border-collapse: collapse;
  padding : 0 ;
  margin: 0 50px 0 0;
}
```

Pour clarifier le tableau, remplissons les cellules de gauche et du haut avec une nuance de gris et supprimons les bordures de la cellule vide en haut à gauche. Nous devons pour cela utiliser des classes au sein des cellules.

Voici le nouveau code HTML :

```
<table>
<caption>Tableau de présentation des valeurs de marge et
✂ de bordure</caption>
<tr>
  <td class="empty"></td>
  <td class="highlight">margin</td>
  <td class="highlight">padding</td>
```

```
  <td class="highlight">border</td>
</tr>
<tr>
  <td class="highlight">Description</td>
  <td>Donne la valeur des marges à l'extérieur de
  ✂ l'objet</td>
  <td>Donne la valeur des marges à l'intérieur de
  ✂ l'objet</td>
  <td>Donne les caractéristiques des bordures de
  ✂ l'objet</td>
</tr>
<tr>
  <td class="highlight">Exemples</td>
  <td>#objet{<br/>margin : 3px 3em 4px 5px ;<br/>}</td>
  <td>#objet{<br/>padding : 3px 4px 5px 3em;<br/>}</td>
  <td>#objet{<br/>border : 2px solid #000;<br/>}</td>
</tr>
</table>
```

Voici les instructions CSS à ajouter :

```
.highlight{
  background: #999999;
}
.empty{
  border: none;
}
```

Le code complet :

```
<!DOCTYPE html PUBLIC "-//W3C//DTD XHTML 1.0
✂ Transitional//EN"
✂ "http://www.w3.org/TR/xhtml1/DTD/xhtml1-transitional.dtd">
<html xmlns="http://www.w3.org/1999/xhtml">
<head>
<meta http-equiv="Content-Type" content="text/html;
✂ charset=UTF-8" />
<title>Chapitre 4 : exercice final (étape 3)</title>
<style type="text/css">
body, html{
  margin : 0;
}
h1{
  margin : 20px 0 20px 10px;
}
ul{
  float: left;
  padding : 0 30px 0 0;
  margin: 0 50px 0 0;
  list-style-position:inside;
  border : 2px solid black;
```

```
  border-left: none;
}
li{
  padding : 3px 5px;
  margin : 5px 0;
  border : 1px dashed black;
  border-left: none;
}
td{
  border: 1px solid black;
}
table{
  border-collapse: collapse;
  padding: 0;
  margin: 0 50px 0 0;
}
.highlight{
  background: #999999;
}
.empty{
  border: none;
}
</style>
</head>

<body>
<h1>Chapitre 4, exercice final : positionnement, marges,
✂ listes et tableaux</h1>
<ul>
  <li>Margin</li>
  <li>Padding</li>
  <li>Border</li>
  <li>Tableaux</li>
</ul>
<table>
<caption>Tableau de présentation des valeurs de marge et
✂ de bordure</caption>
<tr>
  <td class="empty"></td>
  <td class="highlight">margin</td>
  <td class="highlight">padding</td>
  <td class="highlight">border</td>
</tr>
<tr>
  <td class="highlight">Description</td>
  <td>Donne la valeur des marges à l'extérieur de
  ✂ l'objet</td>
  <td>Donne la valeur des marges à l'intérieur de
  ✂ l'objet</td>
  <td>Donne les caractéristiques des bordures de
  ✂ l'objet</td>
```

```
</tr>
<tr>
  <td class="highlight">Exemples</td>
  <td>#objet{<br/>margin : 3px 3em 4px 5px ;<br/>}</td>
  <td>#objet{<br/>padding : 3px 4px 5px 3em;<br/>}</td>
  <td>#objet{<br/>border : 2px solid #000;<br/>}</td>
</tr>
</table>

</body>
</html>
```

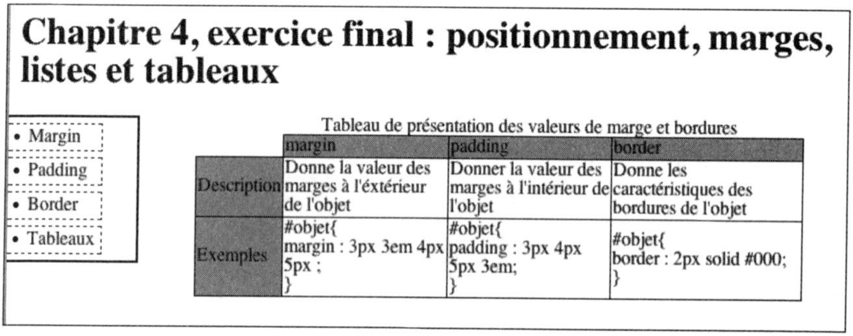

Figure 4.29 : *La présentation terminée*

Atelier : une page de journal en ligne

Cet atelier est un exercice de style. Vous allez imiter et adapter la présentation de la "une" d'un journal au support web.

Centrez la page à l'aide des marges et de leur valeur `auto`. Créez des mises en page multicolonnes à l'aide de la propriété `float`. Utilisez les bordures pour créer des effets graphiques. Utilisez les marges et paddings pour aérer la composition.

Voici le code HTML :

```
<!DOCTYPE html PUBLIC "-//W3C//DTD XHTML 1.0 Strict//EN"
✂ "http://www.w3.org/TR/xhtml1/DTD/xhtml1-strict.dtd">
<html xmlns="http://www.w3.org/1999/xhtml">
<head>
<meta http-equiv="Content-Type" content="text/
✂ html;charset=utf-8" />
<title>CSS journal : le journal de CSS</title>
</head>

<body>
```

```
<div id="page">
<div id="entete">
<h1>CSS journal</h1>
<h2>Magazine consacré à l'actualité des CSS et des
✂ standards du Web</h2>
<img src="logo_journal.png" alt="logo du journal" />
<div class="spacer"> </div>
</div>
<div id="une">
    <img src="banniere_journal.png" alt="le site du W3C" />
    <h3>L'arrivée du tout nouveau CSS 3.0</h3>
</div>
<div class="article">
  <div class="breve">
      <h3>Les nouvelles fonctionnalités</h3>
        <p>Lorem ipsum dolor sit amet, consectetur
        ✂ adipisicing elit, sed do eiusmod tempor
        ✂ incididunt ut labore et dolore magna aliqua. Ut
        ✂ enim ad minim veniam, quis nostrud exercitation
        ✂ ullamco</p>
        <a href="#" title="page 1">>page 1</a>
  </div>
  <div class="breve">
      <h3>Témoignage de Bert Bos, un des rédacteurs des
      ✂ spécifications</h3>
        <p>Lorem ipsum dolor sit amet, consectetur
        ✂ adipisicing elit, sed do eiusmod tempor
        ✂ incididunt ut labore et dolore magna aliqua. Ut
        ✂ enim ad minim veniam, quis nostrud exercitation
        ✂ ullamco</p>
        <a href="#" title="page 2">>page 2</a>
  </div>
  <div class="breve">
      <h3>Ce qu'en pensent les designers</h3>
        <p>Lorem ipsum dolor sit amet, consectetur
        ✂ adipisicing elit, sed do eiusmod tempor
        ✂ incididunt ut labore et dolore magna aliqua. Ut
        ✂ enim ad minim veniam, quis nostrud exercitation
        ✂ ullamco</p>
        <a href="#" title="page 3">>page 3</a>
</div>
<div class="spacer"> </div>
</div>
<div class="article">
  <h2>Les standards du W3C dans les agences web</h2>
  <img src="a.png" alt="le a d'internet" />
  <p>Lorem ipsum dolor sit amet, consectetur adipisicing
  ✂ elit, sed do eiusmod tempor incididunt ut labore et
  ✂ dolore magna aliqua. Ut enim ad minim veniam, quis
  ✂ nostrud exercitation ullamco laboris nisi ut aliquip
  ✂ ex ea commodo consequat. Duis aute irure dolor in
```

```
    ✂ reprehenderit in voluptate velit esse cillum dolore eu
    ✂ fugiat nulla pariatur. Excepteur sint occaecat
    ✂ cupidatat non proident, sunt in culpa qui officia
    ✂ deserunt mollit anim id est laborum.</p>
    <div class="spacer"> </div>
  </div>
  <div class="article">
    <div class="breve">
        <h3>Débat sur l'accessibilité </h3>
          <p>Lorem ipsum dolor sit amet, consectetur
          ✂ adipisicing elit, sed do eiusmod tempor
          ✂ incididunt ut labore et dolore magna aliqua. Ut
          ✂ enim ad minim veniam, quis nostrud exercitation
          ✂ ullamco</p>
          <a href="#" title="page 1">>page 1</a>
    </div>
    <div class="breve">
        <h3>La fin de la balkanisation du Web ? </h3>
          <p>Lorem ipsum dolor sit amet, consectetur
          ✂ adipisicing elit, sed do eiusmod tempor
          ✂ incididunt ut labore et dolore magna aliqua. Ut
          ✂ enim ad minim veniam, quis nostrud exercitation
          ✂ ullamco</p>
          <a href="#" title="page 2">>page 2</a>
    </div>
    <div class="breve">
        <h3>Les standards ouverts, une nécessité </h3>
          <p>Lorem ipsum dolor sit amet, consectetur
          ✂ adipisicing elit, sed do eiusmod tempor
          ✂ incididunt ut labore et dolore magna aliqua. Ut
          ✂ enim ad minim veniam, quis nostrud exercitation
          ✂ ullamco</p>
          <a href="#" title="page 3">>page 3</a>
    </div>
    <div class="spacer"> </div>
  </div>
  </div>
  </body>

  </html>
```

Les images sont disponibles sur le site de Micro Application.

Solution

Commençons par définir des styles que nous allons appliquer au sélecteur `body`. Cette fois, nous n'allons pas donner des marges nulles, mais centrer l'ensemble du contenu grâce à la valeur `auto` de la propriété `margin`. Nous allons également utiliser la propriété `text-align` dans ce but. Pour cela, nous avons au préalable entouré le contenu dans son ensemble par une `div` avec un `id #page`.

```
body,html{
  margin:0;
  padding:0;
}
body {
  text-align:center;
}

#page {
  width:800px;
  margin-right:auto;
  margin-left:auto;
  margin-top:10px;
  padding:0px;
  text-align:left;
  border: 1px solid #bbb;
}
```

Nous obtenons un contenu d'une largeur de 800 pixels, qui sera toujours centré dans la page. De plus, nous ajoutons une marge supérieure de 10 pixels. Une bordure de 1 pixel et de couleur gris clair vient mettre ce contenu en valeur. Le cadre est fixé, nous pouvons continuer le travail.

Commençons par l'en-tête du "journal" :

```
#entete {
  width: 780px;
  padding: 0;
  margin: 5px 10px;
}
#entete{
  border: 1px solid black;
  border-bottom: 20px solid #0077CF;
}
```

Nous la plaçons au milieu du conteneur, avec des marges de 10 pixels à gauche et à droite. Nous ajoutons des marges en haut et en bas de 5 pixels.

Nous entourons cet en-tête avec des bordures de 1 pixel, et nous insérons une bordure inférieure de 20 pixels et de couleur bleue.

Plaçons maintenant l'image dans l'en-tête, en utilisant la propriété `float` :

```
#entete img{
  float: right;
  margin: -60px 10px 0  0;
}
```

Figure 4.30 : *Première étape de l'exercice : le titre*

Les marges négatives servent à placer l'image correctement à droite du titre. Nous aurions pu mettre en place l'image avant les titres, mais d'un point de vue logique et structurel, ce n'est pas cohérent. Il est important d'apprendre à créer des mises en page sans mettre en péril la cohérence du contenu. Pour cela, les marges négatives sont très utiles.

Nous allons ensuite utiliser la propriété `float` pour présenter les articles en colonne. Pour commencer, nous réduisons la largeur des conteneurs `.article.` pour aérer la composition. Nous utilisons le sélecteur `.article`, que nous ajoutons aux propriétés de la `div #entete` :

```
#entete,.article{
  width: 780px;
  padding: 0;
  margin: 5px 10px;
}
```

Ensuite, la propriété `float` nous aide à mettre en place les colonnes :

```
.breve{
  margin: 0  0   0 10px;
  padding: 0;
  width: 230px;
  float: left;
}
```

Nous utilisons des marges de 10 pixels, et chaque colonne a une largeur de 230 pixels, ce qui donne un total de 780 pixels. Tout est calé au pixel près.

Nous définissons les bordures en bas des conteneurs `.article` :

```
.article{
  border-bottom: 3px solid #777;
}
```

Un problème de mise en page apparaît alors en raison de la propriété `float` : les bordures se place en haut des conteneurs au lieu de se mettre en bas.

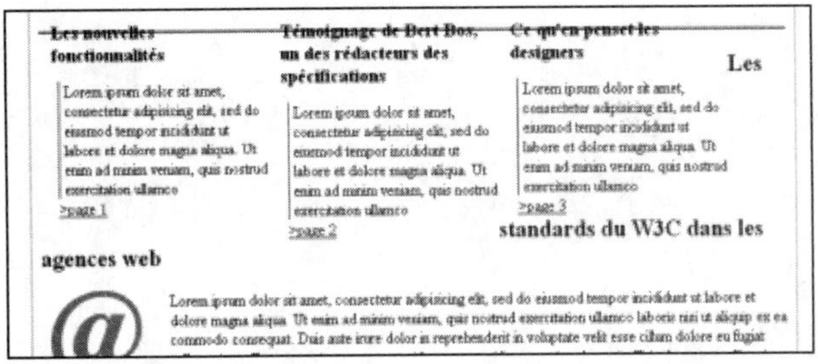

Figure 4.31 : *La mise en page n'est pas celle attendue*

Ensuite, il faut utiliser les `div #spacer` pour régler les problèmes liés au `float` et mettre en place les bordures correctement :

```
.spacer{
  clear:both;
}
```

Pour caler l'image à droite dans le sélecteur `.article` et ajouter de l'espace, nous utilisons les marges et la propriété `float` encore une fois :

```
.breve h3{
  margin: 10px 0 0 3px;
  padding:0;
}
```

Les marges négatives servent également à la mise en page du titre <h3> situé juste après l'image. Nous voulons le mettre à l'intérieur de l'image alors que, par défaut, il se situe à l'extérieur.

Figure 4.32 : *Le titre est en dessous de l'image par défaut*

Nous appliquons alors une marge négative pour faire remonter le titre "dans" l'image :

```
#une h3{
  margin: -25px 0 30px 0 ;
  padding:0;
}
```

Pour terminer, voici les propriétés ajoutées pour les marges, et pour les bordures verticales à gauche des paragraphes :

```
#entete h1{
  margin: 5px 0 0 5px;
  padding:0;
}
#entete h2{
  margin: 5px 100px 0 15px;
  padding:0;
}
.breve h3{
  margin: 10px 0 0 3px;
  padding:0;
}
.breve p{
  margin: 15px 0 0 10px;
  padding:0 0 0 5px;;
  border-left: 1px solid #333;
}
.breve a{
  margin: 2px 0 0 10px;
  padding:0;
}
```

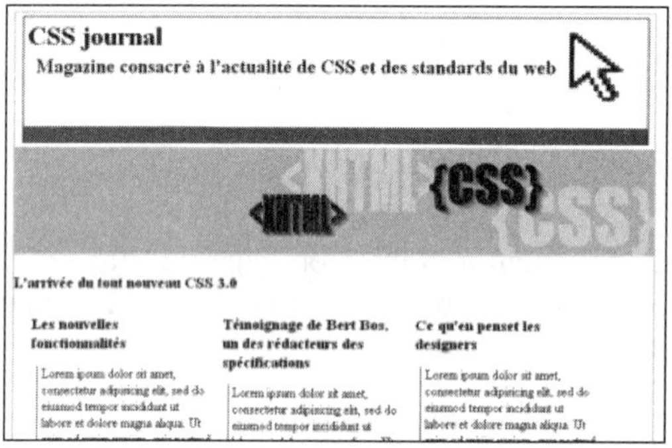

Figure 4.33 : *Rendu final*

Chapitre 5

Gérer les caractères

5.1. Modifier les polices

La typographie est un vaste domaine et le sujet de ce livre n'est pas d'en montrer toutes les subtilités. Au fil de ce chapitre, nous découvrirons le vocabulaire spécifique à ce thème, en nous limitant toutefois aux caractéristiques que nous pouvons manipuler grâce aux CSS.

Pour le graphiste en général, le choix des polices de caractères est un élément déterminant. Elles donnent l'ambiance de la composition, permettent la lisibilité du contenu et sa hiérarchisation.

Pour le webdesigner, à la problématique purement graphique viennent s'ajouter de fortes contraintes techniques, liées principalement à la disponibilité des polices sur les systèmes des utilisateurs, et à la possibilité offerte par les navigateurs d'augmenter ou de réduire la taille des caractères. Néanmoins, malgré ces limitations, CSS permet de manipuler les caractères de manière puissante, pour obtenir des pages web lisibles, riches, agréables et accessibles à tous.

Les différents types de polices

Il existe plusieurs types de polices, qui aident à enrichir la présentation des sites. Passons-les en revue :

- Serif : ces polices comportent des petits crochets et des lignes décoratives appelées "empattements". Ces derniers, situés à l'extrémité des fûts de caractères, peuvent être reliés par un filet qui fait la jointure entre le fût et l'empattement. Leur rôle est de faciliter le passage de l'œil d'une lettre à l'autre, et donc de rendre la lecture plus aisée.
- Sans-serif : contrairement aux polices de type serif, elles n'ont pas d'empattement. Elles ont souvent une connotation plus "technique" et "sérieuse". Certains les préconisent pour faciliter la lecture sur les écrans. En typographie classique française, on les appelle aussi les polices antiques (classification Thibaudeau) ou encore linéales.
- Monospace : toutes les lettres ont la même largeur. Par exemple, un "m" a la même largeur qu'un "i". Ce type de police est utilisé pour représenter les lignes de code, car on a besoin de cohérence d'une ligne à l'autre pour une lecture plus facile, et une compréhension du code accrue.

- Cursive : ces polices imitent des écritures manuscrites et sont souvent utilisées pour les titres. Il en existe de nombreuses variétés.
- Fantaisie : ces polices, très diverses, regroupent tous les autres types de caractères, qui vont des "vraies" polices inclassables aux polices "digbat", qui sont des symboles graphiques souvent regroupés par thème.

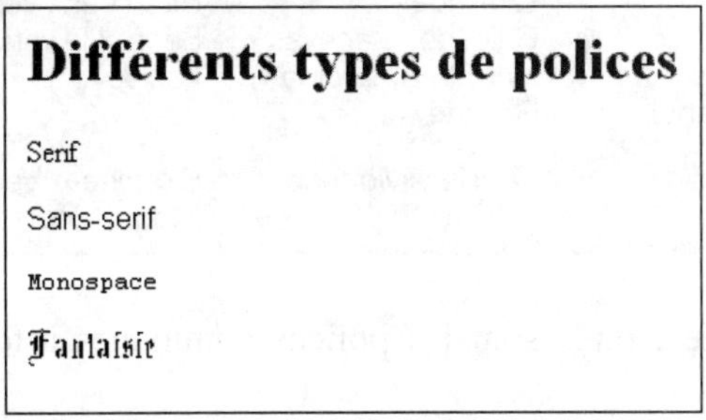

Figure 5.1 : *Exemples de polices disponibles*

5.2. Modifier les caractères

CSS offre de nombreux paramètres pour modifier le texte et le mettre en forme. Nous pouvons mettre en place des polices, des espacements divers, des couleurs. Regardons plus en détail les différentes options.

font-family

La propriété `font-family` permet de donner le nom de la police employée. En théorie, on peut choisir ainsi facilement l'apparence d'un texte. Mais dans la pratique, tout n'est pas si simple.

En fait, peu de polices de caractères sont disponibles pour créer des textes sur le Web. En effet, pour être sûr d'avoir un rendu identique ou très proche des sites sur toutes les plates-formes disponibles (systèmes d'exploitation et navigateurs), nous devons utiliser des polices communes à toutes ces plates-formes. Or, parmi toutes celles installées par défaut sur les différents systèmes, un petit nombre respecte cette contrainte.

Examinons les polices web les plus communes qui sont utilisables :

Tableau 5.1 : Les différentes polices disponibles par défaut, par type et par système d'exploitation

	Windows	Macintosh	Unix/Linux
Serif	Book Antiqua, Bookman Old Style, Garamond	New York, Palatino, Times	Bitstream Vera Serif, New Century Schoolbook, Times
Sans-serif	Arial Narrow, Century Gothic, Lucida Sans Unicode, Tahoma	Charcoal, Chicago, Geneva, Helvetica, Lucida Grande	Bitstream Vera Sans, Helvetica, Lucida
Monospace	Courier, Lucida Console	Courier, Monaco	Bitstream Vera Mono, Courier

Comme vous le constatez, rares sont les polices communes à tous les systèmes existants.

Cela dit, en 1996, Microsoft lance une collection de polices spécialement conçues pour l'affichage à l'écran. Elles sont disponibles librement sur Ie Web, et considérées aujourd'hui comme sûres sur toutes plates-formes. Voici la liste :

- serif : Georgia, Times New Roman ;
- sans-serif : Arial, Arial Black, Trebuchet MS, Verdana ;
- monospace : Courier New, Andale Mono ;
- special : Comic Sans MS, Impact, Webdings.

Cela dit, ces polices ne sont pas fiables à 100 %, et il faut rester prudent en les utilisant.

En conclusion, il est quasi impossible de savoir à coup sûr si la police choisie apparaîtra vraiment de la manière prévues.

Le designer web a donc recours à des compromis, qui permettent de créer des designs qui, s'ils ne seront pas forcément affichés de manière similaire systématiquement, seront tout de même lisibles à chaque fois.

Pour commencer, prévoyez toujours une ou deux polices "de secours", au cas où celle choisie au départ ne serait pas disponible. Ces polices doivent être proches de celle sélectionnée par défaut.

Il convient également, en dernier recours et si aucune des polices spécifiées n'est présente, de donner le type de polices à afficher. Généralement, on choisit la gamme monospace, serif et sans-serif, car les polices cursives et fantaisie sont incertaines au niveau du résultat final, et peuvent donner une allure peu professionnelle aux sites.

Pour donner plusieurs choix, il suffit de séparer les différents possibilités par des virgules. Par exemple :

```
font-family : Geneva, Arial, Tahoma, sans-serif ;
```

Ce choix est particulièrement pertinent, car il fait intervenir des polices de secours qui ont la même taille des "x" (les typographes parlent de l'œil de la police) que celle de la police par défaut (mentionnée en premier). Nous évitons ainsi les mauvaises surprises. En particulier, nous nous assurons de cette façon que les polices alternatives ne seront pas trop petites (et donc illisibles). En effet, même quand elles ont le même corps (hauteur de la lettre de haut en bas), certaines polices n'ont pas le même œil et leurs tailles paraissent différentes.

font-size

Nous pouvons choisir la taille de la police grâce à cette propriété. Pour ce faire, toutes les unités CSS sont disponibles, et bien sûr les unités relatives sont de rigueur. Cela dit, encore une fois, les choses se compliquent.

RENVOI

*Les unités CSS sont décrites au chapitre **Généralités et syntaxe.***

Précisons tout d'abord une notion importante : la plupart des navigateurs permettent d'augmenter ou de réduire la taille des polices. Nous pouvons donc préciser une taille de base pour un texte, mais l'utilisateur pourra toujours l'ajuster à sa convenance dans la majorité des cas.

La seule exception à cette règle est Internet Explorer, et uniquement quand la taille des polices est exprimée en pixels. Exemple :

```
font-size : 10px ;
```

Sur Internet Explorer, l'utilisateur n'a pas la possibilité de changer la taille des polices, qui resteront donc à 10 pixels. Mais si cette personne a l'habitude, ou le besoin (un malvoyant), d'avoir des caractères de taille importante, un problème d'accessibilité se pose. La taille en pixels est donc déconseillée, même si elle procure une fiabilité importante entre les plates-formes et assure que la taille de base sera bien celle que l'on a précisée, et ce, sur tous les navigateurs.

Ensuite, spécifier la taille des polices en points, unité fétiche des graphistes et des typographes, pose des problèmes d'interopérabilité. En effet, d'un système à l'autre, la taille d'affichage en points ne correspond pas à la même taille en pixels. Par exemple, une polices de 7 points (`7pt`) mesure 9 pixels dans le monde Windows, alors qu'elle en fera 7 sur un Macintosh. De ce fait, non seulement les caractères n'ont pas la même taille entre les différents systèmes, mais en plus, ils sont trop petits pour être lisibles. Cette unité est donc déconseillée.

Idéalement, il est conseillé d'utiliser l'unité `em` (cadratin), car elle est particulièrement adaptée aux polices.

RENVOI

Concernant les unités, lisez le chapitre ***Généralités et syntaxe.***

En effet, le cadratin est la dimension du carré qui englobe les caractères d'une police. Cette dimension est donc intimement liée aux polices choisies. De plus, elle est particulièrement pertinente pour des questions d'accessibilité, car elle permet de mettre en relation la taille des polices, éventuellement avec l'adaptation de taille choisie par l'utilisateur, et les dimensions des éléments HTML. Elle permet de créer des designs "flexibles", qui s'adaptent au contenu. Au fil de ce livre, vous apprendrez à créer de telles pages.

Malheureusement, là encore, on trouve de grandes différences entre les navigateurs (surtout les plus anciennes versions) dans l'interprétation des tailles de caractère en `em`. Pour la plupart, un caractère de `1em` mesure 16 pixels, mais pour certains, il correspond à 12 pixels. En fait, nous avons une grande variété de rendus possibles, et `1em` peut se situer n'importe où entre 12 et 16 pixels. À ce problème vient s'ajouter celui du calcul des tailles avec des valeurs à virgule, par exemple `0.9em` ? Même si l'on suppose que l'on a la même base de 16 pixels pour tous les navigateurs, cela donne une taille de 14,4 pixels, mais le pixel étant l'unité de base de l'écran, elle est indivisible. Si le navigateur doit arrondir la valeur, va-t-il choisir 14 pixels ou 15 ? Cela dépend du navigateur. Owen Briggs, webdesigner, a réalisé des centaines de captures d'écran (deux cent soixante-quatre exactement), en utilisant les unités relatives, pour finalement démontrer que ces unités ne sont pas fiables pour une vraie homogénéité des tailles de police entre les navigateurs. On peux trouver cette étude sur **www.thenoodleincident.com/tutorials/box_lesson/font/index.html**.

Heureusement, O. Briggs a trouvé une solution au problème. Rendez-vous pour en savoir plus à l'adresse **www.thenoodleincident.com/tutorials/typography/index.html**. La feuille CSS associée est **www.thenoodleincident.com/tutorials/typography/css/real.css**. Le principe est d'utiliser conjointement les unités de pourcentage et `em`. Nous devons pour cela spécifier des tailles de caractère en `em` pour chaque élément HTML, en donnant des valeur supérieures ou égales à 1 (pour éviter les problèmes de différences de taille sur les petits caractères, qui pourraient gêner la lecture). Ensuite, pour réduire la taille des polices (car `1em` est une taille importante), nous utilisons les pourcentages, que nous appliquons à la balise `body`. Cette méthode, bien que déroutante au départ, offre une grande flexibilité. On donne la taille des polices les unes par rapport aux autres, et ensuite un ordre de grandeur commun pour tout le document. Le résultat est visible sur le site de O. Briggs, à l'adresse **www.thenoodleincident.com/tutorials/typography/frame50-99.html**.

Il existe une autre méthode, exposée sur le site **www.alistapart.com** par Todd Fahrner, et que vous pourrez trouver à l'adresse **www.alistapart.com/articles/sizematters/**. Cette technique utilise les mots-clés prévus en CSS pour les tailles de caractère. Ils permettent de donner des tailles de caractère en relation les unes par rapport aux autres, en créant sept niveau de taille, notés ici du plus petit au plus grand : `xx-small`, `x-small`, `small`, `medium`, `large`, `x-large`, `xx-large`. On donne ainsi des valeurs qui sont relatives à la taille de caractère moyenne définie par l'utilisateur. Cette approche ne permet pas d'obtenir des caractères de taille identique sur tous les supports, mais permet d'offrir des présentations qui s'adaptent aux préférences de la majorité, voire de la totalité des utilisateurs. Ainsi, cette solution étant plus réaliste et plus souple, on y gagne en efficacité.

Au final, cette méthode est fiable en matière de compatibilité entre les plates-formes (si l'on respecte certaines précautions décrites plus loin), tout en permettant aux utilisateurs d'Internet Explorer (largement majoritaires) d'adapter la taille des caractères. Mais, il convient d'être prudent en utilisant cette "stratégie". En effet, Netscape 4 n'intègre encore que la version 1 des CSS, et de ce fait, la taille de caractère est multipliée par 1,5 entre chaque niveau de taille (au lieu de 1,2 pour CSS 2, norme respectée par la plupart des navigateurs actuels). Par conséquent, un caractère `xx-small` est une fois et demi plus petit qu'un caractère `x-small`, ce qui peut provoquer un rendu de texte illisible car minuscule. Inversement, les titre atteignent des dimensions ridiculement importantes quand on s'aventure dans les "grandes tailles". La solution à ce problème, pour radicale qu'elle soit, est aujourd'hui largement utilisée et recommandée. Il suffit d'intégrer la CSS en utilisant la méthode `@import`.

RENVOI

*Lisez à ce sujet le chapitre **Généralités et syntaxe**.*

En effet, cette méthode d'intégration n'est pas comprise par Netscape 4. Libre à nous d'ajouter d'autres styles directement dans la balise `<style>`, ou de mettre en place une CSS alternative, que nous intégrerons directement dans la page HTML, ou qui sera importée avec la balise `<link>`. Une autre alternative est de ne rien ajouter, en considérant qu'une page bien structurée, mais affichée avec la mise en page par défaut du navigateur, suffit. En fait, c'est bien souvent le cas. Ajoutons que les utilisateurs de Netscape 4 constituent une minorité d'internautes, qui diminue au fil du temps (au profit des utilisateurs de Firefox).

RENVOI

*@import et les autres méthodes pour appliquer une feuille de style à une page web sont expliquées au chapitre **Généralités et syntaxe**.*

De son côté, Internet Explorer 4/5 pour Windows implémente la valeur `small` comme étant la valeur de base à considérer, au lieu de la valeur `medium`. Résultat : sans correction, les caractères seront plus petits d'une taille dans les navigateurs conformes aux standards que dans Internet Explorer. Heureusement, nous pouvons utiliser d'un hack précédemment décrit pour le modèle des boîtes. Nous allons nous en servir pour donner à Internet Explorer une taille de police plus petite.

RENVOI

*Pour en savoir plus sur ce hack, lisez le chapitre **Hiérarchiser le contenu**.*

Voici un exemple de code CSS qui illustre cette solution :

```
body, body div, body p, body th,
body td, body li, body dd {
```

```
 /* valeur fausse (plus petite d'une taille) réservée à
 ✂ Internet Explorer */
 font-size: x-small;
 /* faisons croire à Internet Explorer que la déclaration
 ✂ CSS est terminée avec le hack adéquat */
 voice-family: "\"}\"";
 voice-family: inherit;
 /* La vraie valeur, pour tous les autres navigateurs */
 font-size: small
}
```

ATTENTION

La bonne DTD, encore une fois

Pour que cette technique fonctionne, il faut impérativement utiliser la DTD XHTML strict, c'est-à-dire mettre le code suivant en tête des pages XHTML : <!DOCTYPE html PUBLIC "-//W3C//DTD XHTML 1.0 Strict//EN" "http://www.w3.org/TR/xhtml1/DTD/xhtml1-strict.dtd">.

RENVOI

Au sujet de cette DTD, lisez le chapitre ***Hiérarchiser le contenu.***

Il existe une autre technique, assez populaire, mais critiquée car elle laisse peu d'options à l'utilisateur d'Internet Explorer, et requiert l'utilisation de JavaScript. Elle consiste à utiliser les tailles en pixels, puis à créer des liens dans la page HTML pour changer la CSS en utilisant JavaScript.

RENVOI

Nous verrons cette technique en détail au chapitre ***Ajouter un peu de dynamisme aux CSS.***

font-style

Grâce à cette propriété, nous pouvons modifier l'orientation des caractères.

Il existe deux modes d'affichage "altérés" des caractères : l'italique et l'oblique. Le premier fait pencher les lettres vers la droite. Le second, moins connu, fait exactement l'inverse : les lettres penchent vers la gauche ; il n'est disponible que pour certaines polices, qui ne comptent pas parmi celles les plus usitées sur le Web ; en conséquence, peu de webmasters l'utilisent.

Texte en italique

Lorem ipsum dolor sit amet, consectetur adipisicing elit, sed do eiusmod tempor incididunt ut labore et dolore magna aliqua. Ut enim ad minim veniam, quis nostrud exercitation ullamco laboris nisi ut aliquip ex ea commodo consequat. Duis aute irure dolor in reprehenderit in voluptate velit esse cillum dolore eu fugiat nulla pariatur. Excepteur sint occaecat cupidatat non proident, sunt in culpa qui officia deserunt mollit anim id est laborum.

Figure 5.2 : *Exemple de texte en italique*

Il est aussi possible de les (ré)afficher de manière normale. Cela peut s'avérer utile, par exemple, quand une petite partie d'un paragraphe est écrite droit alors que l'ensemble est affiché en italique. Considérons le code HTML suivant, avec son style CSS intégré directement dans le corps de page :

```
<!DOCTYPE html PUBLIC "-//W3C//DTD XHTML 1.0 Strict//EN"
✂ "http://www.w3.org/TR/xhtml1/DTD/xhtml1-strict.dtd">
 <html xmlns="http://www.w3.org/1999/xhtml" xml:lang="fr"
 ✂ lang="fr">
  <head>
   <title>Italique/oblique : exemple d'un mot en écriture
   ✂ normale au milieu d'un paragraphe en italique</title>
   <meta http-equiv="Content-type" content="text/html;
   ✂ charset=utf-8"/>
   <style type="text/css">
    p{
     font-style:italic;
    }
    span{
     font-style:normal;
    }
   </style>
  </head>
  <body>
   <p>
   Texte en italique avec <span>un petite passage en
   ✂ écriture normale</span> :
   Lorem ipsum dolor sit amet, consectetur adipisicing
   ✂ elit, sed do eiusmod tempor incididunt ut labore et
   ✂ dolore magna aliqua. Ut enim ad minim veniam, quis
   ✂ nostrud exercitation ullamco laboris nisi ut aliquip
   ✂ ex ea commodo consequat. Duis aute irure dolor in
   ✂ reprehenderit in voluptate velit esse cillum dolore
   ✂ eu fugiat nulla pariatur. Excepteur sint occaecat
   ✂ cupidatat non proident, sunt in culpa qui officia
   ✂ deserunt mollit anim id est laborum
   </p>
  </body>
 </html>
```

Il suffit de peu de code pour obtenir cette différence d'affichage du texte, qui permet de donner une allure plus professionnelle aux détails des textes (notez que l'on doit mettre en écriture droite les titres et noms propres qui apparaissent dans un texte en italique).

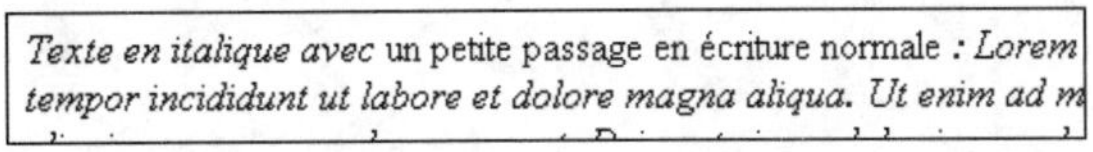

Figure 5.3 : *Petit passage en affichage normal dans un texte en italique*

font-weight

Cette propriété est utilisée pour définir l'épaisseur, la graisse du caractère, et ainsi mettre en valeur certains éléments au sein d'un texte (titres et sous-titres d'un site).

Selon les spécifications du W3C, cette propriété reconnaît quatre mots-clés : `normal`, `light`, `bold`, `bolder` et `lighter`. Il existe également neuf niveaux de graisse, exprimés sous forme de nombres : `100`, `200`, `300`, `400`, `500`, `600`, `700`, `800` et `900`. `normal` correspond à `400`, et `700` à `bold`.

`normal` correspond à la valeur moyenne de la police affichée. La graisse moyenne des polices varie et caractérise leur "personnalité". En CSS, donc, tout est relatif, et on se base sur les qualités "personnelles" des polices affichées. Si elles possèdent les neuf niveaux de graisse (à la manière des polices OpenType), elles seront affichées telles quelles. S'il existe moins de neuf tailles (ce qui est souvent le cas), à charge pour le navigateur de combler ces manques avec des algorithmes.

Hélas ! Les valeurs de cette propriété sont mal implémentées sur beaucoup de navigateurs web. En conséquence, il ne faudra se fier qu'aux seuls mots-clés `bold`, `bolder` et `normal`.

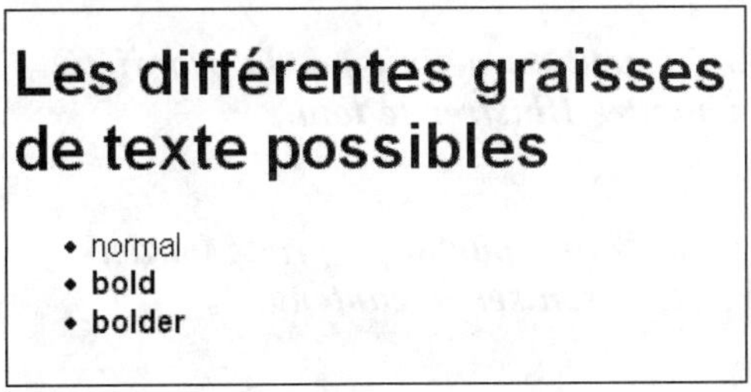

Figure 5.4 :
Il y a peu de différences entre un texte bold et un texte bolder en Arial

font-variant

On peut, grâce à cette propriété affectée de la valeur `small-caps`, obtenir des textes écrits en petites capitales. Elles ressemblent aux lettres majuscules, mais elles sont plus petites et leur proportion peut varier légèrement.

```
#element{
 font-variant: small-caps ;
}
```

Si la police choisie n'intègre pas la version "petites majuscules" des lettres, la spécification CSS prévoit que les navigateurs calculent ces lettres à partir des grandes capitales, qui seront réduites. En dernier recours, ils peuvent utiliser les capitales à la place des lettres `small-caps`, ce qui est le cas le plus courant.

En conséquence, il est souvent préférable d'utiliser la propriété `text-transform` et sa valeur mot-clé `Uppercase`.

color

RENVOI

*Le chapitre **Présentation** explique de quelle manière les couleurs sont définies avec les CSS. Pour ce qui est des valeurs de couleur, vous les retrouverez au chapitre **Généralités et syntaxe**.*

Pour appliquer des couleurs aux textes d'un élément HTML donné, il suffit de se servir de la propriété `color`. Nous pouvons lui appliquer les valeurs que nous désirons, sans problème particulier. Exemple :

```
#element{
 color: #334455;
}
```

RENVOI

*La couleur de fond d'un élément est définie par la propriété background, décrite au chapitre **Illustrer le tout**.*

RENVOI

*La couleur des bordures est définie par la propriété border-color, décrite au chapitre **Hiérarchiser le contenu**.*

En fait, `color` définit la couleur du contenu principal de l'élément, en l'occurrence le texte. Si dans le nom de la propriété, cela n'est pas précisé, c'est qu'il va de soi que le contenu prépondérant est le texte affiché, le but d'un bon design étant d'en favoriser la lecture.

Inscrivez le code suivant dans votre éditeur de texte :

```
<!DOCTYPE html PUBLIC "-//W3C//DTD XHTML 1.0 Strict//EN"
✂ "http://www.w3.org/TR/xhtml1/DTD/xhtml1-strict.dtd">
<html xmlns="http://www.w3.org/1999/xhtml">
<head>
<meta http-equiv="Content-Type" content="text/html;
✂ charset=UTF-8" />
<title>la propriété color</title>
<style type="text/css">
h1{
color:#FFCC00;
}
h2{
color: #009933;
}
h3{
color: #0000CC;
}
h4{
color: #CC0000;
}
</style>
</head>
<body>
<h1>Jaune</h1>
<h2>Vert</h2>
<h3>Bleu</h3>
<h4>Rouge</h4>
</body>
</html>
```

Vous verrez un échantillon des différentes couleurs possibles en CSS.

N'hésitez pas à utiliser la couleur dans vos textes, pour hiérarchiser votre contenu, et le rendre plus agréable à lire. Cela dit, veillez à maintenir un contraste suffisant entre le fond des pages et les caractères, pour permettre à tous (y compris aux personnes ayant des déficiences visuelles) de lire les informations facilement.

5.3. Modifier le texte

text-decoration

Grâce à cette propriété, il est possible de souligner (mot-clé `underline`), de surligner (mot-clé `overline`) ou encore de barrer les textes désignés (mot-clé `line-through`). `text-decoration` est très utilisé pour la gestion des liens, des effets de "rollover" (survol de la souris) qui leur sont associés.

Appliquez la feuille de style suivante à une page HTML contenant des liens :

```
a{
 text-decoration: none;
}
/* Nous supprimons le soulignement qui appara^t par défaut
✂ sur les liens*/
a:link{
 text-decoration: underline;
}
/* Dans son état initial, notre lien est souligné */
a:hover {
 text-decoration; overline;
}
/*Quand l'utilisateur passe la souris sur le lien
✂ (rollover), celui-ci est surligné*/
a: visited{
 text-decoration: overline;
}
/*Une fois que le lien a été visité, il n'est plus
✂ souligné*/
```

Nous constatons qu'il est possible de créer des effets interactifs intéressants avec cette propriété. Regardons par exemple cet autre code :

```
<!DOCTYPE html PUBLIC "-//W3C//DTD XHTML 1.0 Strict//EN"
✂ "http://www.w3.org/TR/xhtml1/DTD/xhtml1-strict.dtd">
<html xmlns="http://www.w3.org/1999/xhtml">
<head>
<meta http-equiv="Content-Type" content="text/html;
✂ charset=UTF-8" />
<title>Gestion individuelle du soulignement des textes avec
✂ la propriété text-decoration</title>
<style type="text/css">
body#home a#lien1{
 text-decoration: overline;
}
```

```
</style>
</head>
<body id="home">
<a href="#" id="lien1">Lien 1</a>
<a href="#" id="lien2">Lien 2</a>
<a href="#" id="lien3">Lien 3</a>
<a href="#" id="lien4">Lien 4</a>
</body>
</html>
```

En utilisant conjointement les sélecteurs `body` et `a` associés à des `id` spécifiques, nous pouvons sélectionner un lien particulier, et lui donner un effet permettant par exemple d'identifier la rubrique courante. En adjoignant un `id` différent à la balise `<body>`, nous pouvons mettre en valeur un autre lien (une autre rubrique).

Supposons que nous ayons un site comprenant quatre rubriques. Si nous donnons aux pages de chaque rubrique un `id` spécifique, nous pouvons mettre en valeur chacune des rubriques dans le menu. Il suffit pour cela d'écrire le code suivant :

```
body#rubrique0 a#lien1{
 text-decoration: overline;
}
body#rubrique1 a#lien2{
 text-decoration: overline;
}
body#rubrique2 a#lien3{
 text-decoration: overline;
}
body#rubrique3 a#lien4{
 text-decoration: overline;
}
```

Il faut par ailleurs mettre les `id` "rubrique0", "rubrique1", "rubrique2" et "rubrique3" sur les balises `<body>` ad hoc dans les pages qui appartiennent à la rubrique principale, puis aux rubriques 1, 2 et 3.

text-align

L'alignement du texte est facilement gérable grâce à la propriété `text-align`. Nous avons la possibilité d'aligner le texte par rapport à son conteneur, à la manière des fonctionnalités "aligner à gauche", "aligner à droite", "centrer" et "justifier" des logiciels de traitement de texte courants (Word, OpenOffice Writer). Par défaut, comme CSS se base sur le système de lecture occidental, les textes s'affichent à gauche.

La propriété `text-align` accepte donc quatre valeurs (de type mot-clé) : `left` (aligner à gauche), `right` (aligner à droite), `center` (centrer) et `justify` (justifier).

Attention toutefois aux textes justifiés, qu'il faudra employer avec parcimonie. En effet, des lignes de texte justifiées prennent toute la longueur disponible, quels que soient le nombre et la longueur des mots de chaque ligne. Pour arriver à cela, il faut souvent créer des espaces irréguliers entre les mots. Le résultat est souvent un texte peu esthétique et difficile à lire à cause de ces espaces. "blood lust" est un bon exemple de design expérimental relatif à des textes, dont certains justifiés, créé par Dave Shea sur CSSZenGarden et visible à l'adresse **www.csszengarden.com/005**.

RENVOI

*Vous en saurez plus sur le projet CSSZenGarden créé par Dave Shea au chapitre **Webographie**.*

Pour créer les captures d'écran suivantes, nous utilisons le code HTML ci-après :

```
<!DOCTYPE html PUBLIC "-//W3C//DTD XHTML 1.0
✂ Transitional//EN"
✂ "http://www.w3.org/TR/xhtml1/DTD/xhtml1-transitional.dtd">
<html xmlns="http://www.w3.org/1999/xhtml">
<head>
<meta http-equiv="Content-Type" content="text/html;
✂ charset=UTF-8" />
<title>Alignement à gauche</title>
</head>
<body>
<h1>Texte Aligné à gauche</h1>
<p>Lorem ipsum dolor sit amet, consectetur adipisicing
✂ elit, sed do eiusmod tempor incididunt ut labore et
✂ dolore magna aliqua. Ut enim ad minim veniam, quis
✂ nostrud exercitation ullamco laboris nisi ut aliquip ex
✂ ea commodo consequat. Duis aute irure dolor in
✂ reprehenderit in voluptate velit esse cillum dolore eu
✂ fugiat nulla pariatur. Excepteur sint occaecat cupidatat
✂ non proident, sunt in culpa qui officia deserunt mollit
✂ anim id est laborum.</p>
</body>
</html>
```

Nous appliquons ensuite le style `text-decoration` au paragraphe (balise <p>) avec les différents mots-clés possibles, de la manière suivante :

```
<title>Titre de notre page</title>
<style type="text/css">
p{
 text-align: /*nous mettons ici la valeur désirée, à
 ✂ savoir left, right, center ou justify*/;
}
</style>
```

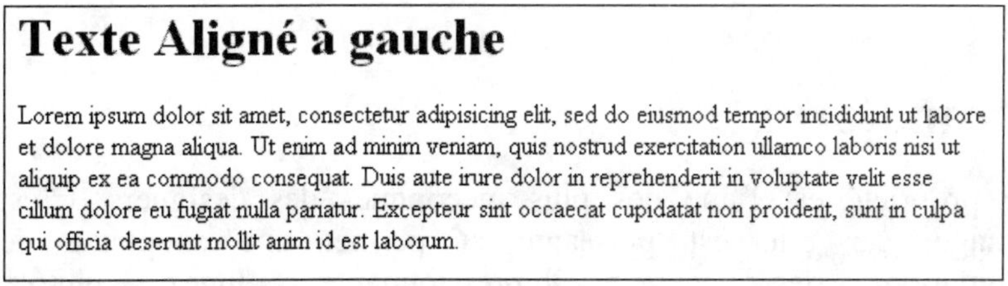

Texte Aligné à gauche

Lorem ipsum dolor sit amet, consectetur adipisicing elit, sed do eiusmod tempor incididunt ut labore et dolore magna aliqua. Ut enim ad minim veniam, quis nostrud exercitation ullamco laboris nisi ut aliquip ex ea commodo consequat. Duis aute irure dolor in reprehenderit in voluptate velit esse cillum dolore eu fugiat nulla pariatur. Excepteur sint occaecat cupidatat non proident, sunt in culpa qui officia deserunt mollit anim id est laborum.

Figure 5.5 : *Alignement par défaut (à gauche) d'un paragraphe*

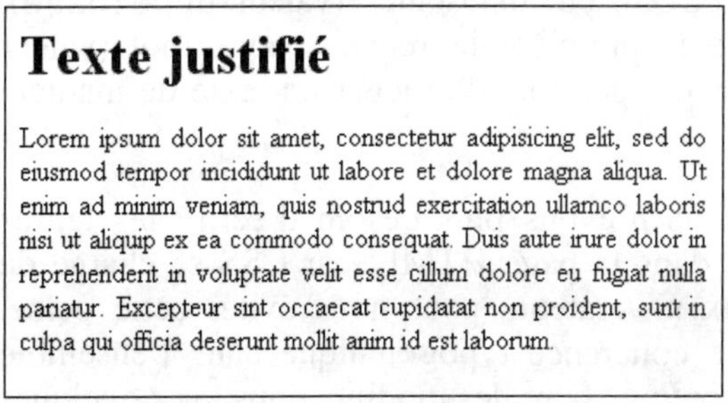

Texte justifié

Lorem ipsum dolor sit amet, consectetur adipisicing elit, sed do eiusmod tempor incididunt ut labore et dolore magna aliqua. Ut enim ad minim veniam, quis nostrud exercitation ullamco laboris nisi ut aliquip ex ea commodo consequat. Duis aute irure dolor in reprehenderit in voluptate velit esse cillum dolore eu fugiat nulla pariatur. Excepteur sint occaecat cupidatat non proident, sunt in culpa qui officia deserunt mollit anim id est laborum.

Figure 5.6 : *Le mot-clé justify crée une mise en page légèrement différente*

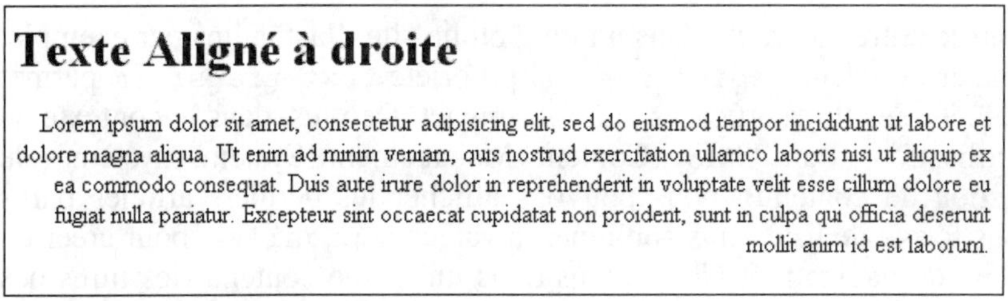

Texte Aligné à droite

Lorem ipsum dolor sit amet, consectetur adipisicing elit, sed do eiusmod tempor incididunt ut labore et dolore magna aliqua. Ut enim ad minim veniam, quis nostrud exercitation ullamco laboris nisi ut aliquip ex ea commodo consequat. Duis aute irure dolor in reprehenderit in voluptate velit esse cillum dolore eu fugiat nulla pariatur. Excepteur sint occaecat cupidatat non proident, sunt in culpa qui officia deserunt mollit anim id est laborum.

Figure 5.7 : *Alignement à droite*

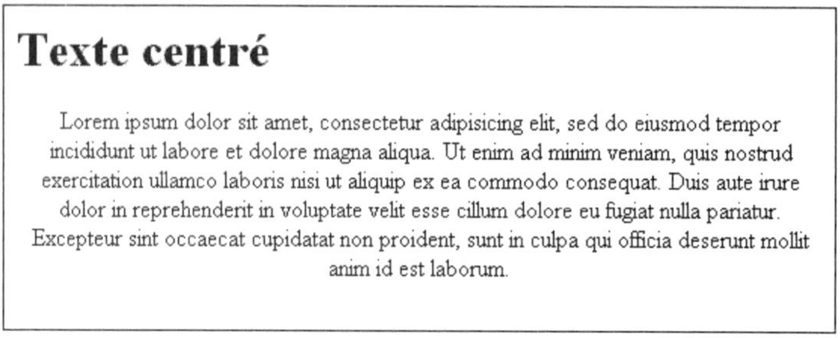

Figure 5.8 : *Texte centré*

text-transform

Cette propriété est l'une des plus méconnues des designers. C'est dommage, car elle est puissante et permet une souplesse de manipulation des textes impressionnante. Jugez plutôt : `text-transform` permet de changer les lettres d'un texte en minuscules (valeur `lowercase`), en majuscules (valeur `uppercase`), ou d'afficher en majuscule la première lettre de chaque mot (valeur `capitalize`). Il est également possible d'afficher un texte de manière classique (valeur `normal`).

Grâce à cette propriété, nous n'avons plus besoin d'écrire les lettres directement en majuscules dans la page HTML, car CSS se charge de donner les instructions aux navigateurs pour nous éviter cette peine. Nous conservons ainsi une cohérence typographique dans l'ensemble des pages du site, et nous pouvons faire des modifications avec quelques lignes de CSS, au lieu de réécrire toutes les lettres à transformer.

Pour les titres d'article dans un blog ou un site d'actualités par exemple, donner la valeur `capitalize` à la propriété `text-transform` permet de créer des titres efficaces et à fort impact. De plus, dans le contexte de l'utilisation d'un CMS (Content Management System, système de gestion de contenu), nous pouvons afficher les derniers articles parus sous forme de liste, sans appliquer la valeur `capitalize`, pour créer un menu de navigation. Nous avons donc un même contenu (les titres des articles) dont nous contrôlons l'affichage des minuscules/majuscules en fonction du contexte où ce contenu est affiché (que le titre d'article soit en tête de l'article lui-même, ou dans un menu de navigation).

Cette fonctionnalité peut paraître anodine, mais elle fait la différence lorsque l'on veut créer des sites à l'allure professionnelle.

Exemple :

```
h1{
text-transform: capitalize;
}
```

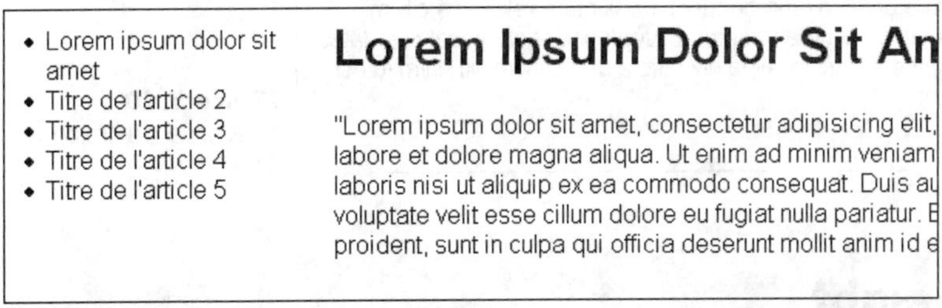

Figure 5.9 : *Avec CSS, on peut afficher le titre en tête de l'article avec la première lettre de chaque mot en majuscule (en haut à droite), et de manière standard dans le menu (en haut à gauche, dans la liste)*

text-indent

Dans la typographie d'impression, on a souvent recours à des paragraphes indentés, qui ont un espace en début de première ligne. La propriété `text-indent` permet justement de faire cela sur un contenu HTML. Il suffit de donner à la propriété `text-indent` la valeur numérique voulue, en utilisant les unités relatives ad hoc : pixels, cadratins, etc.

Dans certains cas, on peut aussi avoir recours à une indentation négative, par exemple pour remplacer un élément HTML sémantique par une image.

RENVOI

Vous trouverez les informations relatives au remplacement d'éléments HTML par des images au chapitre Illustrer le tout.

Exemple :

```
p{
 text-indent: 3em;
}
```

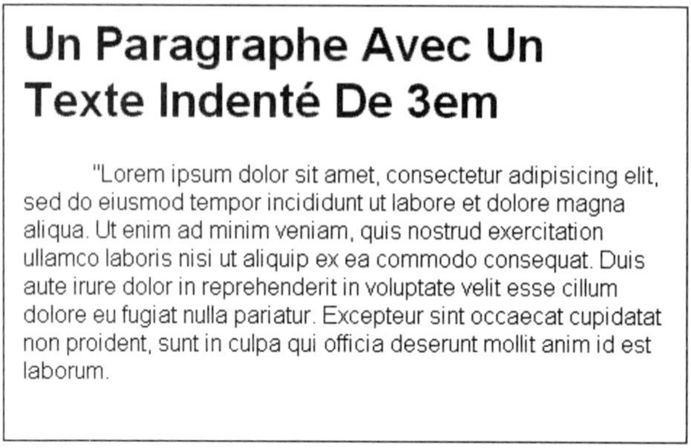
Un Paragraphe Avec Un Texte Indenté De 3em

"Lorem ipsum dolor sit amet, consectetur adipisicing elit, sed do eiusmod tempor incididunt ut labore et dolore magna aliqua. Ut enim ad minim veniam, quis nostrud exercitation ullamco laboris nisi ut aliquip ex ea commodo consequat. Duis aute irure dolor in reprehenderit in voluptate velit esse cillum dolore eu fugiat nulla pariatur. Excepteur sint occaecat cupidatat non proident, sunt in culpa qui officia deserunt mollit anim id est laborum.

Figure 5.10 : *Exemple de texte indenté*

line-height

Les espaces permettent de gérer de manière adéquate la mise en page des sites pour assurer une meilleure lisibilité et un impact visuel des textes. La gestion de l'espace entre les lignes est assurée par la propriété `line-height`. Elle représente la hauteur minimale d'une ligne dans un texte, et de manière générale de tout élément de type en ligne inclus dans un élément de type bloc (par exemple, `line-height` permet de spécifier la hauteur minimale des liens inclus entre des balises `<div></div>`).

Attention à ne pas confondre cette propriété avec `margin`, qui définit l'espace entre les paragraphes.

RENVOI

Cette dernière propriété est décrite au chapitre ***Hiérarchiser le contenu.***

Il est possible de donner à `line-height` des valeurs fixes (en pixels, en points…) ou des valeurs calculées, définies en fonction de la taille des caractères (en pourcentages et en `em`).

Attention, les valeurs négatives ne sont pas permises dans les recommandations du W3C, ni pour les hauteurs fixes, ni pour les hauteurs calculées. La raison est la suivante : elles peuvent générer des lignes qui se chevauchent, et rendre les textes illisibles, ce qui est nuisible, sauf dans un cadre expérimental. L'interprétation erronée des valeurs négatives est spécifique à chaque navigateur.

Exemple :

```
p{
line-height: 2em;
}
```

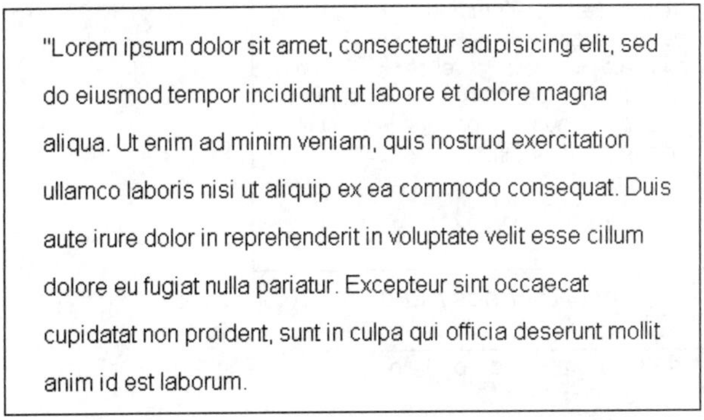

"Lorem ipsum dolor sit amet, consectetur adipisicing elit, sed do eiusmod tempor incididunt ut labore et dolore magna aliqua. Ut enim ad minim veniam, quis nostrud exercitation ullamco laboris nisi ut aliquip ex ea commodo consequat. Duis aute irure dolor in reprehenderit in voluptate velit esse cillum dolore eu fugiat nulla pariatur. Excepteur sint occaecat cupidatat non proident, sunt in culpa qui officia deserunt mollit anim id est laborum.

Figure 5.11 : *Hauteur de ligne définie à 2em*

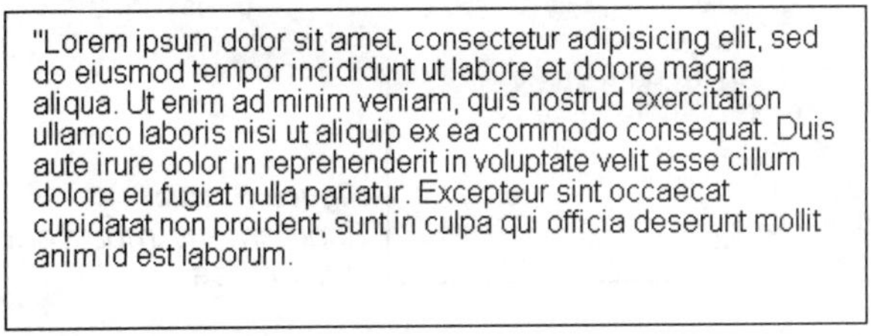

"Lorem ipsum dolor sit amet, consectetur adipisicing elit, sed do eiusmod tempor incididunt ut labore et dolore magna aliqua. Ut enim ad minim veniam, quis nostrud exercitation ullamco laboris nisi ut aliquip ex ea commodo consequat. Duis aute irure dolor in reprehenderit in voluptate velit esse cillum dolore eu fugiat nulla pariatur. Excepteur sint occaecat cupidatat non proident, sunt in culpa qui officia deserunt mollit anim id est laborum.

Figure 5.12 : *Hauteur de ligne définie à 1em*

letter-spacing et word-spacing

L'espacement horizontal est aussi important que l'espace vertical pour la lisibilité des textes.

Les propriétés qui permettent de jouer sur les espacements horizontaux entre les lettres et les mots d'un texte sont respectivement `letter-spacing` et `word-spacing`. Pour bien les utiliser, nous devons comprendre leur fonctionnement. La valeur spécifiée dans la feuille de style est en fait à ajouter à l'espace par défaut, qui dépend de la police de caractères employée. Ici les valeurs négatives sont autorisées car elles permettent de diminuer l'espace par défaut.

"Lorem ipsum dolor sit amet, consectetur adipisicing elit, sed do eiusmod tempor incididunt ut labore et dolore magna aliqua. Ut enim ad minim veniam, quis nostrud exercitation ullamco laboris nisi ut aliquip ex ea commodo consequat. Duis aute irure dolor in reprehenderit in voluptate velit esse cillum dolore eu fugiat nulla pariatur. Excepteur sint occaecat cupidatat non proident, sunt in culpa qui officia deserunt mollit anim id est laborum.

Figure 5.13 : *Écartement important des mots*

" L o r e m   i p s u m   d o l o r
s i t   a m e t ,
c o n s e c t e t u r
a d i p i s i c i n g   e l i t ,
s e d   d o   e i u s m o d
t e m p o r   i n c i d i d u n t
u t   l a b o r e   e t   d o l o r e
m a g n a   a l i q u a .   U t
e n i m   a d   m i n i m
v e n i a m ,   q u i s
n o s t r u d

Figure 5.14 : *Écartement important des lettres*

Nous voyons sur ces images qu'une utilisation exagérée des propriétés d'espacement horizontal n'est pas forcément heureuse. Même si l'effet graphique est intéressant, nous obtenons un texte difficile à lire sur l'écran.

L'utilisation des valeurs négatives est modérée par les limites d'affichage des navigateurs, qui peuvent les modifier pour les ajuster en conséquence. En particulier, il sera difficile, voire impossible, de prévoir la valeur des espacements entre les mots dans un texte justifié, même si nous avons spécifié une valeur pour la propriété `word-spacing`. En effet, pour effectuer la justification et obtenir des lignes de longueur égale, le navigateur calcule l'espacement entre les mots et cet espacement pré-calculé ne peut être modifié par l'auteur de la page que dans une certaine limite, restreinte.

5.4. Accessibilité

Des textes lisibles par tous

Le concept d'accessibilité, défini par Tim Berners-Lee depuis les origines du Web ou presque, est simple : toute page web doit être lisible (accessible) depuis n'importe quel ordinateur, indépendamment du support utilisé pour la lire, que ce soit le navigateur, le système d'exploitation et le matériel. De plus, et c'est un élément extrêmement important, la page doit être accessible à toutes les personnes, en dépit de leurs handicaps et difficultés.

Lorsque vous produisez du contenu de type texte, pensez donc à tous vos utilisateurs, y compris aux aveugles, particulièrement sensibles au problème d'accessibilité sur le Web. Ces derniers utilisent des navigateurs spéciaux appelés "synthétiseurs vocaux", qui lisent le contenu des pages web, et le retransmettent de manière auditive. Le problème pour ces internautes est de surfer sur des sites utilisant des tableaux HTML pour des besoins de présentation. En effet, les synthétiseurs vocaux lisent à "haute voix" les éléments à vocation de présentation, ce qui peut rendre les sites inutilisables pour ces personnes.

Toutefois, même si ces utilisateurs sont à respecter, l'adaptation des sites à leurs problèmes spécifiques n'est qu'une partie des difficultés liées à l'accessibilité. Lors de la conception, il faut, de façon générale, songer aux personnes ayant des problèmes de vue, ne serait-ce qu'à cause de leur âge.

Pensez par exemple à créer des textes toujours assez grands (un rendu de hauteur `12px` devrait être le strict minimum). En particulier, les liens doivent être de taille suffisante, car certains internautes peuvent avoir des problèmes moteurs pour manipuler la souris et cliquer.

Pensez aussi au contraste : ne collez pas un texte blanc sur un fond jaune clair car il risque d'être difficilement déchiffrable. Les daltoniens, entre autres, ont des problèmes de lecture lorsque le contraste entre le fond et le texte est insuffisant. Dans le cas de fond utilisant une image, assurez-vous que les motifs de l'image ne gênent pas la lecture. Cette vigilance à l'intention d'internautes aux besoins spécifiques sera bénéfique aux utilisateurs n'ayant pas de problème particulier.

Des contenus pertinents

Souvent, des webdesigners créent des interfaces graphiques remplies de contenu fictif et vide de sens, comme le classique "lorem ipsum" (voir le site **www.lipsum.com/** pour les anglophones). Or, le contenu fait partie de l'interface, et la ligne éditoriale est aussi importante que la ligne graphique. Il est donc primordial d'écrire des textes "réels", même s'ils ne seront pas publiés tels quels dans le site. Le contenu textuel fait partie intégrante de l'interface, et dans bien des cas, il oriente des choix graphiques. De plus, un contenu proche de la réalité est certainement mieux perçu par le client ou des collègues, car il donne un ton particulier à la maquette du site et montre le sérieux du travail réalisé.

Pour plus d'informations à ce sujet, lisez sur le site A List Apart (en anglais) **http://alistapart.com/articles/learntowrite**, ainsi que **www.37signals.com/svn/archives/001083.php**.

Atelier : créez une première page d'accueil

Avec les connaissances acquises en CSS, vous pouvez créer des présentations complexes, et de plus en plus proches d'un produit fini. Dans ce qui suit, nous allez créer une première page d'accueil et une page sur le modèle de la "une" d'un journal quotidien.

Cette page permet d'entrer dans le vif du sujet rapidement et de profiter de la majorité des connaissances acquises au fil de la lecture de ce livre. Il s'agit de la page d'accueil d'un site consacré à une petite activité artisanale axée sur des techniques de loisir créatif.

Nous avons ici pris le parti de dimensionner les deux conteneurs principaux (le menu et le contenu proprement dit) en cadratins (`em`). Ainsi le design se redimensionne en fonction de la taille des caractères.

Pour commencer, copiez le contenu suivant dans votre éditeur de texte, ou téléchargez-le depuis le site de Micro Application :

```
<!DOCTYPE html PUBLIC "-//W3C//DTD XHTML 1.0 Strict//EN"
✂ "http://www.w3.org/TR/xhtml1/DTD/xhtml1-strict.dtd">
<html xmlns="http://www.w3.org/1999/xhtml"><head>
<meta http-equiv="Content-Type" content="text/html;
✂ charset=UTF-8" />
<title>Madil animations et créations // page
✂ d'accueil</title>
</head>
<body>
```

```
<div id="allercontenu">
 <ul>
  <li><a href="#content">Aller au contenu</a></li>
  <li><a href="#navigation">Aller au menu</a></li>
  <li><a href="#">RSS</a></li>
 </ul>
</div>

<div id="navigation">
 <h1>Madil  </h1>
 <ul>
  <li><a href="#">Présentation</a>
   <ul class="suBmenu">
     <li><a href="#">Actualités</a></li>
     <li><a href="#">L'activité</a></li>
   </ul>
  </li>
  <li><a href="#">Création</a></li>
  <li><a href="#">Animation</a></li>
  <li><a href="#">Vente</a></li>
 </ul>
</div>

<div id="content">
 <h1>Actualités Madil animations et créations</h1>
 <ul id="fildarianne">
  <li><a href="#">Accueil</a></li>
  <li>><a href="#">actualités</a></li>
 </ul>

 <div id="coreContent">
  <h2>L'activité </h2>
  <p>J'aime créer et décorer toutes sortes d'objets, mais
  ✂ j'aime aussi faire partager ma passion. Pour vous,
  ✂ j'ai créé ce site pour faire découvrir ce monde de
  ✂ couleurs.</p>
  <p>À partir des techniques de Loisirs Créatifs que j'ai
  ✂ souvent modifiées
voire améliorées, vous trouverez des objets uniques à
✂ vivre
chez vous, des kits pour permettre à chacun de développer
✂ sa
créativité…</p>
  <h2>Actualités </h2>
  <ul>
    <li>Ventes à l'atelier sur rendez-vous - les 12 et 13
    ✂ mai 2006 de 9 H 30 à 18 H 00</li>
    <li>Ateliers
Créations enfants/adolescents pour réaliser un cadeau Fête
✂ des mères
```

```
sur inscription : le mercredi 17 mai ou le samedi 20 mai
✂ 2006 de 14 H 00
à 16 H 30 à l'atelier</li>
  </ul>
 </div>

 <div id="copyright">
  <p>Page créée pour les besoins d'un livre Micro
  ✂ Application<br/>
   20-22, rue des Petits-Hôtels<br/>
   75010 Paris <br/>
  <a href="mailto:edition@microapp.com ">edition@microapp
  ✂ .com </a></p>
 </div>
</div>

</body>
</html>
```

Solution

Commencez par définir des caractéristiques globales de la page : une marge nulle, une taille de caractère de 80 %, Times New Roman comme police par défaut, la police Times comme police de secours. Précisez le choix d'une police de type serif en cas d'absence de ces deux polices.

```
body, html{
 font-family: Georgia, "Times New Roman", Times, serif;
 font-size: 80%;
 margin: 0;
}
```

Ensuite, occupez-vous des liens qui permettent l'accès direct au menu et au contenu, en songeant principalement aux utilisateurs qui se servent d'écrans étroits (par exemple, les écrans d'agenda électronique PDA, ou de téléphone portable moderne) ou d'un navigateur de type synthétiseur vocal. C'est donc un plus pour l'accessibilité. Ajoutez un lien vers le fichier RSS, qui permettra la syndication via les lecteurs de fils RSS.

REMARQUE

Qu'est ce qu'un fichier RSS ?

Pour savoir ce qu'est un fichier RSS, et en tirer le meilleur parti, visitez l'adresse **http://solutions.journaldunet.com/0410/041029_faq_rss.shtml.**

Placez ces liens en haut à droite de la page. Définissez Verdana comme premier choix, puis Arial et Helvetica comme autres options. Précisez le choix d'une police sans-serif en cas d'absence des trois précédentes. Donnez une taille de caractère de `1.2em`.

```
#allercontenu{
position: absolute;
top: 0;
right: 5px;
font-family: Verdana, Arial, Helvetica, sans-serif;
font-size: 1.2em;
}
```

Ensuite, créez un petit menu horizontal à partir de cette liste, en utilisant la propriété `display`. De cette manière, le contenu des balises `<li>` inscrites dans la `div #allercontenu` est affiché comme des balises de type en ligne, et non plus en bloc comme c'est le cas par défaut. Les éléments de la liste s'affichent alors les uns à la suite des autres, sans s'empiler.

```
#allercontenu li{
display: inline ;
}
```

Enfin, supprimez les marges pour que le tout colle au bord de la fenêtre, quelles que soient les marges définies par défaut par les navigateurs :

```
#allercontenu ul{
margin: 0;
padding: 0;
}
```

Supprimez le soulignement des liens, dans tous leurs états. Donnez une couleur verte aux liens non visités et "non cliqués". Donnez une couleur verte plus claire aux liens visités. Donnez une couleur rouge aux liens sur lesquels l'utilisateur passe la souris. Prévoyez d'entourer les liens sur lesquels la souris est passé avec une bordure noire en bas, ainsi qu'à droite et à gauche. N'oubliez pas que la bordure vient s'ajouter à la largeur du lien par défaut. Définissez ensuite les couleurs et décorations du menu, et gérez le passage de la souris :

```
#allercontenu a{
 text-decoration: none;
 border: 1px solid white;
 border-top: none;
}
#allercontenu a:link{
 color:#006600;
}
#allercontenu a:visited{
 color: #009900;
}
```

```
#allercontenu a:hover{
 color: #990000;
 border: 1px solid black;
 border-top: none;
}
```

Vous jouez essentiellement sur des nuances de vert et de rouge au passage de la souris et, grâce à la propriété `border`, vous mettez en place un contour autour des mots, pour former une sorte d'onglet avec l'élément désigné. Préalablement, vous définissez un contour blanc par défaut en utilisant le sélecteur `a` seul. Cette précaution permet d'éviter que les bordures données au passage de la souris ne s'ajoute à la largeur déjà existante, ce qui créerait un décalage des mots entre l'état normal et l'état survolé. Pour comprendre le problème, supprimez la ligne suivante dans votre feuille de style :

```
border: 1px solid white;
```

Vous verrez tout de suite la différence.

À ce stade, les utilisateurs d'Internet Explorer rencontrent une difficulté : les bordures qui sont définies au passage de la souris sont tronquées.

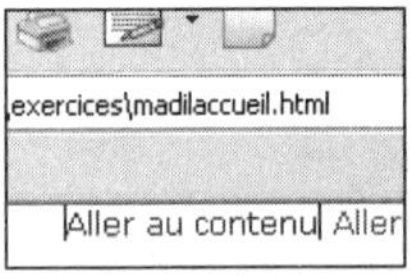

Figure 5.15 :
Les bordures sont tronquées en bas sur Internet Explorer

Visiblement, Internet Explorer donne au conteneur `#allercontenu` une hauteur insuffisante pour pouvoir contenir les liens et leurs bordures en plus. Le conteneur mesure en fait exactement la taille des caractères, c'est-à-dire `1.2em`. Or, pour que les bordures apparaissent en entier, vous avez besoin d'une dimension un peu plus importante. Donnez donc à la `div #allercontenu` une hauteur de `2em` pour être sûr que votre effet fonctionnera correctement :

```
#allercontenu{
 position: absolute;
 top: 0;
 right: 5px;
 font-family: Verdana, Arial, Helvetica, sans-serif;
 font-size: 1.2em;
 height: 2em;
}
```

Le problème est réglé !

Penchons-nous à présent sur la mise place du menu et du contenu.

Placez le menu à gauche, et le contenu à gauche du menu. Donnez une largeur de `15em` au menu de navigation, et des marges nulles. De la même manière, donnez au contenu une largeur de `60em`, et des marges extérieures de 60 pixels en haut, rien à droite, 50 pixels en bas, et 30 pixels à gauche. Pour les marges intérieures, mettez 10 pixels de tous les côtés, sauf en bas, où vous mettrez 30 pixels. Donnez une bordure de 3 pixels, grise et noire au contenu.

```
#navigation, #content{
     float : left;
}
#navigation{
 width: 15em;
 margin: 0;
 padding: 0;
}
#content{
 width: 60em;
 margin: 60px 0 50px 30px;
 padding: 10px 10px 30px 10px;
 border: 3px #CCCCCC double;
}
```

Vous utilisez des dimensions de largeur en cadratins (`em`), dépendantes de la taille des caractères choisis. C'est un parti pris que certains graphistes auront du mal à comprendre, car cette technique, à cause des différences qui existent entre les plates-formes (polices disponibles dont la taille des cadratins diffère, différence dans l'interprétation de la taille des polices en cadratins), donne des dimensions légèrement différentes d'un utilisateur à l'autre.

Certes, tous les utilisateurs n'ont pas le même matériel, ni les mêmes logiciels. Mais ils ont un besoin commun : l'accès à l'information dans les meilleures conditions possibles. Tant que votre ligne graphique reste cohérente d'un support à l'autre, que la lecture est rapide et facile, et que tous les utilisateurs peuvent accéder à l'information, votre travail de designer est sérieux et crédible, et cette flexibilité devient alors un atout plutôt qu'un problème à régler.

Rappelons que les pages web, à l'origine, étaient conçues d'un point de vue purement sémantique, et que tout le travail sur la présentation revenait au poste (logiciel et matériel) de l'utilisateur.

Rappelons en outre que c'est toujours l'utilisateur qui décide au final, et vous n'avez pas à entraver cette liberté de décision, sous peine de perdre un certain nombre de visiteurs. Cette remarque est valable pour tous les aspects d'un site : le respect de la liberté est essentiel.

Vous avez déjà défini les marges des deux conteneurs principaux. Occupez-vous maintenant de l'espacement des listes du menu.

Donnez une marge extérieure de 10 pixels à gauche à la liste et une marge intérieure nulle (pour la compatibilité). Mettez une marge de 10 pixels en haut et en bas aux éléments `<li>` du menu.

```
#navigation ul{
 margin: 0 0 0 10px;
 padding: 0 ;
 list-style: none;
}
#navigation li{
 margin: 10px 0;
}
```

Ensuite, faites quelques choix typographiques. Le texte doit avoir les caractéristiques suivantes : venir en gras et en italique, dans une taille de caractère de `1.7em`, et en couleur rouge.

```
#navigation ul a{
 font-weight: bold;
 font-style: italic;
 font-size: 1.7em;
 color:#990000;
}
```

Vous voulez que le menu soit facile à atteindre avec la souris. De plus, les bordures des éléments `a` doivent toutes être de même largeur, et prendre toute la largeur du menu. En ce sens, affichez les éléments `a` en mode bloc. Donnez-leur une largeur de 100 % (ils prendront la totalité de leur conteneur). Mettez une bordure supérieure de 3 pixels, double et noire., et une bordure supérieure de 1 pixel, simple et noire également.

```
display: block;
 width: 100%;
 border-right: 3px double black;
 border-top: 1px solid black;
}
```

Vous utilisez des bordures pour habiller le menu. Vous auriez pu appliquer la propriété `border` directement au sélecteur `li`, mais cette stratégie ne fonctionne pas correctement sur Internet Explorer (les bordures s'étendent au-delà des limites attendues). Il est donc plus facile d'utiliser le sélecteur `a`. Remarquez la propriété `display` avec la valeur block, qui permet d'étendre la bordure sur toute la largeur du menu (grâce à l'instruction width: 100%;).

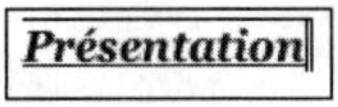

Figure 5.16 : *Pas de propriété display:block : les liens s'affichant en ligne, la bordure colle aux bords du texte*

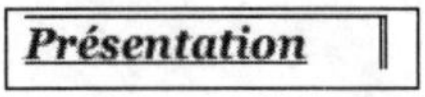

Figure 5.17 : *Propriété display:block : les liens s'affichent en mode bloc, et les bordures prennent toute la largeur de l'élément*

Pour le moment, tous les liens sont identiques. Mais vous avez une liste de second niveau et de classe .suBmenu que vous voulez différencier des autres. Utilisez le sélecteur approprié pour désigner les menus de second niveau. Donnez une taille inférieure aux textes de ces listes, à savoir 1em. Mettez des puces de type cercle. Attribuez-leur une marge de 40 pixels à gauche, pour créer une décalage par rapport au premier niveau.

```
#navigation .suBmenu{
 font-size: 1em;
 list-style-type: circle;
 margin: 0 0 0 40px;
}
```

Il faut ensuite traiter les liens contenus dans ces listes. Trouvez le sélecteur adapté pour donner des propriétés de style à ces liens. Rétablissez une graisse de caractère normale, et un affichage normal, et non plus italique. Supprimez les bordures.

```
#navigation .suBmenu a{
 font-weight: normal;
 font-style: normal;
 border: none;
}
```

Vous éliminez un certain nombre de caractéristiques propres aux liens de premier niveau : la graisse et le style du texte, les bordures. Vous donnez également une taille de texte spécifique aux liens de second niveau. Tout cela est possible grâce à un sélecteur qui sélectionne les liens ciblés au plus près.

Le titre est un élément déterminant pour un site web, et doit être mis en valeur de manière appropriée. Pour cela, donnez-lui une taille de 3em, une couleur rouge (la même que le menu), une marge extérieure de 10 pixels partout, sauf en haut, où elle sera nulle. Pour les marges intérieures, indiquez 10 pixels partout, sauf en bas, où elle sera de 30 pixels. Mettez une bordure grise et large de 3 pixels à droite, à gauche et en bas.

```
#navigation h1{
 font-size : 3em;
 color : #990000;
 margin : 0 10px 10px 10px;
 padding : 10px 10px 30px 10px;
 border : 3px double #999999;
 border-top : none;
}
```

Notez que, grâce à la puissance des CSS, vous n'utilisez qu'un seul sélecteur simple pour créer des effets d'espacement, de marge, de typographie, de bordure, etc. tout cela à partir d'une seule balise HTML.

Figure 5.18 :
Rendu visuel : première étape

Gérez la présentation des titres au sein du contenu. Le titre `h1` doit être mis en valeur. En ce sens, supprimez les marges du titre, car les marges intérieures du contenu suffisent. Donnez une taille de caractère de `2,2em`. Attribuez au titre une couleur verte. Agrémentez le tout avec une bordure inférieure de `1px`, grise et en pointillés.

```
#content h1{
 margin :  0;
 padding : 0;
 font-size : 2.2em;
 color : #006600;
 border-bottom : 1px dashed #666666;
}
```

Pour les titres `h2`, donnez une taille de `1,5em`. Attribuez-leur une couleur bleue. Mettez des marges extérieures nulles en haut et en bas, puis de 20 pixels à droite et 10 pixels à gauche. Mettez une bordure grise et simple de 1 pixel en bas.

```
#content h2{
 font-size : 1.5em;
 color : #003399;
```

```
 margin : 0 20px 0 10px;
 border-bottom : 1px solid #ddd;
}
```

Encore une fois, notez la puissance de CSS pour gérer des effets graphiques : le titre est souligné, bien visible, et constitue un en-tête clair et agréable.

Il est souvent utile, pour faciliter l'accès aux informations d'un site, de créer un menu spécial qu'on appelle fil d'Ariane. Ce menu présente les différents niveaux hiérarchiques au sein desquels se trouve la page en cours de lecture. Habituellement, ces niveaux sont séparés par des caractères ">". Cette fonctionnalité est codée dans la page sous la forme d'une liste de liens.

Créez une navigation horizontale proche de celle prévue dans le menu `#allercontenu`. En ce sens, à l'ensemble du conteneur, donnez une marge extérieure de 10 pixels en haut et en bas, et une marge intérieure nulle. Affichez les éléments de la liste horizontalement. Aux éléments de liste dans ce conteneur, affectez des polices sans-serif, par ordre de priorité : Geneva, Arial, Helvetica. Supprimez les puces de la liste. Donnez une taille de caractère de `1,2em`.

```
#fildarianne{
 margin: 10px 0 ;
 padding: 0;
}
#fildarianne li{
 font-family: Geneva, Arial, Helvetica, sans-serif;
 display:inline;
 list-style-type: none;
 font-size: 1.2em;
}
```

La propriété `display` permet d'obtenir l'horizontalité du menu.

Pour les couleurs des différents états des liens, supprimez le soulignement et jouez sur le bleu :

```
#fildarianne li a{
 text-decoration: none;
}
#fildarianne li a:link{
 color: #000099;
}
#fildarianne li a:visited{
 color: #0033FF;
}
```

```
#fildarianne li a:hover{
 color: #00CCFF;
}
```

Vous allez donner le même rendu visuel à la liste du deuxième paragraphe et au texte de la première partie, à l'exception bien sûr des puces de la liste, dont vous vous occuperez plus tard. De ce fait, vous utiliserez successivement deux sélecteurs auxquels vous appliquerez les mêmes propriétés de caractère, de marge et d'indentation.

Trouvez les sélecteurs qui vont désigner à la fois le paragraphe et les éléments de liste. Donnez à ces deux types de balises une taille de caractère de `1,3em`. Créez une autre déclaration de style, en utilisant le sélecteur permettant de désigner le paragraphe, et également celui qui permet d'atteindre la liste `ul`. Donnez à ces deux éléments une police de type sans-serif, par ordre de priorité : Geneva, Arial, Helvetica. Donnez aux deux éléments `ul` et `p` du contenu une marge extérieure de 10 pixels en haut et en bas, et de 20 pixels à gauche. Déclarez un autre style pour les éléments de liste seuls. Donnez à ces éléments de liste des puces carrées. Placez ces puces à l'intérieur des éléments de liste.

```
#content #coreContent p,#content #coreContent li{
 font-size: 1.3em;
}

#content #coreContent ul, #content #coreContent p{
 font-family: Geneva, Arial, Helvetica, sans-serif;
 margin: 10px 0 10px 20px;
 padding: 0;
 text-indent: 10px;
}

#content #coreContent li{
 list-style-type: square;
 list-style-position: inside;
}
```

La petite touche finale consiste à mettre en page le petit paragraphe contenant les informations légales. Trouvez le sélecteur pour désigner le paragraphe de copyright. Dotez-le de marges intérieures nulles. Centrez le texte. La taille des caractères est de `1em`.

```
#copyright{
 padding: 0;
 margin: 80px 0 0 0;
 text-align: center;
 font-size: 1em;
}
```

Pour certains, la taille de caractère choisie est trop petite, mais l'utilisateur a toujours la possibilité d'augmenter ce paramètre à partir de son navigateur. En outre, ces informations ne sont lues que par une minorité de personnes ! Soyez pragmatique et laissez la priorité aux informations les plus importantes.

Donnez enfin des couleurs au lien situé dans ce dernier paragraphe. En ce sens, supprimez le soulignement. Le lien normal est rouge. Le lien visité est bleu. Le lien sur lequel on passe est bleu clair.

```
#copyright a{
 text-decoration:none;
}
#copyright a:link{
 color: #AF0000;
}
#copyright a:visited{
 color:#6F88FF;
}
#copyright a:hover{
 color:#00CCFF;
 text-decoration:underline;
}
```

Voici le code CSS complet une fois l'exercice terminé :

```
body, html{
 font-family: Georgia, "Times New Roman", Times, serif;
 font-size: 80%;
 margin: 0;
}
#allercontenu{
 position: absolute;
 top: 0;
 right: 5px;
 font-family: Verdana, Arial, Helvetica, sans-serif;
 font-size: 1.2em;
 height: 2em;
}
#allercontenu li{
 display: inline;
}
#allercontenu ul{
 margin: 0;
 padding: 0;
}
#allercontenu a{
 text-decoration: none;
 border: 1px solid white;
 border-top: none;
```

```
}
#allercontenu a:link{
 color:#006600;
}
#allercontenu a:visited{
 color: #009900;
}
#allercontenu a:hover{
 color: #990000;
 border: 1px solid black;
 border-top: none;
}
#navigation, #content{
 float : left;
}
#navigation{
 width: 15em;
 margin: 0;
 padding: 0;
}
#content{
 width: 60em;
 margin: 60px 0 50px 30px;
 padding: 10px 10px 30px 10px;
 border: 3px #CCCCCC double;
}
#navigation ul{
 margin: 0 0 0 10px;
 padding: 0;
 list-style: none;
}
#navigation li{
 margin: 10px 0;
}
#navigation ul a{
 font-weight: bold;
 font-style: italic;
 font-size: 1.7em;
 color:#990000;
 display: block;
 width: 100%;
 border-right: 3px double black;
 border-top: 1px solid black;
}
#navigation .suBmenu{
 font-size: 1em;
 list-style-type: circle;
 margin: 0 0 0 40px;
}
#navigation .suBmenu a{
 font-weight: normal;
```

```
 font-style: normal;
 border: none;
}

#navigation h1{
 font-size : 3em;
 color : #990000;
 margin : 0 10px 10px 10px;
 padding : 10px 10px 30px 10px;
 border : 3px double #999999;
 border-top : none;
}

#content h1{
 margin : 0;
 padding : 0;
 font-size : 2.2em;
 color : #006600;
 border-bottom : 1px dashed #666666;
}
#content h2{
 font-size : 1.5em;
 color : #003399;
 margin : 0 20px 0 10px;
 border-bottom : 1px solid #ddd;
}

#fildarianne{
 margin: 10px 0 ;
 padding: 0;
}
#fildarianne li{
 font-family: Geneva, Arial, Helvetica, sans-serif;
 display:inline;
 list-style-type: none;
 font-size: 1.2em;
}
#fildarianne li a{
 text-decoration: none;
}
#fildarianne li a:link{
 color: #000099;
}
#fildarianne li a:visited{
 color: #0033FF;
}
#fildarianne li a:hover{
 color: #00CCFF;
}

#content #coreContent p,#content #coreContent li{
 font-size: 1.3em;
```

```
}

#content #coreContent ul, #content #coreContent p{
 font-family: Geneva, Arial, Helvetica, sans-serif;
 margin: 10px 0 10px 20px;
 padding: 0;
 text-indent: 10px;
}

#content #coreContent li{
 list-style-type: square;
 list-style-position: inside;
}

#copyright{
 padding: 0;
 margin: 80px 0 0 0;
 text-align: center;
 font-size:  1em;
}

#copyright a{
 text-decoration:none;
}
#copyright a:link{
 color: #AF0000;
}
#copyright a:visited{
 color:#6F88FF;
}

#copyright a:hover{
 color:#00CCFF;
 text-decoration:underline;
}
```

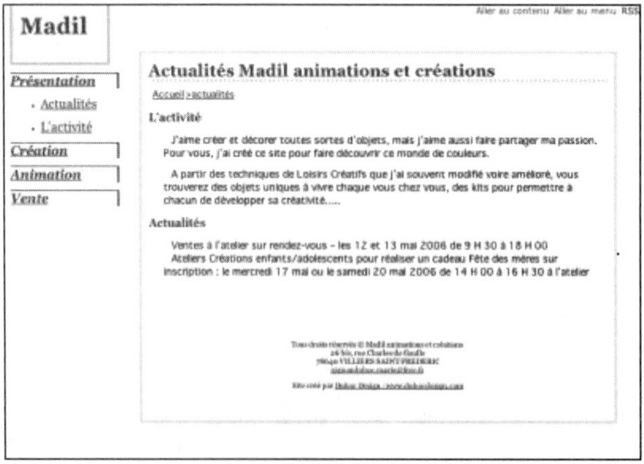

Figure 5.19 : *Rendu visuel final*

Atelier : allez plus loin avec la page de journal

RENVOI

Il s'agit de la deuxième partie de l'exercice commencé au chapitre Hiérarchiser le contenu.

Nous allons nous pencher plus sur le côté typographique de cette page, dont l'organisation générale a déjà été définie. Elle peut être téléchargée sur le site de Micro Application.

Rappelons les codes HTML et CSS tels que nous les avons laissés, alors que nous ne savions pas gérer les polices :

```
<!DOCTYPE html PUBLIC "-//W3C//DTD XHTML 1.0 Strict//EN"
✂ "http://www.w3.org/TR/xhtml1/DTD/xhtml1-strict.dtd">
<html xmlns="http://www.w3.org/1999/xhtml"><head>

<meta http-equiv="Content-Type" content="text/
✂ html;charset=utf-8"><title>CSS journal : le journal de
✂ CSS</title>

<style type="text/css">
body,html{
margin:0;
padding:0;
}
body {
text-align:center;
}
#page {
width:800px;
margin-right:auto;
margin-left:auto;
margin-top:10px;
padding:0px;
text-align:left;
border: 1px solid #bbb;
}

#entete,.article{
width: 780px;
padding: 0;
margin: 5px 10px;
}
#entete{
border: 1px solid black;
border-bottom: 20px solid #0077CF;
}
#entete img{
```

```
float: right;
margin: -60px 10px 0 0;
}

.breve{
margin: 0 0 0 10px;
padding: 0;
width: 230px;
float: left;
}
.article{
border-bottom: 3px solid #777;
}
.spacer{
clear:both;
}
.article img{
float: left;
margin: 0 30px 10px 10px;
}

#une h3{
margin: -25px 0 30px 0 ;
padding:0;
}
#entete h1{
margin: 5px 0 0 5px;
padding:0;
}
#entete h2{
margin: 5px 100px 0 15px;
padding:0;
}
.breve h3{
margin: 10px 0 0 3px;
padding:0;
}
.breve p{
margin: 15px 0 0 10px;
padding:0 0 0 5px;;
border-left: 1px solid #333;
}
.breve a{
margin: 2px 0 0 10px;
padding:0;
}

</style></head><body>
<div id="page">
<div id="entete">
<h1>CSS journal</h1>
```

```
<h2>Magazine consacré à l'actualité de CSS et des
✂ standards du Web</h2>
<img src="logo_journal.png" alt="logo du journal">
<div class="spacer"> </div>
</div>
<div id="une">
<img src="banniere_journal.png" alt="le site du W3C">
<h3>L'arrivée du tout nouveau CSS 3.0</h3>
</div>
<div class="article">
<div class="breve">
<h3>Les nouvelles fonctionnalités</h3>
<p>Lore mipsum dolor sit amet, consectetur adipisicing
✂ elit, sed do eiusmod tempor incididunt ut labore et
✂ dolore magna aliqua. Ut enim ad minim veniam, quis
✂ nostrud exercitation ullamco</p>
<a href="#" title="page 1">>page 1</a>
</div>
<div class="breve">
<h3>Témoignage de Bert Bos, un des rédacteurs des
✂ spécifications</h3>
<p>Lorem ipsum dolor sit amet, consectetur adipisicing
✂ elit, sed do eiusmod tempor incididunt ut labore et
✂ dolore magna aliqua. Ut enim ad minim veniam, quis
✂ nostrud exercitation ullamco</p>
<a href="#" title="page 2">>page 2</a>
</div>
<div class="breve">
<h3>Ce qu'en pensent les designers</h3>
<p>Lorem ipsum dolor sit amet, consectetur adipisicing
✂ elit, sed do eiusmod tempor incididunt ut labore et
✂ dolore magna aliqua. Ut enim ad minim veniam, quis
✂ nostrud exercitation ullamco</p>
<a href="#" title="page 3">>page 3</a>
</div>
<div class="spacer"> </div>
</div>
<div class="article">
<h2>Les standards du W3C dans les agences web</h2>
<img src="a.png" alt="le a d'internet">
<p>Lorem ipsum dolor sit amet, consectetur adipisicing
✂ elit, sed do eiusmod tempor incididunt ut labore et
✂ dolore magna aliqua. Ut enim ad minim veniam, quis
✂ nostrud exercitation ullamco laboris nisi ut aliquip ex
✂ ea commodo consequat. Duis aute irure dolor in
✂ reprehenderit in voluptate velit esse cillum dolore eu
✂ fugiat nulla pariatur. Excepteur sint occaecat cupidatat
✂ non proident, sunt in culpa qui officia deserunt mollit
✂ anim id est laborum.</p>
<div class="spacer"> </div>
</div>
```

```
<div class="article">
<div class="breve">
<h3>Débat sur l'acessibilité </h3>
<p>Lorem ipsum dolor sit amet, consectetur adipisicing
✂ elit, sed do eiusmod tempor incididunt ut labore et
✂ dolore magna aliqua. Ut enim ad minim veniam, quis
✂ nostrud exercitation ullamco</p>
<a href="#" title="page 1">>page 1</a>
</div>
<div class="breve">
<h3>La fin de la balkanisation du Web ? </h3>
<p>Lorem ipsum dolor sit amet, consectetur adipisicing
✂ elit, sed do eiusmod tempor incididunt ut labore et
✂ dolore magna aliqua. Ut enim ad minim veniam, quis
✂ nostrud exercitation ullamco</p>
<a href="#" title="page 2">>page 2</a>
</div>
<div class="breve">
<h3>Les standards ouverts, une nécessité </h3>
<p>Lorem ipsum dolor sit amet, consectetur adipisicing
✂ elit, sed do eiusmod tempor incididunt ut labore et
✂ dolore magna aliqua. Ut enim ad minim veniam, quis
✂ nostrud exercitation ullamco</p>
<a href="#" title="page 3">>page 3</a>
</div>
<div class="spacer"> </div>
</div>
</div>
</body>
</html>
```

Solution

Donnez d'abord une taille de base en pourcentage pour les caractères, à savoir 80 % :

```
body,html{
margin:0;
padding:0;
font-size: 80%;
}
```

Vient ensuite un travail de définition des tailles de caractères (en `em`) et d'attribution de styles.

Le titre a une taille de `4em` et les polices sont de type monospace, de la famille Courier New ou Courier :

```
#entete h1{
margin: 5px 0 0 5px;
padding:0;
```

```
font-size: 4em;
font-family:"Courier New", Courier, monospace;
}
```

Puis vient le sous-titre `h2`. Il a une taille de `1.2em`, et les polices choisies sont de type sans-serif : Verdana, Arial, Helvetica.

```
#entete h2{
margin: 5px 100px 0 15px;
padding:0;
font-size:1.2em;
font-family:Verdana, Arial, Helvetica, sans-serif;
}
```

Attribuez ensuite des caractéristiques spécifiques aux titres des brèves et de l'article central. Déclarez un style pour les titres `h3` et `h2` compris dans les articles et les brèves. Les polices sont de type monospace : Courier New ou Courier. Réduisez l'espace entre le mots à `0.3em`, pour créer un texte plus compact. Donnez une couleur bleu aux textes.

```
.breve h3, .article h2{
 font-family:"Courier New", Courier, monospace;
 word-spacing: -0.3em;
 color:#0077CF;
}
```

Notez l'utilisation de valeurs négatives pour la propriété `word-spacing`.

La taille des titres d'article (sélecteur `.article h2`) n'est pas définie, contrairement à celle des titres de brève (sélecteur `.breves h3`). Affectez une taille de `2.5em` à ces titres :

```
.article h2{
 font-size: 2.5em;
}
```

Donnez ensuite une taille de caractère de `1em` aux textes d'article ou de brève :

```
.breve p, .article p{
 font-size: 1em;
 font-family:Verdana, Arial, Helvetica, sans-serif;
}
```

Créez ensuite des instructions pour la mise en page des liens. Vous voulez des textes soulignés, avec deux nuances de rouge pour marquer les liens visités et ceux non encore visités :

```
a{
 text-decoration: underline;
 font-size:1.1em;
```

```
 font-family:Verdana, Arial, Helvetica, sans-serif;
}

a:link{
 color:#990000;
}
a:visited{
 color:#993300;
}
```

Le code HTML (avec les styles CSS intégrés) ressemble à ceci :

```
<!DOCTYPE html PUBLIC "-//W3C//DTD XHTML 1.0 Strict//EN"
✂ "http://www.w3.org/TR/xhtml1/DTD/xhtml1-strict.dtd">
<html xmlns="http://www.w3.org/1999/xhtml"><head>

<meta http-equiv="Content-Type" content="text/
✂ html;charset=utf-8"><title>CSS journal : le journal de
✂ CSS</title>

<style type="text/css">
body,html{
 margin:0;
 padding:0;
 font-size: 80%;
}
body {
 text-align:center;
}

#page {
 width:800px;
 margin-right:auto;
 margin-left:auto;
 margin-top:10px;
 padding:0px;
 text-align:left;
 border: 1px solid #bbb;
}

#entete,.article{
 width: 780px;
 padding: 0;
 margin: 5px 10px;
}
#entete{
 border: 1px solid black;
 border-bottom: 20px solid #0077CF;
}
#entete img{
 float: right;
```

```
 margin: -6em 10px 0  0;
}

.breve{
 margin: 0  0   0 10px;
 padding: 0;
 width: 230px;
 float: left;
}
.article{
 border-bottom: 3px solid #777;
}
.spacer{
 clear:both;
 }
.article img{
 float: left;
 margin: 0 30px 10px 10px;
}

#une h3{
 margin: -25px 0 30px 0 ;
 padding:0;
}

#entete h1{
 margin: 5px 0 0 5px;
 padding:0;
 font-size: 4em;
 font-family:"Courier New", Courier, monospace;
}
#entete h2{
 margin: 5px 100px 0 15px;
 padding:0;
 font-size:1.2em;
 font-family:Verdana, Arial, Helvetica, sans-serif;
}
.breve h3{
 margin: 10px 0 0 3px;
 padding:0;
 font-size: 1.7em;
}
.breve p{
 margin: 15px 0 0 10px;
 padding:0 0 0 5px;;
 border-left: 1px solid #333;
}
.breve a{
 margin: 2px 0 0 10px;
 padding:0;
}
```

```
.breve h3, .article h2{
 font-family:"Courier New", Courier, monospace;
 word-spacing: -0.3em;
 color:#0077CF;
}
.article h2{
 font-size: 2.5em;
}
.breve p, .article p{
 font-size: 1em;
 font-family:Verdana, Arial, Helvetica, sans-serif;
}

a{
 text-decoration: underline;
 font-size:1.1em;
 font-family:Verdana, Arial, Helvetica, sans-serif;
}

a:link{
 color:#990000;
}
a:visited{
 color:#993300;
}

</style></head><body>
<div id="page">
<div id="entete">
<h1>CSS journal</h1>
<h2>Magazine consacré à l'actualité de CSS et des
✂ standards du Web</h2>
<img src="logo_journal.png" alt="logo du journal">
<div class="spacer"> </div>
</div>
<div id="une">
 <img src="banniere_journal.png" alt="le site du W3C">
 <h3>L'arrivée du tout nouveau CSS 3.0</h3>
</div>
<div class="article">
 <div class="breve">
  <h3>Les nouvelles fonctionnalités</h3>
  <p>Lorem ipsum dolor sit amet, consectetur adipisicing
  ✂ elit, sed do eiusmod tempor incididunt ut labore et
  ✂ dolore magna aliqua. Ut enim ad minim veniam, quis
  ✂ nostrud exercitation ullamco</p>
  <a href="#" title="page 1">>page 1</a>
 </div>
 <div class="breve">
  <h3>Témoignage de Bert Bos, un des rédacteurs des
  ✂ spécifications</h3>
```

```
  <p>Lorem ipsum dolor sit amet, consectetur adipisicing
  ✂ elit, sed do eiusmod tempor incididunt ut labore et
  ✂ dolore magna aliqua. Ut enim ad minim veniam, quis
  ✂ nostrud exercitation ullamco</p>
  <a href="#" title="page 2">>page 2</a>
 </div>
 <div class="breve">
  <h3>Ce qu'en pensent les designers</h3>
  <p>Lorem ipsum dolor sit amet, consectetur adipisicing
  ✂ elit, sed do eiusmod tempor incididunt ut labore et
  ✂ dolore magna aliqua. Ut enim ad minim veniam, quis
  ✂ nostrud exercitation ullamco</p>
  <a href="#" title="page 3">>page 3</a>
 </div>
 <div class="spacer"> </div>
</div>
<div class="article">
 <h2>Les standards du W3C dans les agences web</h2>
 <img src="a.png" alt="le a d'internet">
 <p>Lorem ipsum dolor sit amet, consectetur adipisicing
 ✂ elit, sed do eiusmod tempor incididunt ut labore et
 ✂ dolore magna aliqua. Ut enim ad minim veniam, quis
 ✂ nostrud exercitation ullamco laboris nisi ut aliquip ex
 ✂ ea commodo consequat. Duis aute irure dolor in
 ✂ reprehenderit in voluptate velit esse cillum dolore eu
 ✂ fugiat nulla pariatur. Excepteur sint occaecat
 ✂ cupidatat non proident, sunt in culpa qui officia
 ✂ deserunt mollit anim id est laborum.</p>
 <div class="spacer"> </div>
</div>
<div class="article">
 <div class="breve">
  <h3>Débat sur l'acessibilité </h3>
  <p>Lorem ipsum dolor sit amet, consectetur adipisicing
  ✂ elit, sed do eiusmod tempor incididunt ut labore et
  ✂ dolore magna aliqua. Ut enim ad minim veniam, quis
  ✂ nostrud exercitation ullamco</p>
  <a href="#" title="page 1">>page 1</a>
 </div>
 <div class="breve">
  <h3>La fin de la balkanisation du Web ? </h3>
  <p>Lorem ipsum dolor sit amet, consectetur adipisicing
  ✂ elit, sed do eiusmod tempor incididunt ut labore et
  ✂ dolore magna aliqua. Ut enim ad minim veniam, quis
  ✂ nostrud exercitation ullamco</p>
  <a href="#" title="page 2">>page 2</a>
 </div>
 <div class="breve">
  <h3>Les standards ouverts, une nécessité </h3>
  <p>Lorem ipsum dolor sit amet, consectetur adipisicing
  ✂ elit, sed do eiusmod tempor incididunt ut labore et
```

```
  ✂ dolore magna aliqua. Ut enim ad minim veniam, quis
  ✂ nostrud exercitation ullamco</p>
  <a href="#" title="page 3">>page 3</a>
 </div>
 <div class="spacer"> </div>
</div>
</div>
</body>
</html>
```

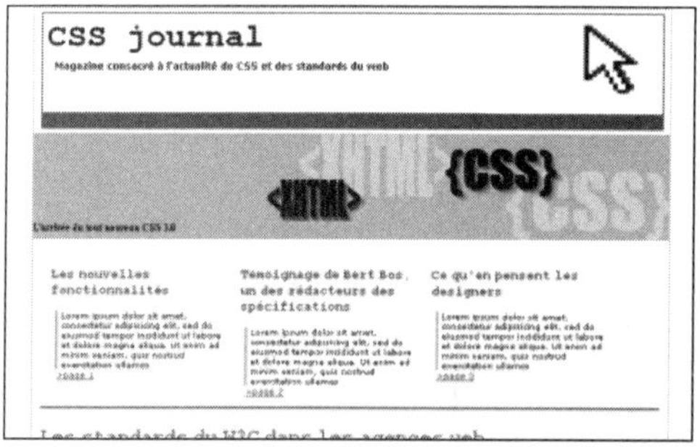

Figure 5.20 :
Rendu final

Chapitre 6

Communiquer et promouvoir un site

Un site web est avant tout dédié à un échange d'informations. Il faut fournir au lecteur et éventuel futur client, les moyens d'entrer en contact et de dialoguer avec vous ou la personne pour laquelle vous créez ce site.

Outre les internautes, le premier visiteur de votre site web, et celui qui vous intéresse le plus puisqu'il s'agit de votre meilleur publicitaire, c'est le moteur de recherche. Les CSS permettent entre autres d'alléger le code de la page, et ainsi de fournir des informations plus pertinentes, car moins nombreuses. Un moteur traitera mieux un site léger, dont la structure est dissociée de sa mise en page, qu'un de ses concurrents, mal codé, et beaucoup plus lourd. De la même façon, trop peu d'informations n'intéressera les internautes, mais trop de données non structurées rebuteront les plus têtus des lecteurs.

Optimiser la taille d'un site revient à utiliser de la meilleure façon HTML et CSS, la structure de l'un influant sur celle de l'autre, et vice versa. Une structure HTML mal optimisée débouchera sur un site lourd, car redondant en termes d'informations de mise en page. Un code et un principe de cascade CSS mal pensés se répercuteront sur le code HTML, de telle sorte qu'il sera nécessaire d'ajouter des éléments superflus. C'est un va-et-vient permanent entre les deux langages, qui une fois maîtrisé, aboutit à un site équilibré, avec une bonne visibilité sur le Web.

Pour aborder l'aspect mise en forme, nous allons principalement traiter deux thèmes, à savoir les hyperliens (base de l'échange de données sur la Toile) et les formulaires (analogues à ceux que l'on peut trouver dans des magazines papier, pour un abonnement par exemple).

Les choix en la matière ne sont pas anodins, puisqu'ils sont liés à une autre technologie standardisée, largement utilisée, et tout aussi utile : l'e-mail.

6.1. Les liens

Le terme exact devrait être "hyperliens" puisque nous traitons ici d'un langage hypertexte. Rappelez vous, HTML signifie "Hypertext Markup Language", ou en français "langage de balisage hypertexte".

Les liens permettent de naviguer librement au sein des millions de documents disponibles dans le monde. L'hypertexte permet de s'affranchir de la lecture linéaire qu'impose un livre classique, en offrant l'historique de navigation en plus (nous aborderons d'ailleurs le principe d'historique dans ce chapitre, puisqu'il s'agit de l'une des fonctionnalités principales permise par l'implémentation HTML).

:link, :visited, :hover, :active

Les liens ou ancres (balises `<a></a>`) sont des éléments qui supportent généralement plusieurs états actifs ou passifs. Nous insistons sur le "généralement", car ceux-ci ne détiennent pas l'exclusivité des pseudo-classes dont nous allons parler.

RENVOI *Pour en savoir plus sur les liens ou les ancres, lisez le chapitre* ***Généralités et syntaxe.***

Vous pouvez utiliser de façon exclusive `:hover` et ses acolytes sur les liens hypertextes, ou bien employer certaines de ces pseudo-classes sur un paragraphe `<p>` ou un titre `<h1>`. Dans un document HTML, les seules pseudo-classes exclusivement attribuées aux ancres sont `:link` et `:visited`, qui désignent deux états différents d'un lien hypertexte. Cependant, et dans le souci de ne pas désorienter l'utilisateur qui visitera votre site, il s'avère nécessaire de ne pas abuser de ces pseudo-classes ; il est bon de limiter leur utilisation à des effets informatifs, non pas purement décoratifs.

Nous pouvons diviser ces quatre pseudo-classes en deux groupes : `:link` et `:visited` (uniquement dédiés aux liens hypertextes dans un document HTML), puis `:hover` et `:active` (fréquemment utilisés pour les liens, mais pouvant s'appliquer à d'autres éléments). Nous allons les détailler tout de suite.

:link et :visited

Ces deux pseudo-classes sont exclusives, c'est-à-dire que les propriétés de l'une écraseront celles de l'autre, systématiquement, et quel que soit leur ordre dans la feuille de style.

En effet, `:link` s'applique aux ancres `<a>` possédant l'attribut `href` (`<a href="#">lien</a>`), et `:visited` correspond à une ancre dont la page liée a été visitée. Un lien ne pouvant pas être à la fois `:link` et `:visited`, on pourrait définir ces sélecteurs dans l'ordre de notre choix.

Cependant, et pour des raisons de logique, on définit l'état visité après l'état neutre, pour garder une cohérence entre les faits et le code de la CSS. Cette façon de faire est la plus sémantiquement correcte.

Les deux codes suivants sont donc corrects et fonctionnent parfaitement :

```
a:link {
background-color: #eee;
color: #555;
}
a:visited {
background-color: #ddd;
color: #aaa;
}
```

Dans les deux cas, les liens sont gris foncé sur fond clair par défaut, puis gris clair sur gris moins clair après leur lecture. Les contrastes différents indiquent l'état du lien (un texte lisible pour le lien non visité et un contraste très faible pour les liens visités).

Listing 6-1 : extrait du fichier 06-a-love.htm

```
a:visited {
background-color: #ddd;
color: #aaa;
}
a:link {
background-color: #eee;
color: #555;
}
```

Voici un aperçu des deux états, quel que soit l'ordre dans lequel sont appliquées les règles.

Figure 6.1 :
État "par défaut"

Figure 6.2 :
État "visité"

:hover et :active

Idéalement, si le sélecteur d'un élément possède la pseudo-classe `:hover`, ce dernier peut ainsi voir ses propriétés actualisées lors de sa "désignation" par un pointeur, qu'il s'agisse d'une souris, ou de tout autre périphérique de pointage (stylet par exemple). On peut (c'est le cas classique) changer la couleur de texte et/ou de fond lorsque l'élément est désigné par le pointeur. On obtient ainsi un effet dynamique qui attire l'œil du visiteur.

`:active` existe pour informer que l'élément est activé. Mais qu'est-ce qu'un élément "activé" ? Cette pseudo-classe permet d'affecter un style à un élément lorsqu'il est sélectionné par l'utilisateur. Un élément est considéré comme sélectionné lorsque le périphérique de pointage est actif ; si l'on prend l'exemple d'une souris et d'un lien hypertexte, ce dernier sera considéré comme actif lorsque vous appuierez sur le bouton de sélection de la souris, mais sans le relâcher, en position basse.

Listing 6-2 : extrait du fichier 06-a-love.htm

```
a:hover {
background-color: #555;
color: #eee;
}
a:active {
background-color: #000;
color: #fff;
}
```

Figure 6.3 : *État "survolé"*

Figure 6.4 : *État "actif"*

A contrario de `:link` et de `:visited`, ces deux pseudo-classes ne sont pas exclusives, et c'est la dernière règle lue qui s'applique. L'ordre dans lequel elles sont déclarées est donc important.

RENVOI

Lisez à ce sujet le chapitre Généralités et syntaxe.

Imaginons que la règle `a:active` soit écrite avant `a:hover`. L'ordre dans lequel se déroule les actions lors d'un clic sur l'élément est celui-ci :

- survol de l'élément pour le désigner grâce au pointeur (`:hover`) ;
- activation de l'élément par un clic (`:active`), l'état de survol étant toujours actif puisque le pointeur est au-dessus de l'élément.

L'activation se déroulant bien en dernier lieu, la balise <a> se comportera donc comme si `:active` n'existait pas. Pourquoi ? Parce que les deux états sont simultanés et que `:hover` est défini en dernier ; il prend donc la préséance et annule l'état "activé".

Il est donc nécessaire de bien respecter l'ordre dans lequel vous définirez vos règles à base de pseudo-classes. Le moyen mnémotechnique évoqué précédemment, à savoir "LoVe HAte", a ses adeptes, mais vous pouvez en choisir un autre (par exemple, "je lie et visite des sites over-actifs", ce qui donne `:link :visited :hover :active`).

:focus

Dans les faits, il est possible de naviguer uniquement à l'aide du clavier (touches ou combinaisons de touches) sur l'un des navigateurs les plus répandus. Dans ce cas, `:hover` ne fonctionnera pas. En effet, `:hover` est activé lors du survol de l'élément avec un périphérique de pointage, et non lorsque celui-ci reçoit l'attention (le "focus", en anglais) par un autre biais. Cela a pour conséquence que seules personnes se servant d'une souris pour naviguer dans votre site bénéficieront des effets visuels que vous aurez pris soin de mettre en place. Nul besoin d'être handicapé pour préférer utiliser son clavier à sa souris. Certains trouvent cela plus pratique, plus rapide, plus ergonomique, etc. En outre, personne n'est à l'abri d'un problème de souris (pas de pile de rechange lors d'une panne de souris sans fil par exemple). Pour consulter la liste des raccourcis clavier de votre navigateur, rendez-vous dans l'aide qu'il propose.

Pour pallier ce manque d'ergonomie, nous allons utiliser `:focus`, qui fait réagir le lien, même si l'utilisateur utilise son clavier. Cette pseudo-classe permet d'attribuer un style aux éléments qui reçoivent l'attention du navigateur. Notez que Opera semble prendre en compte cette pseudo-classe uniquement sur les champs de texte (`input`, `textarea`).

L'ordre des règles, une fois de plus, est important.

RENVOI *Ce point est expliqué au chapitre **Généralités et syntaxe**.*

Il est bon de visualiser la succession des actions possibles pour ne rien oublier. En l'occurrence, les voici sous forme de liste :

- L'utilisateur utilise son clavier par défaut : il faut donc que les liens aient un `:focus` pour réagir à ce type de navigation.
- L'utilisateur décide de reprendre sa souris : l'état `:hover` est donc à prendre en compte.
- Comme vu précédemment, il active le lien en cliquant dessus.

Cela conduit au code suivant :

Listing 6-3 : extrait du fichier 06-a-love.htm

```
a:focus {
background-color: #888;
color: #eee;
}
a:hover {
background-color: #555;
color: #eee;
}
a:active {
background-color: #000;
color: #fff;
}
```

Figure 6.5 :
Nous attribuons un style intermédiaire aux états :link/:visited et :hover/:active

> ATTENTION
>
> **:focus, Internet Explorer et Opera**
>
> Internet Explorer a une interprétation bien particulière de la pseudo-classe `:active`. Lors d'une navigation au clavier, il utilise `:active` comme s'il s'agissait d'un `:focus`, et il garde un état actif après un clic de la souris, même après chargement de la page provenant de ce lien.
>
> Pour sa part, Opera dispose de son propre mécanisme permettant de mettre en valeur les liens lorsque l'on navigue au clavier. Cela a pour conséquence d'annuler le style défini par `:focus`. Notez cependant que cela n'a apparemment lieu qu'avec les balises <a>. Si l'on sélectionne une partie du texte du lien, on constate que Opera applique le style en question, étant donné que son style n'est pas utilisé et que le lien est sélectionné (il a l'attention du navigateur).

Voici un résumé sous forme d'image de ce qui vient d'être vu. Remarquez que seuls les états `:link` et `:visited` sont indépendants du système de navigation (l'état `:focus` nécessite une action au clavier ou à la souris, `:hover` et `:active` une action avec la souris).

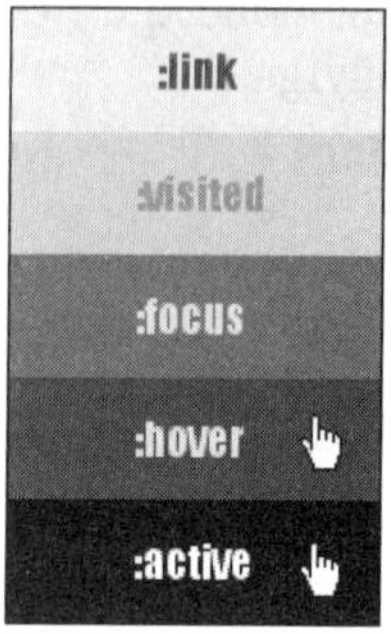

Figure 6.6 :
Les cinq états du lien

Pourquoi utiliser (a):link, et pas uniquement le sélecteur a ?

Si vous utilisez `a:link` ou simplement `:link` (étant donné que seule la balise <a> dispose de ce pseudo-élément dans un document HTML, il est possible d'omettre le sélecteur simple), vous spécifiez un style qui ne sera attribué qu'aux liens non visités. Pour appliquer un style à toutes les balises <a> et ainsi donner un style par défaut à toutes les pseudo-classes, il suffit d'appliquer des styles au sélecteur `a`.

Généraliser des déclarations à tous les états de cette façon peut être intéressant, car cela permet de réduire d'autant la taille du code, et donc de faciliter sa relecture. Cependant, le navigateur n'appliquera plus ses styles par défaut aux pseudo-classes `:link`, `:visited`, `:focus`, `:hover` et `:active`, mais un style unique. Cela aura pour conséquence une perte d'informations pour le visiteur.

Il est donc de bon ton d'affecter les déclarations communes au sélecteur simple (dimensions, fonte, position...) et de dissocier les seules propriétés qui varient d'un état à l'autre des pseudo-classes (en l'occurrence, seules les couleurs varient).

Si l'on prend soin de respecter ce petit conseil, le sélecteur `a:visited` restera de couleur `purple`, par exemple, même si vous définissez une couleur différente à `a:link`, comme l'illustre l'exemple suivant :

Listing 6-4 : extrait du fichier 06-a-love.htm

```
a {
display: block;
height: 3em;
text-decoration: none;
}
a:link {
background-color: #eee;
color: #555;
}
a:focus {
background-color: #888;
color: #eee;
}
a:hover {
background-color: #555;
color: #eee;
}
a:active {
background-color: #000;
color: #fff;
}
```

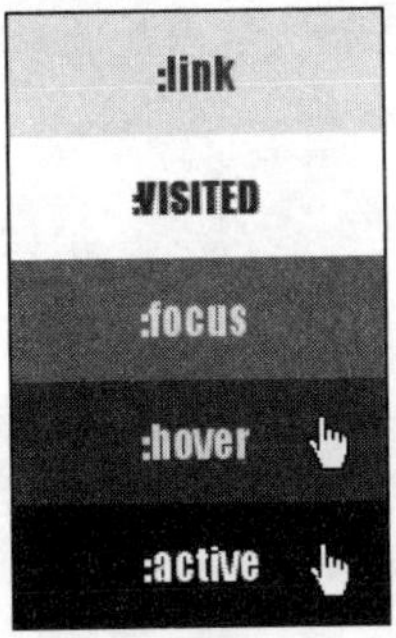

Figure 6.7 :
Le lien visité garde ses propriétés par défaut

En définitive, utiliser `a:link` permet de s'assurer que le navigateur pourra utiliser son rendu par défaut pour chaque état, et ainsi de mieux renseigner le visiteur, dans le cas où certaines pseudo-classes ne seraient pas traitées.

L'ordre des règles CSS

Nous avons vu qu'il était recommandé de suivre l'ordre "LoVe HAte" pour définir les règles de style des ancres. Cependant, imaginons que vous souhaitiez empêcher le survol des liens déjà visités. Rien de plus simple : il suffit de faire passer la règle des liens visités après celle des liens survolés. Ainsi, la règle du sélecteur `a:visited` sera lue après `a:hover`, et annulera ainsi toutes les déclarations de la première. Les liens visités apparaîtront donc comme "morts".

Listing 6-5 : extrait du fichier 06-a-love.htm

```
a {
display: block;
height: 3em;
text-decoration: none;
}
a:link {
background-color: #eee;
color: #555;
}
a:focus {
background-color: #888;
color: #eee;
}
a:hover {
background-color: #555;
color: #eee;
}
a:visited {
background-color: #ddd;
color: #aaa;
}
a:active {
background-color: #000;
color: #fff;
}
```

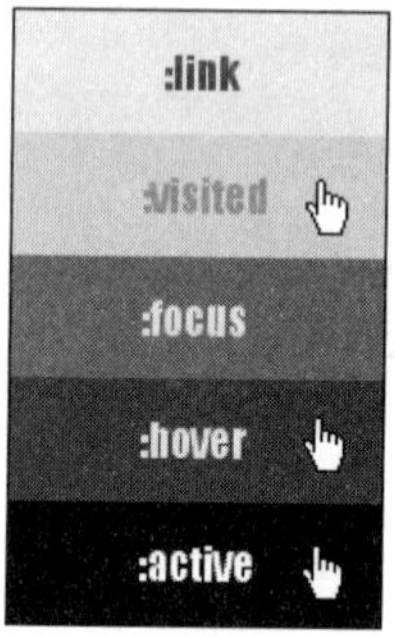

Figure 6.8 :
Le lien reste inactif (il garde l'état :visited) même si l'on survole la zone de clic

L'ordre des règles CSS dépend surtout de ce que l'on veut en faire. Mais pour obtenir le comportement communément répandu, et ainsi ne pas désorienter le visiteur, il est recommandé de respecter la règle "LoVe HAte".

La balance entre information et originalité (graphique, éditoriale…) est difficile à réaliser. Prenez toujours en compte la cible principale de votre site. Quels sont les besoins de vos visiteurs ? Quelle est leur connaissance du Web ? Ont-ils l'habitude de surfer et d'aller cliquer à tel ou tel endroit ? Des réponses à ces questions et de vos choix va dépendre le succès de leur visite. Selon qu'ils sont plus ou moins satisfaits de leur expérience, ils décideront ou non de revenir sur la page que vous aurez conçue pour eux.

6.2. Créer des liens et gérer les relations

Travailler en interne ou partager les liens

Les liens, selon comme ils sont traités, pourront fournir des informations plus ou moins pertinentes au visiteur. Par exemple, partons du principe que vous souhaitez développer une organisation thématique de votre site. Chaque thème pourrait ainsi se voir attribuer une couleur ou un logo différent, afin de renseigner a priori le visiteur sur la page où il va se rendre (lien interne dans le site consulté, lien ouvrant une page de contact ou de rédaction d'un e-mail, lien vers une page située sur un autre site, liens permettant de télécharger des fichiers de différents types…).

Prenons un exemple simple : une page d'accueil.

- HTML :

```
<body>
<div id="contenant">
<ul id="menu">
<li><a href="#menu">accueil</a></li>
<li><a href="#staff">équipe</a></li>
<li><a href="#prest">prestations</a></li>
<li><a href="#download">téléchargements</a></li>
<li><a href="#liens">liens</a></li>
<li><a href="#">plan du site</a></li>
<li><a href="#">aide</a></li>
</ul>
<h2 id="staff">notre équipe</h2>
<p>
[…] <a href="#" title="Ceci est un lien interne
✂ .">Donec nonummy eleifend nisl</a>. […]
</p>
```

```
<h2 id="prest">nos prestations</h2>
<p>
[…] Quisque porta quam non leo. <a href="http://www
✂ .truc.info/" title="Ceci est un lien externe
✂ .">Etiam viverra velit vel diam</a>. […]
</p>
<h2 id="download">téléchargements</h2>
<dl>
<dt>documents <abbr title="Portable document
✂ format">PDF</abbr></dt>
<dd><a href="document_1.pdf" title="télécharger le
✂ document 1">document 1</a></dd>
<dd><a href="document_2.pdf" title="télécharger le
✂ document 2">document 2</a></dd>
<dd><a href="document_3.pdf" title="télécharger le
✂ document 3">document 3</a></dd>
<dt>documents <abbr title="Open Document
✂ Text">ODT</abbr></dt>
<dd><a href="document_1.odt" title="télécharger le
✂ document 1">document 1</a></dd>
<dd><a href="document_2.odt" title="télécharger le
✂ document 2">document 2</a></dd>
<dd><a href="document_3.odt" title="télécharger le
✂ document 3">document 3</a></dd>
</dl>
<h2>liens utiles</h2>
<ul id="liens">
<li><a href="http://typetester.maratz.com/"
✂ hreflang="en">Typetester : Compare fonts for the
✂ screen</a></li>
<li><a href="http://www.quirksmode.org/css/"
✂ hreflang="en">Quirksmode : browsers
✂ comptaibility</a></li>
<li><a href="http://www.alvit.de/handbook/"
✂ hreflang="en">Web Developer's Handbook</a></li>
</ul>
<address>
truc.info, 2 rue des machins, 67045 Bidule<br />
conception du site : <a href="mailto:webmaster@truc
✂ .info">webmaster</a><br />
contenu éditorial : <a href="mailto:redacteur@truc
✂ .info">rédacteur</a><br />
</address>
</div>
</body>
```

- CSS :

Listing 6-6 : extrait du fichier 06-a-ide.htm

```
#contenant {
width: 20em;
margin: 0 auto;
text-align: justify;
}
address {
padding-top: 1em;
border-top: solid 1px #aaa;
}
```

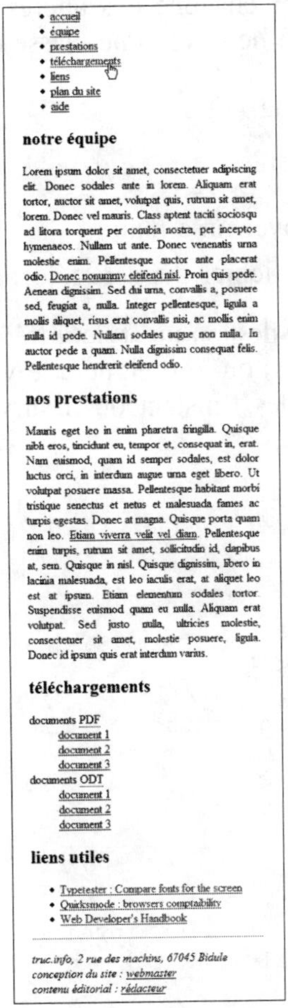

Figure 6.9 :
La page d'accueil avec des ancres sans style

Ce n'est pas parfait pour l'instant, mais vous pouvez déjà remarquer qu'il existe plusieurs types de liens :

- des liens vers des pages situées dans le site courant sur lequel vous vous trouvez (liens internes) ;
- des liens vers des pages situées en dehors du site que vous lisez (liens externes) ;
- des liens qui, manifestement, servent à envoyer des e-mails (liens e-mail) ;
- des liens permettant de télécharger des documents (en l'occurrence, PDF – Portable Document Format – et ODT – Open Document Text).

L'idée évoquée auparavant est de dissocier chacune des ancres. Nous allons simplement identifier chaque type de lien avec une classe qui lui est propre. Créons trois classes :

- `int` pour les liens internes ;
- `ext` pour les liens externes ;
- `mel` pour les liens permettant d'envoyer un e-mail ;
- `pdf` et `odt` pour indiquer le type de fichier qui sera téléchargé.

Nous pouvons ainsi attribuer à chaque type de lien un style différent (le style par défaut étant celui des liens internes) qui renseignera le visiteur sur le document qu'il s'apprête à ouvrir, dès l'instant où il survole le lien, comme le montre l'exemple suivant :

- HTML :

```
<body>
<div id="contenant">
<ul id="menu">
<li><a href="#menu">accueil</a></li>
<li><a href="#staff">équipe</a></li>
<li><a href="#prest">prestations</a></li>
<li><a href="#download">téléchargements</a></li>
<li><a href="#liens">liens</a></li>
<li><a href="#">plan du site</a></li>
<li><a href="#">aide</a></li>
</ul>
<h2 id="staff">notre équipe</h2>
<p>
[…] <a href="#" title="Ceci est un lien interne
✂ .">Donec nonummy eleifend nisl</a>. […]
</p>
<h2 id="prest">nos prestations</h2>
<p>
```

```
[…]. Quisque porta quam non leo. <a href="http://www
✂ .truc.info/" title="Ceci est un lien externe."
✂ class="ext">Etiam viverra velit vel diam</a>. […]
</p>
<h2 id="download">téléchargements</h2>
<dl>
<dt>documents <abbr title="Portable document
✂ format">PDF</abbr></dt>
<dd><a href="document_1.pdf" title="télécharger le
✂ document 1" class="pdf">document 1</a></dd>
<dd><a href="document_2.pdf" title="télécharger le
✂ document 2" class="pdf">document 2</a></dd>
<dd><a href="document_3.pdf" title="télécharger le
✂ document 3" class="pdf">document 3</a></dd>
<dt>documents <abbr title="Open Document
✂ Text">ODT</abbr></dt>
<dd><a href="document_1.odt" title="télécharger le
✂ document 1" class="odt">document 1</a></dd>
<dd><a href="document_2.odt" title="télécharger le
✂ document 2" class="odt">document 2</a></dd>
<dd><a href="document_3.odt" title="télécharger le
✂ document 3" class="odt">document 3</a></dd>
</dl>
<h2>liens utiles</h2>
<ul id="liens">
<li><a href="./tutoriels/">Nos tutoriels</a></li>
<li><a href="http://typetester.maratz.com/"
✂ hreflang="en" class="ext">Typetester : Compare
✂ fonts for the screen</a></li>
<li><a href="http://www.quirksmode.org/css/"
✂ hreflang="en" class="ext">Quirksmode : browsers
✂ comptaibility</a></li>
<li><a href="http://www.alvit.de/handbook/"
✂ hreflang="en" class="ext">Web Developer's
✂ Handbook</a></li>
</ul>
<address>
truc.info, 2 rue des grapinières, 69004 Lyon<br />
conception du site : <a href="mailto:webmaster@truc
✂ .info" class="mel">webmaster</a><br />
contenu éditorial : <a href="mailto:redacteur@truc
✂ .info" class="mel">rédacteur</a><br />
</address>
</div>
</body>
```

- CSS :

Listing 6-7 : extrait du fichier 06-a-ide.htm

```
#contenant {
width: 20em;
margin: 0 auto;
text-align: justify;
}
address {
padding-top: 1em;
border-top: solid 1px #aaa;
}
/* un menu un peu plus agréable aux yeux */
#menu {
padding: 0;
margin: 0;
height: 3em;
list-style-type: none;
}
#menu li {
float: left;
height: 2em;
}
#menu li a {
display: block;
height: 2em;
padding: 0 .5em;
}
/* définition des styles généraux propres aux ancres
✂ */
a {
background-color: transparent;
text-decoration: none;
font: .9em/1 Arial, sans-serif;
font-variant: small-caps;
}
a:link {
background-color: transparent;
color: #448;
}
/* un style général pour toutes les ancres survolées */
a:hover {
background-color: #e0ffc0;
color: #090;
border-bottom: solid 2px;
}
/* un style pour chaque type d'ancre survolée */
a.ext:hover {
background-color: #ffe0c0;
color: #a00;
```

```
}
a.mel:hover {
background-color: #e0c0ff;
color: #00a
}
a.pdf:hover {
background-color: #ffe0ff;
color: #a0a
}
a.odt:hover {
background-color: #e0f0ff;
color: #077
}
```

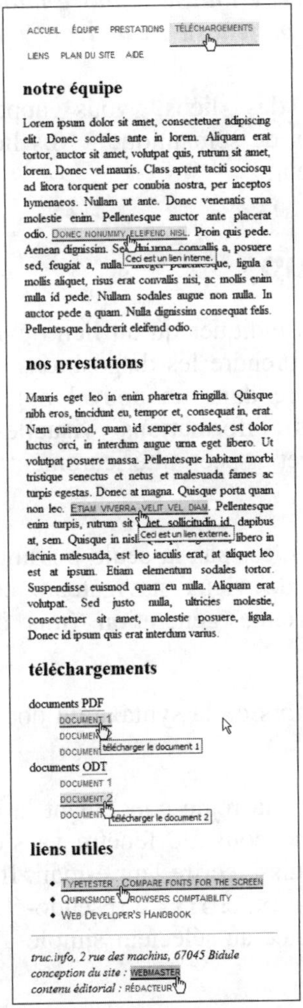

Figure 6.10 :
La page d'accueil avec des ancres différenciées selon le type de lien et l'adresse à laquelle elles mènent

ASTUCE

CSS 3, classe et sélecteur

Dans la version 3 de CSS, nous pourrons définir un sélecteur du type `a[href$=".odt"]`, pour affecter un style à chaque type de fichier, sans avoir à ajouter une classe dans le code HTML. En effet, cette syntaxe permet de sélectionner les balises `<a>` dont la valeur de l'attribut `href` se termine par `.odt`, ce qui revient bien à sélectionner tous les liens permettant de télécharger un document ODT. Ce sélecteur est déjà implémenté dans Firefox 1.5 et Opera 9.

RENVOI

Nous verrons, au chapitre ***Illustrer le tout****, une autre manière d'indiquer à l'utilisateur ce qu'il obtiendra en activant un lien.*

Avec cette logique d'identification des liens, vous apporterez simplement et efficacement un peu plus de sémantique à vos liens, et donc un peu plus de confort à l'utilisateur.

Signaler une fenêtre pop-up

De manière générale, il est préférable d'indiquer qu'un lien ouvre une fenêtre pop-up. Ainsi, l'utilisateur peut prendre les dispositions qui lui conviennent le mieux (forcer l'ouverture dans un nouvel onglet par exemple). Nous allons voir quelles informations visuelles (ou acoustiques, mais nous traiterons de cet aspect ultérieurement) nous pouvons proposer pour ce faire.

La méthode que nous allons utiliser ici n'est pas la seule possible. Par ailleurs, elle ne fonctionne pas dans de vieux navigateurs comme Internet Explorer 6 ou ceux de quatrième génération (mis à part Opera 4).

`:after` permet de générer du contenu hors de la syntaxe du document HTML.

Le but ici est d'ajouter une déclaration à la règle concernant la classe `.mel`, pour informer les visiteurs qu'une nouvelle fenêtre va s'ouvrir (celle de votre client e-mail) afin qu'il puisse écrire leur e-mail. Il suffit d'ajouter cette déclaration au sélecteur `a.mel:after` (pseudo-élément qui se situe après une classe `.mel`, affectée au sélecteur simple `a`) :

Listing 6-8 : extrait du fichier 06-a-ide.htm

```
a.mel:after {
content: "\000a0(popup)";
}
```

Figure 6.11 : Le pseudo-élément :after ajoute (popup) après chaque lien de type e-mail

Ici, nous ajoutons du contenu après l'ancre via la propriété `content`. `\000a0` est l'écriture Unicode d'un espace insécable et permet de garder une cohérence avec l'élément `:after`, même en cas de retour à la ligne (tout le lien passera ainsi à la ligne).

Bien sûr, il est nécessaire de tester ces conseils, car autant ceux-ci peuvent s'avérer pratiques, autant ils peuvent devenir une énorme barrière à la compréhension du site. Il ne s'agit pas de mettre trop de types de liens différents (cela alourdirait d'autant la feuille de styles et le document source, en plus de perturber le visiteur qui ne s'y retrouvera plus), ni d'ajouter des pseudo-éléments dans un texte en ligne, qui viendrait décaler tout le contenu lorsque l'utilisateur survole le lien par exemple. Il ne faut pas, non plus, tout fonder sur les CSS. N'oubliez jamais que l'utilisateur a le droit et le pouvoir de désactiver les CSS à sa convenance.

De plus, il est important d'optimiser le code en fonction des possibilités qu'offre la cascade de styles. Si vous savez pertinemment qu'un type de lien ne se trouvera que dans une liste ou un conteneur précis, ne créez pas de nouvelle classe, mais attribuez plutôt un `id` au conteneur, et répercutez les styles sur ces descendants.

Atelier : les liens

Vous allez pouvoir vous exercer sur l'exemple qui va suivre. Nous avons ici la page de liens de truc.info, un site fantastique qui recense divers trucs et astuces informatiques forts utiles. Ces liens mènent à des sites web relatifs à divers logiciels gratuits disponibles sur Internet. Ils sont classés par catégorie.

Recopiez le code suivant dans votre éditeur de texte favori, ou téléchargez le fichier sur le site de Micro Application.

Suivez ensuite les étapes de l'atelier qui vous guideront dans l'élaboration de cette page. Les lignes à modifier sont commentées (il vous faudra donc les remplir et supprimer les commentaires pour qu'elles soient prises en compte) entre /* */, et les caractères manquants remplacés par des points.

```
<!DOCTYPE html PUBLIC "-//W3C//DTD XHTML 1.0 Strict//EN"
✂ "http://www.w3.org/TR/xhtml1/DTD/xhtml1-strict.dtd">
<html xmlns="http://www.w3.org/1999/xhtml" xml:lang="fr"
✂ lang="fr">
<head>
<title>page de téléchargements</title>

<meta http-equiv="Content-language" content="fr" />
<meta http-equiv="Content-type" content="text/html; />
</head>

<body>
<div id="contenant">
<h1>truc.info</h1>

<h2>logiciels gratuits</h2>

<dl id="bureautique">
<dt>bureautique</dt>
<dd><a href="http://fr.openoffice.org/">openOffice</a></dd>
<dd><a href="http://www.abisource.com/">AbiWord</a></dd>
<dd><a href="http://www.chez.com/ocado/fontes/index
✂ .html">vfonts </a></dd>
</dl>
<dl id="image">
<dt>image</dt>
<dd><a href="http://www.inkscape.org/">Inkscape</a></dd>
<dd><a href="http://psydk.org/PngOptimizer.php">PNG
✂ Optimizer</a></dd>
<dd><a href="http://www.povray.org/">POV-Ray</a></dd>
<dd><a href="http://www.gimp-fr.org/">The GIMP</a></dd>
<dd><a href="http://www.xnview.com/">XnView</a></dd>
</dl>
<dl id="internet">
<dt>internet</dt>
<dd><a href="http://www.feedreader.com/">FeedReader</a></dd>
<dd><a href="http://filezilla.sourceforge.net/">Filezilla</
✂ a> </dd>
<dd><a href="http://www.jedit.org/">jEdit</a></dd>
<dd><a href="http://www.mozilla-europe.org/fr/products/
✂ firefox/">Mozilla Firefox</a></dd>
<dd><a href="http://www.mozilla-europe.org/fr/products/
✂ thunderbird/">Mozilla Thunderbird</a></dd>
<dd><a href="http://www.opera.com/">Opera</a></dd>
```

```
<dd><a href="http://www.bradsoft.com/topstyle/tslite/index
✂ .asp">TopStyle Lite</a></dd>
</dl>
<dl id="jeu">
<dt>jeu</dt>
<dd><a href="http://www.dofus.com/">Dofus</a></dd>
<dd><a href="http://www.kalonline.com/">KalOnline</a></dd>
<dd><a href="http://www.pern.org/">PernMush</a></dd>
<dd><a href="http://eng.pristontale.com/">PristonTale</a></dd>
</dl>
<dl id="outils">
<dt>outils</dt>
<dd><a href="http://www.7-zip.org/">7-zip</a></dd>
<dd><a href="http://www.burnatonce.com/">burnatonce</a></dd>
<dd><a href="http://www.ipi.fi/~rainy/index
✂ .php?pn=projects& project=rainlendar">Rainlendar</a></dd>
<dd><a href="http://www.hoverdesk.net/freeware.htm">
✂ RegSeeker</a></dd>
<dd><a href="http://synergy2.sourceforge.net/">Synergy</a>
✂ </dd>
</dl>
<dl id="son">
<dt>son</dt>
<dd><a href="http://audacity.sourceforge.net/">Audacity</a>
✂ </dd>
<dd><a href="http://www.kreatives.org/kristal/">Crystal</a>
✂ </dd>
<dd><a href="http://cdexos.sourceforge.net/">CDex</a></dd>
<dd><a href="http://www.foobar2000.org/">foobar2000</a></dd>
</dl>
<address>
truc.info, 2 rue des machins, 67045 Bidule<br />
support technique : <a href="mailto:support@truc.info"
✂ class="mel">support</a><br />
contenu éditorial : <a href="mailto:redacteur@truc.info"
✂ class="mel">rédacteur</a><br />
conception du site : <a href="mailto:webmaster@truc.info"
✂ class="mel">webmaster</a>
</address>
</div>
</body>
</html>
```

Vous devriez obtenir cette vue :

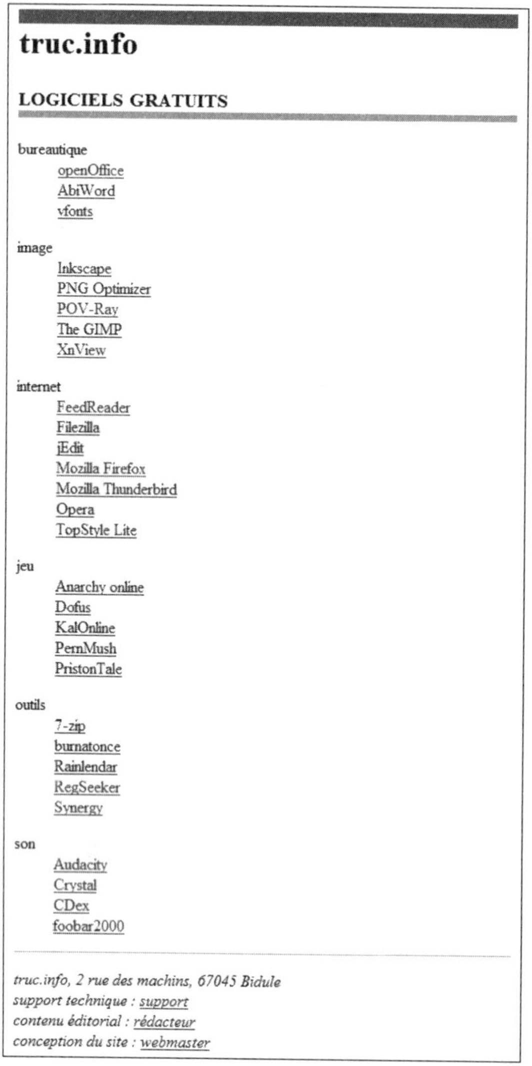

Figure 6.12 :
La page de liens sans aucun style

Solution

Comme nous avons un peu de place à droite des listes de définition utilisées pour lister les liens dans des catégories, nous allons en profiter pour faire flotter les différentes listes afin qu'elles s'adaptent à `#contenant`, et faire en sorte qu'elles soient accolées. Nous passerons rapidement sur le positionnement flottant, étudié précédemment.

RENVOI

Le positionnement flottant est traité au chapitre Positionner le contenu.

Le principe est d'avoir des boîtes occupant la moitié de la page, pour en positionner deux sur la même ligne. Nous allons simplement faire flotter les blocs les uns à la suite des autres, puis attribuer une bordure à certains pour donner l'impression d'un cadre extérieur.

```
dl {
width: 245px !important;
width: 250px;
height: 240px;
padding: 0;
margin: 0;
border-width: 5px;
border-color: #333;
background-color: #ccc;
color: #555;
float: left;
}
#bureautique, #internet, #outils {
border-left-style: solid;
}
#image, #jeu, #son {
border-right-style: solid;
}
#outils, #son {
border-bottom-style: solid;
}
address {
clear: both;
}
```

Nous donnons une largeur de 245 + 5 pixels de bordure, soit la moitié du conteneur. `!important` permet de donner les bonnes dimensions de boîte aux navigateurs respectant le modèle de boîte CSS, et à Internet Explorer. Nous supprimons toutes les marges, intérieures et extérieures. Nous fixons la taille et la couleur des bordures. Nous définissons une couleur de premier plan et d'arrière-plan. Nous faisons flotter chaque boîte à gauche. Nous créons ainsi une succession de boîtes de listes de définition. Nous attribuons des bordures solides à gauche ou à droite, puis en bas, selon la position des blocs dans `#contenant`. Pour finir, nous empêchons le flottement de tout autre contenu en spécifiant `clear: both;` à l'élément `address`.

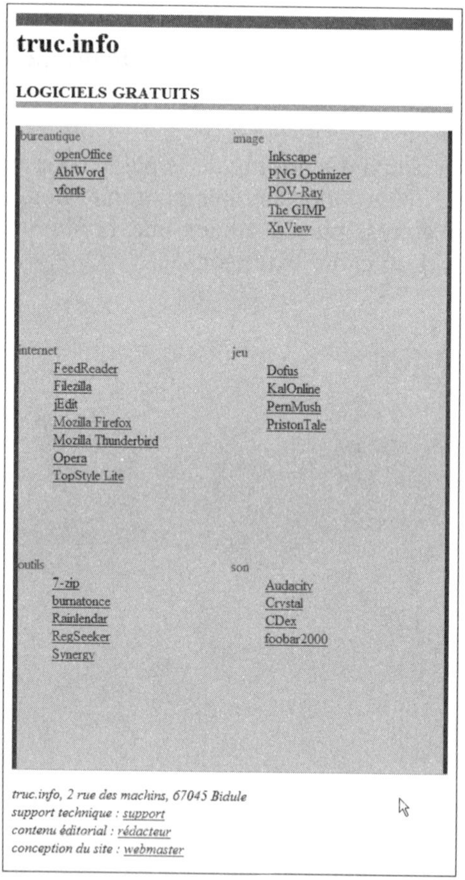

Figure 6.13 :
Résultat : les listes se succèdent dans le conteneur

Appliquons maintenant quelques styles aux descendants de chaque liste, afin de faire ressortir les titres, et fermer le cadre ainsi créé.

```
dt, dd {
padding: 0;
margin: 0;
height: 30px;
}
dt {
text-align: center;
font: normal small-caps 900 1em Helvetica, sans-serif;
background-color: #333;
color: #fff;
line-height: 30px;
}
```

Ici, nous annulons une fois de plus les marges indésirables, puis nous ajustons la hauteur de chaque élément. De plus, nous alignons le texte du titre et lui affectons un style de caractère différent, en plus de son fond et de sa couleur. Nous annulons les marges. Nous définissons une hauteur de 30 pixels. Pour les titres uniquement, nous justifions le texte au centre, nous définissons la police utilisée, ainsi que son style. Nous définissons les couleurs (fond gris foncé et police blanche). Nous spécifions enfin une hauteur de ligne égale à la hauteur de l'élément pour centrer verticalement le texte.

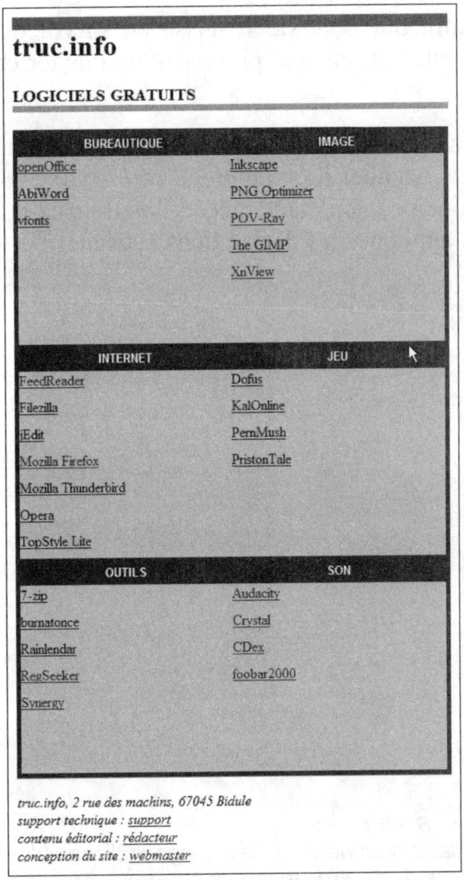

Figure 6.14 : *Les titres sont mis en évidence, et chaque élément est plus haut, plus aéré*

À présent, nous allons traiter les liens hypertextes.

Commençons par affecter aux liens les caractéristiques propres à tous les états, c'est-à-dire les dimensions, les marges et le style par défaut. Faites en sorte que le lien occupe toute la largeur de la boîte. Attribuez des marges intérieures verticales nulles et latérales de `1em`. Définissez une hauteur de 30 pixels pour Internet Explorer. Supprimez toute décoration.

```
dl a {
/* display: .....; */
/* padding: . ...; */
/* ......: 30px; */
/* ....-.........: ....; */
font: bolder 1em/30px Geneva, sans-serif;
}
```

Vous devriez aboutir à ce résultat : (voir Figure 6.15)

Modifions maintenant la CSS afin que le texte réagisse au survol du pointeur, ainsi qu'aux multiples interactions que proposent un clavier et une souris.

Comme le montrent les captures d'écran précédentes, certains sites ont déjà été visités. Nous allons nous occuper du couple `:link/:visited` pour commencer. Sur le même principe que l'étape précédente, trouvez les pseudo-classes auxquelles vont s'appliquer les déclarations suivantes :

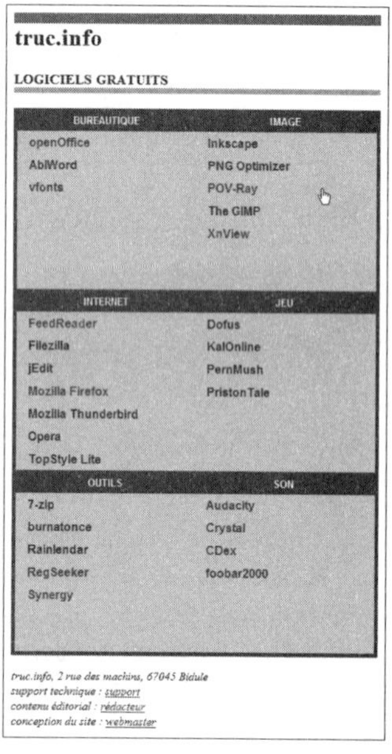

Figure 6.15 :
Les liens occupent toute la largeur disponible, comme permet de le voir le curseur

```
/*.. ...... { */
background-color: inherit;
color: #555;
}
```

```
/*.. ........ {*/
background-color: #ccc;
color: #aaa;
font-weight: normal;
}
```

Si tout se passe bien, vous devriez obtenir ce site :

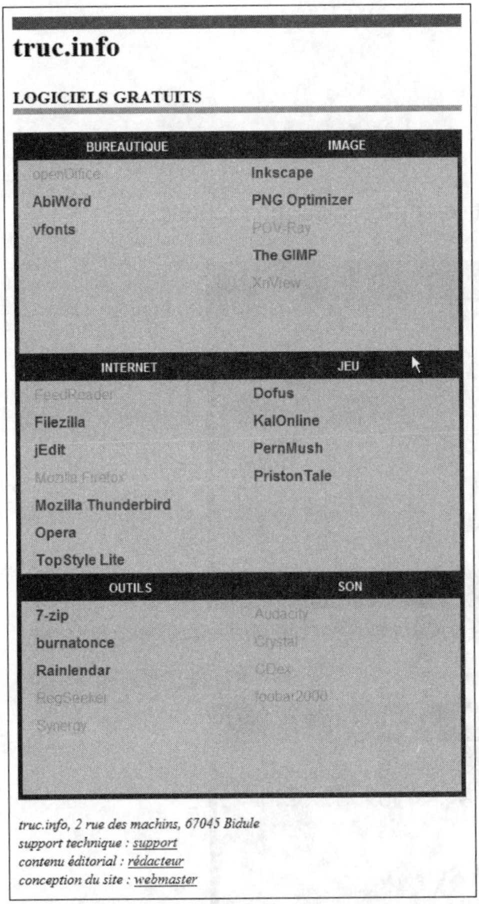

Figure 6.16 :
Les liens non visités et visités ont de nouvelles couleurs

Ajoutons un peu d'interaction. Pour le moment, rien ne se passe lors du survol entre autres. Changeons tout cela.

Indiquez à quelles pseudo-classes s'appliqueront les blocs de déclaration suivants. Dans l'ordre, nous souhaitons que `:active` écrasent les styles de `:hover`, et ainsi de suite jusqu'à la pseudo-classe permettant l'interaction lorsque l'élément obtient l'attention.

```
dl ....... {
background-color: #fff;
}
dl ....... {
background-color: inherit;
color: #000;
text-decoration: underline;
}
dl ........ {
background-color: #000;
color: #fff;
}
```

Les images suivantes illustrent les différentes interactions.

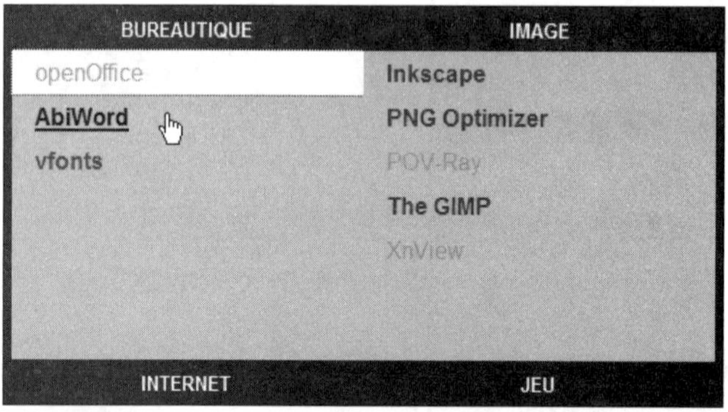

Figure 6.17 : *Le lien openOffice a l'attention, tandis que le curseur survole AbiWord*

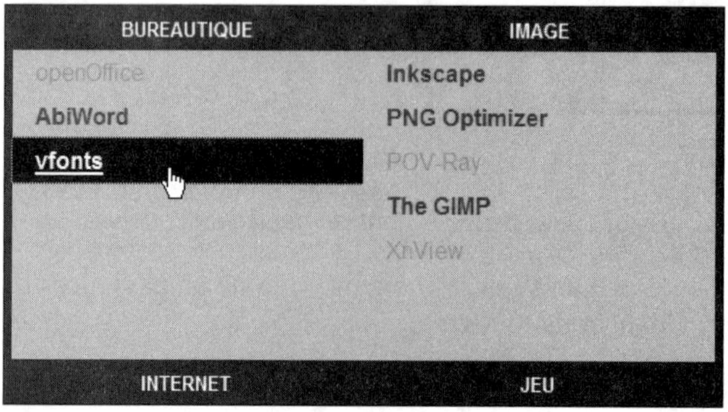

Figure 6.18 : *Le lien vfonts est activé lors du clic de la souris*

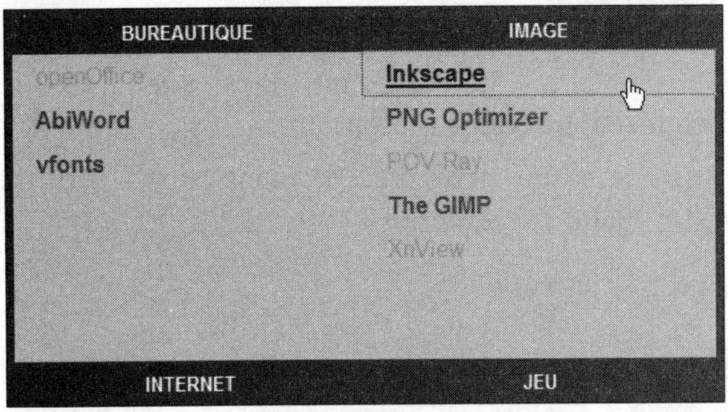

Figure 6.19 : *Le lien Inkscape a l'attention, tandis que le curseur le survole également*

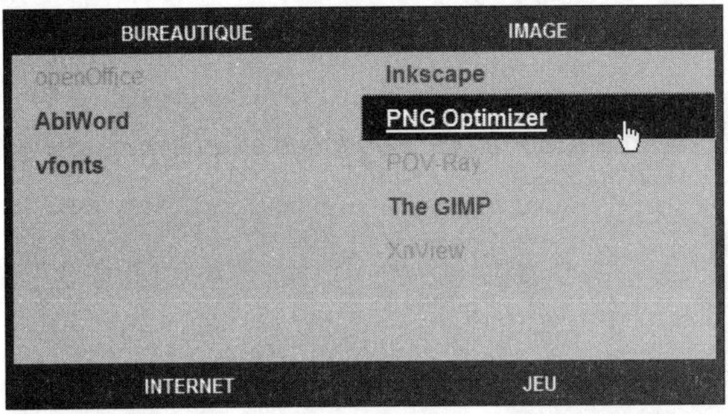

Figure 6.20 : *Le lien PNG Optimizer a l'attention tandis qu'il est activé par le clic de souris*

L'idéal serait que les liens survolés et visités aient un style différent des autres liens survolés. Voyons comment procéder.

Comme tous les sélecteurs, les pseudo-classes sont combinables entre elles (et sont comprises par les navigateurs récents). Nous ajoutons ce code à la CSS, afin que les liens visités soient barrés et adoptent une couleur plus pâle que lors du survol d'un lien non visité. Il en ira de même pour les pseudo-classes `:focus`.

```
dl a:visited:focus {
background-color: #eee;
color: #ccc;
text-decoration: line-through;
}
dl a:visited:hover {
background-color: inherit;
color: #777;
text-decoration: line-through;
}
```

Voici ce que signifient les sélecteurs :

- `dl a:visited:focus` : un lien présent dans une liste de définition, dont l'état visité obtient l'attention.
- `dl a:visited:hover` : un lien présent dans une liste de définition, dont l'état visité est survolé.

Le résultat de ces règles est le suivant :

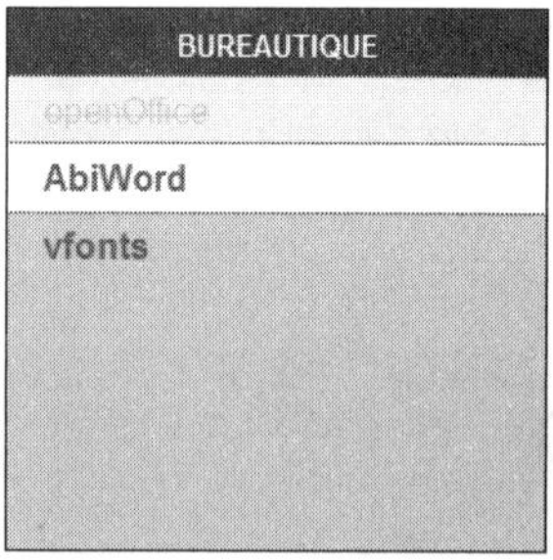

Figure 6.21 :
Montage comparant un focus et un survol, pour l'état :visited

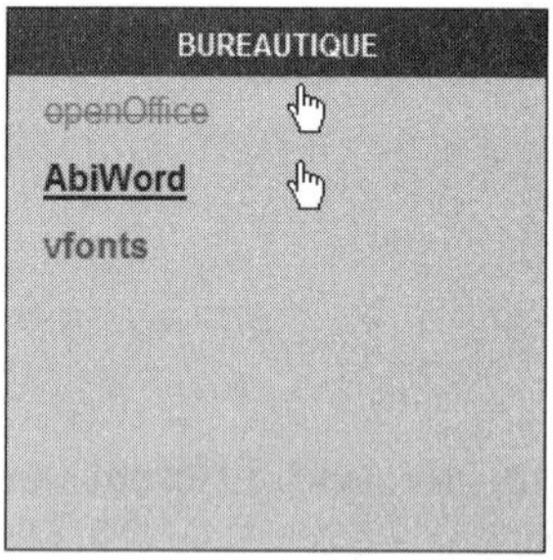

Figure 6.22 :
Montage comparant un focus et un survol, pour l'état :link

Et voilà ! À vous maintenant d'adapter ces exemples selon vos goûts (et surtout vos couleurs).

Passons maintenant à un autre outil de communication incontournable.

6.3. Les formulaires

L'autre moyen efficace d'obtenir un retour concernant un site est le formulaire. Cependant, il est facile de freiner les élans d'une bonne âme qui voudrait encenser votre site en lui proposant un formulaire mal conçu.

Nous allons vous proposer ici quelques exemples qui peuvent faciliter la vie de vos lecteurs, et donc la vôtre. D'une manière générale, il s'agit de petites modifications à appliquer, les plus importantes s'effectuant à la source, au niveau du code HTML.

Organiser un formulaire

Nous allons réutiliser la page précédente. Le but est de permettre au visiteur de vous joindre par un formulaire simple et efficace (les notions de simplicité et d'efficacité étant souvent corrélées), en plus de son client e-mail habituel. Nous allons ajouter aux liens de type e-mail présents dans la balise <address>, le formulaire décrit par le code suivant :

- HTML :

Listing 6-9 : extrait du fichier 06-frm-ali.htm

```
<form action="#" method="post">
<fieldset id="form-qui">
<legend>votre interlocuteur</legend>
<label for="qui">contacter :</label>
<select id="qui">
<option value="">votre choix</option>
<optgroup label="rédaction">
<option value="Carine">Carine</option>
<option value="Benoit">Benoit</option>
<option value="Carine">Mirana</option>
</optgroup>
<optgroup label="site web">
<option value="Magali">Magali</option>
<option value="Michel">Michel</option>
<option value="Xavier">Xavier</option>
</optgroup>
<optgroup label="support">
<option value="David">David</option>
<option value="François">François</option>
<option value="Julie">Julie</option>
<option value="Mélanie">Mélanie</option>
<option value="Stéphane">Stéphane</option>
</optgroup>
</select>
<p>
Selon nos disponibilités, il est possible que notre
✂ réponse soit moins rapide.<br />
<em>Vous préférez :</em><br />
<input type="radio" id="fast-fast" name="faster"
✂ value="fast" checked="checked" />
```

```
<label for="fast-fast">une réponse plus rapide</
✂ label><br />
<input type="radio" id="fast-one" name="faster"
✂ value="one" />
<label for="fast-one">un interlocuteur unique</label>
</p>
</fieldset>
<fieldset id="form-quoi">
<legend>votre message</legend>
<textarea cols="30" rows="10"></textarea>
<p>
<input type="checkbox" id="bcc" name="bcc" /> <label
✂ for="bcc">J'aimerais recevoir une copie de cet
✂ e-mail.</label>
</p>
</fieldset>
<fieldset id="form-ou">
<legend>pour vous répondre</legend>
<label for="nom">votre nom :</label> <input
✂ type="text" id="nom" name="nom" value="" /><br />
<label for="mail">votre e-mail :</label> <input
✂ type="text" id="mail" name="mail" value="" /><br />
</fieldset>
<p>
<input type="submit" value="Envoyez votre e-mail." />
</p>
</form>
```

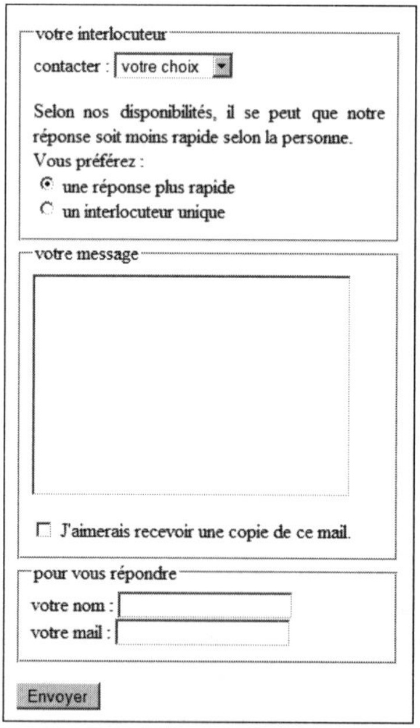

Figure 6.23 : *L'apparence par défaut du formulaire, avec la CSS utilisée dans la section précédente*

Nous pouvons observer ici que trois groupes de champs (`fieldset`) sont proposés :

- `votre interlocuteur`, qui regroupe toutes les informations sur l'interlocuteur que va avoir le visiteur ;
- `votre message`, qui concerne le message ainsi que les options associées ;
- `pour vous répondre`, qui réunit les coordonnées de l'utilisateur.

La manière de structurer le code HTML du formulaire est important, car elle permet de cibler trois questions : qui, quoi et où ? Il reste à rendre tout cela visuellement attractif, car pour le moment, ce formulaire est un peu rébarbatif.

Pour commencer, nous allons faire ressortir les différents groupes dans la page. Nous ne pouvons malheureusement pas attribuer une couleur de fond à `fieldset`, car Internet Explorer interprète `legend` comme appartenant au groupe de champ, et déborde hors du conteneur sur toute la hauteur de `legend`. De plus, les différents navigateurs ne sont visiblement pas d'accord sur la façon de gérer les différentes propriétés de cet élément.

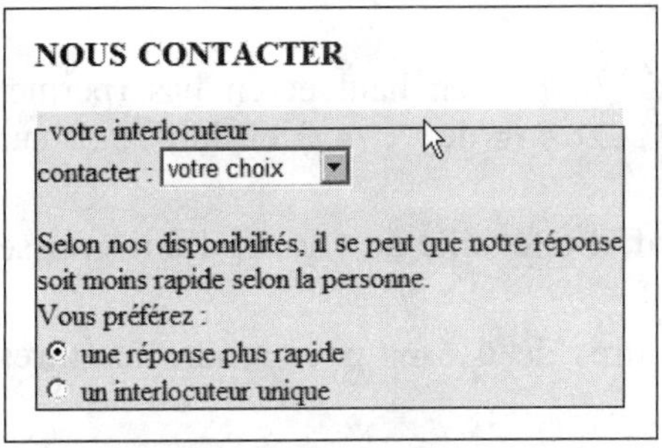

Figure 6.24 : *Internet Explorer déborde jusqu'à englober la légende de chaque fieldset*

Faisons simple, efficace et "universel" ? Nous allons simplement aérer les différents groupes au niveau de leur contenu, mais aussi entre eux, puis augmenter leurs bordures, et leur attribuer la valeur `solid`, à la place de la valeur par défaut des navigateurs :

Listing 6-10 : extrait du fichier 06-frm-ali.htm

```
fieldset {
padding: 0 .5em .5em;
margin: 1em 0 .5em;
border: solid 0.16em #666;
}
```

Nous définissons :

- une marge intérieure nulle en haut, de `0.5em` sur les côtés, et de `0.5em` en bas ;
- une marge extérieure de `1em` en haut, nulle sur les côtés (le `fieldset` s'adaptera à son conteneur), et de `0.5em` en bas ;
- une bordure solide de `0,16em` et d'une couleur gris anthracite, qui crée un contraste par rapport à la légende de couleur noire par défaut.

Nous allons mettre en valeur les légendes, en leur attribuant une graisse plus importante :

Listing 6-11 : extrait du fichier 06-frm-ali.htm

```
legend {
padding: 0 .5em;
margin: 0.7em .5em;
font: 900 1em Helvetica, Geneva, Arial, sans-serif;
letter-spacing: .1em;
}
```

Nous définissons :

- un espacement intérieur haut nul et latéral de `0.5em` (ce qui aère la légende sur les côtés) ;
- un espacement extérieur de `0,7em` en haut et en bas (permet d'éloigner le contenu du `fieldset` de `0.7em`) et de `0.5em` sur les côtés ;
- une police de type sans-serif, d'une taille de `1em`, et d'une graisse maximale ;
- un espacement entre les lettres de `0.1em` pour rendre les titres gras plus lisibles.

Voici le résultat en image : (voir Figure 6.25)

ATTENTION

Firefox et la balise legend

Firefox ne gère pas cette balise comme les autres navigateurs. Il est donc impératif d'avoir des marges haute et basse égales, sinon la légende se déplacera au-dessus du `fieldset`.

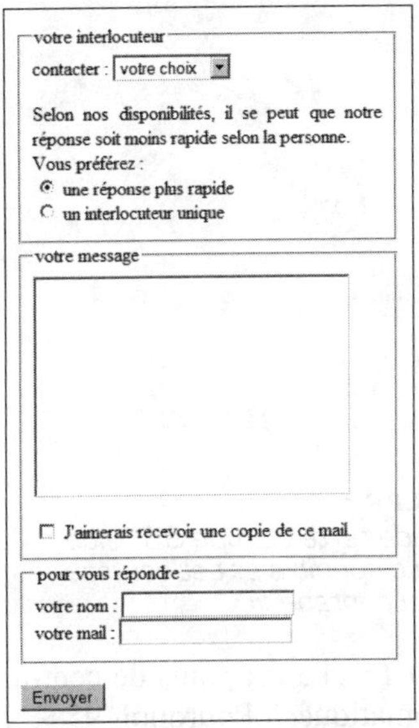

Figure 6.25 :
Une hiérarchie plus claire des groupes de données

Maintenant que nous avons un peu mieux hiérarchisé les éléments principaux du formulaire, nous pouvons nous attaquer à leur contenu. Nous avons comme éléments dans le formulaire :

- des paragraphes `<p></p>` ;
- des champs de texte `<input type="text" />` ;
- des boutons radio `<input type="radio" />` ;
- une boîte cliquable `<input type="checkbox" />` ;
- une zone de texte `<textarea></textarea>` ;
- des labels `<label></label>`, qui s'appliquent à chacun des éléments précédents ;
- un bouton de validation du formulaire `<input type="submit" />`.

Commençons par agrandir la zone de texte qui servira à saisir l'e-mail :

Listing 6-12 : extrait du fichier 06-frm-ali.htm

```
textarea {
display: block;
width: 95% !important;
width: 100%;
margin: 0 auto;
border: solid 0.15em #aaa;
background-color: #eee;
}
```

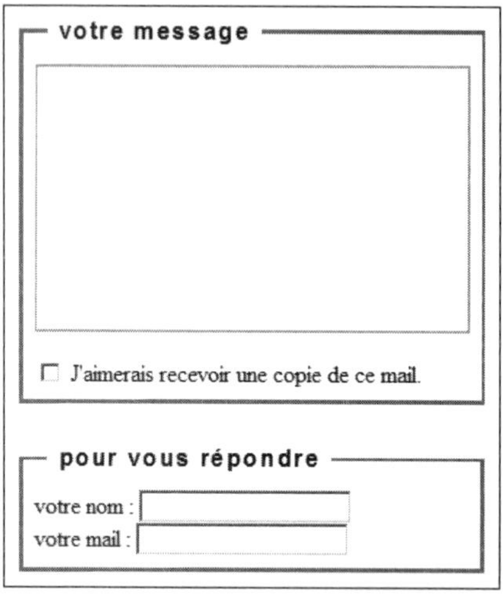

Figure 6.26 :
La zone de texte occupe 95 % de l'espace disponible et est centrée dans son conteneur

Le but ici est d'occuper 95 % de l'espace du `fieldset`, puis de centrer le tout grâce à des marges latérales automatiques. Pourquoi 95 % ? Parce que Firefox s'obstine à augmenter la taille de `fieldset` si la largeur du `textarea` est fixée à 100 % et s'il possède une bordure. Il décale l'ensemble de l'épaisseur de la bordure :

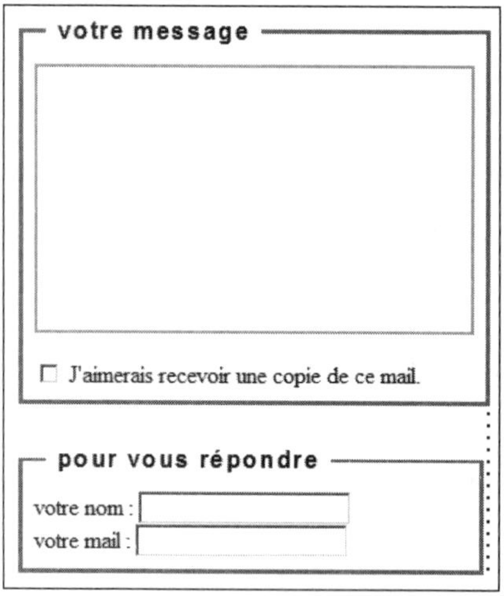

Figure 6.27 :
Avec Firefox et width: 100%, le côté droit du groupe "votre message" n'est pas aligné avec celui de "pour vous répondre", mais décalé de 2 × 0.15em

Décrivons le code :

- Le type d'un `textarea` étant en ligne par défaut, nous le transformons en bloc, pour qu'il rejette à la ligne un texte éventuel, mais aussi pour pouvoir le centrer automatiquement.

- Internet Explorer ne comprend pas la valeur `!important` et ne permet pas de centrer un élément de type bloc avec `margin: 0 auto`. Nous donnons donc deux valeurs : la première de 95 % pour Firefox, Opera et d'autres, et la seconde de 100 %, pour que Internet Explorer adapte la taille du `textarea` à la largeur maximale disponible (il ne poussera pas la boîte du `fieldset`). Cela peut être considéré comme un hack (une astuce permettant de contourner une déficience du navigateur).
- `margin: 0 auto` permet de centrer horizontalement un élément de type bloc dans son conteneur.
- `border: solid 0.15em #aaa;` écrase les valeurs par défaut en affectant une bordure solide de couleur gris clair, et d'une largeur de `0.15em`.
- `background-color: #eee;` définit une couleur gris clair pour différencier le fond de la zone de texte et celui du document.

Maintenant que nous avons mis en place les éléments les plus importants du formulaire, nous allons nous attarder sur les détails, et notamment l'alignement des champs de texte, ou du menu déroulant (`select`). En effet, il convient d'homogénéiser l'alignement des intitulés (`label`) et de leur champ associé (`input` ou `select`). Pour ce faire, nous allons affecter une taille à chaque label tout en justifiant le texte à droite, puis nous accolerons leur champ correspondant à leur droite, pour obtenir un effet de miroir "label | champ".

Comme les labels peuvent se situer à gauche ou à droite de l'`input`, et ce dans chacun des différents conteneurs (on ne peut donc pas profiter de la cascade), il est nécessaire de définir une classe pour l'un des deux types (gauche et droit), afin de ne pas intervenir sur les mauvais labels.

- HTML :

```
<label for="nom" class="gauche">votre nom :</label>
✂ <input type="text" id="nom" name="nom" value=""
✂ /><br />
<label for="mail" class="gauche">votre e-mail :</
✂ label> <input type="text" id="mail" name="mail"
✂ value="" />
```

- CSS :

Listing 6-13 : extrait du fichier 06-frm-ali.htm

```
label.gauche {
float: left;
width: 30%;
```

```
padding-right: .5em;
text-align: right;
font-weight: bold;
color: #666;
}
```

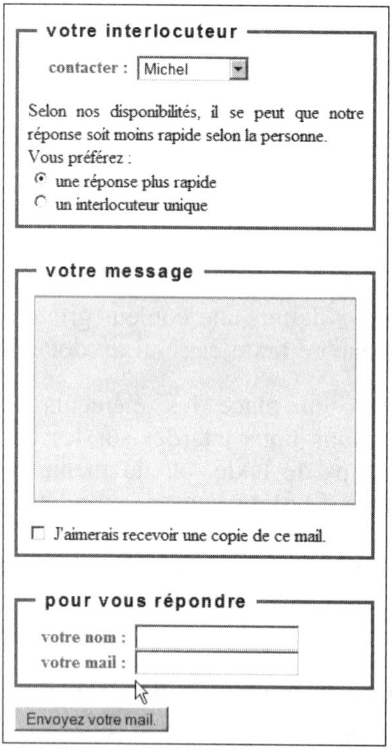

Figure 6.28 :
Les labels précédant les champs de texte sont alignés à droite, et ont tous la même largeur

Décrivons le code :

- `float: left;` définit un flottement à gauche.
- `width: 30%;` attribue une largeur de 30 % du `fieldset` (le conteneur).
- `padding-right: .5em;` laisse une marge intérieure de `0.5em` pour que le champ de formulaire s'écarte du label, tout en préservant une zone "cliquable" entre eux.
- `text-align: right;` aligne le texte à droite pour que tous les labels soient alignés le long de leur champ.
- `font-weight: bold;` renforce la graisse des caractères.
- `color: #666;` atténue l'impact visuel des caractères, qui viennent tout de même en gras, afin de renforcer la lecture des groupes.

À présent, occupons-nous des champs du formulaire. Comme nous avons homogénéisé les labels, nous allons standardiser les `input`. Mais il existe un léger problème : les `input` ont des `type` différents. Il serait simple de créer une règle sur un sélecteur d'attribut avec `input[type="text"]`, pour n'appliquer le style qu'aux éléments de type `text`, mais Internet Explorer ne comprend pas cette syntaxe. Il faudra donc encore passer par un sélecteur de classe, quitte à alourdir le code HTML, ou mieux, exploiter le principe de cascade.

Les seuls éléments que nous voulons toucher dans cette partie sont situés dans les groupes `form-qui` et `form-ou`. De plus, l'élément dans le `fieldset form-qui` n'est pas un `input`, mais un `select` ! Il ne reste qu'à utiliser le principe de cascade des CSS de manière appropriée :

Listing 6-14 : extrait du fichier 06-frm-ali.htm

```
select, #form-ou input {
width: 14em;
margin-bottom: .5em;
border: solid 0.15em #aaa;
background-color: #eee;
}
```

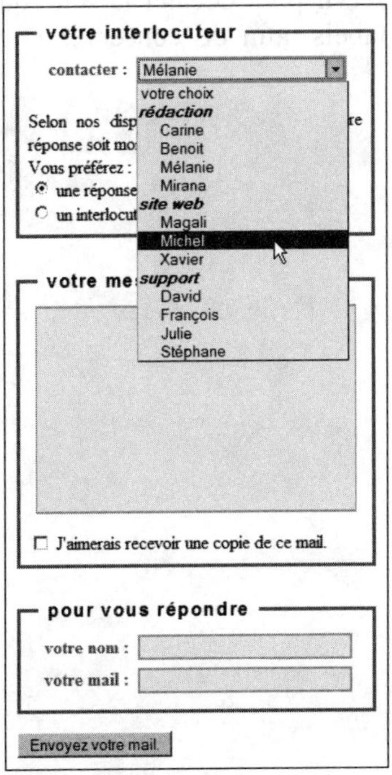

Figure 6.29 :
Le menu déroulant et les input sont alignés et ont la même largeur

Ici, nous déclarons ces styles :

- une largeur de 14em (une valeur trop grande pousserait le champ de formulaire en dessous des labels, car ces derniers sont flottants) ;
- une marge extérieure basse de 0.5em pour aérer un peu les input entre eux et les lignes suivantes (cela est possible grâce au retour chariot à la fin de chaque ligne) ;
- une bordure et une couleur de fond identiques à celles du textarea, pour garder une homogénéité.

Notez que, en raison de la présence de labels et donc d'un id dans chaque champ, il est également possible de sélectionner les éléments par id.

Nous pouvons maintenant nous occuper des boutons radio présents dans le premier groupe. Le but ici est d'aérer le contenu du paragraphe, ainsi que les deux boutons radio.

Nous avons encadré la mention "Vous préférez :" de deux balises <em></em> pour appuyer sur l'importance de ce texte par rapport au reste du paragraphe. Nous allons nous en servir pour décaler la suite du contenu, et aussi reprendre le style des labels, afin de conserver une homogénéité dans le formulaire.

Listing 6-15 : extrait du fichier 06-frm-ali.htm

```
#form-qui em {
display: block;
position: relative;
top: .5em;
padding-top: .2em;
margin-top: .5em;
border-top: solid;
font-style: normal;
font-weight: bold;
color: #666;
}
#fast-fast, #fast-one {
margin-left: 10%;
}
#form-qui input {
vertical-align: middle;
}
```

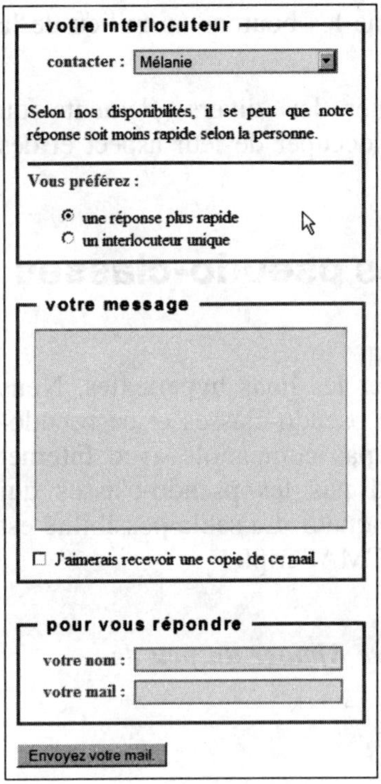

Figure 6.30 :
Les boutons radio sont plus aérés, et mieux visibles, le formulaire est plus homogène

- `display: block;` affiche l'élément comme un bloc.
- `position: relative;` sort le bloc du flux pour que l'on puisse le repositionner, et ainsi éviter un espace inférieur créé par le retour chariot initial.
- `top: .5em;` déplace le bloc de `0.5em` vers le bas dans le flux courant.
- `padding-top: .2em;` crée une marge intérieure haute de `0.2em`.
- `margin-top: .5em;` crée une marge extérieure haute de `0.5em`.
- `border-top: solid;` dessine une bordure qui viendra séparer cette partie du contenu et le paragraphe précédent. Elle occupera toute la largeur grâce à `display: block;` et n'écrasera pas le texte grâce à la marge intérieure haute.
- `font-style: normal;`, `font-weight: bold;` et `color: #666;` reprennent les styles définis pour les labels, ce qui permet de garder une constance dans le design.
- `margin-left: 10%;` décale les boutons radio de la gauche de 10 % pour aérer l'ensemble.

- `vertical-align: middle;` aligne les boutons au milieu de la ligne de boîte courante.

Après avoir positionné et dimensionner les divers éléments du formulaire, nous allons maintenant nous occuper de leur aspect et des diverses interactions possibles avec eux.

Utiliser les sélecteurs et les pseudo-classes sur les formulaires

Les interactions ne sont pas sans évoquer les liens hypertextes. Nous parlerons d'ailleurs dans cette section de pseudo-classes et de pseudo-éléments. Sachez que ce qui suit n'est pas compatible avec Internet Explorer, puisque celui-ci ne comprend pas les pseudo-classes qui s'appliquent à d'autres sélecteurs simples que `a`. La seule possibilité est d'ajouter une couche d'interactions en ECMAScript.

RENVOI

Reportez-vous à ce sujet au chapitre ***Ajouter un peu de dynamisme aux CSS.***

:focus

Dans un formulaire, il est important de bien structurer les différentes informations que l'on demande à l'utilisateur, mais aussi de le guider et de l'aider dans sa démarche. Comme la navigation dans un formulaire se fait souvent par tabulation, avec le clavier, `:focus` prend ici toute son importance.

Reprenons un bout du code précédent et appliquons une propriété à sa pseudo-classe `:focus`.

- HTML :

```
<input type="text" id="nom" name="nom" value="" />
```

- CSS :

Listing 6-16 : extrait du fichier 06-frm-ali.htm

```
#form-ou input:focus {
border-color: #000;
background-color: #f7f7f7;
color: #000;
}
```

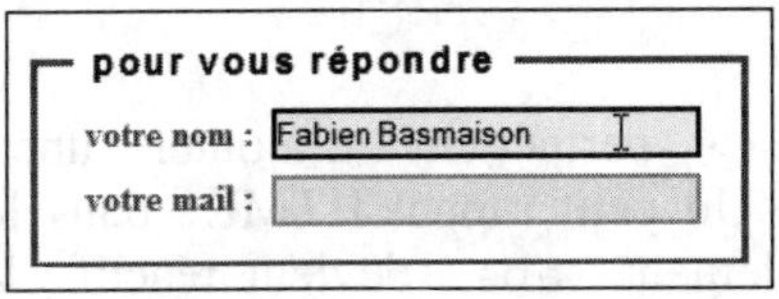

Figure 6.31 :
Le champ de texte devient plus clair, et sa bordure plus foncée lorsque celui-ci obtient l'attention

ATTENTION

Priorité des sélecteurs

Étant donné que nous avons déjà déclaré une règle utilisant un `id` pour les champs de saisie de `form-ou`, il faut réutiliser son sélecteur pour respecter la priorité des sélecteurs CSS.

Comme nous pouvons le voir, il est possible de mettre le champ courant en évidence lorsqu'il est actif. Le contraste aurait pu être encore plus important, pour faciliter la lecture à un visiteur malvoyant par exemple. Vous pouvez aisément faire les modifications nécessaires.

Maintenant que nous avons défini notre style, nous pouvons l'appliquer aux autres champs. De cette façon, il sera homogène et facile à modifier sur l'ensemble des éléments du formulaire. Il suffit d'ajouter `textarea:focus, select:focus` à la règle précédente :

Listing 6-17 : extrait du fichier 06-frm-ali.htm

```
#form-ou input:focus, textarea:focus, select:focus {
border-color: #000;
background-color: #f7f7f7;
color: #000;
}
```

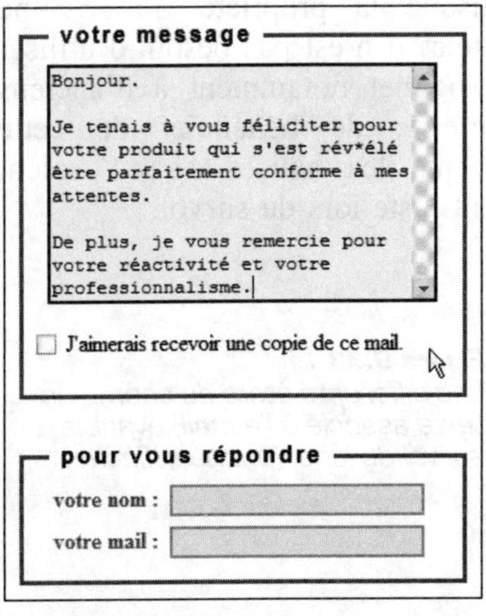

Figure 6.32 :
La zone de texte a le même style que les champs de texte

:hover

Les balises `<label></label>` permettent d'ajouter une zone d'activation du champ associé. Un petit rappel HTML : dans le code suivant, le texte situé dans l'élément `label` devient réactif ; lorsque l'utilisateur clique sur `votre nom :`, cela a pour conséquence de donner le focus au champ dont l'`id` correspond à l'attribut `for` du label, dans ce cas le champ de texte qui le suit.

```
<label for="nom" class="gauche">votre nom :</label>
<input type="text" id="nom" name="nom" value="" />
```

Comment indiquer cette possibilité à l'utilisateur ?

Rien de plus simple : il suffit d'attribuer une ou plusieurs déclarations au sélecteur de pseudo-classe `label:hover`. De cette façon, les labels seront réactifs au passage du pointeur.

Listing 6-18 : extrait du fichier 06-frm-ali.htm

```
label {
cursor: pointer;
}
label:hover {
text-decoration: underline;
}
```

Ici, nous définissons deux règles. La première permet de remplacer le curseur par celui utilisé pour les liens hypertextes, et de suggérer ainsi une interaction. La seconde permet de souligner le label lors de son survol, et de suggérer le style des ancres par défaut. Mais pourquoi deux règles ? La raison est simple : puisque la propriété `cursor` ne s'applique que lors du survol du pointeur, il n'est pas besoin d'utiliser un sélecteur de pseudo-classe ; cela permet notamment à d'anciens navigateurs, comme Internet Explorer 6, de bénéficier de cette interaction. La seconde règle évite que les balises `label` soient soulignées en permanence ; elles le sont juste lors du survol.

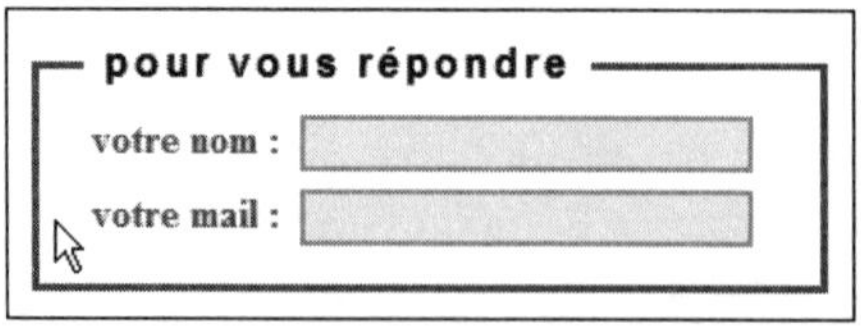

Figure 6.33 :
Les différents états du champ de texte associé à l'e-mail, avant le survol du label (pointeur flèche)

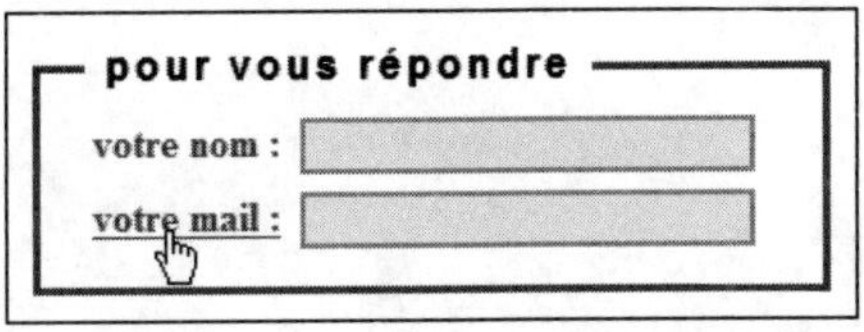

Figure 6.34 :
Pendant le survol du label (pointeur main)...

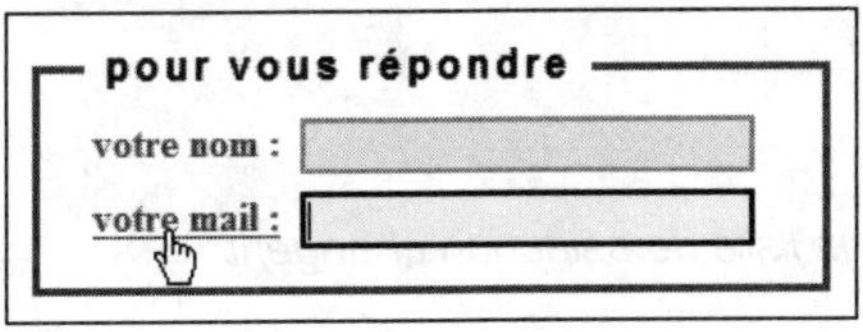

Figure 6.35 :
... puis après un clic sur le label (le champ de texte a le focus)

:before

Les éléments `optgroup` permettent de proposer une liste de sélection structurée par groupe, comme vous pouvez le constater dans cet exemple, avec les groupes `rédaction`, `site web` et `support`.

La personnalisation des styles n'est pas encore bien supportée dans les navigateurs actuels, mais ce qui suit est pris en charge par Firefox 1.5 et devrait l'être par les autres logiciels à l'avenir, au fur et à mesure de leur évolution et de leur support des standards.

Pour afficher l'intitulé du groupe, le moteur de rendu utilise l'attribut `label` de l'élément `optgroup`. Or, pour afficher celui-ci, il se sert du pseudo-élément `:before`. Il est donc aisé de définir un style personnalisé pour chaque en-tête de groupe de sélection et nous allons modifier cette liste de sélection. Commençons par les labels des groupes :

Listing 6-19 : extrait du fichier 06-frm-ali.htm

```
optgroup:before {
padding: .1em 0 .2em;
border-top: solid 0.15em #aaa;
text-indent: 1em;
background-color: #666;
color: #fff;
}
```

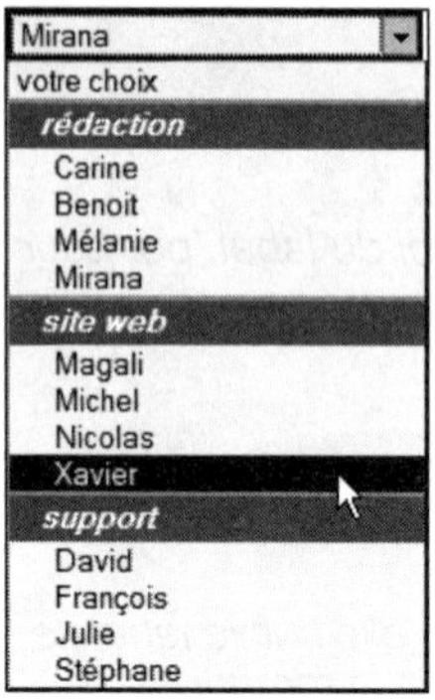

Figure 6.36 :
Les groupes de la liste de sélection changent d'apparence

Ici, nous séparons chaque groupe par une bordure supérieure gris clair de `0.15em`, puis nous indentons le texte de `1em`. Nous attribuons également des couleurs qui reprennent celles définies dans les autres règles.

Il reste à modifier un peu les options pour que la liste et le reste du formulaire aient une apparence similaire :

Listing 6-20 : extrait du fichier 06-frm-ali.htm

```
option {
text-indent: 3.5em;
background-color: #f7f7f7;
color: #666;
}
```

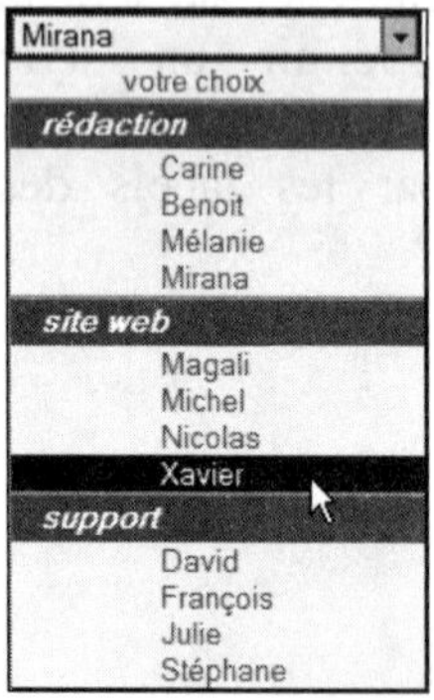

Figure 6.37 :
Les options ont à leur tour subi quelques modifications

Bien entendu, vous avez toutes les propriétés de CSS 2.1 à votre disposition. Notre exemple ne saurait être exhaustif. Vous pouvez jouer avec des images de fond par exemple. Sur la capture suivante, nous avons appliqué une image avec un dégradé transparent sur chaque label de groupe.

Figure 6.38 :
Les groupes de la liste de sélection changent d'apparence

Testez des variantes selon vos envies, voire mieux, selon celles de vos visiteurs !

Atelier : les formulaires

Un élément se retrouve tout seul, en bas du formulaire. Nous ne pouvons décemment pas le laisser dans cette situation. Nous allons nous occuper de lui, mais pas seulement…

Reprenons le code du fichier précédent, en ne retenant que le formulaire.

Recopiez le code suivant dans votre éditeur favori. Suivez ensuite les différentes étapes qui vous mèneront du formulaire de base à un autre plus sympathique.

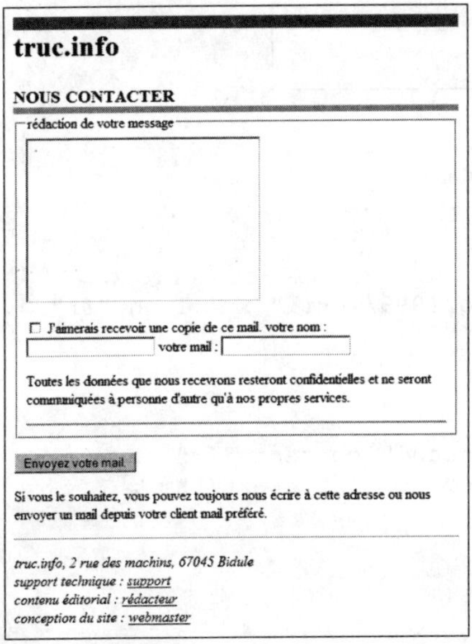

Figure 6.39 :
Avant…

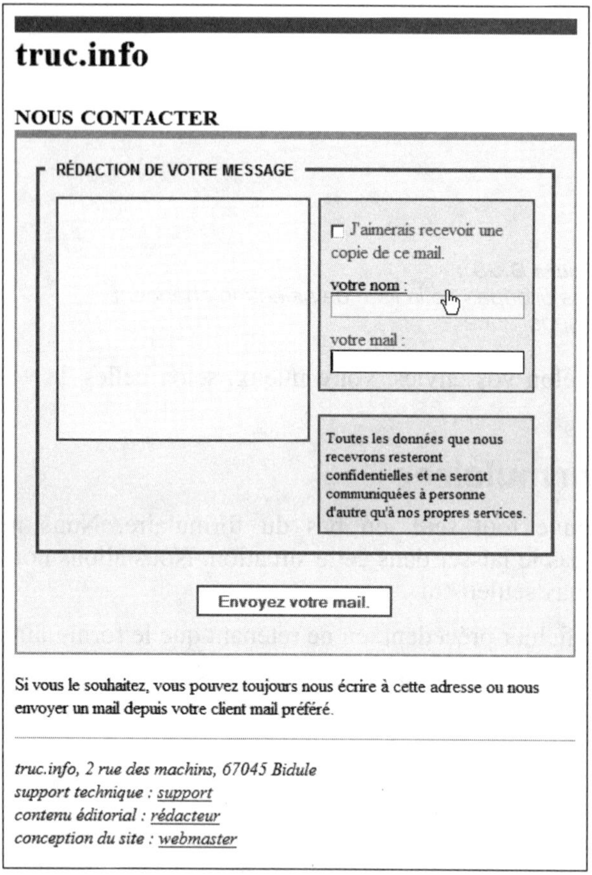

Figure 6.40 : *... et après le "lifting"*

Listing 6-21 : contenu du fichier 06-form-at.htm

```
<?xml version="1.0" encoding="UTF-8"?>
<!DOCTYPE html PUBLIC "-//W3C//DTD XHTML 1.0 Strict//EN"
✂ "http://www.w3.org/TR/xhtml1/DTD/xhtml1-strict.dtd">
<html xmlns="http://www.w3.org/1999/xhtml" xml:lang="fr"
✂ lang="fr">
<head>
<title>page d'accueil</title>

<meta http-equiv="Content-language" content="fr" />
<meta http-equiv="Content-type" content="text/html;
✂ charset=UTF-8" />
<style type="text/css">
html, body {
padding: 1em 0 0;
margin: 0;
```

```
text-align: center; /* permet à IE de centrer #contenant
✂ */
font-size: 1em;
}
#contenant {
width: 500px;
padding-bottom: 1em;
margin: 0 auto;
text-align: left;
}
h1 {
padding-top: 0;
margin-top: 0;
border-top: solid 14px #666;
}
h2 {
margin-bottom: 0;
border-bottom: solid 7px #aaa;
font-variant: small-caps;
}
address {
padding-top: 1em;
border-top: solid 1px #aaa;
}
</style>
</head>

<body>
<div id="contenant">
<h1>Reflex SA</h1>

<h2>nous contacter</h2>
<form action="#" method="post">
<fieldset id="form-quoi">
<legend>rédaction de votre message</legend>

<textarea cols="30" rows="10"></textarea>

<p>
<label for="bcc">
<input type="checkbox" id="bcc" name="bcc" />
J'aimerais recevoir une copie de cet e-mail.
</label>

<label for="nom" class="gauche">
votre nom :
<input type="text" id="nom" name="nom" value="" />
</label>

<label for="mail" class="gauche">
votre e-mail :
```

```
<input type="text" id="mail" name="mail" value="" />
</label>
</p>
<p class="notice">
Toutes les données que nous recevrons resteront
✂ confidentielles et ne seront communiquées à personne
✂ d'autre qu'à nos propres services.
</p>
<hr />
</fieldset>
<p>
<input type="submit" value="Envoyez votre e-mail."
✂ id="submission" />
</p>
</form>
<p>
Si vous le souhaitez, vous pouvez toujours nous écrire à
✂ cette adresse ou nous envoyer un e-mail depuis votre
✂ client e-mail préféré.
</p>
<address>
truc.info, 2 rue des machins, 67045 Bidule<br />
support technique : <a href="mailto:support@truc.info"
✂ class="mel">support</a><br />
contenu éditorial : <a href="mailto:redacteur@truc.info"
✂ class="mel">rédacteur</a><br />
conception du site : <a href="mailto:webmaster@truc.info"
✂ class="mel">webmaster</a>
</address>
</div>
</body>
</html>
```

Calez le formulaire par rapport à son environnement :

Listing 6-22 : extrait du fichier 06-form-at.htm

```
form {
padding: 1em 0 1em;
/* margin-top: .; */
/* border: solid 2px #...; */
border-top: none;
background-color: #f5f5f5;
color: #000;
text-align: center; /*IE : centrer un élément, même en
✂ mode quirks*/
}
```

Le titre de niveau 2 (<h2>) a une bordure inférieure de couleur grise que nous allons reprendre pour la bordure périphérique du formulaire. Ainsi, nous créerons une relation directe entre le titre et le contenu. Puisque le site a certainement plusieurs pages, nous pourrons ainsi jouer avec un élément récurrent (la bordure inférieure du sous-titre).

Faites en sorte que la marge extérieure haute disparaisse. Attribuez la bonne couleur à la bordure, en l'occurrence celle du titre.

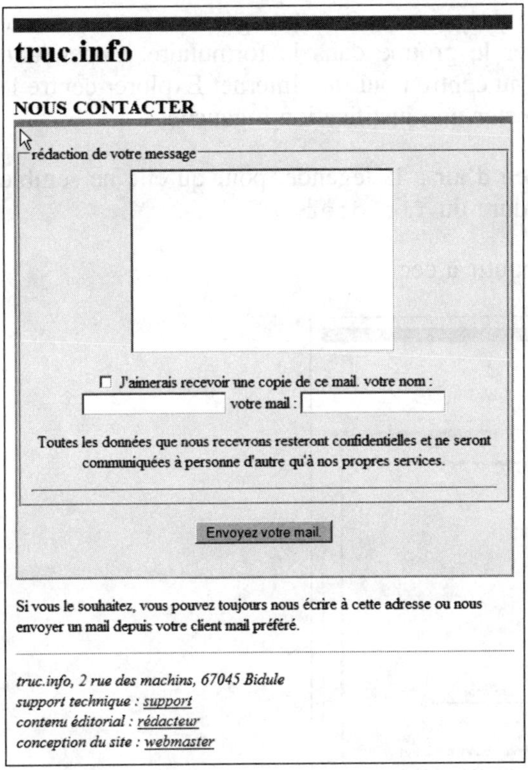

Figure 6.41 : *Première étape*

Solution

```
form {
padding: 1em 0 1em;
/* margin-top: 0 10px 10px 10px; */
/* border: solid 2px #aaa; */
border-top: none;
background-color: #f5f5f5;
color: #000;
text-align: center; /*IE : centrer un élément, même en
✂ mode quirks*/
}
```

Arrangez les groupes dans le formulaire

Nous souhaitons que le groupe ne fasse pas toute la largeur du formulaire, afin de le laisser "respirer". Pour cela, nous allons lui attribuer une largeur relative, pour qu'elle s'adapte automatiquement au `fieldset`. et surtout, pour qu'elle ne déborde pas du conteneur.

Il serait également bienvenu d'écarter le contenu de la bordure.

Nous reprendrons ensuite le principe des marges automatiques de `contenant` afin de centrer le groupe dans le formulaire. Cependant, comme le texte est justifié au centre pour que Internet Explorer centre le `fieldset`, il faudra réaffecter une justification à gauche.

Puis nous donnerons un peu d'air à la légende, pour qu'elle ne semble pas compressée par la bordure du `fieldset`.

Au final, nous devrions aboutir à ceci :

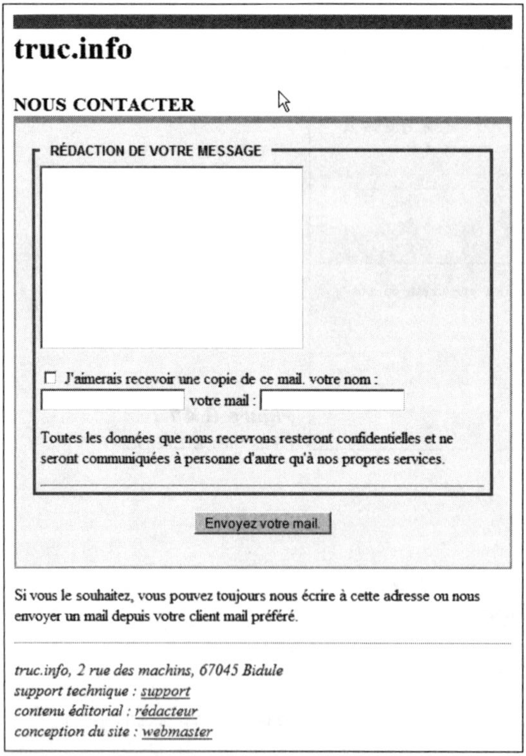

Figure 6.42 : *Le formulaire ne fait plus qu'un avec le titre*

Attribuez une largeur égale à 90 % du formulaire à `fieldset`. Écartez le `fieldset` de 5 pixels de la bordure du formulaire. Trouvez la syntaxe pour centrer automatiquement un élément dans son conteneur grâce aux marges. Donnez des marges intérieures verticales nulles et latérales de 10 pixels à la légende.

Listing 6-23 : extrait du fichier 06-form-at.htm

```
fieldset {
/* width: ...; */
padding: ...;
/* margin: . ....; */
border: solid 3px #666;
text-align: left;
}
legend {
padding: . ....;
font: normal small-caps 900 1em Geneva, Helvetica, Arial,
✂ sans-serif;
}
```

Positionnez les éléments du formulaire dans le conteneur

Le conteneur en question peut être soit le groupe (`fieldset`), soit le formulaire lui-même s'il n'existe pas de groupe.

En l'occurrence, nous voulons disposer la zone de texte à gauche, puis les options et les divers renseignements à droite.

Nous voulons également que cette zone de texte ait une marge sur les côtés jouxtant son conteneur, afin de la laisser "respirer".

À la fin de cette étape, nous devrions aboutir à ceci : (voir Figure 6.43)

Faites flotter la zone de texte à gauche. Faites en sorte qu'elle n'occupe que 50 % de la largeur du `fieldset`. Attribuez des marges extérieures de 10 pixels en haut, en bas et à gauche, tout en laissant nulle celle de droite. Ici, `overflow: auto;` permet de supprimer la barre de défilement verticale sur Internet Explorer.

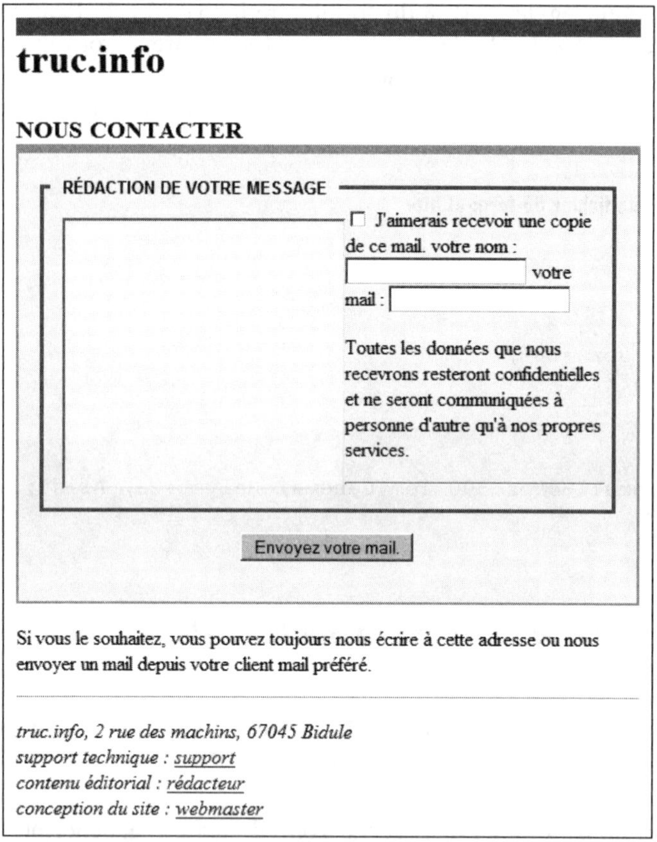

Figure 6.43 : *La zone de texte flotte à droite*

Listing 6-24 : extrait du fichier 06-form-at.htm

```
textarea {
/* float: ....; */
/* width: ...; */
height: 16em;
/* margin: .... . .... ....; */
overflow: auto;
background-color: #f7f7f7;
color: #000;
}
```

Maintenant que la zone de texte flotte à gauche, nous allons nous préoccuper des champs de texte présents sur la droite, afin de les structurer un peu mieux. Pour ce faire, nous allons définir une largeur pour les paragraphes `<p>` qui contiennent les `label`, car pour l'instant, ils occupent 100 % de la largeur du `fieldset`, comme l'illustre l'image suivante :

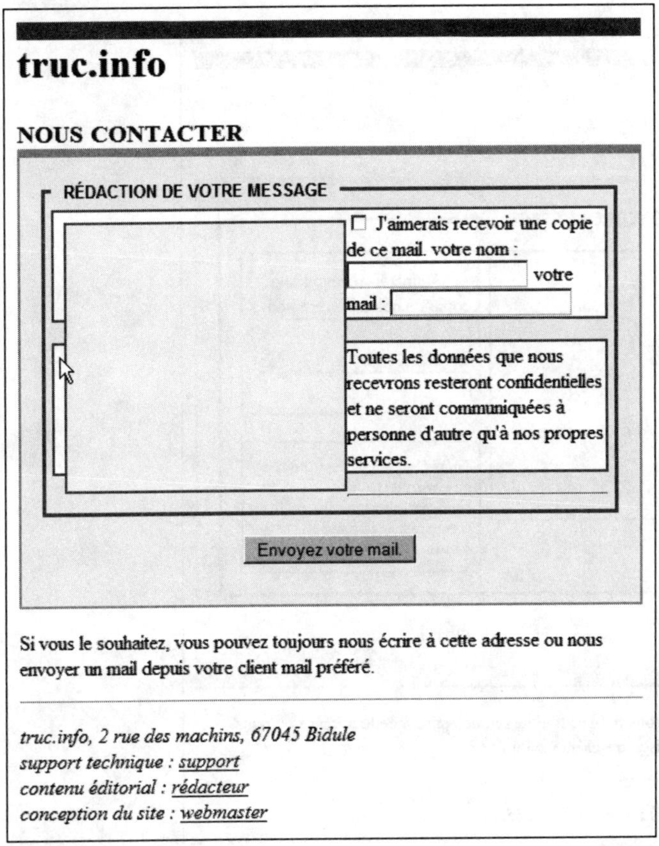

Figure 6.44 : *Les paragraphes (en blanc) occupent toujours 100 % de la largeur de leur conteneur (fieldset)*

Nous les ferons flotter à droite pour qu'ils ne disparaissent pas sous la zone de texte flottante. Puis, comme pour la zone de texte, nous aérerons également les côtés longeant le conteneur, et nous donnerons des marges intérieures pour que le contenu des paragraphes ne se colle pas à aux bords.

Nous répercuterons ces bordures sur la zone de texte, afin d'avoir une homogénéité dans la présentation du formulaire.

Puis la touche finale consistera à diminuer la police du paragraphe informant de la confidentialité des données transmises.

Nous devrions obtenir ce résultat :

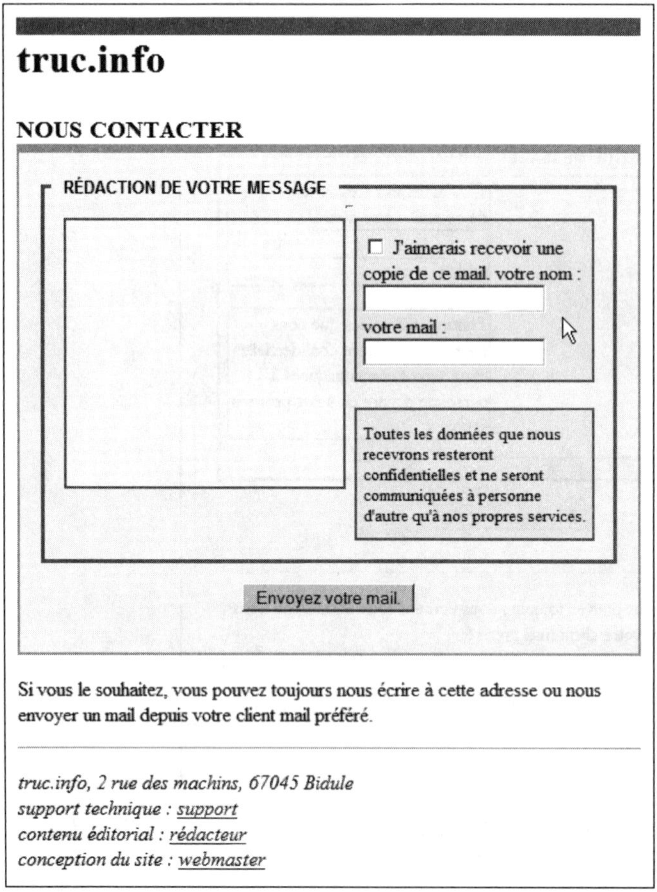

Figure 6.45 : *La zone de texte et les informations diverses se font face*

Faites flotter les paragraphes contenus dans le `fieldset` à droite. Donnez-leur une largeur de 40 % afin qu'ils ne passent pas en dessous de la zone de texte (Donnez-leur une largeur de 40 %, ou plus). Fixez des marges intérieures haute et basse puis latérales de 10 et 5 pixels. Écartez les paragraphes de leur conteneur grâce à des marges extérieures de 10 pixels en haut, à droite, et en bas, en conservant une valeur nulle pour celle de gauche.

Listing 6-25 : extrait du fichier 06-form-at.htm

```
fieldset p {
/* float: .....; */
/* width: ...; */
/* padding: .... ...; */
/* margin: .... .... .... .; */
background-color: #eee;
color: #000;
}
textarea, fieldset p {
border: solid 2px #666;
}
fieldset p.notice {
font-size: 0.8em;
}
```

Adaptez la taille du conteneur aux éléments flottants

Dans le code HTML, avant de refermer la balise `<fieldset>`, nous avons pris soin d'ajouter une ligne horizontale. En plaçant un élément qui annule les flottements derrière le dernier flottant, nous nous assurons donc que la mise en page prend en considération la hauteur maximale des flottants.

REMARQUE

Les éléments flottants

Les éléments flottants sont retirés du flux et leur taille n'est donc pas prise en compte par leurs conteneurs.

L'emploi de la balise `<hr />` a également une raison sémantique, puisqu'elle représente une séparation entre deux contenus, et surtout, ne sous-entend aucun contenu, comme le ferait un `<span></span>` ou des `<div></div>` vides. Cependant, vous pourrez remarquer que la présence d'un `<hr />` est interprétée comme une ligne horizontale ; celle-ci parasite d'ailleurs la mise en page.

Nous allons donc la faire disparaître, mais visuellement uniquement.

RENVOI

La méthode est décrite au chapitre ***Positionner le contenu.***

Voici ce que vous devriez obtenir :

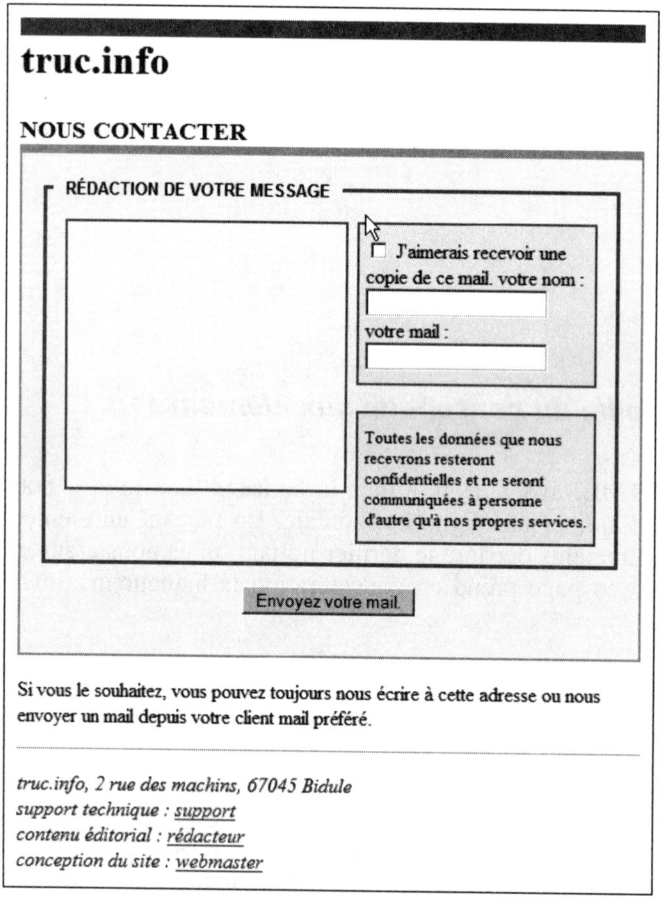

Figure 6.46 : *Le fieldset s'adapte automatiquement aux flottants et disparaît (le curseur indique l'endroit où il apparaissait précédemment)*

Annulez tout flottement du `<hr />`. Masquez l'élément avec la propriété appropriée.

Listing 6-26 : extrait du fichier 06-form-at.htm

```
form hr {
/* clear: ....; */
height: 0;
padding: 0;
Margin: 0;
/* ..........: ......; */
}
```

Organisez les labels

Le code HTML sur lequel nous travaillons se différencie du précédent par ses labels. En effet, au lieu de précéder ou suivre les éléments auxquels ils font référence, dans cet atelier, les labels les englobent. Cela a des avantages et des inconvénients. Dans le cas présent, cela permet de créer des blocs pour chaque label, et ainsi de mieux organiser leurs espacements.

Ici, nous reprendrons le même principe mis en œuvre dans l'exemple précédent. Nous changerons le curseur et soulignerons le texte des labels, tout en renforçant le contraste des bordures avec la couleur de fond. Travailler sur des blocs permet de rendre interactifs non seulement le texte, mais aussi toute la boîte du label, comme le montre l'image résultante :

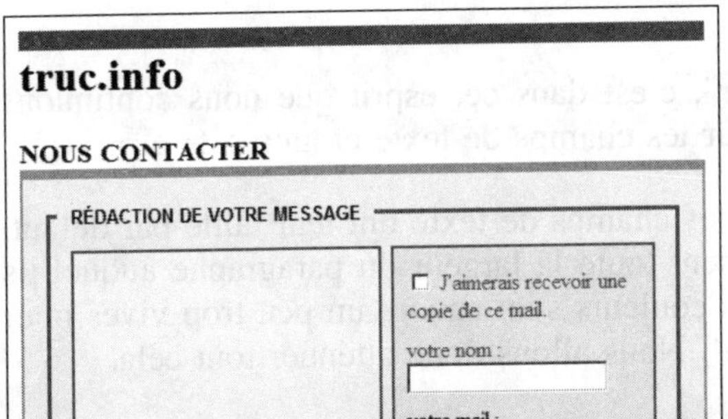

Figure 6.47 : *Les labels deviennent interactifs et sont plus aérés*

Affichez les labels comme des blocs. Créez une marge périphérique intérieure de 4 pixels. Faites en sorte que le curseur change d'état lorsque l'utilisateur survole un label. Ajoutez la propriété affectant un soulignement lorsque le label est survolé.

Listing 6-27 : extrait du fichier 06-form-at.htm

```
label {
/* display: .....; */
/* padding: ...; */
/* cursor: .......; */
background-color: inherit;
color: #666;
}
label:hover {
/* ...............: .........; */
background-color: inherit;
color: #000;
}
```

Affinez

"Du général au particulier", c'est dans cet esprit que nous continuons maintenant notre travail sur les champs de texte et autres `input`.

Dans l'image précédente, les champs de texte ont leur taille par défaut. Nous voulons qu'ils prennent toute la largeur du paragraphe auquel ils appartiennent. De plus, les couleurs sont encore un peu trop vives pour suggérer un élément inactif. Nous allons donc atténuer tout cela.

Il s'agit de définir les champs `input` comme des blocs, mais uniquement ceux qui nous intéressent. Nous utiliserons donc les `id` nécessaires aux éléments `label`.

Nous leur appliquerons ensuite leurs couleurs, mais nous ne pourrons pas personnaliser la case à cocher car Internet Explorer gère mal les couleurs de fond de ces éléments. Voici ce que ces retouches donneront au final : (voir Figure 6.48)

Définissez les deux `input` avec les `id` `#nom` et `#mail` comme des blocs. Attribuez ensuite une largeur relative de 35 % au bouton de soumission. Pour qu'il soit plus lisible, augmentez sa hauteur en choisissant une valeur au moins égale à `2em`. Définissez un espacement de `2em` en haut, faites en sorte qu'il soit centré automatiquement sur les côtés et que sa marge extérieure basse soit nulle.

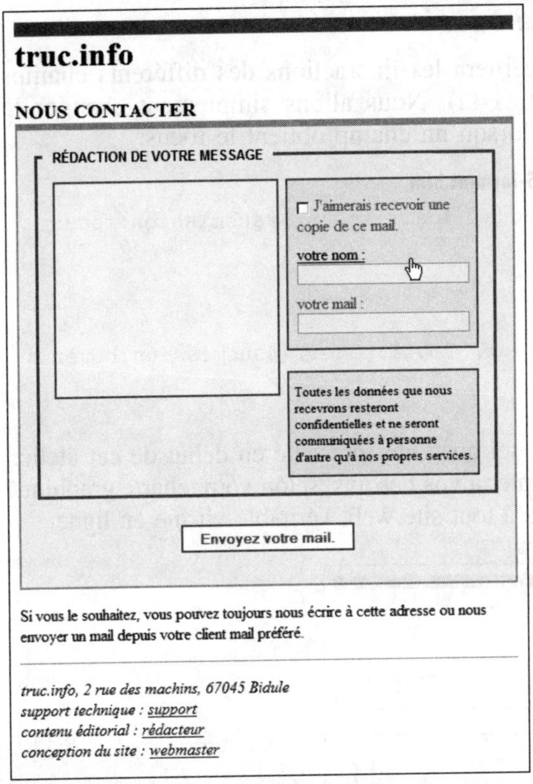

Figure 6.48 : *Tout est dans l'ordre et la mesure*

Listing 6-28 : extrait du fichier 06-form-at.htm

```
#bcc {
margin: 0; /* aligne la case à cocher pour Firefox */
}
#nom, #mail {
/* ........: .....; */
width: 100%;
border: solid 1px #aaa;
background-color: #f5f5f5;
color: #000;
}
#submission {
/* width: ...; */
/* ......: ...; *//* ......: ... .... .; */
border: solid 2px #666;
font-weight: 900;
background-color: #fff;
color: #666;
}
```

Gérez le survol de la souris

La dernière retouche concernera les interactions des différents champs de saisie (`input` et `textarea`). Nous allons simplement changer la couleur lors du survol ou lorsqu'un champ obtient le focus.

Listing 6-29 : extrait du fichier 06-form-at.htm

```
textarea:focus, #nom:focus, #mail:focus, #submission:focus {
border-color: #000;
background-color: #fff;
color: #000;
}
textarea:hover, #nom:hover, #mail:hover, #submission:hover {
border-color: #000;
}
```

Le formulaire est à présent tel que celui présenté en début de cet atelier. À vous maintenant de l'adapter à vos besoins, selon votre charte graphique et les contraintes inhérentes à tout site web, véritable vitrine en ligne.

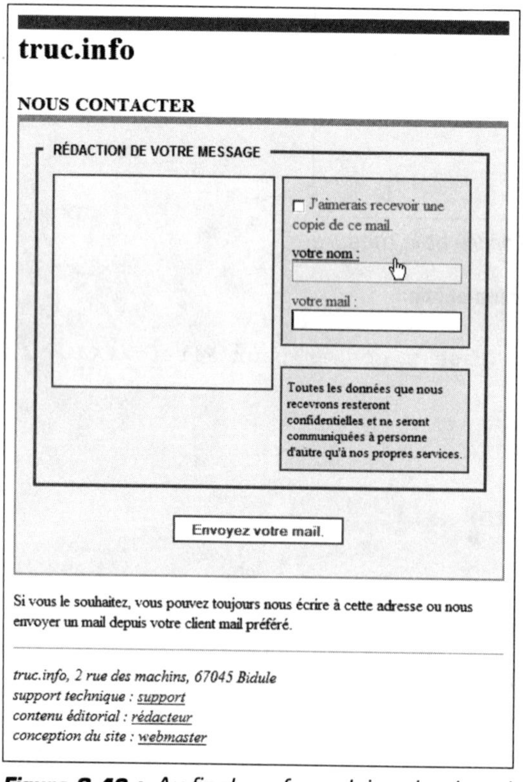

Figure 6.49 : *Au final, un formulaire simple et intuitif*

6.4. Quelques liens sur la promotion d'un site

- **http://tantek.com/log/2006/04.html#d30t1743** (Tantek's thoughts) : "Make it easy for bloggers to promote your products and services" (les pensées de Tantek : "Facilitez la promotion de vos produits et services par les blogueurs").
- **www.webstandards.org/learn/tutorials/accessible-forms/** (WaSP : The Web Standard Project) : "Accessible HTML/XHTML Forms" est une série d'articles traitant des formulaires, et notamment de leur structure HTML.
- **www.uigarden.net/english/designing-usable-forms-the-three-layer-model-of-the-form** (uiGarden.net) : "Designing usable forms : the three-layer model of the form" est un article qui aborde la création d'un formulaire avec trois points de vue complémentaires.

Dans le chapitre suivant, nous aborderons les images, un élément non négligeable qui participe à la qualité d'une page web.

Chapitre 7

Illustrer le tout

Il est souvent plus agréable de se promener sur un site s'il contient des images et des illustrations. Mettre les images correctement en page relève parfois du défi. C'est ce que nous allons voir dans ce chapitre. Nous étudierons différentes techniques et les mettrons en œuvre par le biais d'ateliers pratiques.

7.1. Ajouter un fond coloré

Une des applications principales de la propriété `background` est l'ajout d'un fond à un site web. Grâce à ce premier exemple, nous allons découvrir cette propriété, qui donnera à votre site une petite touche graphique. Il est possible d'afficher différentes images, répétées en longueur, en largeur, dans les deux sens, des images fixes et bien d'autres choses encore. Avec l'avènement du haut débit, les images de fond sont devenues de plus en plus présentes, grandes et de bonne qualité. N'oubliez pas que votre site n'est pas uniquement visité par des personnes qui possède le haut débit et limitez le poids de vos images. Nous prendrons le code suivant afin d'illustrer la propriété `background`.

```
<!DOCTYPE html PUBLIC "-//
✂ W3C//DTD XHTML 1.0
✂ Transitional//EN" "http://
✂ www.w3.org/TR/xhtml1 /DTD/
✂ xhtml1-transitional .dtd">
<html xmlns="http://www.w3.org/1999/xhtml">
<head>
 <title>Illustrons nos pages</title>
</head>
<body>

</body>
```

Figure 7.1 : *L'image utilisée pour les exemples suivants*

Nous allons dans un premier temps ajouter un fond à la page. Pour ce faire, nous avons besoin d'une image. Dans ce premier exemple, nous en prendrons une qui ne se prête pas à une répétition.

Pour appliquer l'image au fond du site, nous allons utiliser la propriété `background-image` et l'appliquer à la balise `<body>`. Ainsi, nous pourrons voir l'image dans l'entièreté de la page. Voyons un exemple simple :

```
body {
 background-image: url("chemin/vers/mon/image.ext");
}
```

Dans cette règle CSS, nous donnons une valeur à la propriété `background-image`. Cette valeur est constituée d'un mot-clé et du chemin vers l'image. Celui-ci varie en fonction de l'endroit où est enregistrée la page et de l'endroit où est stockée l'image. Il pourrait s'écrire simplement `"image.ext"` si cette dernière était stockée dans le même dossier que la page.

RENVOI

Nous vous renvoyons au chapitre Généralités et syntaxe pour plus d'explications sur les URL.

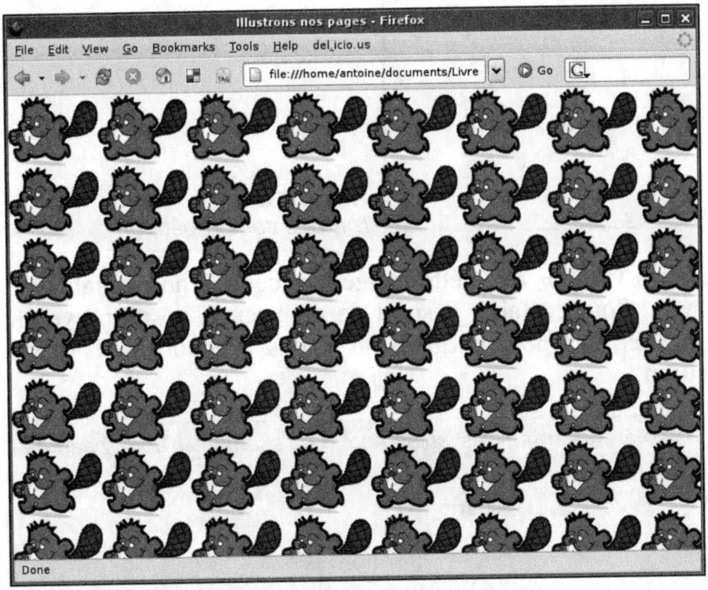

Figure 7.2 : *L'image avec une répétition*

Nous pouvons dès à présent voir l'image s'afficher en fond. Cependant, nous souhaitons que celle-ci ne se répète pas tout au long du contenu, car elle ne se prête pas à ce genre d'effet. Nous allons en ce sens donner la valeur `no-repeat` à la propriété `background-repeat`. Ce mot-clé indique au navigateur qu'il ne doit pas répéter l'image. Elle apparaîtra donc une seule fois dans toute la page. Ainsi, l'exemple précédent devient :

```
body {
 background-image: url("chemin/vers/mon/image.ext");
 background-repeat: no-repeat;
}
```

L'ordre des propriétés n'a pas d'importance. Nous aurions pu utiliser le code suivant :

```
body {
 background-repeat: no-repeat;
 background-image: url("chemin/vers/mon/image.ext");
}
```

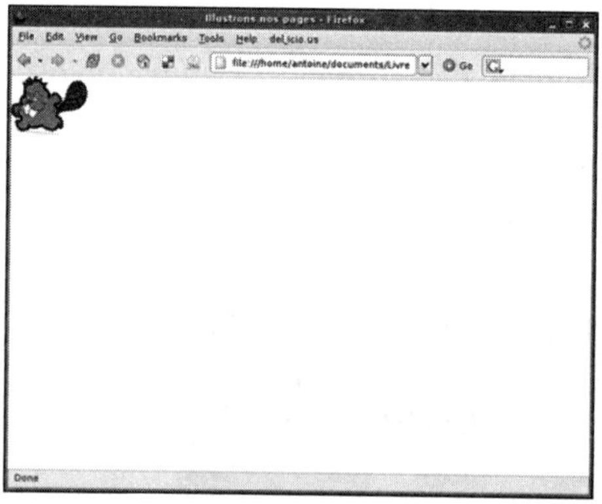

Figure 7.3 :
L'image sans répétition

Maintenant, nous voulons que cette image soit centrée horizontalement et verticalement. Pour ce faire, il suffit de préciser sa position avec la propriété `background-position`. Nous avons plusieurs mots-clés à notre disposition :

Tableau 7.1 : *Différents mots-clés utiles pour le placement d'une image de fond*

Mot-clé	Utilisation
`center`	Place l'image au centre.
`top`	Place l'image au-dessus de la boîte.
`bottom`	Place l'image au-dessous de la boîte.
`left`	Place l'image sur la gauche.
`right`	Place l'image sur la droite.

Pour cette propriété, il faut définir deux valeurs. La première valeur est la position horizontale de l'image, parfois appelée "position en x" en référence au système mathématique de coordonnées. Nous utiliserons les mots-clés `left`, `center`, `right`, respectivement gauche, centre et droite. Ensuite, il faut préciser la position verticale de l'image, parfois appelée "position en y". Pour ce faire, nous utiliserons les mots-clés `top`, `center`, `bottom`, respectivement dessus, centre et dessous. Le code suivant affichera l'image au centre.

```
body {
 background-image: url("chemin/vers/mon/image.ext");
 background-repeat: no-repeat;
 background-position: center center;
}
```

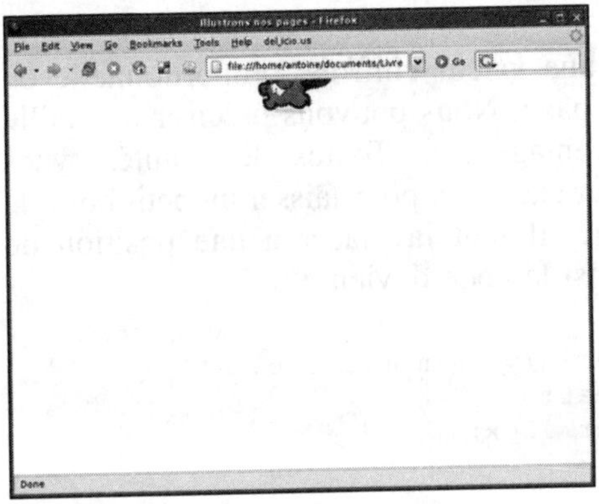

Figure 7.4 :
L'image centrée mais rognée

Comme nous pouvons le voir, l'image n'est pas vraiment centrée sur l'entièreté de la page. Cela est dû au fait que la balise <body> dans laquelle elle figure ne prend pas en compte toute la hauteur. Nous pouvons corriger cela en ajoutant une hauteur de 100 %. Dans les prochains exemples de codes, nous considérerons que les trois lignes suivantes sont écrites par défaut dans la page CSS :

```
html, body {
 height: 100%;
}
```

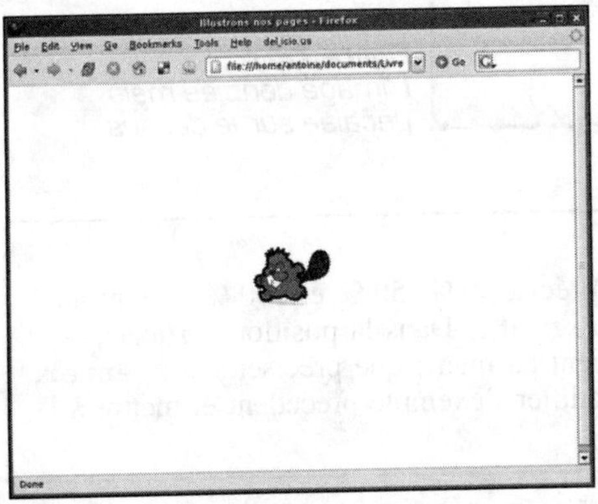

Figure 7.5 :
L'image centrée

Nous aurions pu choisir d'autres valeurs. Par exemple, pour que l'image se place sur le haut de la fenêtre et au centre à l'horizontale, il faut écrire :

```
body {
 background-image: url("chemin/vers/mon/image.ext");
 background-repeat: no-repeat;
 background-position: center top;
}
```

Parfois, il est utile de préciser une valeur chiffrée, proportionnelle ou non à la taille du texte ou de la page. Nous pouvons préciser une taille en pixels, en `em`, en pourcentage, etc. Toutes les unités vues précédemment sont acceptées. Par exemple, pour laisser un petit bord de 15 pixels sur le haut de l'image, il faut la placer à une position de 15 pixels en partant du haut. Ainsi le code devient :

```
body {
 background-image: url("chemin/vers/mon/image.ext");
 background-repeat: no-repeat;
 background-position: center 15px;
}
```

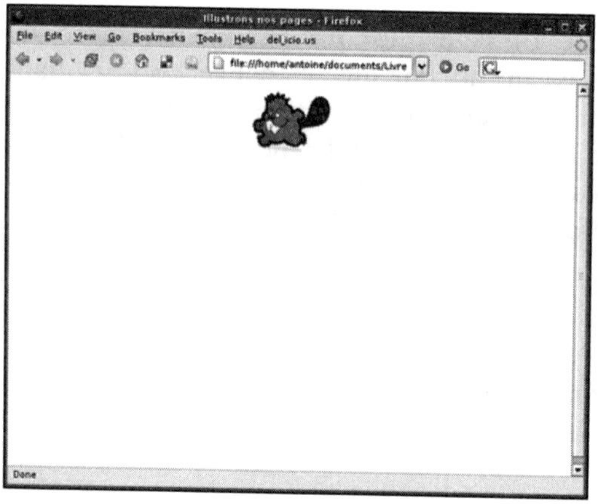

Figure 7.6 : *L'image centrée mais décalée sur le dessus*

REMARQUE

Pourcentage et mot-clé

Dans la position horizontale, préciser 0 %, 50 % et 100 % revient au même que préciser `left`, `center`, `right`. Dans la position verticale, préciser 0 %, 50 % et 100 %, revient au même que préciser `top`, `center`, `bottom`. Nous pourrions donc modifier l'exemple précédent et mettre à la place une valeur en pourcentage :

REMARQUE

```
body {
background-image: url("chemin/vers/mon/image.ext");
background-repeat: no-repeat;
background-position: 50% 15px;
}
```

Nous savons maintenant comment placer une image dans le fond, sans qu'elle se répète. Prenons maintenant une image qui se prête à une répétition selon un des deux axes.

Figure 7.7 : *Image de dégradé que nous allons utiliser pour les exemples suivants*

Comme nous pouvons le voir, cette image se prête à une répétition horizontale, selon l'axe des x. Nous allons reprendre le code précédent dans lequel nous ne "répétions" pas le `background` (`no-repeat`), et nous allons le répéter selon l'axe des x uniquement (`repeat-x`) :

```
body {
 background-image: url("chemin/vers/mon/image.ext");
 background-repeat: repeat-x;
}
```

Si l'image se prêtait à une répétition verticale (axe des y), nous préciserions sa répétition par le mot-clé `repeat-y`, comme dans l'exemple suivant :

```
body {
 background-image: url("chemin/vers/mon/image.ext");
 background-repeat: repeat-y;
}
```

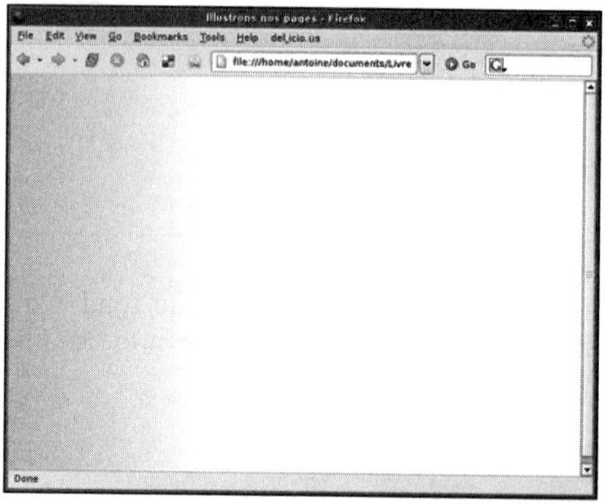

Figure 7.8 :
Le dégradé répété sur la hauteur

Prenons encore une nouvelle image, dont le dégradé ne se finit plus avec une couleur blanche.

Figure 7.9 :
Image de dégradé que nous allons utiliser pour les exemples suivants

Cette image de fond est répétée selon l'axe horizontal des x. Deux problèmes de mise en page se posent. En effet, nous aimerions que la suite du fond soit de couleur unie. Nous pouvons le préciser à l'aide de la propriété `background-color`. La couleur va alors remplir le bloc, et l'image se placer par-dessus. Le code est le suivant :

```
body {
 background-image: url("chemin/vers/mon/image.ext");
 background-repeat: repeat-x;
 background-color: #d0d0d0;
}
```

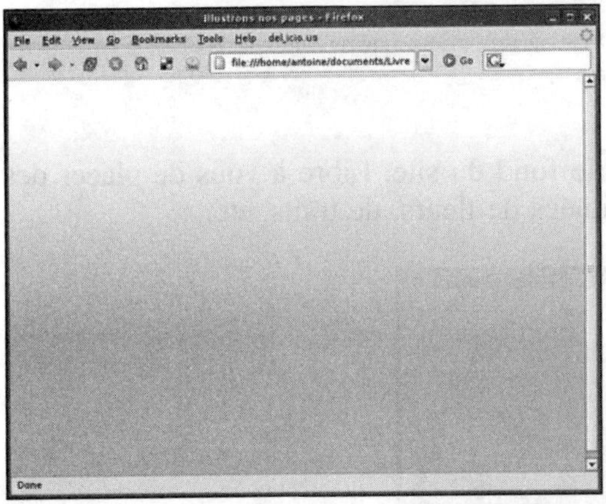

Figure 7.10 :
Le dégradé répété sur la largeur mais avec un changement de couleur

Cette image se déplace en même temps que défile la page. En effet, le fond est placé sur le haut de la page, à 15 pixels du bord, et, quelle que soit la longueur de cette dernière, il y reste. Si le texte est beaucoup plus long et si l'utilisateur fait défiler la fenêtre, l'image n'apparaîtra plus à l'écran.

Il pourrait être esthétique de laisser le fond sur le haut de la page, même si celle-ci défile. Ainsi, nous pouvons le fixer à l'aide de la propriété `background-attachment`. Cette propriété admet deux mots-clés comme valeur : `scroll` et `fixed`. Le premier sert à indiquer que le fond doit défiler et le second, `fixed`, sert à le fixer ; dans ce dernier cas, seuls les éléments placés dessus défileront.

```
body {
 background-image: url("chemin/vers/mon/image.ext");
 background-repeat: repeat-x;
 background-attachment: fixed;
}
```

Avec ce code, quand l'utilisateur descend en bas de la page, l'image reste affichée à l'écran. Cette technique est à utiliser avec modération. En effet, sur Firefox, le défilement à l'aide de la molette de la souris s'en trouve ralenti.

Nous allons une fois de plus changer d'image et placer une mosaïque dans le fond du site. L'image sera répétée selon l'axe horizontal des x et selon l'axe vertical des y. En ce sens, nous donnerons la valeur `repeat` à la propriété `background-repeat`. Ainsi, le code CSS précédent devient :

```
body {
 background-image: url("chemin/vers/mon/image.ext");
 background-repeat: repeat;
}
```

La mosaïque se répète dans le fond du site. Libre à vous de placer des mosaïques complexes constituées de fleurs, de traits, etc.

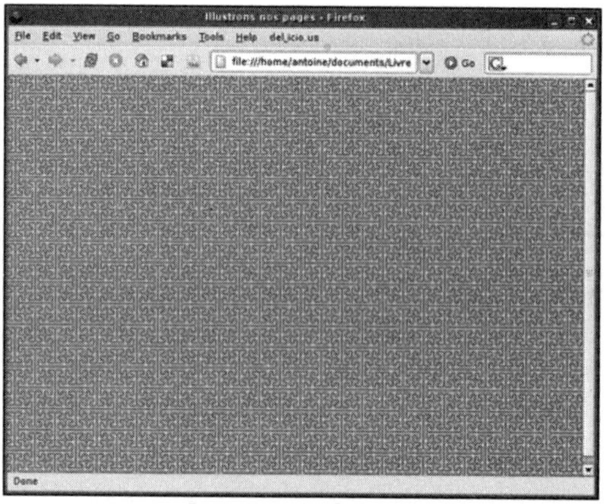

Figure 7.11 :
L'image répétée

Il existe une syntaxe abrégée pour placer ces éléments. L'ordre à respecter est le suivant :

```
background-color background-image background-repeat
✂ background-attachment background-position
```

RENVOI

***Pour en savoir plus à ce sujet, lisez le chapitre* Généralités et syntaxe.**

Simplifions l'écriture du dernier exemple :

```
body {
 background-image: url("chemin/vers/mon/image.ext") repeat;
}
```

Voilà qui est beaucoup plus lisible. Dans la suite du chapitre, nous favoriserons cette syntaxe pour sa lisibilité.

Nous avons passé en revue la totalité des propriétés propres aux images placées en fond. Nous allons à présent voir des solutions pratiques à quelques "problèmes" courants, tels que l'ajout d'image à un lien, le changement des puces dans une liste, etc. Ces exemples trouveront certainement place dans votre site si vous souhaitez l'agrémenter de petites icônes et autres facéties graphiques.

Atelier : agrémentez vos fonds de page

Sur la base du code suivant, colorez le fond en gris clair. Ajoutez un motif qui ne se répète pas au centre de la page.

RENVOI

Reportez-vous au chapitre Webographie pour trouver un motif.

Déplacez-le en bas à droite. Répétez-le horizontalement, puis verticalement, et enfin, dans les deux directions.

```
<!DOCTYPE html PUBLIC "-//W3C//DTD XHTML 1.0
✂ Transitional//EN" "http://www.w3.org/TR/xhtml1/DTD
✂ /xhtml1-transitional.dtd">
<html xmlns="http://www.w3.org/1999/xhtml">
<head>
  <title>Illustrons nos pages</title>
</head>
<body>

</body>
```

Solution

```
background-color: #c4c4c4;
/* Par exemple, le code de couleur peut évidemment varier.
✂ */

background: url("motif.gif") no-repeat center center;
/* Si l'image est placée dans le même dossier que la page
✂ courante et qu'elle s'appelle motif.gif */

background: url("motif.gif") no-repeat bottom right;

background: url("motif.gif") repeat-x; /* Répétition
✂ horizontale */
background: url("motif.gif") repeat-y; /* Répétition
✂ verticale */
background: url("motif.gif") repeat; /* Répétition dans
✂ les deux directions */
```

7.2. Insérer des liens

Une petite technique CSS que vous avez peut-être déjà rencontrée consiste à placer une petite puce ou une petite image à côté d'un lien (devant ou derrière) pour informer le visiteur sur le caractère, la langue ou le type du lien sur lequel il va cliquer. Nous allons voir comment mettre des images, comme celles qui suivent, devant et ensuite derrière un lien.

Tout d'abord, nous nous baserons sur un code HTML assez simple suivant :

```
<p>
Ceci est un <a href="#" lang="fr">lien en français</a>
✂ alors que <a href="#" lang="en">celui-ci est en
✂ anglais</a>.
</p>
```

Nous allons simplement décaler le texte vers la droite et mettre une image avant ce texte. Pour déplacer le texte, rien de plus simple : il suffit de lui appliquer un certain `padding`. Ce `padding` est la marge interne du bloc en question, dans ce cas, le lien. Cette marge doit laisser suffisamment de place pour que l'image puisse s'afficher dans cet espace. C'est pourquoi, si l'image a une largeur de 16 pixels, nous laisserons une marge d'au moins 16 pixels, plus précisément de 18 afin de laisser un petit espace de 2 pixels entre l'image et le début du texte :

```
a {
 padding-left: 18px;
}
```

Il faut maintenant mettre une image dans le lien. Pour ce faire, nous allons utiliser la propriété `background`, comme vu précédemment. Dans ce cas, l'image ne doit pas se répéter. `background` prendra donc la valeur `no-repeat`. Elle doit être centrée en hauteur, mais à 0 pixel du bord gauche. Complétons le code :

```
a {
 padding-left: 18px;
 background: url("chemin/vers/mon/image-fr.ext") no-repeat
 ✂ 0 50%;
}
```

Nous pouvons dès lors voir le résultat :

Figure 7.12 :
L'icône placée sur la gauche

Nous aimerions maintenant placer l'image, non plus sur la gauche, mais sur la droite du lien. Pour ce faire, nous allons laisser un espace dans le lien, mais cette fois sur la droite. Ainsi le code devient :

```
a {
 padding-right: 18px;
}
```

Avec ce code, nous n'avons plus d'image. Il faut donc à nouveau la placer. Pour ce faire, nous allons changer la position par rapport à l'exemple précédent. En effet, il ne faut plus la positionner sur le bord gauche, mais sur le bord droit. Le code devient :

```
a {
 padding-right: 18px;
 background: url("chemin/vers/mon/image-fr.ext") no-repeat
 ✂ 100% 50%;
 /* Notez que nous aurions pu mettre right center comme
 ✂ position */
}
```

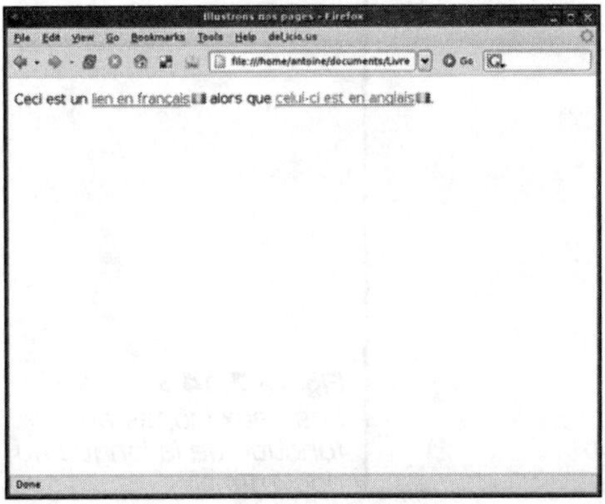

Figure 7.13 :
L'icône placée sur la droite

Nous savons maintenant placer de deux manières différentes une image. Nous aimerions informer le visiteur sur la langue du lien sur lequel il va cliquer. Nous allons en ce sens recourir à un sélecteur par attribut.

RENVOI *Lisez à ce sujet le chapitre **Généralités et syntaxe**.*

Il suffira de définir deux règles CSS. Le code est le suivant :

```
a[lang="fr"] {
 padding-left: 18px;
 background: url("chemin/vers/mon/image-fr.ext") no-repeat
 ✂ 0 50%;
}
a[lang="en"] {
 padding-left: 18px;
 background: url("chemin/vers/mon/image-en.ext") no-repeat
 ✂ 0 50%;
}
```

Cette technique peut, bien entendu, s'appliquer à d'autres balises que celles des ancres. En effet, on s'en sert couramment pour afficher des petites puces sur le côté des titres par exemple. Le problème de ces puces est qu'elles s'alignent avec le texte. Cela ne fait pas ressortir le titre, mais le décale sur la droite. Nous aimerions que le texte reste aligné avec le titre mais que les petites puces se mettent sur le côté. Pour cela, nous allons appliquer une marge négative sur la gauche du titre. Ainsi, la puce s'affichera sur la gauche et le texte restera aligné, car ce dernier aura une marge interne positive.

Figure 7.14 :
Les deux icônes en fonction de la langue du document

```
h2 {
 margin-left: -18px; /* Cette valeur doit être la même que
 ✂ celle du padding */
 padding-left: 18px;
 background: url("chemin/vers/mon/image.ext") no-repeat 0
 ✂ 50%;
}
```

Pour voir correctement l'image et l'empêcher de sortir du cadre, nous devons ajouter une marge à la balise `<body>` :

```
body {
 margin-left: 2em;
}
```

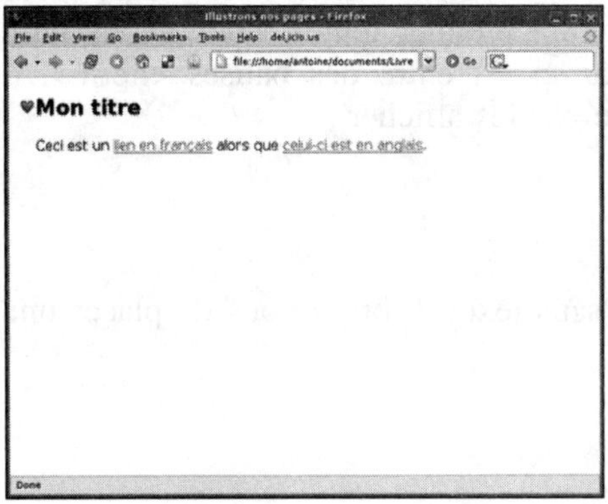

Figure 7.15 :
Le titre avec une puce

Cette technique est largement utilisée par les graphistes. Le rendu est élégant, et le code simple.

Atelier : insérez une image en fond de page

Reprenez le code vu dans cette section et remplacez l'image utilisée par celle de votre choix. Adaptez les tailles des marges en conséquence.

RENVOI

Reportez-vous au chapitre Webographie pour trouver des sites proposant des icônes.

7.3. Introduire des images

Une autre technique fréquemment utilisée consiste à remplacer un texte par une image afin de rendre la mise en page plus graphique et attrayante. Couramment, ces remplacements sont effectués sur des titres, mais ce n'est pas toujours le cas. Il existe différentes façons de modifier un titre. Nous allons en étudier deux, la première étant plus propre que la seconde, cette dernière ayant le mérite d'être compatible avec les navigateurs les plus anciens.

La première technique consiste à placer le texte dans des balises `<span>` auxquelles est appliquée la propriété `display: none`, et à placer l'image dans le fond de la balise de titre. Considérons le code HTML suivant :

```
<h1><span>Notre titre ici</span></h1>
```

Les balises `<span>` ne sont pas nécessairement utiles, sauf pour appliquer des styles précis. Dans un premier temps, nous allons faire disparaître le texte. Comme celui-ci est entre des balises `<span>`, il suffit de dire au navigateur de ne pas les afficher :

```
h1 span {
 display: none;
}
```

Nous avons maintenant un titre sans texte. Libre à vous de placer une image.

Figure 7.16 :
L'image qui remplacera le texte

Cette image fait 63 pixels de hauteur et 180 pixels de large. Nous allons donc modifier en conséquence la taille du bloc de titre :

```
h1 {
 width: 180px;
 height: 63px;
}
```

Nous avons maintenant une boîte vide de 180 pixels de large et de 63 pixels de haut. Il suffit alors d'y insérer l'image. Pour ce faire, nous allons la placer en fond de la balise `<h1>` à l'aide de la propriété `background`. L'image ne doit pas se répéter et doit venir dans le coin supérieur gauche :

```
h1 {
 width: 180px;
 height: 63px;
 background: url("chemin/vers/mon/image.ext") no-repeat
 ✂ left top;
}
```

Nous pouvons dès lors voir le résultat :

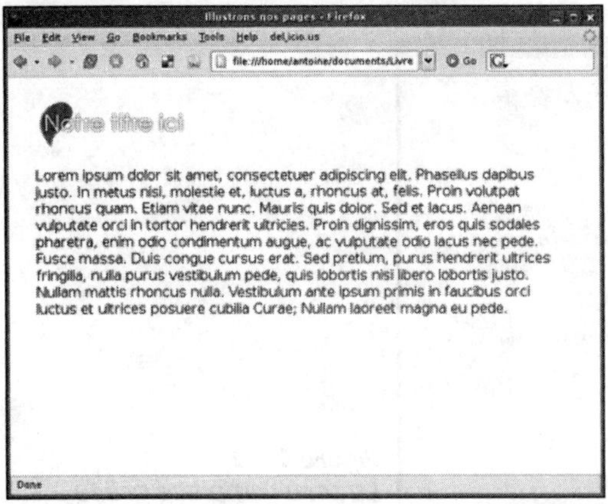

Figure 7.17 :
Le titre remplacé par une image

La seconde technique consiste à appliquer une indentation de texte négative et très grande. Ainsi le texte est décalé sur la gauche. Il est tellement décalé qu'il sort de la fenêtre et que l'utilisateur ne le voit pas. Nous partons d'un code HTML différent. En effet, nous n'avons plus besoin des balises `<span>` (c'est l'avantage de cette technique) :

```
<h1>Notre titre ici</h1>
```

Nous allons appliquer au titre une indentation négative suffisamment grande pour le faire disparaître :

```
h1 {
 text-indent: -999em;
}
```

Il ne reste plus qu'à afficher l'image. Nous procéderons comme dans l'exemple précédent. Ainsi, il suffit d'ajouter ces quelques lignes au code :

```
h1 {
 text-indent: -999em;
 width: 180px;
 height: 63px;
 background: url("chemin/vers/mon/image.ext") no-repeat
 ✂ left top;
}
```

Les deux techniques sont relativement proches, mais ont toutes deux des inconvénients. En effet, la première nécessite une modification du code HTML, mais le code CSS est plus propre. La seconde, à savoir la technique de l'indentation négative, n'est pas une solution parfaite, mais elle a l'avantage de fonctionner partout.

Figure 7.18 :
Le titre remplacé grâce à une autre technique

Atelier : les titres en image

Remplacez les titres du code suivant par une image de votre choix :

```
<!DOCTYPE html PUBLIC "-//W3C//DTD XHTML 1.0
✂ Transitional//EN" "http://www.w3.org/TR/xhtml1/DTD
✂ /xhtml1-transitional.dtd">
<html xmlns="http://www.w3.org/1999/xhtml">
<head>
 <title>Illustrons nos pages</title>
</head>
<body>
 <h1>Titre 1</h1>
 <p>Lorem ipsum dolor sit amet, consectetuer adipiscing
 ✂ elit. Duis libero tortor, viverra eget, eleifend nec,
 ✂ fermentum placerat, pede. Vivamus libero.</p>
 <h2 class="titre2">Titre 2</h2>
 <p>Lorem ipsum dolor sit amet, consectetuer adipiscing
 ✂ elit. Duis libero tortor, viverra eget, eleifend nec,
 ✂ fermentum placerat, pede. Vivamus libero.</p>
 <h2 class="titre3">Titre 3</h2>
 <p>Lorem ipsum dolor sit amet, consectetuer adipiscing
 ✂ elit. Duis libero tortor, viverra eget, eleifend nec,
 ✂ fermentum placerat, pede. Vivamus libero.</p>
</body>
```

Solution

```
h1 {
 text-indent: -999em;
 width: 180px;
 height: 63px;
 background: url("chemin/vers/mon/image.ext") no-repeat
 ✂ left top;
}
h2.titre2 {
 text-indent: -999em;
 width: 180px;
 height: 63px;
 background: url("chemin/vers/mon/image-2.ext") no-repeat
 ✂ left top;
}
h3.titre3 {
 text-indent: -999em;
 width: 180px;
 height: 63px;
 background: url("chemin/vers/mon/image-3.ext") no-repeat
 ✂ left top;
}
```

7.4. Créer des formulaires

Certains sites proposent un champ de recherche accompagné d'une petite image, par exemple une loupe, pour suggérer qu'il est possible de faire une recherche sur les pages en question. Placer une image dans le fond d'un formulaire n'est pas plus compliqué que d'en placer une dans le lien. C'est d'ailleurs sensiblement la même technique que nous appliquerons. Prenons pour base le code HTML suivant :

```
<form action="">
 <input type="text" id="utilisateur" value="Votre nom" />
 <input type="password" id="motdepasse" value="motdepasse"
 ✂ />
</form>
```

Nous avons deux champs, un pour le nom et un pour le mot de passe. Nous aimerions les illustrer à l'aide des deux icônes suivantes :

Elles ont une taille de 16 pixels sur 16 pixels. Nous allons donc élargir un peu le champ de texte. En lui donnant une hauteur de 18 pixels, nous conservons 1 pixel au-dessus de l'image et un autre en dessous de celle-ci :

```
input {
 height: 18px;
}
```

Maintenant que nous avons suffisamment de place en hauteur, il faut laisser de la place en largeur. Nous allons, comme pour les liens, appliquer une marge interne sur la gauche, de 18 pixels :

```
input {
 height: 18px;
 padding-left: 18px;
}
```

Il reste à placer l'image, toujours avec la même technique, c'est-à-dire grâce à la propriété `background`. L'image ne doit pas se répéter et doit se placer à 1 pixel du bord supérieur et à 1 pixel du bord gauche. Le code est le suivant :

```
input#utilisateur {
 height: 18px;
 padding-left: 18px;
 background: url("chemin/vers/mon/image-utilisateur.ext")
 ✂ no-repeat 1px 1px;
}
```

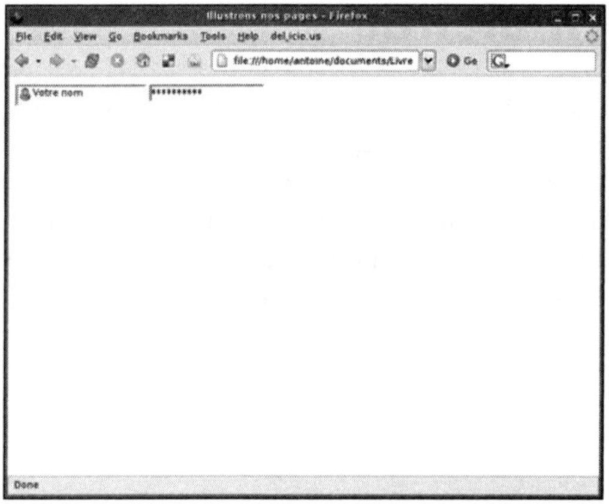

Figure 7.19 :
Le résultat du remplacement

La bordure n'est pas très esthétique et le texte n'est pas centré verticalement. Nous allons remédier à ce problème :

```
input {
 border: 1px solid #ececec;
 heigth: 15px;
 padding-top: 3px;
}
input#utilisateur {
```

```
 padding-left: 18px;
 background: url("chemin/vers/mon/image-utilisateur.ext")
 ✂ no-repeat 1px 50%;
}
```

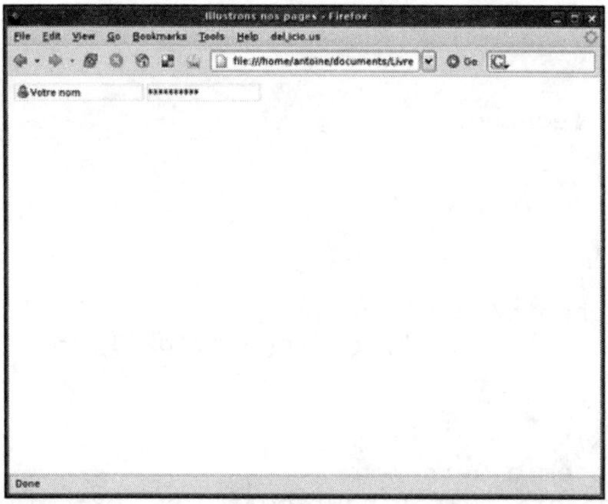

Figure 7.20 : *Le résultat avec des bordures plus claires*

Nous utilisons la sélection par `id` sur le champ `utilisateur`. Nous allons procéder de la même façon pour le champ `motdepasse`. Voici le code :

```
input#motdepasse {
 padding-left: 18px;
 background: url("chemin/vers/mon/image-motdepasse.ext")
 ✂ no-repeat 1px 1px;
}
```

Maintenant, deux petites images illustrent parfaitement l'utilité des champs. Il serait encore plus agréable de les griser lorsque l'utilisateur ne se trouve pas dans le champ, et de les colorer lorsque le champ obtient le focus. Nous allons appliquer un changement d'image en fonction de l'état de la balise. Cette technique sera également utilisée dans l'atelier suivant.

Pour cette réalisation, nous disposons de quatre images, deux en couleur et deux en nuance de gris.

Nous allons réutiliser le code vu précédemment pour afficher les deux images grisées :

- Code HTML :

```
<form action="">
```

```
 <input type="text" id="utilisateur" value="Votre
 ✂ nom" />
 <input type="password" id="motdepasse"
 ✂ value="motdepasse" />
</form>
```

- Code CSS :

```
input {
 border: 1px solid #ececec;
 heigth: 15px;
 padding-top: 3px;
}
input#utilisateur {
 padding-left: 18px;
 background: url("chemin/vers/mon/
 ✂ image-utilisateur-gris.ext") no-repeat 1px 1px;
}
input#motdepasse {
 padding-left: 18px;
 background: url("chemin/vers/mon/
 ✂ image-motdepasse-gris.ext") no-repeat 1px 1px;
}
```

Maintenant, nous allons changer l'image quand ce dernier champ obtient le focus. Rappel : quand le champ obtient le focus, c'est la pseudo-classe `:focus` qui s'applique. Nous allons donc changer l'image dans cette classe. Nous avons précédemment détaillé les diverses propriétés qui peuvent s'appliquer. Comme nous voulons uniquement modifier l'image, nous utiliserons la propriété `background-image`. Ainsi, nous pouvons ajouter dans notre code les lignes suivantes :

```
input#utilisateur:focus {
 background-image:
 ✂ url("chemin/vers/mon/image-utilisateur.ext")
}
input#motdepasse:focus {
 background-image:
 ✂ url("chemin/vers/mon/image-motdepasse.ext")
}
```

Avec ce code, quand le champ obtient le focus, l'image se colore, comme le montre la capture d'écran suivante. Ce code ne fonctionnera pas sous Internet Explorer, qui ne reconnaît pas la pseudo–classe `:hover`.

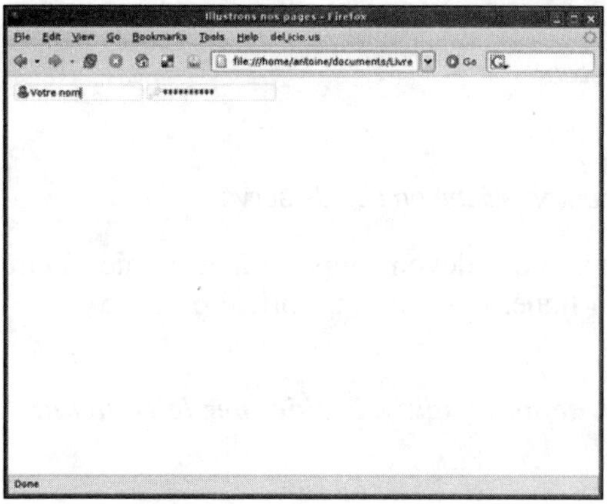

Figure 7.21 :
Le formulaire avec les icônes et les changements d'états

Atelier : créez un formulaire

En procédant comme expliqué dans cette section, modifiez les images utilisées. Créez votre formulaire de contact avec des icônes pour illustrer les champs.

7.5. Intégrer des boutons

Nous allons créer un bouton graphique. Nous modifierons son image au survol de la souris, et ajouterons un soulignement graphique ; la technique est sensiblement la même que celle mise en œuvre précédemment pour le champ de texte.

Commençons par la mise en forme graphique du bouton à partir d'un simple lien. Nous partirons du code HTML suivant :

```
<a href="#" class="bouton">Accueil</a>
```

De la même façon, nous pouvons mettre en forme de manière avancée un menu, qui n'est en fait constitué que d'une liste de liens.

Nous allons, tout d'abord, construire le bouton sans nous préoccuper de faire varier le fond au survol de la souris. Ensuite, nous indiquerons au navigateur de changer l'image, et uniquement celle-ci, en cas de survol. Voici les deux images que nous utiliserons.

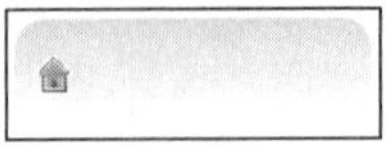

Figure 7.22 :
Premier bouton

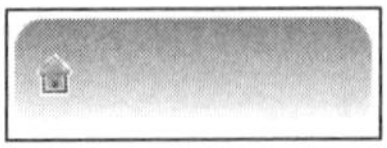

Figure 7.23 :
Deuxième bouton affiché en cas de survol

Pour mettre en forme le bouton, nous devons imposer à ce dernier d'être un bloc, et non une balise en ligne, grâce à la propriété `display`.

RENVOI *Cette propriété est décrite au chapitre* ***Positionner le contenu****.*

```
a {
 display: block;
}
```

Maintenant, il faut mettre la boîte aux dimensions de l'image, à savoir 50 pixels sur 150 pixels.

```
a {
 display: block;
 height: 50px;
 width: 150px;
}
```

Nous allons indiquer l'image à placer en fond, préciser son type de répétition (aucune dans ce cas) et sa position (`0 0`).

```
a {
 display: block;
 height: 50px;
 width: 150px;
 background: url("chemin/vers/mon/image.ext") repeat-y 0 0;
}
```

Accessoirement, nous pouvons retirer le soulignement, changer la couleur et centrer le bouton verticalement et horizontalement.

```
a {
 display: block;
 height: 50px;
 width: 150px;
 background: url("chemin/vers/mon/image.ext") repeat-y 0 0;
 color: black;
 text-decoration: none;
 text-align: center;
```

```
 line-height: 50px;  /* Si l'on met la même hauteur que la
 ✂ taille de la bo^te, le navigateur centrera le texte en
 ✂ hauteur. */
}
```

Nous avons maintenant un bouton. Pour l'instant, quand l'utilisateur le survole, rien ne se passe.

Figure 7.24 :
Le bouton sans l'effet du survol

Nous allons définir le changement d'image. Dans ce cas, les deux images utilisées ont la même taille et nous n'avons donc pas à modifier la taille du bouton. Il suffit d'indiquer le fichier qui servira pour l'effet de survol.

```
a:hover {
 background-image: url("chemin/vers/mon/image-survol.ext");
}
```

Maintenant au survol du lien, l'image change. Les propriétés de la pseudo-classe `:hover` sont appliquées. Cette règle CSS mentionnant uniquement la propriété `background-image` indique au navigateur de modifier l'image de fond sans changer les autres propriétés (si nous redéfinissions l'entièreté des propriétés, nous devrions les modifier à deux reprises, dans la règle pour le lien au repos et dans la règle pour le lien au survol). En procédant ainsi, nous jouons sur l'héritage et évitons des ennuis lors de modifications ultérieures.

Figure 7.25 :
Le bouton avec un effet de survol

Voyons maintenant un exemple de soulignement. Il est possible de souligner de manière graphique un lien, un titre ou autres. Dans ce cas, il s'agit de mots placés entre `<span></span>`. Le trait sera en forme de pique, comme celui qu'utilise Word pour les fautes d'orthographe. Nous exploiterons l'image ci-après, déclinée en trois coloris : rouge, vert et bleu.

Nous nous baserons sur le code HTML qui suit. Nous avons placé deux classes différentes dans des balises `<span>` distinctes, pour appliquer facilement un soulignement rouge et un autre vert.

```
<p>
 Ceci est un petit exemple, nous <span
 ✂ class="grammaire">avion</span> mis des <span
 ✂ class="orthographe">fôtes</span> pour <span
 ✂ class="orthographe">illuster</span> une mise en forme
 ✂ semblable à celle de Word.
</p>
```

Nous devrons bien sûr répéter cette image le long de l'axe des x. Comme nous voulons placer l'image sous le texte, nous devons cette fois, non pas laisser de la place sur les côtés, mais dessous l'image. Nous pouvons le faire à l'aide des marges internes. Le code est le suivant :

```
span.grammaire, span.orthographe {
 padding-bottom: 2px;
}
```

Nous allons maintenant afficher l'image. Pour ce faire, nous donnons des valeurs spécifiques aux propriétés :

```
span.grammaire {
 background: url("chemin/vers/mon/image-vert.ext") repeat-x
 ✂ 0 100%;
}
```

```
span.orthographe {
 background: url("chemin/vers/mon/image-rouge.ext")
 ✂ repeat-x 0 100%;
}
```

Figure 7.26 :
Les soulignements

Nous aimerions que le soulignement devienne bleu lors du survol de la souris. Il suffit de modifier l'image, comme nous l'avons fait dans l'exemple précédent :

```
span:hover {
 background: url("chemin/vers/mon/image-bleu.ext") repeat-x
 ✂ 0 100%;
}
```

Cet effet ne sera pas vu sous Internet Explorer 6 et les versions précédentes. En effet, ce navigateur n'applique la pseudo-classe `:hover` qu'à l'élément <a>. Tous les autres effets sont annulés. Cela n'a, dans le cas présent, aucune conséquence néfaste sur le site : les utilisateurs ne seront pas gênés si le soulignement ne devient pas bleu. Il faut veiller à ne pas rendre le site inutilisable quand un navigateur n'implémente pas cette pseudo-classe.

Atelier : modifiez les apparences

Dans le code suivant, ajoutez un soulignement ondulé sur les balises `<span>` qui ont la classe `orthographe`. Modifiez l'apparence du lien pour obtenir un bouton. Au survol du bouton, son image de fond doit changer.

Solution

```
<p>
 <a href="">Ceci est un bouton</a>
</p>
<p>
 Ceci est un petit exemple, nous <span
 ✂ class="grammaire">avion</span> mis des <span
 ✂ class="orthographe">fôtes</span> pour <span
 ✂ class="orthographe">illuster</span> une mise en forme
 ✂ semblable à celle de Word.
</p>
span.orthographe {
 padding-bottom: 2px;
}
span.orthographe {
 background: url("soulignement-ondule.gif") repeat-x 0 100%;
}

a {
 display: block;
 height: 50px;
 width: 50px;
 background: url("bouton.png") repeat-y 0 0;
}
a:hover {
 background-image: url("bouton-survol.png");
}
```

7.6. Supprimer les flashs

Vous avez peut-être remarqué que, lors du survol d'une image qui se modifie, il apparaît un petit flash blanc, au cours duquel ladite image se charge dans le cache du navigateur. Afin de supprimer ce temps d'attente, il suffit de charger l'image dans le cache. Pour ce faire, nous la placerons dans une balise `<div>` au début de la page, et grâce aux CSS, nous la cacherons.

Reprenons l'exemple précédent. Nous avons deux images. Il n'est pas nécessaire de précharger la première puisque celle-ci sera chargée même s'il n'y a pas de survol. La seconde, par contre, ne sera chargée qu'en cas de survol, d'où le petit flash blanc. Nous allons donc la placer dans une balise `<div>`, que nous cacherons. Voici le code HTML :

```
<div class="prechargement">
 <p>Si vous voyez ces images, c'est que votre navigateur
 ✂ ne comprend pas les CSS. N'en tenez pas compte</p>
 <img src="chemin/vers/mon/image-survol.ext" alt="" />
</div>
```

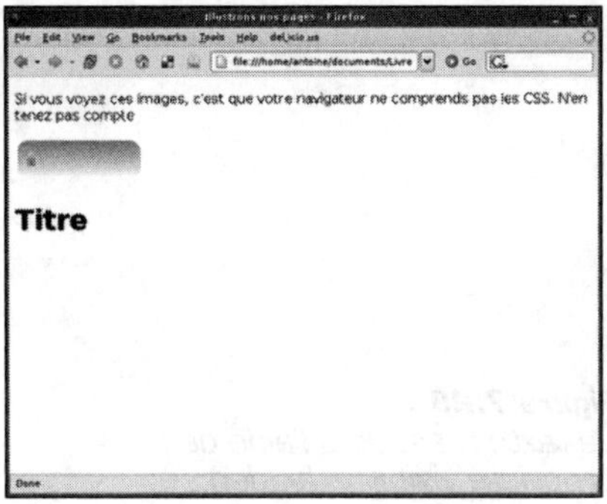

Figure 7.27 : *Le texte ajouté*

Afin de cacher le contenu de la balise <div>, plusieurs solutions s'offrent à nous. La première consiste à utiliser la propriété `display` avec la valeur `none` :

```
div.prechargement {
 display: none;
}
```

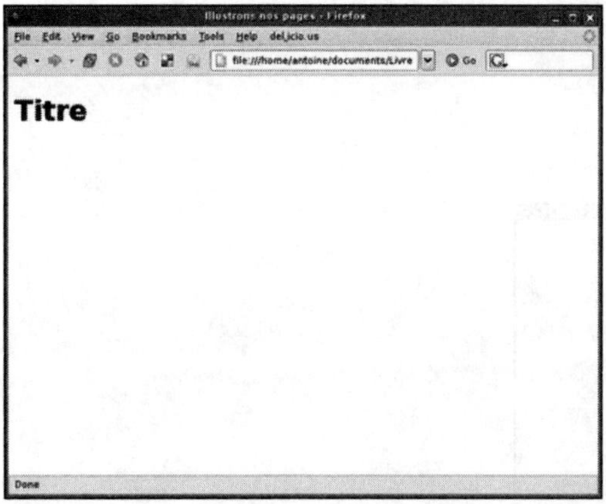

Figure 7.28 : *Le texte masqué à l'aide de la propriété display : none ;*

Cette technique, quoique fonctionnelle, ne marche pas avec la version Internet Explorer 6 sous Windows 98, qui n'enregistre pas les images en cache. Nous ne pouvons pas négliger tous ces utilisateurs.

Autre solution : nous pouvons utiliser la propriété `visibility` avec la valeur `hidden`.

```
div.prechargement {
 visibility: hidden;
}
```

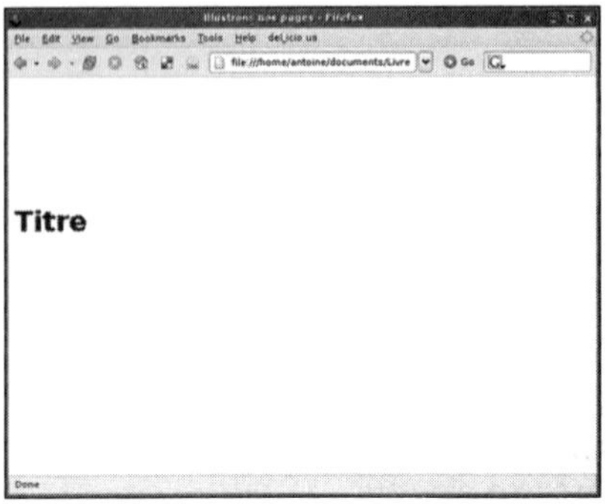

Figure 7.29 :
Le texte masqué à l'aide de la propriété visibility: hidden;

L'ennui est que le bloc `<div>` conserve la place qu'il prendrait normalement.

Nous allons à présent utiliser une technique comparable à celle employée pour le remplacement d'image. Il s'agit de placer les images hors de la zone de visualisation. Ainsi, l'utilisateur ne les verra pas, mais elles seront correctement chargées sur tous les navigateurs.

```
div.prechargement {
 position: absolute;
 top: -999em;
 left: 0;
}
```

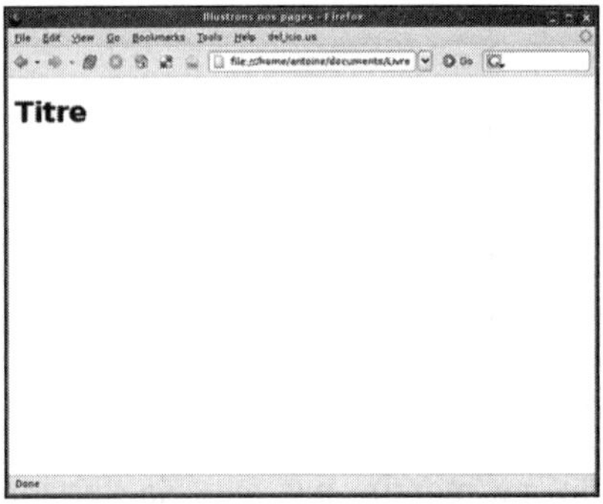

Figure 7.30 :
Le texte masqué à l'aide d'indentations négatives

Si seule l'image qui apparaît au survol est à précharger, il existe une technique plus simple. Elle consiste à utiliser une seule image qui contient les deux états, au repos et au survol, et à la charger dès l'affichage de la page. Si l'utilisateur survole la zone, nous affichons la partie de l'image correspondante.

Reprenons l'exemple précédent. Changeons l'image et combinons dans cette dernière les deux états. Ainsi, notre image devient :

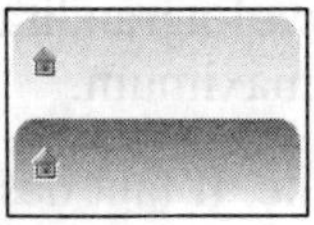

Figure 7.31 :
Image contenant les deux états de notre bouton

Nous voyons s'afficher les deux images. Pour l'état au repos, nous afficherons l'image aux positions `0 0`, et pour le survol, aux positions `50px 0`. La position horizontale dépend de la taille de la première image, dans ce cas, 50 pixels de large. Il est bien évidement possible de déplacer le fond de bas en haut. Le code précédent se simplifie pour devenir :

```
a {
 display: block;
 height: 50px;
 width: 50px;
 background: url("chemin/vers/mon/image.ext") repeat-y 0 0;
}
a:hover {
 background-position: 0 50px;
}
```

Grâce à cette technique, nous évitons de précharger un document, le code est plus simple et le dossier ne contient qu'une seule image. Que d'avantages !

Atelier : préchargez des images

Dans le code précédent, préchargez les images à utiliser.

Solution :

```
<div class="prechargement">
 <p>Si vous voyez ces images, c'est que votre navigateur
 ✂ ne comprend pas les CSS. N'en tenez pas compte</p>
 <img src="chemin/vers/mon/image-survol.ext" alt="" />
</div>

div.prechargement {
 position: absolute;
 top: -999em;
 left: 0;
}
```

7.7. Zoomer

Vous aimeriez bien créer une page mettant en valeur vos images de vacances. Il sera possible de faire un zoom sur une photo au survol de celle-ci. Ainsi, plus besoin de faire plusieurs pages, le survol agrandira la photo, permettant ainsi à vos visiteurs d'en profiter au maximum.

Nous nous retrouvons dans le cas où l'image change de taille. Il faut dès lors changer la taille de la boîte. Prenons l'image suivante :

Figure 7.32 : *L'image que nous allons utiliser pour l'exemple*

Dans la première partie figure l'image en miniature et, dans une seconde partie, l'image en taille plus grande.

Créons d'abord une liste de liens qui serviront à afficher les images au survol :

```
<ul>
 <li><a href="#">Image</a></li>
</ul>
```

Supprimons les puces et les marges de la liste :

```
ul {
 list-style-type: none;
 margin: 0;
 padding: 0;
}
ul li {
 margin: 0;
 padding: 0;
}
```

Maintenant, mettons en forme les images sans nous préoccuper du survol :

```
a {
 display: block;
 height: 60px;
 width: 80px;
```

```
background: url("chemin/vers/mon/image.ext") no-repeat 0
✂ 0;
}
```

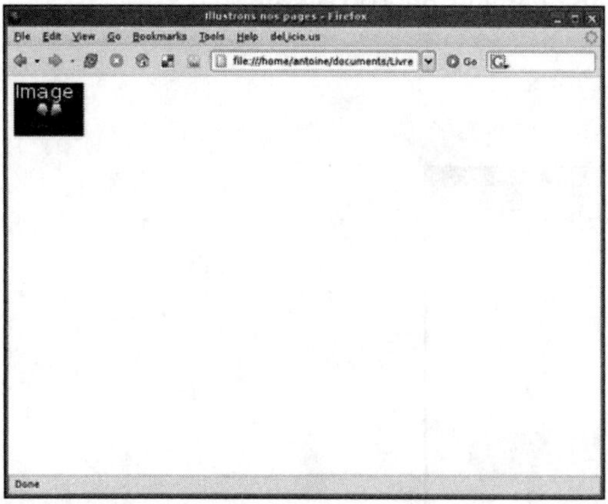

Figure 7.33 :
L'image avec le texte présent

Malheureusement, avec ce code, le texte reste présent. Nous allons utiliser la technique mise en œuvre lors du remplacement d'image. Le code devient :

```
a {
 display: block;
 height: 60px;
 width: 80px;
 background: url("chemin/vers/mon/image.ext") no-repeat 0
 ✂ 0;
 text-indent: -999em;
}
```

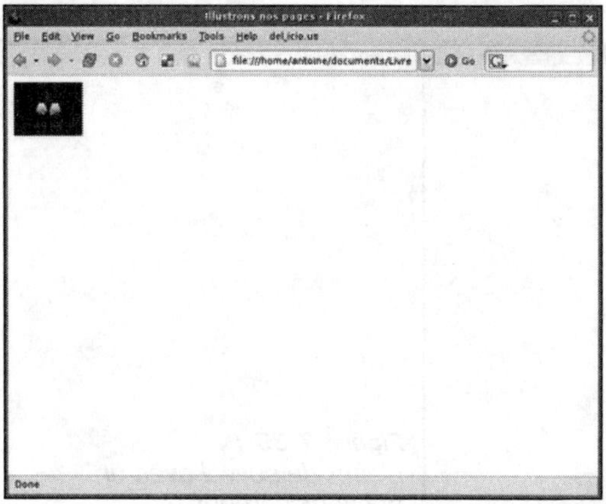

Figure 7.34 :
L'image sans le texte

Nous allons ajouter l'effet de zoom au survol. Changeons tout d'abord la position de l'image. Comme nous pouvons le voir sur la capture précédente, la grande image se trouve à 100 pixels du bord gauche. Nous allons donc faire un déplacement de 100 pixels.

```
a:hover {
 background-position: -100px 0;
}
```

Figure 7.35 :
L'effet de survol sans agrandissement

Nous pouvons voir un coin de l'image, mais pas encore la totalité. Pour ce faire, nous devons agrandir la boîte et donc modifier sa hauteur et sa largeur :

```
a:hover {
 background-position: -100px 0;
 width: 400px;
 height: 300px;
}
```

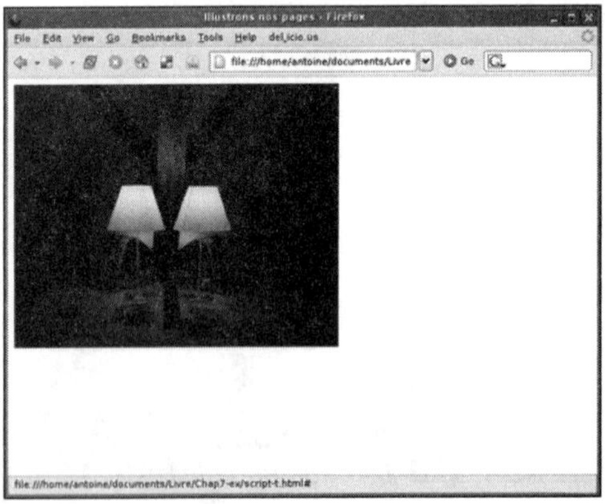

Figure 7.36 :
L'effet de survol avec un agrandissement

Maintenant, nous pouvons apprécier le zoom qui se fait avec une image préchargée de plus. Il suffit donc de répéter les mêmes règles CSS pour des classes différentes en changeant l'image. En jouant sur l'héritage, nous pouvons considérablement alléger le code. Changeons quelque peu le code HTML :

```
<ul class="liste-image">
 <li><a href="#" class="image1">Image 1</a></li>
 <li><a href="#" class="image2">Image 2</a></li>
 <li><a href="#" class="image3">Image 3</a></li>
 <li><a href="#" class="image4">Image 4</a></li>
 <li><a href="#" class="image5">Image 5</a></li>
</ul>
```

Nous avons ajouté une classe à la balise `<ul>`. Nous pouvons maintenant écrire un code générique sans préciser d'image et ne changer ensuite que la taille du conteneur. Ainsi, nous profitons du fait que les propriétés définies dans les règles s'appliquent à tous les liens contenus dans les éléments `<li>` des balises `<ul>` avec la classe `liste-image`. Le code devient donc :

```
ul.liste-image a {
 display: block;
 height: 60px;
 width: 80px;
 background: no-repeat 0 0;
 text-indent: -999em;
}
ul.liste-image a:hover {
 background-position: -100px 0;
 width: 400px;
 height: 300px;
}
```

Pour chaque image, il nous revient de donner une valeur à la propriété `background-image` :

```
a.image1 {
 background-image: url("chemin/vers/mon/image-1.ext");
}
a.image2 {
 background-image: url("chemin/vers/mon/image-2.ext");
}
a.image3 {
 background-image: url("chemin/vers/mon/image-3.ext");
}
```

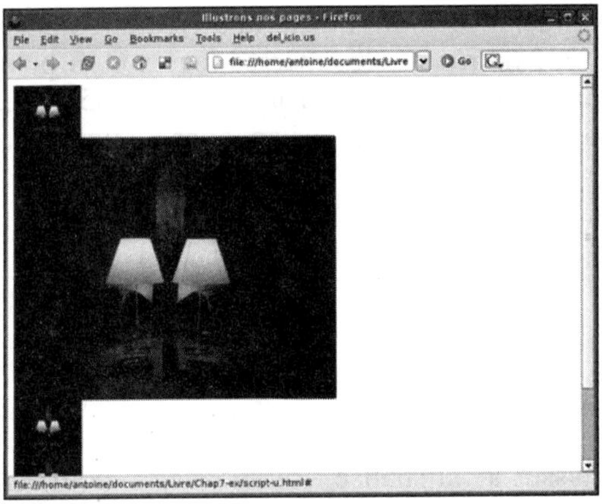

Figure 7.37 :
L'effet avec plusieurs images

Cette construction impose des images construites de la même façon et de taille identique ; sinon, vu les variations au niveau de l'affichage, il faut redéfinir la taille et la position pour les classes `image1`, `image2`, etc.

7.8. Placer des puces personnalisées

Les puces HTML par défaut ne sont pas des plus originales. Il existe deux techniques pour mettre en forme une liste de manière avancée, plus précisément pour la personnaliser à l'aide de petites puces graphiques : soit vous changez la puce à l'aide d'une propriété propre aux listes, soit vous ajoutez une image de fond, comme nous l'avons fait précédemment.

La première méthode se fonde sur la propriété `list-style-image`. Voyons d'abord un exemple de code HTML sur lequel nous nous baserons :

```
<ul>
 <li>Élément 1</li>
 <li>Élément 2</li>
 <li>Élément 3</li>
 <li>Élément 4</li>
 <li>Élément 5</li>
</ul>
```

Cette liste possède par défaut des puces, comme le montre la capture suivante :

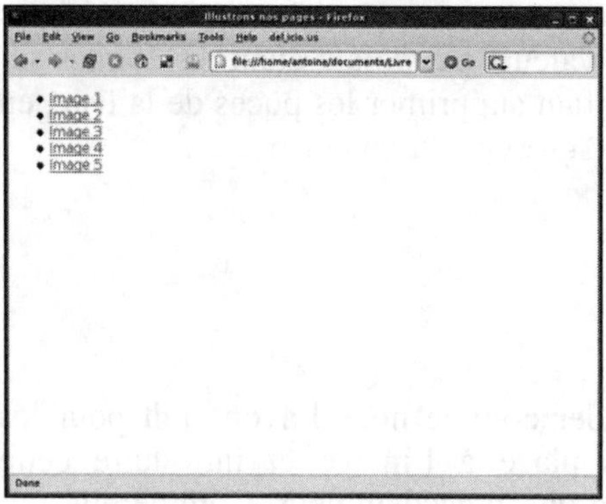

Figure 7.38 :
La liste sans mise en forme

Il faut choisir l'image des futures puces qui viendront remplacer celles par défaut.

Figure 7.39 :
La puce graphique que nous allons utiliser

Il reste à appliquer l'image à la liste :

```
ul li {
 list-style-image: url("chemin/vers/mon/image.ext");
}
```

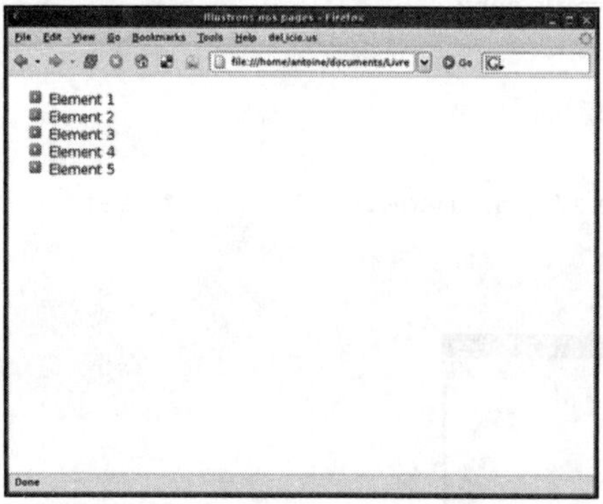

Figure 7.40 :
La liste avec l'image

La seconde façon de procéder est bien plus souple et offre des nouvelles possibilités. Il s'agit de supprimer la puce et de placer une image au début du texte, comme nous l'avons fait pour les liens.

Tout d'abord, supprimons les marges propres aux listes. Pour ce faire, nous allons donner la valeur `0` aux propriétés `margin` et `padding`.

```
ul {
 margin: 0;
 padding: 0;
}
```

De cette manière, sur tous les navigateurs supportant les CSS, les marges internes et externes seront à `0`, les valeurs par défaut étant différentes sur chaque navigateur. Maintenant, il faut supprimer les puces de la liste, en donnant à la propriété `list-style-type` la valeur `none` :

```
ul {
 margin: 0;
 padding: 0;
 list-style-type: none;
}
```

Maintenant, nous pouvons procéder comme nous l'avons fait pour les liens, c'est-à-dire, laisser de la place à l'image et introduire cette dernière. Prenons la même image que précédemment. Comme elle fait 15 pixels de large, nous allons laisser une marge interne de 17 pixels afin de laisser un écart par rapport au texte. Le code devient donc :

```
ul li {
 margin: 0;
 padding: 0 0 0 17px;
 list-style-type: none;
}
```

Il ne reste plus qu'à afficher l'image, en employant toujours la même technique, valable dans de nombreux cas :

```
ul li {
 margin: 0;
 padding: 0 0 0 17px;
 list-style-type: none;
 background: url("chemin/vers/mon/image.ext") no-repeat 0
 ✂ 0;
}
```

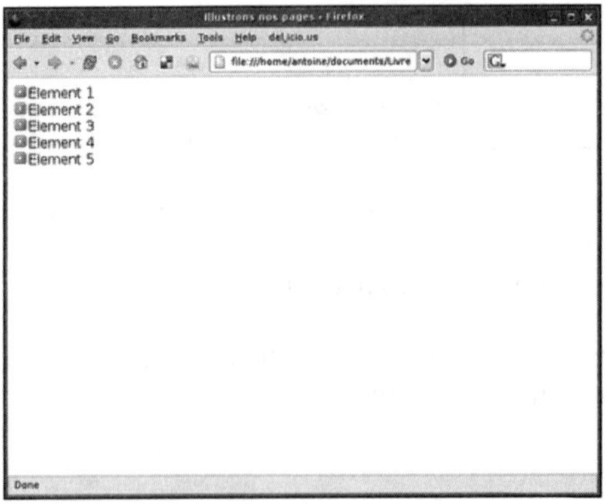

Figure 7.41 :
La liste avec l'image

Grâce à la technique du `background`, il est possible de mettre en place des puces qui commencent sous le texte, ce qui est impossible avec la méthode précédente. Par exemple, prenons le même code et appliquons cette image-ci à la place :

Figure 7.42 :
Une nouvelle puce

L'image commence sous le texte, donnant une nouvelle allure à la liste. Il existe de multiples façons d'exploiter cette technique dans les CSS.

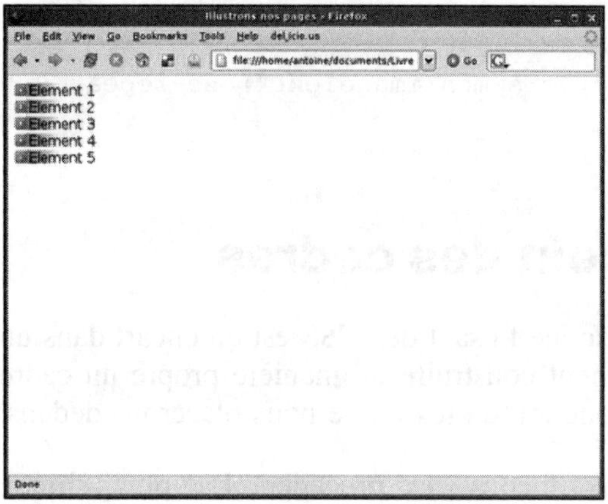

Figure 7.43 :
La liste avec une nouvelle puce (l'effet est fort différent)

Atelier : créez une liste à puce

À partir du code suivant, créez une liste en ajoutant des puces graphiques, de deux manières différentes.

```
<ul class="liste-style-image">
 <li>Élément 1</li>
 <li>Élément 2</li>
 <li>Élément 3</li>
 <li>Élément 4</li>
 <li>Élément 5</li>
</ul>
<ul class="liste-background">
 <li>Élément 1</li>
 <li>Élément 2</li>
 <li>Élément 3</li>
 <li>Élément 4</li>
 <li>Élément 5</li>
</ul>
```

Solution

```
ul li {
 list-style-image: url("chemin/vers/mon/image.ext");
}
ul {
 margin: 0;
 padding: 0;
 list-style-type: none;
}

ul li {
 margin: 0;
 padding: 0 0 0 17px;
 list-style-type: none;
 background: url("chemin/vers/mon/image.ext") no-repeat 0
 ✂ 0;
}
```

7.9. Arrondir le coin des cadres

La "bête noire" de toute personne faisant des CSS est un encart dans un cadre arrondi. Voyons comment construire de manière propre un cadre arrondi qui s'agrandira en fonction du texte que nous placerons dedans.

Nous allons voir plusieurs façons de procéder. La plus simple techniquement, se basera sur un cadre de largeur fixe et de hauteur variable ; dans la seconde, il pourra varier dans les deux directions, en hauteur et en largeur.

Nous allons placer une image sur le haut, une autre qui va se répéter en arrière-plan et enfin, une troisième positionnée sur le bas afin de terminer le cadre. Voici les trois images que nous allons utiliser :

Tout d'abord, créons une boîte d'une largeur de 150 pixels, correspondant à celle des images.

- Code HTML :

```
<div id="boite">
 <p>Notre texte est ici</p>
</div>
```

- Code CSS :

```
#boite {
 width: 150px;
```

```
 background: url("chemin/vers/mon/image-fond.ext")
 ✂ repeat-y 0 0 ;
}
```

Nous avons une boîte d'une largeur spécifique avec le fond, mais le dessus et le dessous ne sont pas encore arrondis.

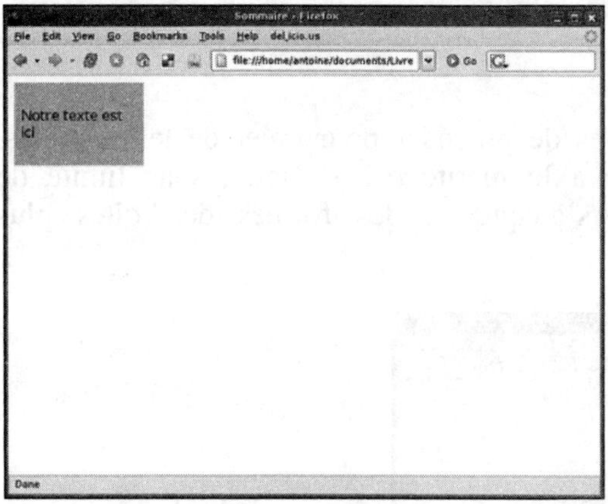

Figure 7.44 :
La boîte sans arrondi

Pour ajouter les deux images, nous avons besoin de deux balises `<div>` supplémentaires. Nous allons donc modifier le code HTML en conséquence. Le code complet qui permet de créer la boîte est le suivant :

- Code HTML :

```
<div id="boite">
 <div class="sus"></div>
 <p>Notre texte est ici</p>
 <div class="sous"></div>
</div>
```

- Code CSS :

```
#boite {
 width: 150px;
 background: url("chemin/vers/mon/image-fond.ext")
 ✂ repeat-y 0 0 ;
}
#boite .sus, #boite .sous {
 height: 20px;
 width: 150px;
 background: no-repeat 0 0;
}
#boite .sus {
```

```
 background-image:
 ✂ url("chemin/vers/mon/image-superieure.ext");
}
#boite .sous {
 background-image:
 ✂ url("chemin/vers/mon/image-inferieur.ext");
}
p {
 margin: 0.5em;
}
```

Il existe bien d'autres façons de procéder pour créer de telles boîtes. Cependant, cette technique a le mérite d'être claire, sans limite de hauteur et peut aisément s'adapter à des formes de boîtes plus complexes.

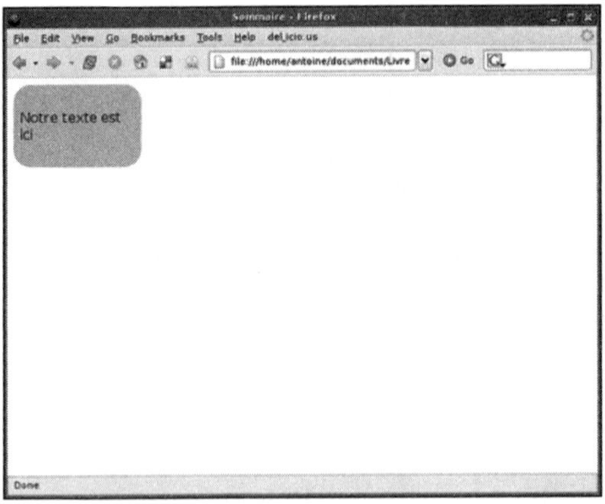

Figure 7.45 :
La boîte avec les arrondis

Une autre façon de procéder, plutôt avant-gardiste, permet de se simplifier la vie. Cependant, elle ne fonctionne qu'avec les navigateurs Mozilla, qui mettent à la disposition du webdesigner une propriété intéressante pour faire facilement des cadres arrondis. Cette propriété sera sans doute intégrée dans les spécifications des CSS 3. Nous illustrons ici cette technique à but purement indicatif.

- Code HTML :

```
<div id="boite">
 <p>Notre texte est ici</p>
</div>
```

- Code CSS :

```
#boite {
 width: 150px;
```

```
 background-color: red;
 -moz-border-radius: 20px;
}
```

Une autre méthode mérite d'être présentée car elle se base sur les pseudo-éléments `:before` et `:after`. Elle ne fonctionne pas, non plus, sur bien des navigateurs, mais à l'avenir, elle devrait se généraliser. Le principe est le même que dans la première solution sauf que nous ne plaçons pas de balises `<div>` supplémentaires et que nous profitons des deux pseudos-éléments en question.

- Code HTML :

```
<div id="boite">
 <p>Notre texte est ici</p>
</div>
```

- Code CSS :

```
#boite {
 width: 150px;
 background-color: #c4c4c4;
}
#boite:before {
 content: url("chemin/vers/mon/image-superieure.ext");
}
#boite:after {
 content: url("chemin/vers/mon/image-inferieure.ext");
}
```

Nous allons maintenant créer un cadre qui s'agrandit dans toutes les directions. Nous prenons le parti de définir la largeur du cadre en pourcentage afin qu'il s'agrandisse en fonction de la taille de l'écran. Nous aurons besoin de quatre images, présentées ci-après. Pour simplifier, nous utiliserons une couleur de fond unie. Au besoin, vous pouvez remplacer la couleur de fond par une image qui se répète.

Pour commencer, voyons la base du code HTML.

- Code HTML :

```
<div id="boite">
 <div class="sus"><div></div></div>
 <p>Notre texte est ici</p>
 <div class="sous"><div></div></div>
</div>
```

La force de cette technique n'est pas dans l'économie de balise `<div>`. En effet, nous devons en ajouter quatre. Toutefois, elles n'affecteront en rien la mise en page si aucune feuille de style n'est attachée.

Nous allons mettre en forme la boîte. Pour ce faire, nous utiliserons le code suivant :

```
#boite {
 width: 50%;
 background-color: #c4c4c4;
}
```

La largeur de la boîte est donnée en pourcentage. Nous allons maintenant ajouter les coins supérieurs gauche et droit. Le principe est le suivant : nous plaçons une image dans le coin supérieur droit de la balise `<div>`, qui contient une autre balise dans laquelle nous allons placer une image dans le coin supérieur gauche. Pour cet exemple, les images qui forment les coins sont d'une hauteur de 20 pixels et d'une largeur de 20 pixels également.

```
#boite .sus {
 width: 100%;
 height: 20px;
 background: url("chemin/vers/mon/image-superieure-droite
 ✂ .ext") no-repeat top right;
}
#boite .sus div {
 width: 20px;
 height: 20px;
 background: url("chemin/vers/mon/image-superieure-gauche
 ✂ .ext") no-repeat top left;
}
```

Nous allons procéder de la même manière pour les images du dessous.

```
#boite .sous {
 width: 100%;
 height: 20px;
 background: url("chemin/vers/mon/image-inferieur-droite
 ✂ .ext") no-repeat bottom right;
}
#boite .sous div {
 width: 20px;
 height: 20px;
 background: url("chemin/vers/mon/image-inferieur-gauche
 ✂ .ext") no-repeat bottom left;
}
```

Nous avons maintenant un cadre qui s'adapte en fonction de la largeur de l'écran.

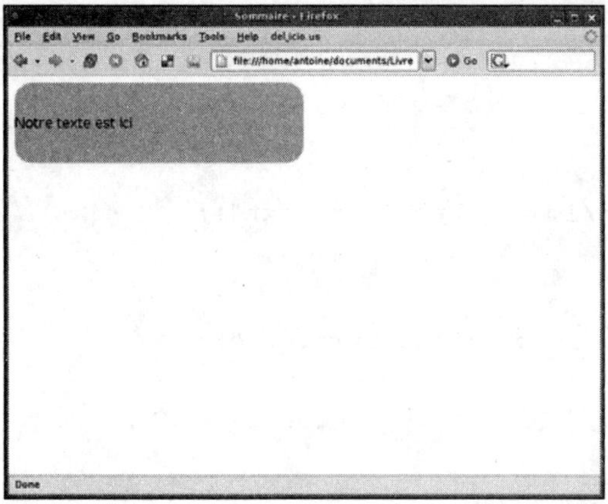

Figure 7.46 :
La boîte s'adapte en fonction de la largeur de l'écran

Vous pouvez aisément adapter cette technique avec des ombres par exemple, pour faire un cadre ombré qui s'adapte à la largeur d'un écran, à la taille des caractères. C'est la base de bien des effets graphiques que l'on peut retrouver sur Internet.

Atelier : créez une boîte

Construisez une boîte arrondie de 150 pixels de large pouvant s'agrandir en hauteur.

```
<div id="boite-fixe">
 <div class="sus"></div>
 <p>Notre texte est ici</p>
 <div class="sous"></div>
</div>
```

Construisez une autre boîte pouvant s'agrandir dans les deux sens, de largeur de 30 %.

```
<div id="boite">
 <div class="sus"><div></div></div>
 <p>Notre texte est ici</p>
 <div class="sous"><div></div></div>
</div>
```

Solution

```
#boite-fixe {
 width: 150px;
 background: url("chemin/vers/mon/image-fond.ext") repeat-y
 ✂ 0 0 ;
}
# boite-fixe  .sus, # boite-fixe  .sous {
```

```
 height: 20px;
 width: 150px;
 background: no-repeat 0 0;
}
# boite-fixe  .sus {
 background-image:
 ✂ url("chemin/vers/mon/image-superieure.ext");
}
# boite-fixe  .sous {
 background-image:
 ✂ url("chemin/vers/mon/image-inferieure.ext");
}

#boite {
 width: 50%;
 background-color: #c4c4c4;
}
#boite .sus, #boite .sous  {
 width: 100%;
 height: 20px;
 background: url("chemin/vers/mon/image-superieure-droite
 ✂ .ext") no-repeat top right;
}
#boite .sus div, #boite .sous div {
 width: 20px;
 height: 20px;
 background: url("chemin/vers/mon/image-superieure-gauche
 ✂ .ext") no-repeat top left;
}
#boite .sous {
 background: url("chemin/vers/mon/image-inferieur-droite
 ✂ .ext") no-repeat bottom right;
}
#boite .sous div {
 background: url("chemin/vers/mon/image-inferieur-gauche
 ✂ .ext") no-repeat bottom left;
}
```

7.10. Concevoir des onglets

Une dernière exploitation pratique des images est le très célèbre menu à onglets. Ce menu n'est pas toujours évident à concevoir, surtout si les onglets n'ont pas tous la même taille. Nous allons ensemble en construire un qui sera parfait pour votre site.

La technique est presque la même que celle que nous venons de voir pour le cadre arrondis s'adaptant à la taille de l'écran. Cette fois, pour afficher l'entièreté de l'image, nous allons utiliser un nouvel artifice. Nous allons employer pour le fond une image beaucoup plus grande que la taille normale. Ainsi, le fond sera dans la continuité du bord droit. Les deux images suivantes nous seront utiles pour la construction de l'onglet.

Il s'agit d'aligner l'image sur le côté gauche ou le côté droit et de mettre une autre image par-dessus pour terminer le bord. Cette technique est utilisée dans bien des mises en page de sites web. Nous aurions pu nous en servir pour créer un cadre qui s'agrandit. L'ennui est que, si l'utilisateur a un petit écran ou bien si la boîte est assez courte, l'image est démesurément grande par rapport à ce qui est affiché. En outre, si vous testez votre site avec une résolution de 800 × 600 pixels, celui qui a une résolution de 1 600 × 1 280 pixels risque de voir la fin de l'image alors que cela ne devrait pas être le cas. Il faut donc veiller à la taille des images, dans les deux sens.

Voyons maintenant le code HTML que nous allons utiliser :

```
<ul>
 <li><a href="#">Accueil</a></li>
 <li><a href="#">Contact</a></li>
</ul>
```

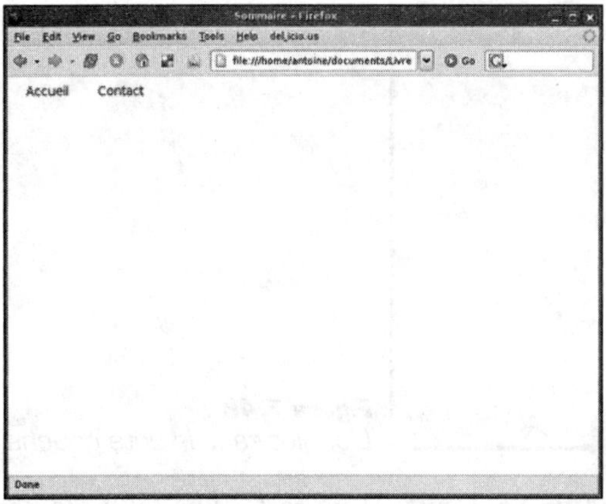

Figure 7.47 :
L'onglet sans image

Le code HTML reste simple et n'est pas restrictif : il permet de créer les mises en forme de menus les plus impressionnantes.

Nous allons tout d'abord mettre en forme le menu. Nous avons vu cette partie en détail précédemment.

```
ul {
 margin: 0;
 padding: 0;
 list-style-type: none;
 height: 20px;
}
li {
 margin: 0 5px 0 0;
 padding: 0;
 float: left;
}
a {
 display: block;
 font-size: 0.9em;
 text-decoration: none;
 color: black;
 padding: 0 1em;
}
```

Nous allons maintenant placer la grande image de fond en arrière-plan dans la balise `<li>`. Le code CSS est le suivant :

```
li {
 background: url("chemin/vers/mon/image-onglet.ext")
 ✂ no-repeat top right ;
}
```

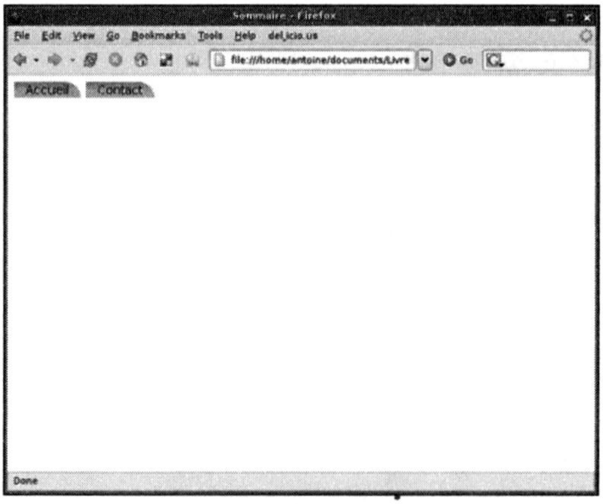

Figure 7.48 :
L'onglet sans le côté gauche

L'onglet n'est complet que d'un seul côté. Il ne reste plus qu'à ajouter un fond dans la balise `<a>` qui représentera le côté gauche de l'onglet.

```
a {
 background: url("chemin/vers/mon/image-onglet-gauche.ext")
 ✂ no-repeat top left ;
}
```

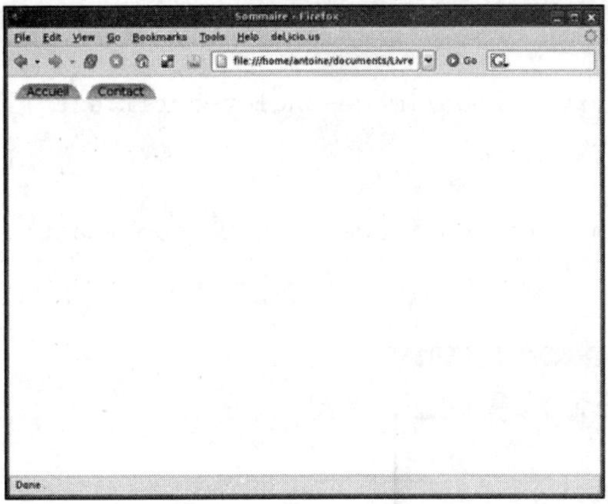

Figure 7.49 :
L'onglet des deux côtés

Nous pouvons dès lors profiter d'un menu à onglets. Il existe bien des variantes pour ce modèle. Rien qu'en changeant les images, il est possible d'obtenir des résultats différents.

Nous allons maintenant ajouter une petite fonctionnalité au menu pour le confort de l'utilisateur. Sur certains sites, la page correspondant à l'onglet dans le menu est affichée différemment. Cela permet à l'utilisateur de savoir sur quelle page il est et de ne pas cliquer à nouveau sur le même titre.

Pour ce faire, nous allons ajouter un identifiant à la balise `<li>` qui correspond à la page en cours. Le code HTML devient :

```
<ul>
 <li id="actif"><a href="#">Accueil</a></li>
 <li><a href="#">Contact</a></li>
</ul>
```

Il reste juste à modifier le code CSS pour les balises `<li>` qui possèdent l'identifiant. Nous pouvons par exemple utiliser cette autre image :

Figure 7.50 :
Une image utile pour la construction de l'onglet actif

ou bien :

Figure 7.51 :
Une autre image...

Le code CSS est le suivant :

```
li#actif  {
 background: url("chemin/vers/mon/image-onglet-actif.ext")
 ✂ no-repeat top right ;
}
li#actif a {
 background: url("chemin/vers/mon/image-onglet-gauche-actif
 ✂ .ext") no-repeat top left ;
}
```

Figure 7.52 : *L'onglet actif*

7.11. En résumé

Les techniques d'insertion de fonds présentées dans ce chapitre permettent d'agrémenter un site web par des images ou des effets graphiques qui opèrent de manière non obstructive dans le code HTML. L'avantage essentiel est l'accessibilité. En effet, si l'utilisateur décide de ne pas afficher la mise en page CSS, il conserve un code HTML propre et clair. Toutefois, si l'image apporte une information complémentaire au texte, rien ne sert de recourir à une balise `<div>` pour la mettre en fond : il faut simplement utiliser la balise HTML appropriée, `<img>`.

Une dernière mise en garde porte sur l'abus d'images. En effet, tout le monde n'a pas accès à des connexions Internet haut débit. Il faut donc veiller au poids des images afin de ne pas allonger de manière trop importante le temps de chargement.

Chapitre 8

Enrichir son document

CSS 2.1 est la dernière recommandation publiée par le W3C. Il existe par ailleurs quelques propriétés non standard, reconnues par certains navigateurs, qui ne sont pas obstructives et qui peuvent agrémenter des pages web. Qu'entendons-nous par "non obstructives" ? Il s'agit simplement de proposer des rendus améliorés à partir du design de base d'une page web, mais sans nuire à ceux qui ne possèdent pas le navigateur pour lesquelles ces propriétés existent.

En résumé, ne seront expliquées ici que des propriétés définissant des effets purement décoratifs, et non pas un positionnement ou toute autre modification pouvant entraîner une perte d'un navigateur à l'autre.

RENVOI

Pour connaître les préfixes des propriétés spécifiques à un navigateur, reportez-vous à ce sujet au chapitre ***Généralités et syntaxe****.*

Nous expliciterons les principales propriétés des dernières versions de chaque navigateur.

8.1. Mise en garde

Testez toujours vos pages web sur différents navigateurs susceptibles de ne pas supporter les propriétés évoquées ici ou celles que vous utilisez.

Supposons que vous déclariez, pour un élément, une image de fond sombre avec un texte blanc, pour avoir le meilleur contraste possible. Que se passe-t-il lorsque l'image n'est pas accessible ?

- Vous avez défini une couleur de fond sombre : le texte est toujours lisible.
- Vous n'avez pas explicitement défini une couleur de fond, et la couleur de fond héritée (celle de l'élément parent) est sombre : le texte reste lisible, c'est une chance.
- Vous n'avez pas explicitement défini une couleur de fond, et la couleur de fond héritée (celle de l'élément parent) est claire : le texte de l'élément est illisible, car il est blanc sur fond clair.

Ainsi, il faut toujours s'assurer que si l'effet déclaré dans une CSS ne fonctionne pas (ou partiellement, ce qui est pire) sur les autres navigateurs, l'information reste accessible.

Testez, testez, et testez encore pour être sûr que votre site sera visible par le maximum de visiteurs, handicapés ou non, humains ou machines, avant de le mettre en production.

8.2. Interface du navigateur

Barres de défilement

Internet Explorer 5.5 inaugure la possibilité d'attribuer un style aux barres de défilement d'une page web. Ces propriétés sont considérées comme une avancée dans les possibilités de design par les uns, et comme de vraies nuisances, comparables à celles causées par les fenêtres pop-up, pour les autres. Les deux avis se défendent :

- Pourquoi ne pourrait-on pas déclarer des styles pour l'interface du navigateur ? D'aucuns pensent que l'utilisateur ne doit pas voir son interface logicielle changée : quelles sont alors les limites du logiciel en question ? Comment est donc généré le contenu sinon par ce logiciel ? Qu'en est-il alors du style des boutons et des menus déroulants ? Si l'on suit cette logique, on ne devrait toucher à rien dans la page en question. Quel est alors l'intérêt des CSS ?
- Pourquoi pourrait-on déclarer des styles pour des éléments qui n'appartiennent pas au contenu à proprement parler, puisque générés hors du code de celui-ci ? En effet, les outils de l'utilisateur sont configurés à sa convenance ; il n'a pas envie que l'on touche à l'interface de son logiciel. Les couleurs qui sont imposées ne lui plaisent pas, il n'en veut pas. Cela nuit à sa perception de l'interface du navigateur. Soit, mais qu'en est-il des barres de défilement présentes grâce à la propriété `overflow` ? Ne font-elles pas partie intégrante du contenu ? Ne pourrait-on pas être en droit d'avoir des barres de défilement cohérentes avec l'ensemble du design ?

C'est un débat, il n'y a pas de réponse objective possible, si ce n'est l'ultime argument avancé qui consiste à dire que ces propriétés ne sont pas standard. À ce jour, deux navigateurs les acceptent : Microsoft Internet Explorer et Opera, depuis sa version 7. Cependant, Opera ne permet de les utiliser qu'en mode quirks ("caprice", "bizarrerie" en français), c'est-à-dire dans le cas où le rendu de la page ne respecte pas les standards. Pour plus d'informations sur les modes quirks d'Opera (et d'autres navigateurs), nous vous conseillons de consulter les liens en fin de chapitre.

Quoi qu'il en soit, il peut être agréable à l'utilisateur d'Internet Explorer de bénéficier d'une page web cohérente dans son ensemble.

Voici la liste des propriétés permettant de personnaliser les couleurs des "scrollbars", plus communément appelées "ascenseurs" en français (même si l'ascenseur horizontal est une notion peu commune). Nous vous fournissons un exemple d'ascenseur sans aucun style pour comparaison.

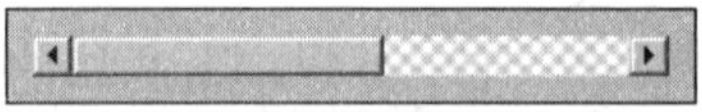

Figure 8.1 :
Un ascenseur horizontal dénué de style

- `scrollbar-base-color` : affecte un thème de couleur aux éléments de l'ascenseur. Elle est annulée si les propriétés suivantes sont utilisées. L'exemple ci-après applique un thème blanc à l'ascenseur horizontal.

```
html {
scrollbar-base-color: #fff;
}
```

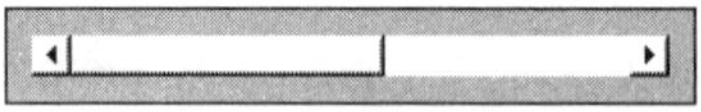

Figure 8.2 :
Un thème blanc pour la barre de défilement

Nous allons partir d'une barre unie blanche afin de mieux visualiser l'effet de chaque propriété.

- `scrollbar-arrow-color` :

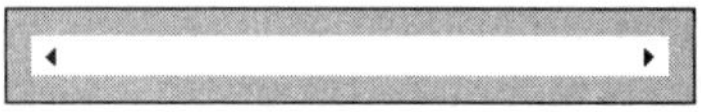

Figure 8.3 :
Flèche

- `scrollbar-face-color` :

Figure 8.4 :
Fond des éléments de premier plan

- `scrollbar-track-color` :

Figure 8.5 :
Fond de l'ascenseur

- `scrollbar-3dlight-color` :

Figure 8.6 : *Bordures gauche et haute extérieures*

- `scrollbar-darkshadow-color` :

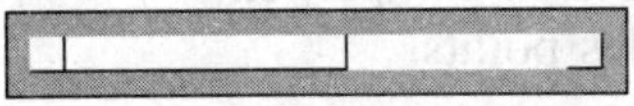

Figure 8.7 : *Bordures droite et basse extérieures*

- `scrollbar-highlight-color` :

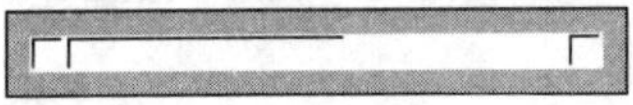

Figure 8.8 : *Bordures gauche et haute intérieures*

- `scrollbar-shadow-color` :

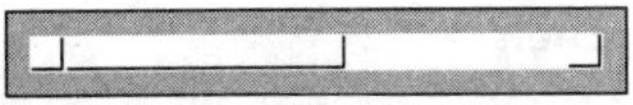

Figure 8.9 : *Bordures gauche et basse intérieures*

Vous allez pouvoir appliquer ces propriétés dans l'atelier suivant.

Atelier : modifiez les barres de défilement

Nous allons changer du sempiternel défilement vertical des pages web. La page suivante, une maquette de blog, propose deux niveaux de lecture :

- une lecture horizontale pour naviguer dans l'historique des articles publiés ;
- une lecture verticale de l'article.

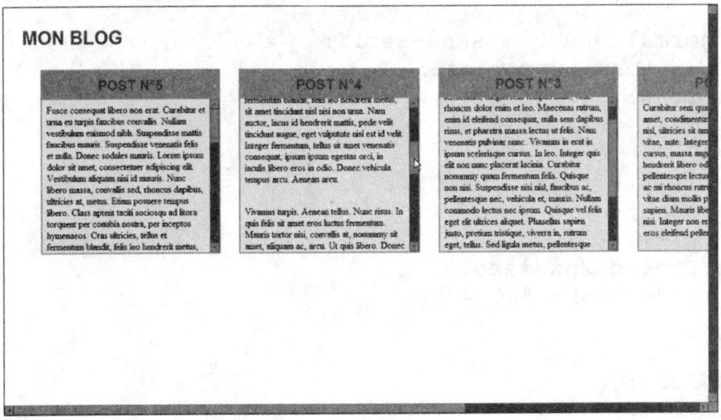

Figure 8.10 : *Le résultat final de l'atelier*

Recopiez l'exemple suivant ou téléchargez-le depuis le site de Micro Application. Nous vous laissons remplacer les points de suspension [...]

par le contenu de votre choix. Suivez ensuite les étapes de l'atelier qui vous guideront dans l'élaboration de cette page. Les lignes à modifier sont commentées (il faudra donc les remplir et supprimer les commentaires pour qu'elles soient prises en compte) entre `/* */`, et les caractères manquants remplacés par des points.

```
<!DOCTYPE html PUBLIC "-//W3C//DTD XHTML 1.0 Strict//EN"
✂ "http://www.w3.org/TR/xhtml1/DTD/xhtml1-strict.dtd">
<html xmlns="http://www.w3.org/1999/xhtml" xml:lang="fr"
✂ lang="fr">
<head>
<title>barres de défilement colorées</title>
<meta http-equiv="Content-language" content="fr" />
<meta http-equiv="Content-type" content="text/html;" />
<style type="text/css" media="screen">
body {
/* scrollbar-.....-.....: #...; */
/* scrollbar-....-.....: #...; */
/* scrollbar-.....-.....: #...; */
/* scrollbar-.......-.....: #...; */
/* scrollbar-..........-.....: #...; */
/* scrollbar-.........-.....: #...; */
/* scrollbar-......-.....: #...; */

padding: 1em;
margin: 0;
background-color: #fff;
}
#contenant {
width: 110em;
}
h1, h2 {
font: normal 900 2em sans-serif;
text-transform: uppercase;
color: #666;
}
.post {
float: left;
width: 19em;
margin: 1em;
border: solid 2px #aaa;
background-color: #a0c435;
}
h2 {
width: 100%;
height: 2em;
margin: 0;
padding: 0;
line-height: 2em;
font-size: 1.5em;
```

```
background-color: #aaa;
text-align: center;
}
.post div {
height: 16em;
overflow: auto;
background-color: #eee;
}
p {
padding: .5em;
}
</style>
</head>

<body>
<div id="contenant">
<h1>mon blog</h1>
<div class="post">
<h2>post n°5</h2>
<div>
<p>[...]</p>
<p>[...]</p>
<p>[...]</p>
</div>
</div>
<div class="post">
<h2>post n°4</h2>
<div>
<p>[...]</p>
<p>[...]</p>
<p>[...]</p>
</div>
</div>
<div class="post">
<h2>post n°3</h2>
<div>
<p>[...]</p>
</div>
</div>
<div class="post">
<h2>post n°2</h2>
<div>
<p>[...]</p>
<p>[...]</p>
</div>
</div>
<div class="post">
<h2>post n°1</h2>
<div>
<p>[...]</p>
<p>[...]</p>
```

```
</div>
</div>
</div>
</body>
</html>
```

Solution

Commençons par expliquer comment tout cela fonctionne.

La structure du document HTML montre que le bloc `#contenant` a pour enfants les `<div>` dont la classe est `.post`, représentant chaque article. Dans chacun d'eux figurent le titre de l'article, ainsi que les paragraphes, regroupés au sein d'un autre `<div>`, afin qu'il soit possible de les gérer comme un bloc autonome, indépendant du titre. Dans l'exemple précédent, nous avons remplacé les `[...]` par du contenu généré par **www.lipsum.com/**, afin de produire des ascenseurs.

Nous avons donné à chaque `.post` une largeur fixe afin d'obtenir une succession de boîtes de taille identique. Il s'agit ici d'un effet purement visuel, qui peut engendrer des problèmes d'accessibilité chez certaines personnes, mais il s'agit d'un exemple, et rien d'autre.

Voici ce que nous obtiendrions sur un écran extrêmement large :

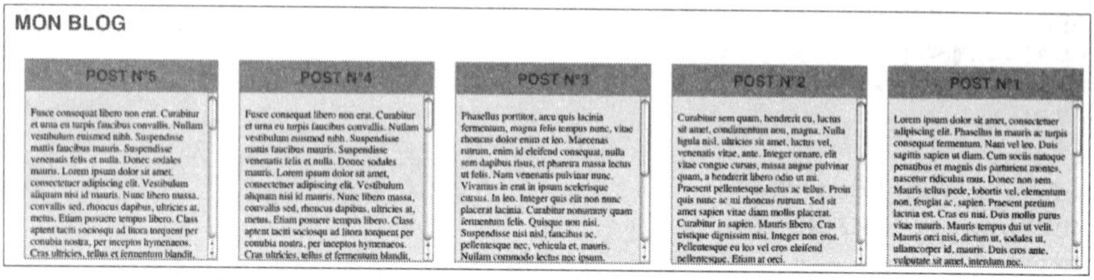

Figure 8.11 : *Capture d'écran de Safari réalisée grâce à www.snugtech.com/safaritest/*

Cependant, ce n'est pas là qu'intervient l'`overflow` qui va permettre de contraindre le texte à cette unique boîte `.post`. Ici entre en jeu le diviseur rassemblant tous les paragraphes. En effet, affecter l'`overflow` directement au conteneur de l'article, avec le titre, aurait entraîné la création d'un ascenseur vertical par-dessus le titre, ainsi que son déplacement lors de la lecture, ce que nous ne voulons pas, bien entendu. Le titre doit rester visible et fixe.

Nous attribuons donc une hauteur au titre, puis la hauteur restante au groupe de paragraphes. Pour avoir cet effet de boîtes carrées, nous utilisons une largeur et une hauteur égales.

```
.post {
[…]
width: 19em; /* largeur de 19em; */
[…]
}
h2 {
[…]
height: 2em;
[…]
line-height: 2em;
font-size: 1.5em; /* hauteur de 2 × 1.5 = 3em */
[…]
}
.post div {
height: 16em; /* hauteur de 19 - 3 = 16em */
overflow: auto;
[…]
}
```

Comme nous prenons soin de réduire toutes les marges extérieures à 0, il n'est pas besoin de pousser plus loin la gestion des dimensions des boîtes. Le groupe de paragraphes se placera sous le titre, tous les deux au sein de chaque `.post`.

Nous avons donc des ascenseurs verticaux que nous allons décorer selon la charte graphique du site. En l'occurrence, les titres de niveau 2 (ceux de chaque article) ont une couleur de fond gris neutre et une couleur de police plus sombre. De cette façon, ils restent lisibles et le contenu de l'article ressort mieux.

Retrouvez les bonnes couleurs dans les blocs de déclaration des titres et reproduisez la figure suivante en remplissant le code que vous avez recopié :

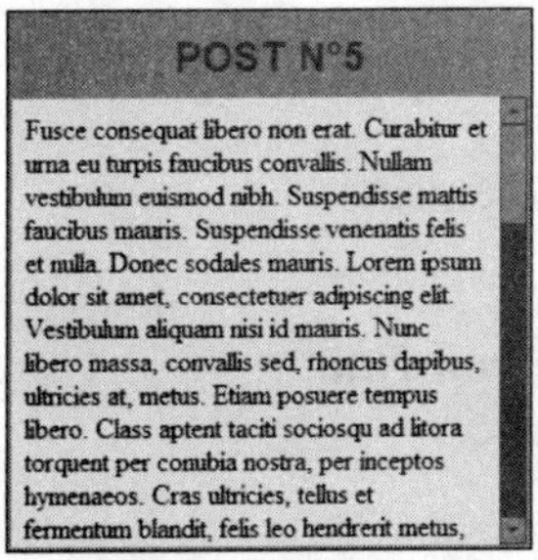

Figure 8.12 :
La boîte et son ascenseur vertical

Nous pourrions également ajouter un petit plus pour les personnes équipées de navigateurs récents, puisque, même si cet effet de boîte est sympathique, il est tout de même plus facile de lire un texte sans ces ascenseurs verticaux. Nous allons donc faire en sorte que la boîte s'étire au survol de la souris. Le lecteur bénéficiera ainsi de deux niveaux de lecture, à savoir un aperçu rapide du contenu par le titre et le début du texte, puis l'intégralité du texte lorsqu'il passe la souris au-dessus.

```
.post:hover, .post div:hover {
height: auto;
}
```

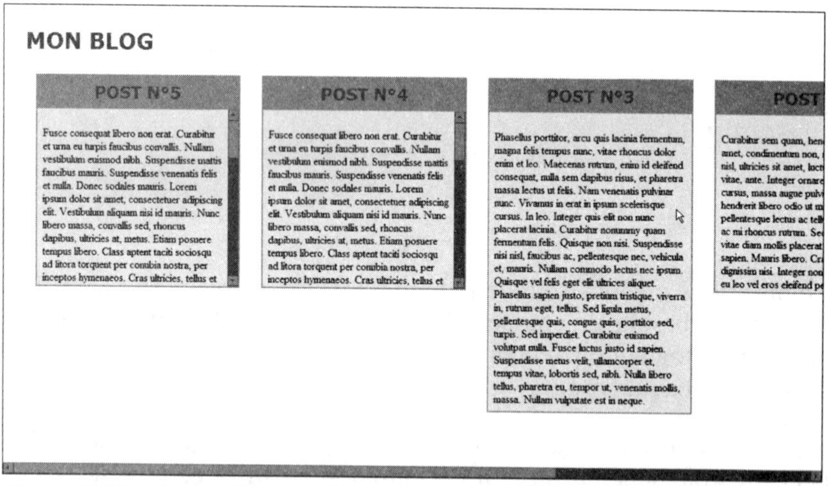

Figure 8.13 : *Opera 8 en mode quirks supporte le survol de tous les éléments et la déclaration de styles pour les ascenseurs*

Les navigateurs ne supportant pas `:hover` garderont l'ascenseur vertical et permettront tout de même d'accéder au contenu. Dans le pire des cas, l'utilisateur pourra accéder à ce dernier en supprimant les styles ou en spécifiant `media="screen"` dans l'élément `<style>`.

8.3. Contenu du document : opacity

Nous avons vu qu'il est possible d'empiler des éléments.

RENVOI

*Lisez à ce sujet le chapitre **Positionner le contenu**.*

Ne serait-il pas bon alors de permettre une transparence entre les couches, afin de pouvoir jouer sur cette superposition et ainsi enrichir visuellement une page ?

Aucune propriété standard CSS à ce jour ne permet ce genre de fantaisie. La seule solution standard viable reste l'utilisation d'images transparentes (GIF ou PNG). Internet Explorer gère mal la transparence des fichiers PNG s'ils ont une profondeur de couleur trop importante.

Que faire alors ?

Trois des principaux navigateurs proposent une solution à ce problème. Nous pourrions dire que tous la supportent, mais Opera n'implémentera le support de l'opacité qu'à partir de sa version 9 (si l'on se fie à la dernière version bêta).

En fait, nous allons voir que si aucune propriété CSS actuelle ne gère la transparence, il n'en est pas de même pour la future version des CSS. En effet, la version 3 des spécifications CSS contient la propriété `opacity` dans son module `color`, dont voici la syntaxe :

```
.opaque-60 {
opacity: 60%;
}
```

Tout élément possédant la classe `opaque-60` deviendra opaque à 60 % (ou transparent à 40 %, si vous préférez).

Afin d'illustrer cette propriété, utilisons l'exemple suivant :

- HTML :

```
<h1>test sur les propriétés relatives à
✂ l'opacité</h1>

<p>Ce paragraphe passe dessous la liste de définition
✂ suivante.</p>
<dl>
<dt><code>opacity</code></dt>
<dd id="CSS3">
Cet élément devrait avoir une opacité de 60 % avec
✂ les navigateurs supportant les futures CSS 3.
</dd>
<dt><code>-moz-opacity</code></dt>
<dd id="firefox">
Cet élément devrait avoir une opacité de 60 % avec
✂ Mozilla Firefox.
</dd>
```

```
<dt><code>filter:alpha(opacity=[…])</code></dt>
<dd id="IE" style="background-opacity: 30;">
Cet élément devrait avoir une opacité de 60 % avec
✂ Microsoft Internet Explorer.
</dd>
</dl>
```

- CSS :

```
body {    /* fond de couleur verte */
background-color: #9acd32;
}
p {
position: absolute; /* positionne p (nécessaire pour
✂ z-index) */
left: 340px;
width: 100px;
height: 20em;
z-index: 0; /* met p en dessous des autres éléments
✂ */
background-color: white;
}
dl {
position: relative; /* positionne dl (nécessaire pour
✂ z-index) */
z-index: 1; /* met dl au-dessus de p */
}
dt {
margin-top: 1em;
font-weight: 900;
}
dd {
width: 310px !important; /* affecte la même taille à
✂ IE et */
width: 340px; /* aux autres navigateurs */
background-color: #ff0; /* couleur jaune */
}
p, #firefox, #IE, #CSS3 {
padding: 15px;
margin: 0;
border: solid 2px #000;
}
#CSS3 {    /* opacité pour CSS 3 */
opacity: 0.6;
}
#firefox {    /* opacité pour Mozilla */
-moz-opacity: 0.6;
}
#IE {    /* opacité pour IE */
filter:alpha(opacity=60);
}
```

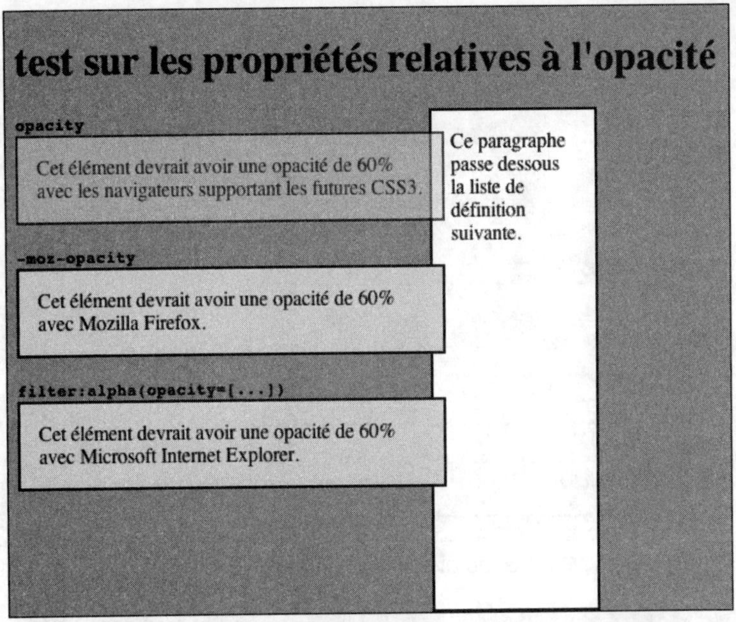

Figure 8.14 : *Rendu avec Apple Safari 2*

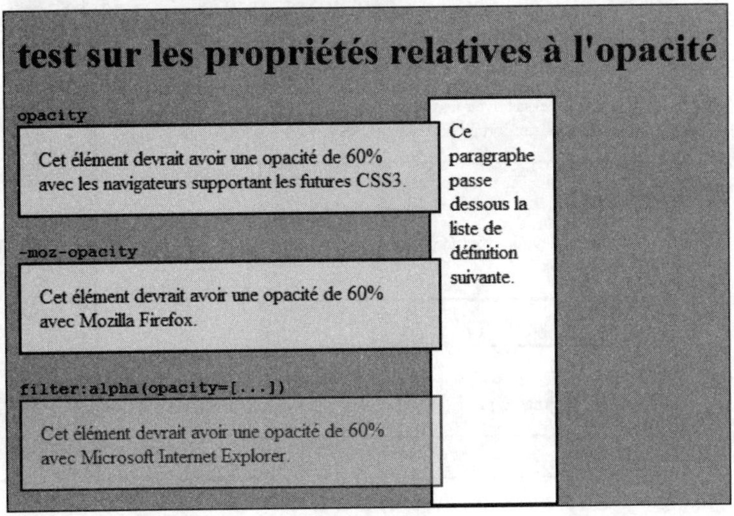

Figure 8.15 : *Rendu avec Microsoft Internet Explorer 6*

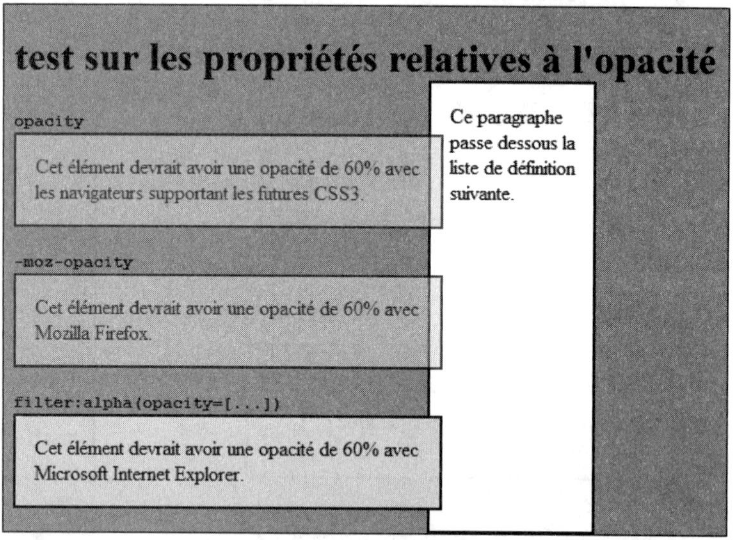

Figure 8.16 : *Rendu avec Mozilla Firefox 1.5*

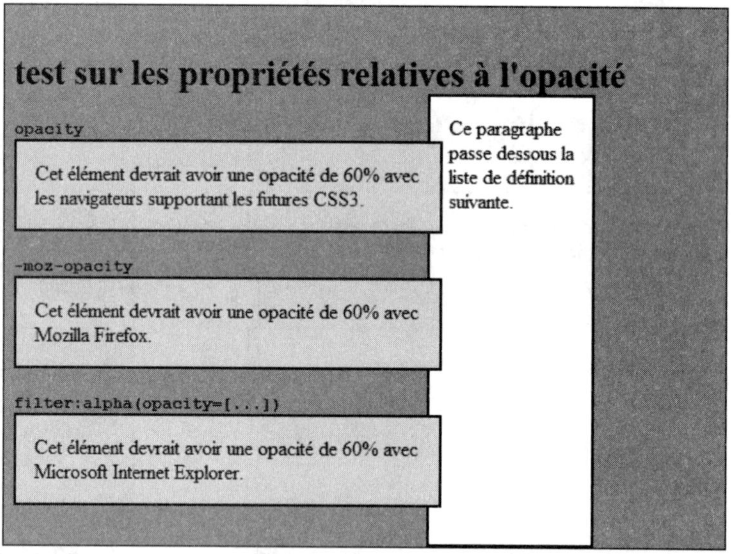

Figure 8.17 : *Rendu avec Opera 8.5*

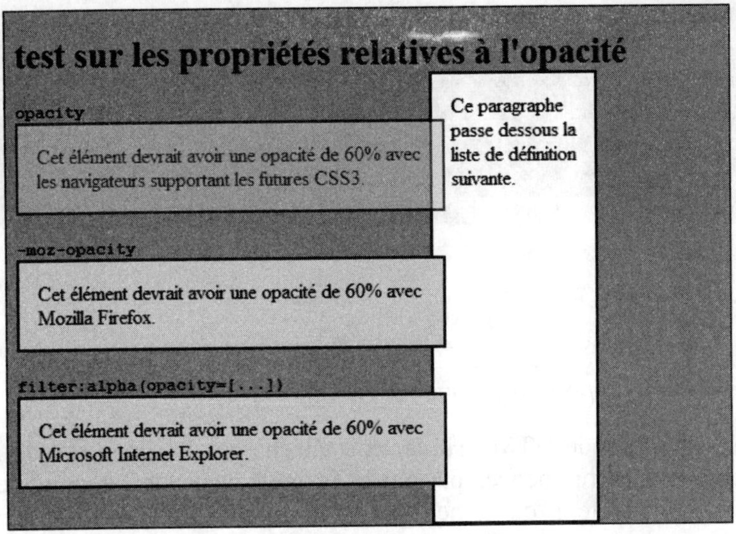

Figure 8.18 : *Rendu avec Opera 9 bêta*

Comme nous pouvons le constater, Mozilla Firefox 1.5, Opera 9 et Safari 2 implémentent déjà la propriété CSS 3 `opacity`. Cela dénoterait-il une attente de la part des webdesigners ?

Quoi qu'il en soit, nous allons jouer un peu avec l'opacité dans l'atelier suivant.

Atelier : modifiez la présentation d'une page

Nous allons reprendre l'exemple du menu, mais changer un peu la disposition.

Le but est de présenter l'onglet correspondant à la page active comme un prolongement de celle-ci. Le point de départ, plutôt sobre, peut donner quelque chose de beaucoup plus esthétique à peu de frais :

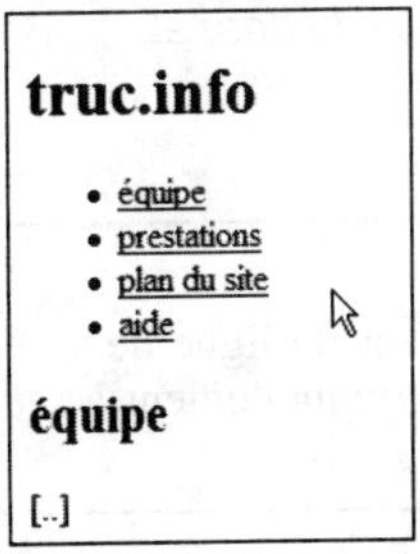

Figure 8.19 : *Avant l'application des styles*

Figure 8.20 : *Après l'application*

Recopiez le code HTML suivant ou téléchargez-le sur le site de Micro Application. Commencez par attribuer une hauteur de caractère de `4em`, avec une hauteur de ligne de `1.2em` par rapport à la hauteur du document (de `1em`). Cela permettra d'aérer le haut de la page, et pourquoi pas, d'y placer un formulaire de recherche ou des informations de copyright, des raccourcis, etc. Notez que l'image de fond est disponible sur le site web, mais que vous pouvez très bien l'adapter à vos envies.

Figure 8.21 : *Le titre prend sa place et pousse le reste vers le bas, et l'en-tête est visible*

REMARQUE

Dimensions relatives

La notation `Xem/Y` signifie "caractère de `Xem` et hauteur de ligne de `Yem`", le calcul de la hauteur de la ligne se faisant proportionnellement à la hauteur spécifiée par la taille de la police.

Positionnez ensuite le menu de telle sorte qu'il empiète sur le bandeau truc.info de `1.5em`. Cela le positionnera au-dessus du contenant.

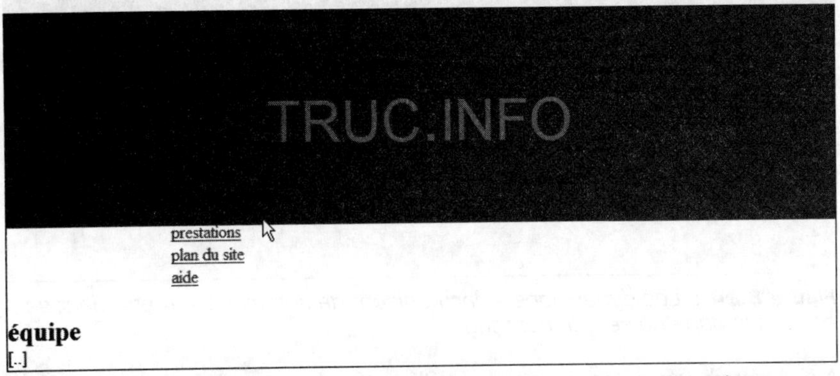

Figure 8.22 : *Le menu se positionne au-dessus de la bande supérieure*

Attribuez une opacité de `75%` aux items de la liste, qui représentent en l'occurrence les onglets du menu. Puis annulez cette opacité, mais uniquement pour l'item doté de la classe active ; il correspond à la page en cours.

Figure 8.23 : *Chaque item devient transparent et laisse entrevoir le fond du titre, à l'exception de celui correspondant à la page active*

À l'étape suivante, nous réduisons la taille de la police de `75%` (`.75em`, la taille par défaut étant `1em`), puis nous donnons une hauteur de ligne de `2em`, soit une hauteur totale de `1.5em` (2 × 0,75), les mêmes `1.5em` que nous avions utilisés pour déplacer le menu vers le haut précédemment.

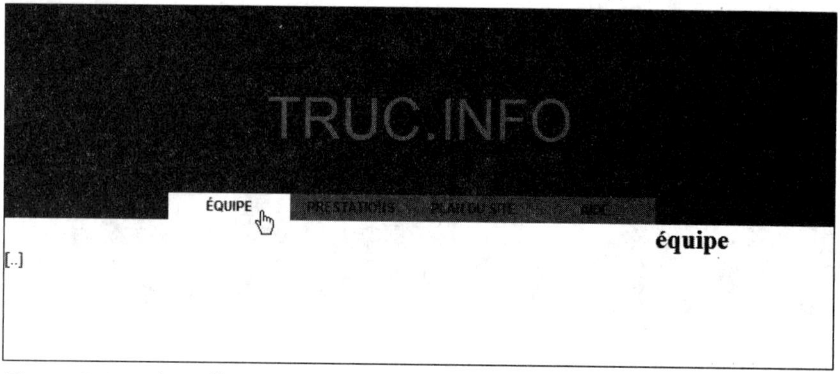

Figure 8.24 : *Les dimensions s'harmonisent de sorte que le menu vient se coller à la page où sera le contenu*

Nous attribuons des couleurs différentes aux onglets survolés et à l'onglet actif. La couleur est attribuée soit au fond, soit à la couleur de premier plan, pour signifier une interaction, mais sans rompre l'unité de la mise en page.

Nous avons également spécifier des couleurs différentes pour les onglets actif ou inactifs. En effet, si un navigateur ne gère aucune des propriétés relatives à l'opacité, les onglets seront tout de même différenciés de cette manière.

```
<!DOCTYPE html PUBLIC "-//W3C//DTD XHTML 1.0 Strict//EN"
✂ "http://www.w3.org/TR/xhtml1/DTD/xhtml1-strict.dtd">
<html xmlns="http://www.w3.org/1999/xhtml" xml:lang="fr"
✂ lang="fr">
<head>
<title>Une navigation plus transparente</title>

<meta http-equiv="Content-language" content="fr" />
<meta http-equiv="Content-type" content="text/html;
✂ charset=UTF-8" />
<style type="text/css">
html, body {
height: 100%;
background-color: #fff;
}
* {
padding: 0;
margin: 0;
}
h1 {
text-align: center;
/* font: small-caps .../. sans-serif; /* étape 1 */
background: #933124 url(fond.png);
```

```
color: #a66;
}
#menu {
position: relative;
/* top: ......; /* étape 2 */
width: 28.8em !important; /* sauf pour IE */
width: 36.4em; /* pour IE */
margin: 0 auto; /* centre le menu */
list-style-type: none;
}
#menu li {
float: left; /* flotte à gauche */
width: 7em !important; /* sauf pour IE */
width: 8em; /* pour IE */
text-align: center;
background-color: #d05847;
/* -..-.......: ....; /* étape 3-1 pour Mozilla */
/* ......: .....(..........); /* étape 3-1 pour IE */
/* .......: ...; /* étape 3-1 pour CSS 3 */
}
#menu li.active {
background-color: #fff;
/* -..-.......: .; /* étape 3-2 pour Mozilla */
/* ......: .....(..........); /* étape 3-2 pour IE */
/* .......: .; /* étape 3-2 pour CSS 3 */
}
#menu li a {
display: block;
height: 2em; /* basé sur les 0,75em */
font: bolder 0.75em/2 sans-serif; /* aère chaque onglet */
text-transform: uppercase;
text-decoration: none;
color: #000;
}
#menu li a:hover {
background-color: #ca3333;
}
#menu li.active a:hover {
background-color: #fff;
color: #aa0000;
}
#contenant {
padding: 2em;
}
</style>
</head>

<body id="staff">
<h1>
truc.info
</h1>
```

```
<ul id="menu">
<li class="active"><a href="#staff">équipe</a></li>
<li><a href="#prest">prestations</a></li>
<li><a href="#plan">plan du site</a></li>
<li><a href="#aide">aide</a></li>
</ul>
<div id="contenant">
<div id="contenu">
<h2>équipe</h2>
<p>
[..]
</p>
</div>
</div>
</body>
</html>
```

8.4. Incorporer ses propres polices

Vous aimeriez bien personnaliser les polices sur votre site web sans passer par la fastidieuse création d'images ? L'idéal serait de demander au navigateur de télécharger une police de caractères avec les images et tous les documents présents dans votre page, et d'afficher le titre dans cette police, avec en fond telle ou telle image…

Vous allez encore attendre un peu car, si la propriété CSS utilisée pour réaliser ce rêve est standard (spécifications du W3C pour CSS 2, **www.w3.org/TR/REC-CSS2/fonts.html#font-descriptions**), les formats de fichiers pour les polices à incorporer ne le sont malheureusement pas, ou leur support est quasi inexistant.

Cette règle ne figure plus dans CSS 2.1, non parce qu'elle manque d'intérêt, mais parce que la version 3 de CSS est basée sur des modules. Le W3C préfère donc ne pas inciter les webdesigners à utiliser une technologie amenée à changer et lui consacre un module indépendant (**www.w3.org/TR/css3-webfonts/**).

La syntaxe de la règle `@font-face` est la suivante :

```
@font-face {
font-family: "ma police que j'aime";
font-size: 1em;
font-weight: normal;
[propriétés CSS classiques]
src: url(URI de la police qui sera désignée par "ma police
✂ que j'aime" dans le reste du document);
}
```

Nous avons normalement plusieurs formats de polices utilisables en ligne. Voici une liste non exhaustive :

- Embedded OpenType de Microsoft WEFT, supporté par Microsoft (*.eot*) ;
- Intellifont d'Agfa CompuGraphic, non supporté ;
- OpenType de Adobe et Microsoft, non supporté (*.ttf*) ;
- Portable Font Ressource de Bitstream TrueDoc™, anciennement supporté par Netscape (*.pfr*) ;
- PostScript™ Type 1 de Adobe, non supporté (*.pfa* ou *.pfb*) ;
- Speedo de Bitstream, non supporté ;
- TrueType d'Apple, non supporté (*.ttf*) ;
- TrueType GX d'Apple, non supporté (TrueType avec des extensions propres à Apple).

Les SVG fonts du W3C représenteront une alternative intéressante. On pourra incorporer les différents signes d'une police au sein d'un fichier SVG (Scalable Vector Graphics, graphiques vectoriels adaptables), mais leur utilisation est pour l'instant principalement destinée aux documents SVG, et non pas HTML.

Actuellement, seul le format EOT semble donc encore viable sur les navigateurs existants, et nous allons vous donner un exemple de son fonctionnement. Dans ce qui suit, nous joignons une police nommée *akaDylan_Plain.eot* au document HTML, que Internet Explorer interprétera comme du texte normal, mais avec la police souhaitée.

- HTML :

```
<body>
<div id="contenant">
<h1>
@font-face : Tests concernant les polices
✂ personnalisées
</h1>

<p>
Ce document doit illustrer l'inclusion d'une police
✂ étrangère au système dans le document HTML. Si le
✂ test réussit, le titre de niveau un précédent
✂ devrait être fidèle à l'image suivante : <img
✂ alt="capture d'écran : le titre doit avoir le même
✂ rendu visuel" src="font-face-OK.png" />
</p>
```

```
</div>
</body>
```

- CSS :

```
@font-face {
font-family: eot;
src: url(fonts/eot/akaDylan_Plain.eot);
}
#contenant {
width: 638px;
}
h1 {
border: solid 1px #000;
font-family: eot, sans-serif;
font-style: italic;
font-weight: normal;
font-size: 1.8em;
background-color: #eee;
color: #000;
}
```

Figure 8.25 : *Le premier rendu du code avec Internet Explorer*

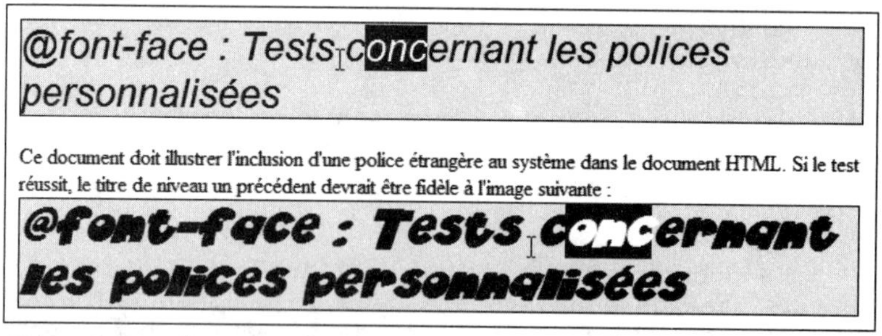

Figure 8.26 : *Le second rendu avec les autres navigateurs*

Dans cet exemple, nous avons sélectionné "onc" du mot "concernant", afin d'illustrer au mieux le fait que le texte `@font-face : Tests` `concernant les polices personnalisées` n'est pas une image, mais bien un texte sélectionnable, et auquel on peut appliquer les mêmes propriétés qu'à n'importe quel texte.

D'ailleurs, nous avons diminué la graisse de ce titre (`font-weight: normal;`), et nous l'avons mis en italique (`font-style: italic;`). Si nous avions laissé les valeurs de la police par défaut, voici ce que nous aurions obtenu :

Figure 8.27 : *La même police avec les styles de la balise h1 par défaut*

Cette règle permettrait de se passer plus facilement des méthodes de remplacement d'image comme sIFR ou Farhner, et par là même d'augmenter l'accessibilité des sites et de faciliter leur mise à jour : au lieu de devoir refaire l'intégralité des images, il suffirait d'avoir un fond et de changer la police pour que se répercutent les changements sur l'ensemble du site.

REMARQUE

FIR et sIFR

Ces deux abréviations correspondent respectivement à Fahrner Image Replacement et Scalable Inman Flash Replacement. Il s'agit de deux techniques permettant de remplacer du texte par une image, qu'il s'agisse du même texte avec une police différente, ou par le logo de votre choix, par exemple.

FIR consiste à remplacer le texte par une image, puis à masquer le texte qu'il est censé remplacer. Le problème de cette technique est que cela empêche toute sélection du texte affiché. De plus, certains problèmes liés à l'accessibilité représentent une barrière importante à son utilisation.

sIFR utilise conjointement CSS, javascript et Flash pour changer l'apparence d'un texte à la volée. Le problème est qu'il nécessite l'emploi d'un plugin flash. Cependant, le texte original sera toujours accessible si aucun plugin n'est installé.

Vous pourrez retrouver de plus amples informations sur des sites expliquant ces techniques (pages en anglais : **http://www.stopdesign.com/articles/**

REMARQUE

replace_text/ et **http://www.mikeindustries.com/sifr/**), mais également grâce à article intéressant sur le remplacement d'image, publié par Laurent Denis : **http://www.blog-and-blues.org/weblog/2004/08/19/277-mettre-un-titre-en-image.**

Malheureusement, il faudra attendre que les navigateurs implémentent correctement `@font-face` et son descripteur `src`, ce qui risque de prendre quelques années. Patience et longueur de temps…

8.5. Créer des liens

Les propriétés que nous allons aborder maintenant concernent pour l'instant uniquement Opera.

Dans certaines balises HTML, il est possible d'attribuer un attribut `<cite>` (`<blockquote>`, `<q>`, `<ins>` et `<del>`). Cet attribut est l'URL d'où provient la citation, ou la raison qui a entraîné une modification du document.

Par exemple :

```
<blockquote cite="http://www.W3.org/" lang="en">
<p>
The World Wide Web Consortium (W3C) develops interoperable
✂ technologies (specifications, guidelines, software, and
✂ tools) to lead the Web to its full potential. […]
</p>
</blockquote>
```

Ou encore :

```
<p>La propriété <code>@font face</code> dispara^t <ins
✂ cite="http://www.w3.org/TR/css3-webfonts/"
✂ datetime="20060608">momentanément</ins> avec CSS
✂ 2.1.</p>
```

L'inconvénient avec les navigateurs actuels est que ce lien n'est absolument pas exploitable comme un hyperlien. Son existence n'a qu'un caractère purement informatif. Il serait pourtant intéressant de pouvoir cliquer sur l'élément pour aboutir directement à la source.

Les utilisateurs d'Opera peuvent profiter de cet atout car le navigateur dispose de propriétés permettant d'exploiter n'importe quel attribut HTML comme source d'un hyperlien. Ce mécanisme existe depuis la version 4, même si les noms des propriétés n'ont cessé de varier depuis.

Deux propriétés interviennent :

- -o-link définit quel attribut sera considéré comme le porteur de l'URL.
- -o-link-source définit quel attribut sera utilisé. Il ne s'agit pas du nom de l'attribut, mais celui venant dans l'ordre d'apparition dans le document HTML. Cette propriété peut prendre none, current ou next comme valeur.

Prenons un exemple :

- HTML :

```
<dl>
<dt>aphorisme 1</dt>
<dd>
<q cite="http://archet.net/?p=598">Il est un seul
✂ crime sans victime : le déicide.</q>
</dd>
<dd><cite>Anne Archet</cite></dd>

<dt>aphorisme 2</dt>
<dd>
<q cite="http://www.aphorisme.info/article
✂ .php3?id_article=123">Croire, c'est oublier que ça
✂ peut peut-être être faux. </q>
</dd>
<dd><cite>Pierre Beaumadier</cite></dd>

<dt>aphorisme 3</dt>
<dd><q cite="http://www.aphorisme.info/article
✂ .php3?id_article=57">Il faut essayer d'être
✂ heureux, ne serait-ce que pour donner l'exemple.
✂ </q>
</dd>
<dd><cite>Jacques Prévert</cite></dd>
</dl>
```

- CSS :

```
q[cite] {
-o-link: attr(cite);
-o-link-source: current;
}
dt {
-o-link-source: next;
}
```

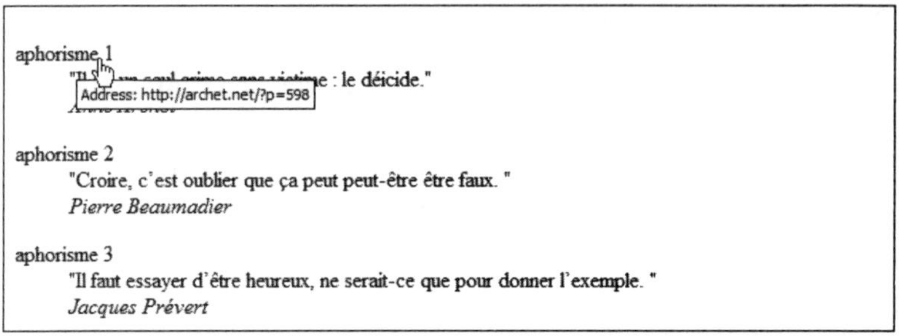

Figure 8.28 : *La citation et le titre de définition deviennent "cliquables"*

Nous affectons à la variable `-o-link` la valeur `cite`. Ainsi, toutes les citations courtes dotées d'un attribut `cite` pourront être considérées comme des hyperliens potentiels.

Nous demandons ensuite à toutes les citations dotées de l'attribut `cite` de prendre comme source la valeur courante de `-o-link` ; un clic sur cette citation courte activera le lien courant (`current`).

De la même façon, nous sélectionnons tous les éléments `<dt>`, en leur demandant de prendre comme source la valeur suivante de `-o-link`. Ainsi, un clic du bouton gauche sur le titre de définition (`<dt>`) activera le lien suivant (`next`), c'est-à-dire celui présent dans la citation courte (`<q>`) de la définition (`<dd>`) qui suit.

Opera établit une liste des valeurs de `-o-link` et définit laquelle est active lors du rendu de chaque élément. Voici une liste des valeurs successives de `-o-link-source` pour chaque élément :

- `dt` "aphorisme 1" ;
- `current` = `none` (aucun attribut `cite` n'existe à ce stade du document) ;
- `next` = `http://archet.net/...` (la valeur du « `cite` » présent dans la citation suivante) ;
- `q` "Il est un seul crime [...]" ;
- `current` = `http://archet.net/...` (on attribue cette valeur au " `cite` " présent dans la citation) ;
- `next` = `http://www.aphorisme.info/...123` (la valeur du « `cite` » présent dans la citation suivante) ;
- `dt` "aphorisme 2"

- `current = http://archet.net/…` (la valeur du " `cite` " présent dans la citation précédente) ;
- `next = http://www.aphorisme.info/…123` (la valeur du " `cite` " présent dans la citation suivante) ;
- `q` "Croire, c'est oublier que […]" ;
- `current = http://www.aphorisme.info/…123` (on attribue cette valeur au " `cite` " présent dans la citation) ;
- `next = http://www.aphorisme.info/…57` (la valeur du « `cite` » présent dans la citation suivante) ;
- etc.

Peut-être cela est-il un peu confus ? Vous allez pouvoir expérimenter cette propriété dans l'atelier suivant.

Atelier : les blocs de citation

Recopiez le code HTML suivant ou téléchargez-le depuis le site de Micro Application.

Faites en sorte que le bloc de citation comprenne l'attribut `cite` comme un hyperlien. Attribuez la valeur courante de la source afin qu'un clic sur le bloc de citation mène vers l'URI fourni dans `cite`.

Comme nous souhaitons également indiquer visuellement cette source, nous utilisons le pseudo-élément `:after`, couplé au sélecteur d'attribut. Ainsi, même si le lien ne fonctionne pas sur un navigateur, les lecteurs auront une mention visible de la source de la citation. Faites donc en sorte que la valeur de l'attribut `cite` soit affichée par la propriété `content`.

Dans le but de rendre cette citation plus visible, nous déclarons une bordure supérieure au pseudo-élément pour mieux la séparer du contenu. Mais nous souhaitons que cette dernière occupe toute la largeur du bloc de citation. Quelle valeur de `display` faut-il utiliser ?

```
<!DOCTYPE html PUBLIC "-//W3C//DTD XHTML 1.0 Strict//EN"
✂ "http://www.w3.org/TR/xhtml1/DTD/xhtml1-strict.dtd">
<html xmlns="http://www.w3.org/1999/xhtml" xml:lang="fr"
✂ lang="fr">
<head>
<title>extensions CSS propres à Opera</title>
<meta http-equiv="Content-language" content="fr" />
<meta http-equiv="Content-type" content="text/html;" />
```

```
<style type="text/css">
dl, blockquote {
margin: 1em 0;
padding: .5em;
border: solid 1px #000;
}
blockquote[cite] {
/* -o-link: ..........; /* étape 1 */
/* -o-link-source: .......; /* étape 2 */
}
blockquote[cite]:after {
/* content: "source\000a0: " ..........; /* étape 3 */
/* display: .....; /* étape 4 */
border-top: solid 2px #aaa;
}
</style>
</head>

<body>
<h1>
Tests d'extensions CSS d'Opera
</h1>

<blockquote cite="http://www.W3.org/" lang="en">
<p>
The World Wide Web Consortium (W3C) develops interoperable
✂ technologies (specifications, guidelines, software, and
✂ tools) to lead the Web to its full potential. W3C is a
✂ forum for information, commerce, communication, and
✂ collective understanding. On this page, you'll find W3C
✂ news, links to W3C technologies and ways to get
✂ involved. New visitors can find help in Finding Your
✂ Way at W3C. We encourage organizations to learn more
✂ about W3C and about W3C Membership.
</p>
</blockquote>
<blockquote
✂ cite="http://openweb.eu.org/openwebgroup/openwebgroup/">
<p>
Un beau jour de mars 2002, un message anodin sur un forum
✂ parle d'un projet de site offrant à la fois un regard
✂ expert sur le Web et des exemples concrets d'utilisation
✂ des normes du W3C. Un noyau dur se rassemble autour de
✂ cette idée, souhaitant combler par-là le manque cruel
✂ d'une telle réalisation en français. Aujourd'hui, ce
✂ projet est réalisé.
</p>
</blockquote>Jacques Prévert</cite></dd>
</dl>
</body>
</html>
```

Solution

```
<style type="text/css">
    dl, blockquote{
        margin: 1em 0;
        padding: .5em;
        border: solid 1px #000;
    }
    blockquote[cite] {
        -o-link: attr(cite); /* étape 1 */
        -o-link-source: current; /* étape 2 */
    }
    blockquote[cite]:after {
        content: "source\000a0: " attr(cite); /* étape
✂ 3 */
        display: block; /* étape 4 */
        border-top: solid 2px #aaa;
    }
</style>
```

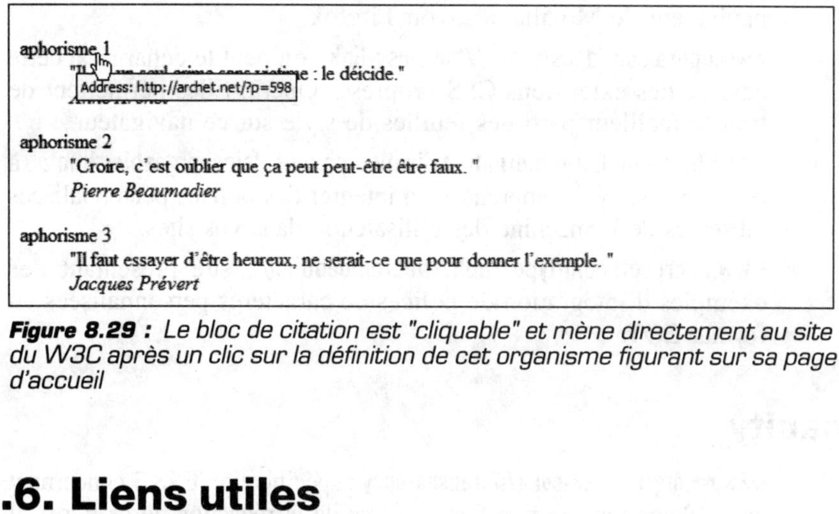

Figure 8.29 : *Le bloc de citation est "cliquable" et mène directement au site du W3C après un clic sur la définition de cet organisme figurant sur sa page d'accueil*

8.6. Liens utiles

doctype et mode quirks

- **/www.opera.com/docs/specs/doctype/** : les modes de rendu d'Opera.
- **http://msdn.microsoft.com/library/en-us/dnie60/html/cssenhancements .asp?frame=true#cssenhancements_topic2** : les modes de rendu d'Internet Explorer.

- **http://developer.mozilla.org/en/docs/Mozilla's_DOCTYPE_sniffing** : les modes de rendu des navigateurs Mozilla.
- Safari suit les mêmes règles de basculement en mode quirks que Mozilla.

Extensions CSS non standard

- **http://msdn.microsoft.com/library/default.asp?url=/workshop/author/css/reference/attributes.asp** : on peut télécharger à cette adresse des extensions CSS propres à Microsoft Internet Explorer. Elles permettent de tirer le meilleur parti des feuilles de style sur le navigateur de Microsoft.
- **http://developer.mozilla.org/en/docs/CSS_Reference** : on peut télécharger à cette adresse des extensions CSS propres à Mozilla. Elles permettent de tirer le meilleur parti des feuilles de style sur le navigateur de Mozilla, à savoir Firefox.
- **www.opera.com/docs/specs/#xml-css-link** : on peut télécharger à cette adresse des extensions CSS propres à Opera. Elles permettent de tirer le meilleur parti des feuilles de style sur ce navigateur.
- **http://fr.selfhtml.org/internationalisation/polices_telechargeables.htm** : à cette adresse, vous apprendrez à intégrer des polices personnalisées (absentes de la machine des utilisateurs) dans vos sites.
- **www.microsoft.com/typography/web/embedding/** : site présentant des exemples d'intégration de polices de caractères personnalisées au format EOT.

Opacity

- **www.w3.org/TR/css3-color/#transparency** : spécification CSS 3 concernant les couleurs (encore non finalisée lors de la rédaction de ce livre). Il s'agit des futures directives censées intégrer la notion de transparence dans les feuilles de style.

Chapitre 9

Des CSS pour tous les supports

À l'heure où le 3G débarque sur les mobiles, la bande passante augmente et permet d'ouvrir les portes du Web à ce genre de périphérique. Les gouvernements se sentent de plus en plus concernés par l'accessibilité de leurs sites web, et les dernières mesures prises dans ce sens poussent à croire que les CSS ont de beaux jours devant elles.

Séparer fond et forme (ou contenu et mise en page, si vous préférez), c'est avant tout améliorer la productivité, puisque les informations ne sont pas redondantes. On minimise ainsi les besoins en bande passante, en durée d'entretien, et donc, les coûts.

9.1. Internet et interopérabilité

Internet est un réseau conçu pour échanger des informations entre des personnes parfois distantes de plusieurs milliers de kilomètres, avec des outils matériels ou logiciels différents, des dialectes différents, des modes de vie différents, etc.

Comment échanger des données entre tous ces interlocuteurs sans discriminer qui que ce soit ? Au départ, l'interconnexion concernait un nombre limité de laboratoires de recherche et le problème était donc simple à gérer. Aujourd'hui, on est passé à un Web public individualisé à l'excès. Toutes les personnes et leurs ordinateurs sont autant de différences à prendre en compte, et dans ce contexte, la solution du problème s'inscrit dans l'interopérabilité.

La séparation entre contenu et mise en page ne se limite pas uniquement à optimiser un code et un produit final, mais participe d'un processus d'échange beaucoup plus important. Le fait de n'avoir à se préoccuper que de l'échange d'un contenu entre différents utilisateurs leur offre la liberté de consulter ces données brutes depuis n'importe où, avec le matériel et le logiciel qu'ils désirent, et de choisir l'apparence qui leur convient le mieux en fonction de leurs besoins particuliers.

L'interopérabilité est considérée principalement comme une possibilité d'échange entre différents matériels et/ou logiciels ; elle permet la compatibilité : l'interopérabilité est une possibilité là où la compatibilité est un état de fait.

L'interopérabilité ne se limite pas aux machines, qui ne sont que des outils. Elle permet aux humains de "travailler ensemble" via les logiciels installés sur tel ou tel matériel. On peut établir une liste des interactions possibles entre humains, machines et logiciels :

- logiciels entre eux : normes documentées et publiques ;
- machines entre elles (réseau) ;
- humains entre eux, via le réseau ;
- ergonomie des interfaces, dans le sens où elles sont "adaptées à chaque cas" (possibilité pour tous d'accéder au contenu, d'une manière ou d'une autre) ;
- langage parlé et écrit commun (le code comme le contenu affiché) ;
- finances suffisantes (point non négligeable dans le cadre d'un phénomène de société, afin d'éviter ce que certains appellent la "fracture numérique").

L'interopérabilité permet donc une meilleure accessibilité de l'humain au contenu fourni par d'autres humains via un réseau matériel et logiciel appropriés à chaque individu.

N'oublions pas enfin que nous sommes amenés à vieillir, et donc à être exposés à des diminutions physiques et mentales. Il est donc primordial de faciliter l'accès à tous. L'espace public virtuel que représente Internet semble redessiner les schémas que nos villes ont connus il y a de cela quelques décennies, à savoir la création de ghettos numériques, issus d'une difficulté d'accès, quelles qu'en soient les raisons.

Pour en revenir à un propos concernant surtout le matériel, c'est ici que l'interopérabilité rejoint l'accessibilité.

9.2. Les différents médias auxquels peuvent s'appliquer les CSS

Que ce soit dans le domaine du Web (HTML, RDF, PNG), du bâtiment (Industry Foundation Classes : classes recensant les différents objets et concepts lors d'un projet) ou de l'édition papier (Open Document Format : format utilisé entre autres par OpenOffice), les entreprises innovantes poussent à l'utilisation de solutions d'échanges de données qui sont documentées et publiques. Des normes documentées publiques permettent à tous de communiquer. Un format documenté mais privé (donc fermé) ne permet de communiquer qu'aux personnes payant cette documentation. Imaginez s'il fallait payer pour utiliser la langue française, et vous comprendrez l'étendue du problème. Le fait de rendre des normes publiques empêche toute utilisation monopolistique ou alliance, qui peut à terme nuire au développement de solutions innovantes.

Il est donc important, lors du choix d'un outil de travail, de savoir s'il est possible d'échanger facilement des données avec les divers intervenants du projet. Au même titre que la séparation entre contenu et contenant, ces choix se traduiront par un gain de temps et, dans le cadre d'un projet professionnel, d'argent.

En résumé, lorsque vous travaillez à plusieurs (lorsque vous interopérez), la question est "le format utilisé est-il documenté ?".

Dans le domaine d'application particulier à ce livre, XHTML et les CSS disposent de spécifications connues et accessibles sur le Web, librement et gratuitement (**www.w3.org/TR/html401/** et **www.w3.org/TR/CSS21/**), qui permettent à tous (webmaster, développeur de logiciel, utilisateur final…) de produire ou adapter du contenu ou des outils sachant parler le même langage.

HTML et CSS implémentent différents types de médias, afin qu'un panel important de différences soit pris en compte. On peut ainsi changer le style du document à la volée, en spécifiant quel est le style appliqué en fonction du matériel sur lequel est lu le document.

Pour commencer, nous allons lister les différents médias auxquels peuvent s'appliquer les CSS actuellement, dans leur version 2.1 :

- `all` : signifie que le style peut s'appliquer à n'importe quel support.
- `braille` : pour les plages braille qui permettent aux malvoyants de lire une page web.
- `embossed` : permet aux imprimantes braille d'embosser un document.
- `handheld` : destiné aux appareils portables, aux petits écrans donc.
- `print` : vise les périphériques d'impression, imprimantes ou traceurs.

- `projection` : concerne les projecteurs vidéo. Ce média est principalement destiné aux diaporamas utilisés pour les présentations orales, par exemple.
- `screen` : l'écran d'un ordinateur, qui peut accepter diverses résolutions, allant de 800 × 600 à 2 048 × 1 536, voire plus selon sa qualité et les yeux du lecteur.
- `speech` : permet aux malentendants de lire un document grâce aux outils de synthèse vocale.
- `tty` : destiné aux périphériques dont les caractères sont de taille fixe, comme les terminaux informatiques, par exemple.
- `tv` : pour afficher un document sur un téléviseur.

Figure 9.1 : *Une plage braille BAUM Supervario 80 (www.baum.fr/images/Vario/SVario80.jpg)*

RENVOI

La syntaxe pour spécifier le média auquel s'applique une feuille de style est décrite au chapitre Généralités et syntaxe.

Chacun de ces supports a ses possibilités, ainsi que ses limitations, ses contraintes. Nous allons voir de quoi il retourne. Par défaut, si le descripteur de média n'est pas spécifié, c'est le média `all` qui devrait être utilisé. Apparemment, bon nombre de navigateurs ne respectent pas ce principe et appliquent le média `screen` à une feuille de style sans `media="[...]"`.

Média universel (all)

Lorsque vous spécifiez `media=all` dans votre appel à une feuille de style, celle-ci s'appliquera quel que soit le type d'appareil sur lequel sera visualisé le document. Si `all` peut être intéressant pour unifier le rendu sur tous les périphériques, il est nécessaire de faire attention à son utilisation.

En effet, imaginez que vous utilisiez le code suivant, pour que vos exemples de codes gardent leurs indentations et retours à la ligne, mais sans dépasser le conteneur de la mise en page :

- HTML :

```
<div id="contenant">
<p>
[...]
/*Placez ici un contenu quelconque*/
</p>
<pre><code><title>media universel</title>
<meta http-equiv='Content-language' content='fr' />
<meta http-equiv='Content-type' content='text/html;
✂ charset=UTF-8' />
<style type='text/css' media='all'>
#contenant {
width: 450px;
margin: 0 auto;
text-align: justify;
}
pre {
padding: 1em;
background-color: #aaa;
/*max-width: 100%;
white-space: -moz-pre-wrap;
white-space: pre-wrap;
/* */
}
</style></code></pre>
<p>
[...]
</p>
</div>
```

- CSS :

Listing 9-1 : extrait du fichier 09-all-pre.htm

```
#contenant {
width: 450px;
margin: 0 auto;
text-align: justify;
}
pre {
padding: 1em;
background-color: #ccc;
border-left: solid 0.3em #666;
/* permet de limiter la largeur à celle du conteneur
✂ */
overflow: auto;
}
```

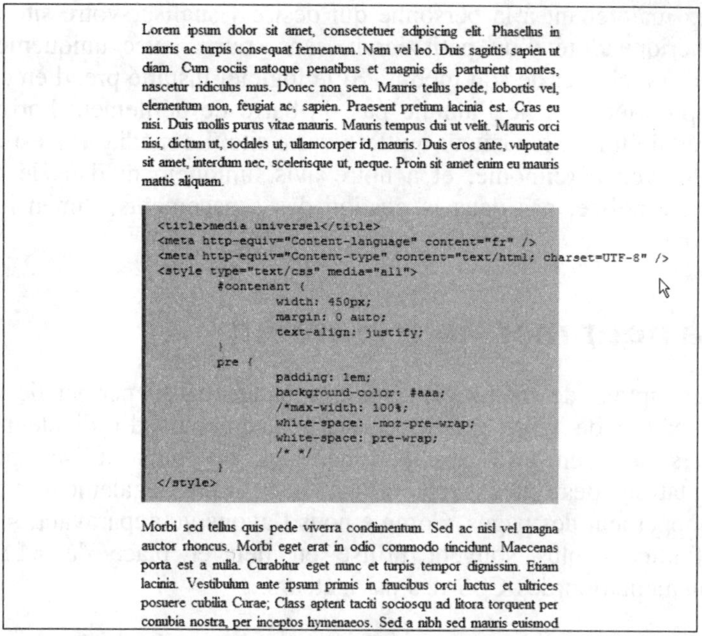

Figure 9.2 : *Avant l'application de overflow: auto*

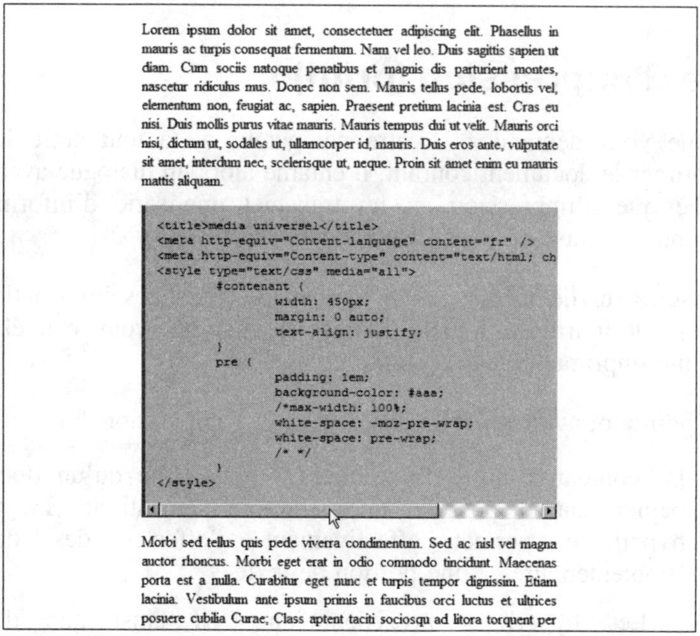

Figure 9.3 : *Après l'application de overflow: auto*

Pensez maintenant à la personne qui désire visualiser votre site sur un périphérique doté d'un petit écran, sans souris, avec uniquement les touches du clavier de son mobile. Si le logiciel installé prend en compte cette propriété, ou ne l'annule pas, la barre de défilement horizontale sera rédhibitoire : le visiteur quittera votre site. Le média `all` est donc à utiliser avec parcimonie, et à notre avis, uniquement dans le cas de styles de police, pas dans la gestion des espacements, dimensions ou positions.

Média pour moniteur (screen)

Ce descripteur de média est le plus répandu car il permet de limiter l'application de votre feuille de style aux écrans d'ordinateurs. Ces derniers sont en effet les périphériques les plus utilisés pour la consultation des sites web, d'une part, mais également pour le développement des pages. Comme nous l'avons vu auparavant, `screen` est d'ailleurs plus souvent utilisé en lieu et place de `all` dans l'implémentation des CSS des navigateurs.

La plupart des propriétés que nous avons pu voir dans ce livre s'appliqueront donc à ce type de média.

Média d'impression (print)

Lorsque vous demandez à votre navigateur ou à tout autre logiciel d'imprimer le document courant, il entame alors un dialogue avec votre périphérique d'impression, et lui transmet une série d'informations concernant la mise en page, les couleurs, etc.

Le descripteur de média `print` permet de gérer ces informations. Il s'occupe de fournir au logiciel la mise en page que vous avez élaborée pour une imprimante, par exemple.

Mais pourquoi avoir un style différent pour l'impression ?

- Le contenu d'un site Internet est plus riche qu'un document papier, car il possède une structure sémantique. Le format hypertexte permet effectivement d'affecter des données supplémentaires à une portion de texte :
  - Les hyperliens possèdent un URI ainsi que d'autres informations selon le contenu de la page ciblée : <a

href="URI" title="description du site" hreflang ="en-us">site anglophone, situé aux USA</a>.

- Les citations ont parfois leur source indiquée grâce aux attributs `cite` : `<q cite="URI">un joli aphorisme</q>`.
- Les abréviations peuvent contenir leur définition grâce à l'attribut `title` : `<acronym title="Web accessibility initiative" lang="en">WAI</acronym>`.
- Les balises concernant les modifications apportées à un document ont leur date spécifiée par `datetime` : `Là bas, l'eau y est d'un <del datetime="2004-03-12"> vert</del> <insdatetime="2006-03-12">bleu</ins> intense` (ici, deux modifications ont eu lieu le 12 mars 2004).
- Toutes les variantes et combinaisons des cas précédents.

- Imprimer une information ne veut pas dire que l'on désire toutes les décorations de la mise en page dédiée à l'écran. Une grande majorité des documents imprimés depuis un site web le sont pour le contenu de la page, et non son apparence. On peut donc fréquemment se passer des images de fond, des couleurs pour économiser les cartouches d'encre, etc.
- Ces mêmes informations peuvent être superflues dans le cadre d'un document papier. En effet, à quoi sert un menu sur lequel on ne peut pas cliquer, sans parler des GIF animées ou des bannières publicitaires en Flash ? L'intérêt de la page n'est pas dans son système de navigation (qui est de fait inexistant), mais dans son contenu.

Nous allons voir comment exploiter un code sémantique, où les balises utilisées signifient le type de données qu'elles contiennent, afin de proposer les mêmes informations d'une manière différente, adaptée au support qu'est le papier.

Il est cependant important de prendre en compte plusieurs cas de figure :

- La feuille de style d'impression est celle créée par l'auteur du site : nous pouvons spécifier les règles à notre convenance, puisque nous maîtrisons parfaitement le contenu du document. Ce travail en amont doit cependant prendre en compte au moins deux autres cas :

- L'utilisateur souhaite imprimer le contenu "intéressant" uniquement, sans les graphiques et autres éléments décoratifs.
- L'utilisateur souhaite imprimer le contenu tel qu'il le voit à l'écran, graphismes inclus. En effet, le passage d'une mise en page à une autre selon le contexte peut s'avérer déroutant si l'on n'a pas conscience des possibilités des CSS.

- La feuille de style d'impression est celle créée par l'utilisateur, qui vient ajouter ses propres styles, ou écrase les styles existants afin de "nettoyer" la page qu'il souhaite imprimer.

Le problème dans l'état actuel d'implémentation des CSS dans les navigateurs est que, hormis Opera, aucun ne propose de feuilles de style d'impression alternatives dans les préférences de style (Internet Explorer ne dispose même pas d'une telle fonction).

Il est donc nécessaire de permettre à l'utilisateur de choisir ses préférences d'impression.

INTERNET

Proposer des styles alternatifs

Nous vous invitons à consulter l'article de Laurent Denis traitant des feuilles d'impression multiples, ainsi que les liens qui y sont présents : **www.blog-and-blues.org/weblog/2004/09/23/305-plusieurs-styles-alternatifs-pour-imprimer.**

Partons du principe que vous créez une feuille de style d'impression pour le site que vous développez, et que vous souhaitez proposer une page dénuée de toute image superflue. Les notions abordées ici pourront être réutilisées par la suite.

Récupérer les informations présentes dans les attributs

Les règles décrites ici ne pourront pas fonctionner avec Internet Explorer, celui-ci ne comprenant pas les sélecteurs d'attribut. En revanche, les autres navigateurs implémentant déjà certains sélecteurs de la version 3 de CSS, nous pouvons en profiter pleinement sans avoir de cas de conscience vis-à-vis du logiciel de Microsoft. Attention, seules les dernières versions comprennent les règles CSS 3 en question. Nous essayerons à chaque fois de fournir une alternative qui fonctionne dans les versions précédentes, même si elle paraît moins aboutie.

Le concept d'hypertexte permet de lier des documents entre eux par des mots-clés signifiants (dans l'idéal, bien sûr). A contrario de ce qu'autorise un document imprimé, la lecture n'est pas linéaire et il est possible de se déplacer au sein d'un fil d'idées, grâce notamment à l'historique du navigateur. L'hypermédia vient compléter cela par l'ajout de contenus audio et graphiques (fixes ou animés), voire tactiles ou olfactifs (certains objets communicants permettent effectivement de lier des odeurs à des concepts).

Si l'on ajoute le côté sémantique d'un document XML (dont XHTML), nous obtenons du contenu dont les informations affichées ne représentent qu'une partie de l'iceberg. Comment est-il alors possible d'accéder aux informations contenues dans les balises de ce type de fichier afin de les restituer sur papier ?

Nous pouvons illustrer cela par le schéma suivant :

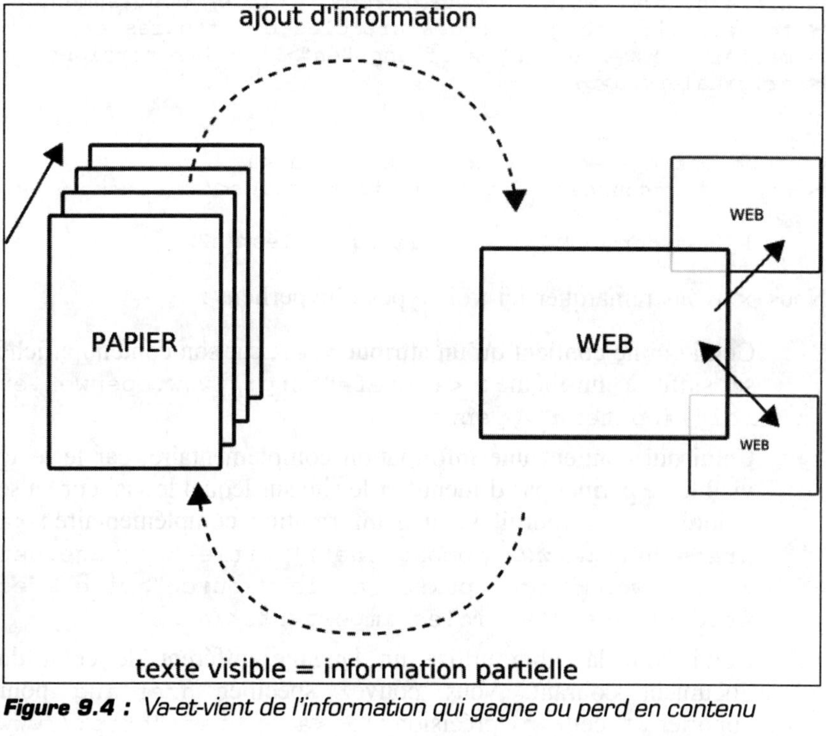

Figure 9.4 : *Va-et-vient de l'information qui gagne ou perd en contenu*

Nous allons voir comment fournir un texte enrichi de ces données cachées, au lecteur qui souhaite imprimer ce type de document hypertextuel.

Pour commencer, il serait bien de récupérer et d'imprimer les URI présents au sein des balises <a>. Nous allons pour cela nous servir des sélecteurs d'attribut ; prenons par exemple le code suivant :

Listing 9-2 : extrait du fichier 09-print.htm

```
<p>
Nous vous conseillons vivement de consulter <a
✂ href="http://www.openweb.eu.org/#contenu">Openweb</a>,
✂ la référence en matière de standards, d'accessibilité,
✂ et de communication d'un site web. Vous pouvez également
✂ <a href="http://www.pompage.net/" title="Pompage.net /
✂ Le webdesign puisé à la source">lire des traductions
✂ d'articles importants</a> qui ont été publiés en
✂ anglais. Cependant, rien ne vaut parfois d'aller <a
✂ href="http://www.thinkvitamin.com/" title="Nourishment
✂ to help the Web grow : des articles des figures en
✂ matière de webdesign" hreflang="en">lire les versions
✂ originales</a>.
</p>
<p>
Vous pouvez également vous rendre à la <a
✂ href="#ressources">liste de liens utiles</a>.
</p>
<h2 id="ressources">liste de liens utiles</h2>
```

Nous pouvons remarquer ici trois types d'hyperliens :

- Celui qui ne contient qu'un attribut `href`, car son contenu affiché se suffit à lui-même : `<a href="http://www.openweb.eu.org/#contenu">Openweb</a>`.
- Celui qui contient une information complémentaire, car le texte visible ne permet pas d'identifier le site sur lequel le visiteur va se rendre. `title` fournit ici une information complémentaire : `<a href="http://www.pompage.net/" title="Pompage.net / Le webdesign puisé à la source">lire des traductions d'articles importants</a>`.
- Celui dont la cible utilise un langage différent de celui du document courant. Vous pouvez spécifier `hreflang` pour apporter cette précision : `<a href="http://www.thinkvitamin.com/" title="Nourishment to help the Web grow : des articles des figures en matière`

```
de webdesign" hreflang="en">lire les versions
originales</a>.
```

Voici ce que nous obtenons sans aucun style :

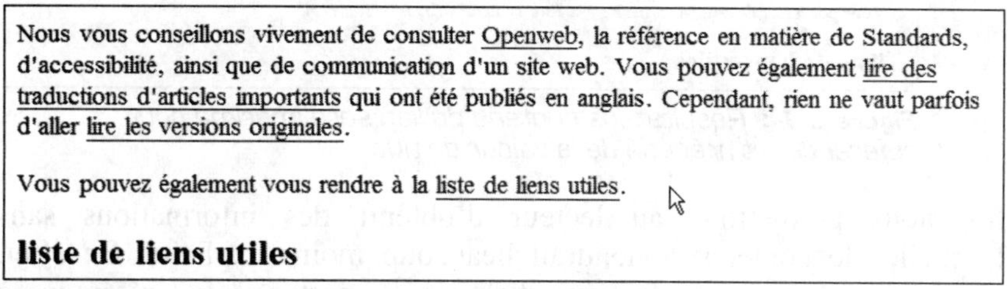
Nous vous conseillons vivement de consulter Openweb, la référence en matière de Standards, d'accessibilité, ainsi que de communication d'un site web. Vous pouvez également lire des traductions d'articles importants qui ont été publiés en anglais. Cependant, rien ne vaut parfois d'aller lire les versions originales.

Vous pouvez également vous rendre à la liste de liens utiles.

liste de liens utiles

Figure 9.5 : *L'exemple brut*

Dans les trois cas, nous pouvons établir une règle qui se chargera d'ajouter le contenu des attributs après le lien. La plus simple de ces règles peut s'écrire comme suit :

- CSS :

```
a:after {
content: " (" attr(href) ")";
}
```

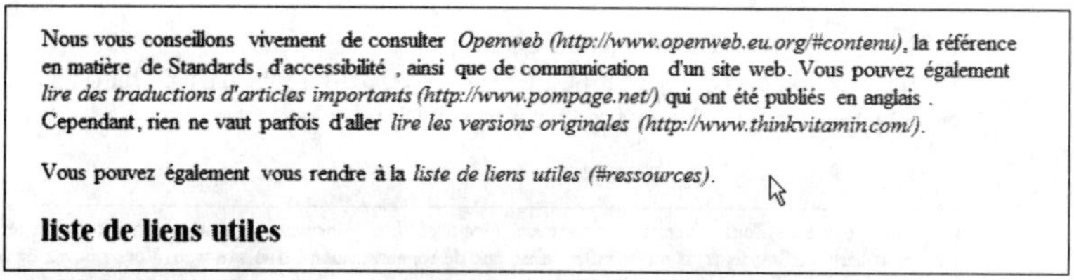
Nous vous conseillons vivement de consulter *Openweb (http://www.openweb.eu.org/#contenu)*, la référence en matière de Standards, d'accessibilité , ainsi que de communication d'un site web. Vous pouvez également *lire des traductions d'articles importants (http://www.pompage.net/)* qui ont été publiés en anglais . Cependant, rien ne vaut parfois d'aller *lire les versions originales (http://www.thinkvitamin.com/)*.

Vous pouvez également vous rendre à la *liste de liens utiles (#ressources)*.

liste de liens utiles

Figure 9.6 : *Résultat : le contenu des liens sera imprimé pour référence*

Dans ce cas-là, tous les liens sans exception verront leur URI apparaître, même lorsqu'il s'agit d'une adresse relative sans grand intérêt, puisque dans la même page. Cependant, cette règle a l'avantage de fonctionner avec tous les navigateurs comprenant le pseudo-élément `:after`, mais pas les sélecteurs des attributs évolués de CSS 3 (implémentés dans les dernières versions).

Voyons comment afficher les autres attributs.

- CSS :

```
a[title]:after {
content: " (" attr(title) "\000a0: " attr(href) ")";
}
```

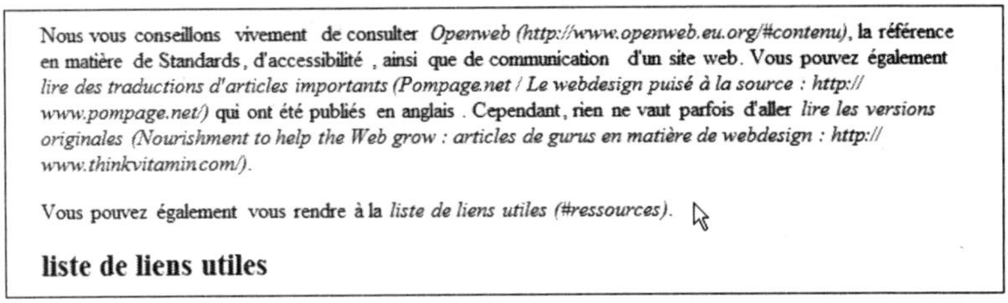

Figure 9.7 : *Résultat : le contenu du lien sera imprimé pour référence, et précédé de la valeur de title*

Ici, nous permettons au lecteur d'obtenir des informations sans lesquelles le contenu deviendrait beaucoup moins explicite. En effet, savoir que "lire des traductions d'articles importants" fait référence à pompage.net n'est pas une luxe.

Nous obtenons cet effet en utilisant le sélecteur d'attribut `[title]` associé au pseudo-élément `:after`. Ainsi, cette règle sera appliquée à toutes les balises <a> dotées d'un attribut `[title]`.

Nous utiliserons le même procédé pour indiquer à l'utilisateur qu'il se rend sur un site dont la langue n'est pas la sienne :

- CSS :

```
a[title][hreflang]:after {
content: " (" attr(title) "\000a0(" attr(hreflang)
✂ ")\000a0: " attr(href) ")";
}
```

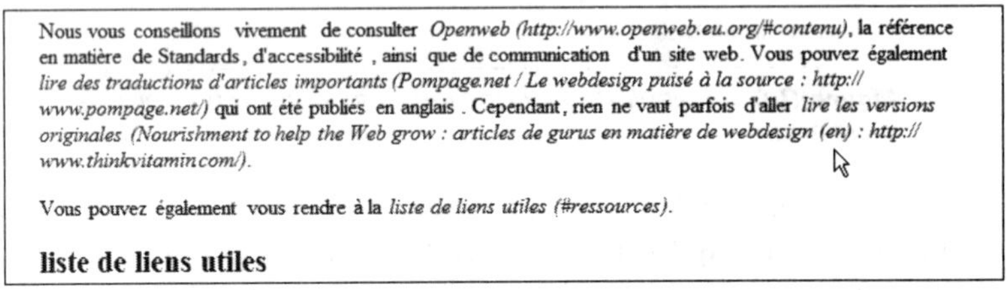

Figure 9.8 : *Résultat : le contenu du lien sera imprimé pour référence, et précédé des valeurs de title et hreflang*

Cependant, certains liens ne sont pas intéressants à indiquer d'un point de vue purement informatif. Nous allons donc sélectionner uniquement les attributs qui nous intéressent, à savoir ceux pointant vers des liens n'appartenant pas à la page courante. L'idéal serait de sélectionner ceux débutant par autre chose que #. Mais pour que la CSS soit compatible avec plus de navigateurs, nous éviterons d'utiliser une syntaxe trop complexe.

Tout d'abord, nous sélectionnons l'ensemble des hyperliens :

```
a:after {
content: " (" attr(href) ")";
}
```

Puis nous sélectionnons les éléments dont l'attribut `href` commence (^=) par # (`[href^="#"]`), afin de faire disparaître les attributs déclarés précédemment.

```
a[href^="#"] {
text-decoration: none;
font-style: italic;
color: inherit;
}
a[href^="#"]:after {
display: none;
}
```

Voici ce que nous obtenons dans des navigateurs comprenant cette syntaxe :

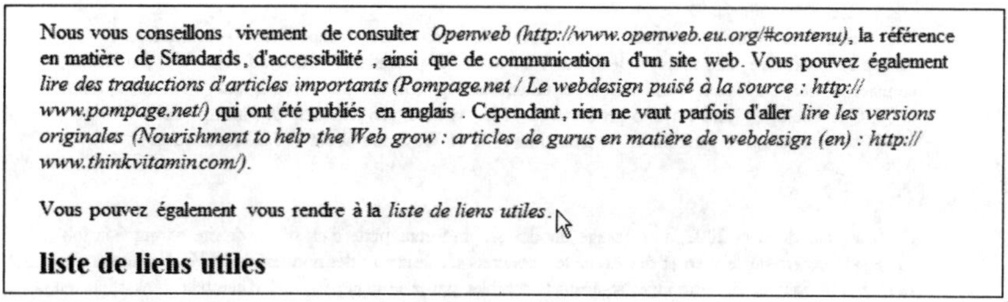

Figure 9.9 : *Le lien menant vers la liste des liens utiles disparaît*

Sachez tout de même que l'ensemble de ces règles aurait pu se traduire par celle-ci, en CSS 3 :

```
a:not([href^="#"]):after {
content: " (" attr(href) ")";
}
```

Mais dans l'état actuel de l'implémentation de ce sélecteur, seuls les navigateurs basés sur le moteur de rendu de Mozilla sont en mesure de le comprendre. Ici, nous sélectionnons tous les éléments `a` dont l'attribut `href` (`[href…]`) ne débute (^=) pas (`:not([…])`) par #.

Bien sûr, les sélecteurs d'attribut ne s'appliquant pas qu'aux hyperliens, il est tout à fait possible de les utiliser sur n'importe quel élément :

```
*[cite]:after {
content: " (source\000a0: " attr(cite) ")";
}
```

Cela aura par exemple pour conséquence de sélectionner n'importe quel élément doté d'un attribut `cite`, qu'il s'agisse d'un `<blockquote>` ou d'un `<q>`.

Nous aurions ainsi ce genre de résultat :

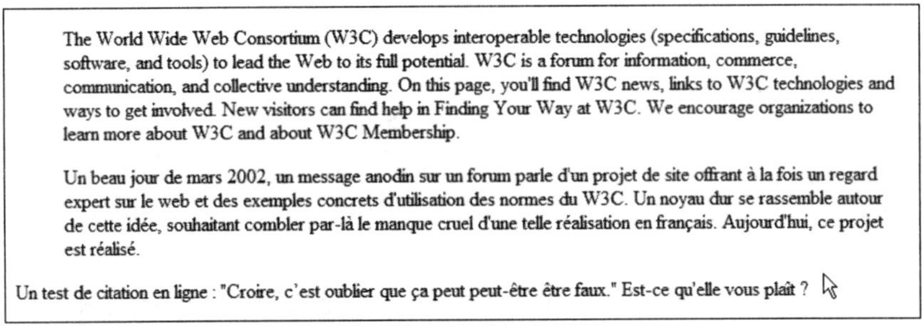
The World Wide Web Consortium (W3C) develops interoperable technologies (specifications, guidelines, software, and tools) to lead the Web to its full potential. W3C is a forum for information, commerce, communication, and collective understanding. On this page, you'll find W3C news, links to W3C technologies and ways to get involved. New visitors can find help in Finding Your Way at W3C. We encourage organizations to learn more about W3C and about W3C Membership.

Un beau jour de mars 2002, un message anodin sur un forum parle d'un projet de site offrant à la fois un regard expert sur le web et des exemples concrets d'utilisation des normes du W3C. Un noyau dur se rassemble autour de cette idée, souhaitant combler par-là le manque cruel d'une telle réalisation en français. Aujourd'hui, ce projet est réalisé.

Un test de citation en ligne : "Croire, c'est oublier que ça peut peut-être être faux." Est-ce qu'elle vous plaît ?

Figure 9.10 : *Sans style*

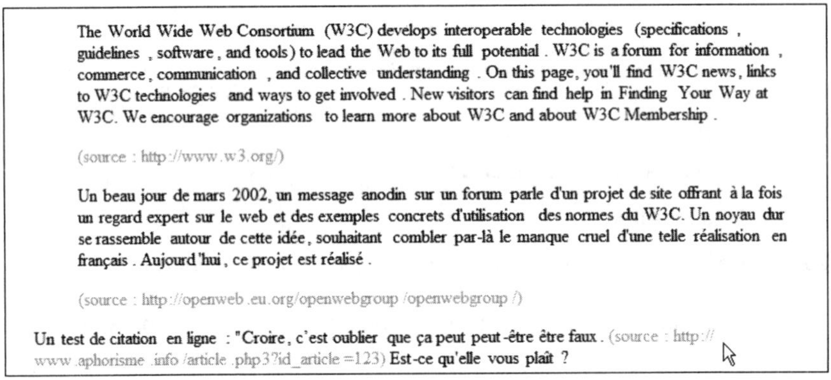
The World Wide Web Consortium (W3C) develops interoperable technologies (specifications , guidelines , software , and tools) to lead the Web to its full potential . W3C is a forum for information , commerce , communication , and collective understanding . On this page, you'll find W3C news, links to W3C technologies and ways to get involved . New visitors can find help in Finding Your Way at W3C. We encourage organizations to learn more about W3C and about W3C Membership .

(source : http://www.w3.org/)

Un beau jour de mars 2002, un message anodin sur un forum parle d'un projet de site offrant à la fois un regard expert sur le web et des exemples concrets d'utilisation des normes du W3C. Un noyau dur se rassemble autour de cette idée, souhaitant combler par-là le manque cruel d'une telle réalisation en français . Aujourd'hui, ce projet est réalisé .

(source : http://openweb.eu.org/openwebgroup/openwebgroup/)

Un test de citation en ligne : "Croire, c'est oublier que ça peut peut-être être faux . (source : http://www.aphorisme.info/article.php3?id_article=123) Est-ce qu'elle vous plaît ?

Figure 9.11 : *Avec le style d'impression*

Ou encore pour les abréviations :

```
abbr[title]:after, acronym[title]:after {
content: " (" attr(title) ")";
}
```

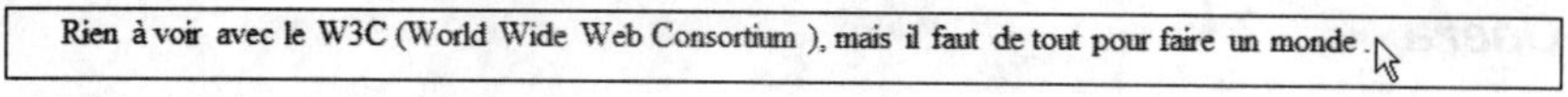

Figure 9.12 : *La version web*

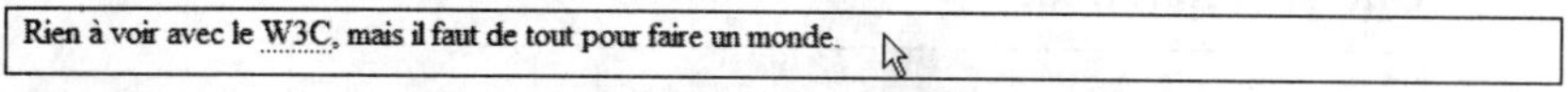

Figure 9.13 : *La version papier de la même abréviation*

Les possibilités sont vastes du point de vue du confort de lecture, mais aussi par rapport à la quantité d'information apportée au lecteur du site. Même si elles restent fixées par les spécifications du W3C et leur implémentation par les divers logiciels du marché (navigateurs, synthétiseurs vocaux...), les combinaisons de ces divers sélecteurs ainsi que les pseudo-éléments associés permettront à terme de diminuer les classes nécessaires, afin d'avoir un minimum de changements à effectuer sur la structure sémantique du document (qu'il s'agisse de HTML, de SVG, ou de tout autre langage de balisage de type XML).

Supprimer les éléments superflus

Comment imprimer une page d'un site si l'on n'a pas pensé ou voulu faire une feuille de style d'impression à cet effet ? Un bon nombre d'éléments sont superflus, et notamment toutes les informations dynamiques de type animations Flash, ou GIF animées.

Activer les feuilles de style utilisateur dans un navigateur

Pour cela, chaque navigateur implémente le support de feuilles de style personnalisées. Il traitera ainsi dans l'ordre croissant d'importance trois types de styles :

- les styles déclarés par l'auteur du document ;
- les styles déclarés par le navigateur (ou "agent utilisateur" pour ce qui est du cas général) ;
- les styles déclarés par l'utilisateur.

C'est toujours l'utilisateur final qui a le dernier choix quand à l'apparence de ce qu'il consulte. Il peut paramétrer les styles en réglant les différentes options afférentes.

Opera

1 Ouvrez la boîte de dialogue des préférences via le menu **Outils/Préférences**.

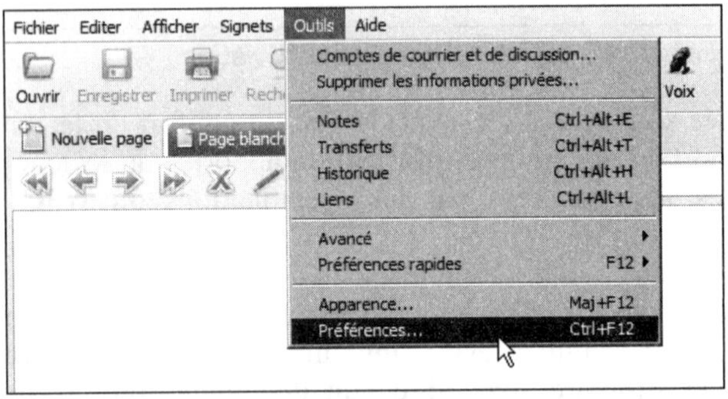

Figure 9.14 : *Le menu Outils/Préférences*

2 Sous l'onglet **Avancé**, ouvrez la boîte de dialogue **Modes de présentation** en sélectionnant la rubrique *Contenu*, puis en cliquant sur **Options de style**.

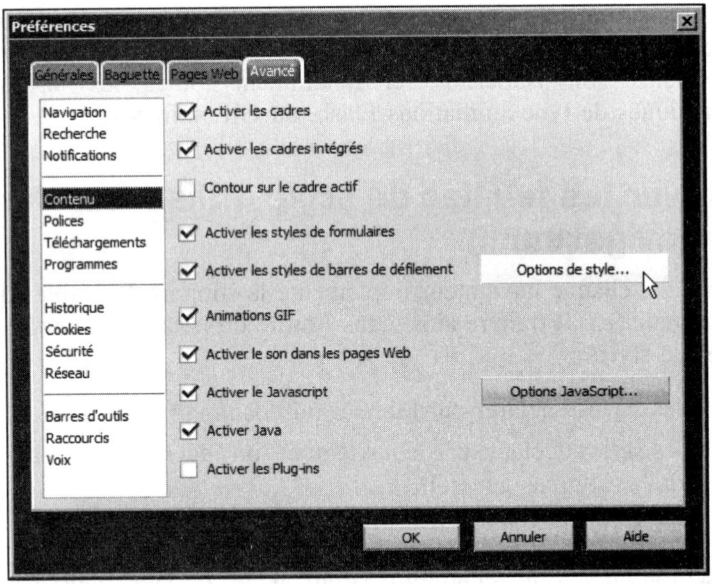

Figure 9.15 : *Choisissez Options de style*

3 En cliquant sur **Choisir**, vous pouvez sélectionner votre feuille de style personnalisée (ici une feuille de style nommée *purger.css*).

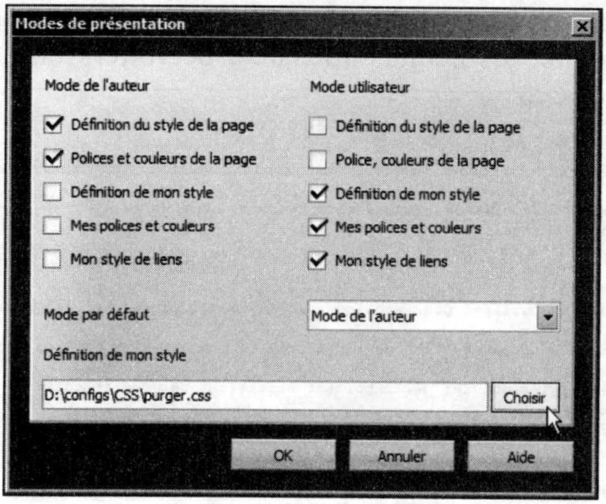

Figure 9.16 :
Une feuille de style personnalisée

Les cases à cocher situées au-dessus permettent de sélectionner les priorités entre les différents styles utilisés. Il est facile ensuite de basculer entre *Mode de l'auteur* et *Mode utilisateur* avec la combinaison de touches Maj+G.

Firefox

1 Le plus simple reste d'installer l'extension ChromEdit, disponible à l'adresse **https://addons.mozilla.org/firefox/17/**.

2 Il vous suffit ensuite de lancer l'extension en sélectionnant le menu **Outils**, puis la commande **Edit User Files**.

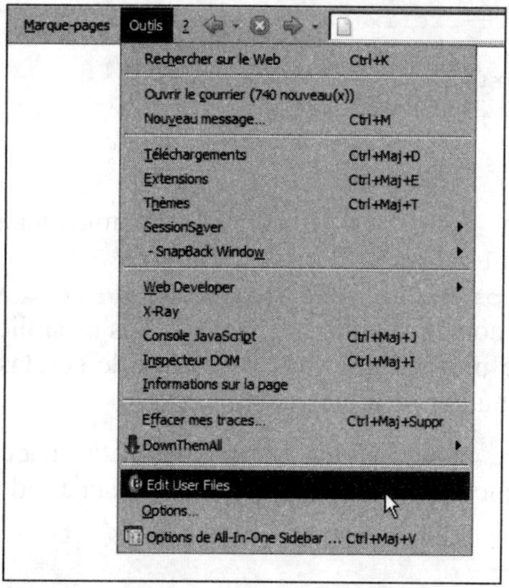

Figure 9.17 :
Le menu Outils

3 La boîte de dialogue **ChromEdit : User Profile File Editor** s'affiche. Elle permet d'éditer les fichiers utilisateur de votre profil.

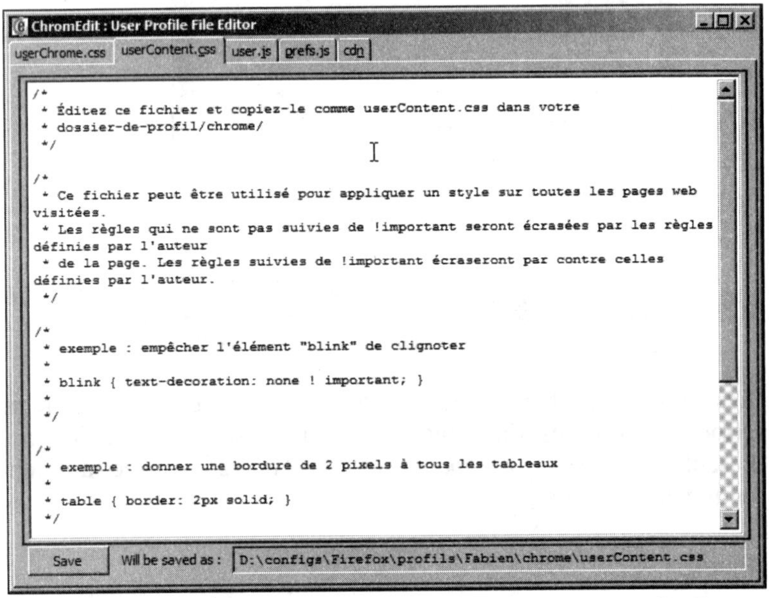

Figure 9.18 : *La boîte de dialogue de ChromEdit : User Profile File Editor*

4 Dans cette fenêtre, nous supprimons l'intégralité du contenu, puis appliquons cette règle :

```
@-moz-document url-prefix(http://www.mozilla.org/) {
* {
color: red !important;
background-color: #ff0 !important;
}
}
```

Elle signifie que tous les documents commençant par `http://www.mozilla.org/` (`url prefix(http://www.mozilla.org/)`) se verront appliquer les styles contenus entre accolades. Mais n'oubliez pas : `!important` est le mot-clé qui vous permettra de surclasser les styles définis par l'auteur et le navigateur.

5 Redémarrez Firefox, et vos styles s'appliqueront à chacune des pages. En l'occurrence, un splendide texte rouge sur fond jaune !

Safari (MacOS X)

1 Allez dans le menu **Safari/Préférences**.

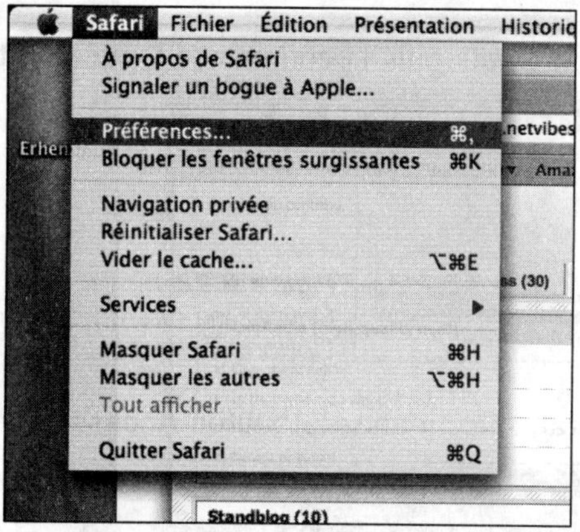

Figure 9.19 : *Préférences*

2 Puis positionnez-vous dans la barre d'outils *Avancées*.

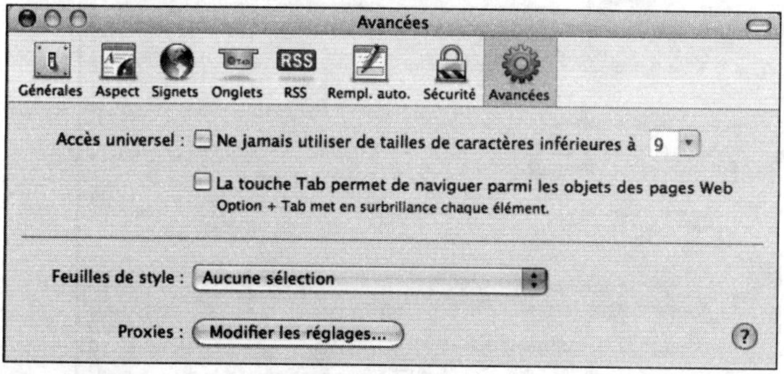

Figure 9.20 : *Avancées*

3 Recherchez l'emplacement des feuilles de style.

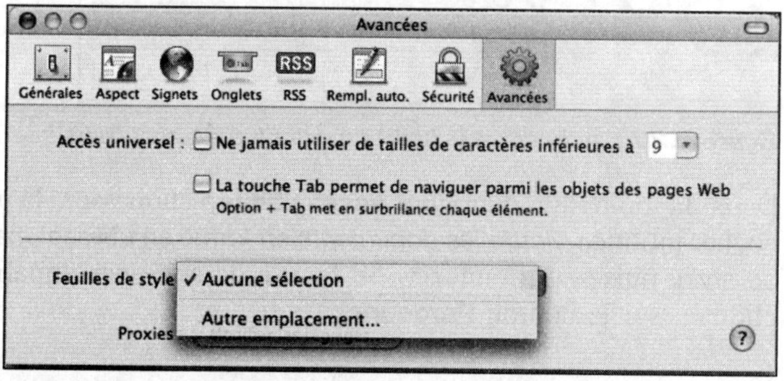

Figure 9.21 : *Feuilles de style*

4 Sélectionnez votre feuille de style.

Internet Explorer

1 Sélectionnez le menu **Outils** puis la commande **Options Internet**.

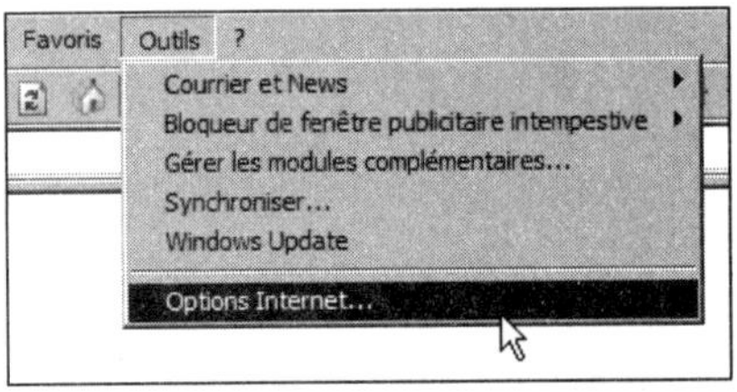

Figure 9.22 : *Ouvrez la boîte de dialogue Options Internet*

2 Sous l'onglet **Général**, sélectionnez le bouton **Accessibilité**.

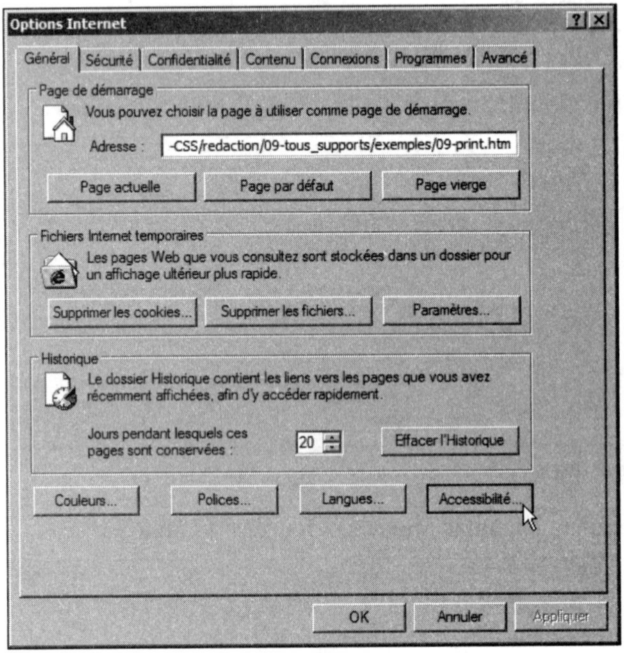

Figure 9.23 : *Accédez à la boîte de dialogue Accessibilité*

3 Dans la boîte de dialogue **Accessibilité**, choisissez la case à cocher intitulée *Mettre les documents en forme en utilisant ma feuille de style*, puis sélectionnez votre feuille de style personnalisée en cliquant sur le bouton **Parcourir**.

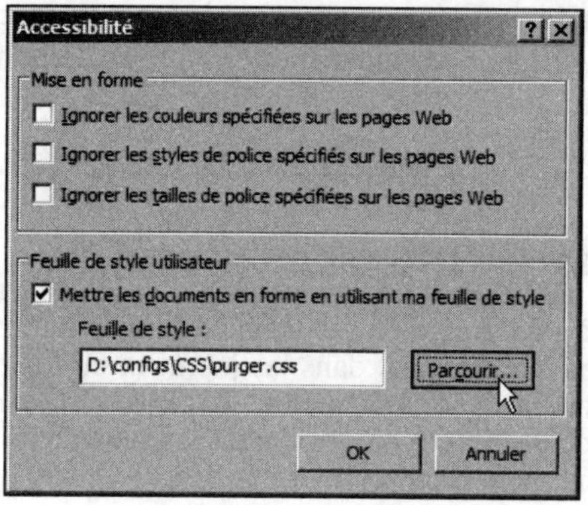

Figure 9.24 : *Chargez votre feuille de style*

Supprimer les éléments indésirables

La règle suivante épure la page de toutes les images de fond :

```
* {
background-image: none;
}
```

De plus, un bon nombre de sites emploient des séquences animées au format Flash pour afficher des bandeaux de publicité, qui peuvent nuire à la lecture sur un écran, et qui n'ont aucune raison d'être sur une feuille de papier.

Pour les supprimer, il suffit de détecter les éléments contenant ce genre de données. Ici, nous sélectionnons tous les éléments dont les attributs `src` ou `data` contiennent un fichier au format SWF (ShockWave Flash), puis nous empêchons leur affichage :

```
*[src*=".swf"], *[data*=".swf"] {
display: none !important;
}
```

L'autre format privilégié concernant les images animées est GIF. Mais dans la mesure où les GIF ne sont pas forcément gênantes et peuvent être un contenu "intéressant", il faut les éliminer au cas par cas.

Comme le monde des standards est bien fait, l'IAB (Interactive Advertising Bureau) a défini des formats pour les bandeaux publicitaires courants. Nous pouvons donc les sélectionner en nous basant sur leurs dimensions s'ils nuisent trop à la lecture. Tout le monde ne bénéficie pas de l'acuité cognitive suffisante pour passer outre ces images, ou encore d'un écran assez large pour les afficher sans avoir à subir un ascenseur horizontal. Encore une fois, les standards permettent à tous de bénéficier d'une meilleure accessibilité.

REMARQUE

Acuité cognitive

Par ce terme, nous désignons la faculté qu'une personne a de supprimer les informations inutiles à la compréhension d'un document. Cela s'applique au Web et à l'ensemble de ses bannières publicitaires en général, mais le cas se retrouve également dans les journaux ou toutes autres publications, papier ou en ligne. Imaginez ne pas pouvoir dissocier les publicités du reste du document, et vous comprendrez sans doute la gêne que ce genre de contenu peut représenter.

L'exemple CSS suivant permet de sélectionner des bannières au format "Bannière 728 × 90", c'est-à-dire ayant une largeur de 728 pixels (`width="728"`) et une hauteur de 90 pixels (`height="90"`) :

```
a img[width="728"][height="90"]{
display: none;
}
```

Nous ne sélectionnons ici que les images présentes au sein d'ancre, puisque ce type de bannière attend le clic du lecteur.

En combinant les sélecteurs divers, puis en utilisant les sélecteurs d'attribut, nous pouvons cibler les éléments que nous souhaitons supprimer de la mise en page finale. On peut bien sûr supprimer les éléments `menu` en utilisant des sélecteurs d'`id`, par exemple, qui ne sont pas d'une grande utilité puisque non interactifs sur une feuille de papier.

Répéter un élément sur chaque page

Une des propriétés des "paged medias" (médias paginés en français) est que les éléments positionnés en `fixed` se répètent sur chaque page. Cela peut être pratique pour placer le titre du document en bas de page, ou encore les coordonnées de la société, conformément au format classique des impressions papier.

Il suffirait de déclarer ce type de propriété, pour que les informations du bloc `address` se retrouvent en bas de chaque page imprimée :

```
address {
position: fixed;
bottom: 0;
```

```
left: 0;
}
```

Malheureusement, cela reste assez théorique puisque les navigateurs n'implémentent pas tous encore cette partie des standards comme ils le devraient, ou au moins de la même manière (marges différentes, gestion des marges de la page plus ou moins convaincante…).

Nous allons aborder ici des médias un peu moins répandus, mais tout aussi intéressants.

Média sonore (speech)

Le média `speech` est le successeur de `aural`. En effet, si `aural` existe dans les CSS 2, il a été abandonné dans la version 2.1. Comme l'écho de la part des développeurs n'était pas suffisant, le W3C en a profité pour remettre à plat ses spécifications, et ainsi différencier le futur module CSS 3, consacré à l'interaction vocale de l'utilisateur avec la machine.

Dans le cadre d'un rendu vocal sur un logiciel ou matériel ad hoc, le contenu est considéré comme une suite de mots linéaire. Cependant, pour permettre de conserver l'image de boîte du rendu visuel, six propriétés équivalentes sont implémentées :

- `pause-before` et `pause-after` ;
- `rest-before` et `rest-after` ;
- `cue-before` et `cue-after`.

Voici un schéma expliquant leur implémentation, adaptée de celle du modèle de boîte.

RENVOI

***Le modèle de boîte est décrit au chapitre* Généralités et syntaxe.**

Figure 9.25 : *Modèle de boîte pour speech*

INTERNET

Un navigateur reconnaissant le média speech

Pour ce chapitre, nous vous conseillons vivement d'installer la dernière version d'Opera (8.5 au moment de la rédaction de ces lignes), disponible à l'adresse **http://opera.com/download/**.

Depuis sa version 7.6, Opera permet d'exploiter ce média sans avoir recours à du matériel spécifique ; une simple carte son suffit pour lire le document. Cette fonctionnalité n'existe malheureusement qu'en anglais pour l'instant. Mais cela suffira à illustrer nos propos.

Au pire, vous pourrez vous amuser à faire lire un texte français avec un accent anglais ; le résultat est intéressant !

Prenons une texte en anglais, et voyons ce qu'il est possible d'en faire :

Listing 9-3 : extrait du fichier 09-speech.htm

```
<h1>media="speech"</h1>
<p>
This is just a sentence to test this amazing technology
✂ that <a href="http://www.opera.com/voice/" tiltle="Opera
✂ with voice" hreflang="en">Opera Voice</a> represents. It
✂ uses the <abbr title="World wide web consortium">W3C</
✂ abbr> <a href="http://www.w3.org/TR/css3-speech/"
✂ title="CSS3 Speech Module"><abbr title="Cascading style
✂ sheets 3">CSS3</abbr> speech module specifications</a>.
</p>
```

Même si les propriétés ne sont pas nombreuses, il s'avère que leurs attributs permettent un champ de possibilités important. Il va être assez difficile de vous diffuser le résultat sur papier, mais nous vous invitons à recopier ce code dans votre éditeur favori, puis à le diffuser sur Opera. Ce fichier est téléchargeable sur le site de Micro Application.

Parmi les propriétés implémentées par Opera figure `voice-family`, qui se comporte comme son équivalent `screen`, à savoir qu'elle attribue un style de voix à l'élément sélectionné. Par exemple, nous pouvons spécifier une voix d'enfant pour lire les titres, puis une voix d'homme âgé pour lire le paragraphe :

Listing 9-4 : extrait du fichier 09-speech.htm

```
<style type="text/css" media="speech">
h1 {
pause-before: 2s;
```

```
pause-after: 1s;
-xv-voice-volume: x-loud;
voice-family: child female
}
a, abbr {
pause: 0;
voice-family: announcer, young male
}
</style>
```

Ici, les hyperliens et les abréviations seront dits par un style prédéfini du nom de `announcer`, ou si ce style n'existe pas, par la voix d'un homme jeune (`young male`).

De plus, chaque chapitre de niveau 1 bénéficiera d'une pause de 2 secondes avant d'être énoncé, puis de 1 seconde avant la suite ; il sera diffusé avec un volume plus important également. Dans la mesure où il est difficile de vous rendre l'information, et que ce média n'est encore pas totalement défini, nous ne nous attarderons pas plus sur ce le sujet, mais nous vous invitons à expérimenter les différents liens que vous trouverez en fin de chapitre. Vous y découvrirez que l'on peut également modifier la vitesse de diction, l'intonation, et la manière de dire tel ou tel texte. Par exemple, lors de la lecture d'une abréviation, le rendu épelle automatiquement chaque lettre au lieu d'énoncer un mot.

Dans la section suivante, nous traiterons du média `projection`. Une fonction intéressante d'Opera est le Voice XML, qui permet de dialoguer avec la machine. Il est implémenté au même titre que le module CSS 3 speech, et offre une réelle interaction entre la personne malvoyante, par exemple, puisqu'elle bénéficie d'une interface entièrement orale et auditive. Mais elle peut également profiter aux maîtres de conférence ou à toute personne amenée à projeter des présentations, pour vendre tel ou tel produit ou pour présenter sa thèse, etc.

Vous dites "Next", et la diapositive suivante s'affiche. Merveilleux, non ?

Média pour présentations (projection)

Ce type de média est réservé aux diaporamas. Vous pouvez, à partir d'une page et de sa structure, définir où se situeront les sauts de page et naviguer entre eux grâce aux touches [⇞] ou [⇟] du clavier, par exemple.

Il s'agit d'un média paginé au même titre que le média `print`, avec sa gestion des marges de page, ses éléments en position `fixed` qui se retrouvent sur chacune des pages, etc. Par exemple, reprenons la mise en page du pseudo-blog réalisée au chapitre *Appliquer des propriétés purement décoratives*, et partons maintenant du principe que chaque article vante en fait les différentes caractéristiques du produit que vous devez présenter à une audience.

Chaque article représente donc une page où seront succinctement présentés les avantages de telle ou telle propriété du produit ; nous pourrions alors alterner les styles selon l'utilisation, et obtenir le code suivant (seule la structure et les éléments ajoutés ont été retranscrits ici) :

- HTML :

```
<div id="contenant">
<h1>mon blog</h1>
<div class="post">
<h2>post n°5</h2>
<div>
<p>[…]
/*Placez ici un contenu quelconque*/</p>
<p>[…]
/*Placez ici un contenu quelconque*/</p>
<p>[…]
/*Placez ici un contenu quelconque*/</p>
</div>
</div>
<div class="post">
<h2>post n°4</h2>
<div>
<p>[…]</p>
<p>[…]</p>
<p>[…]</p>
</div>
</div>
<div class="post">
<h2>post n°3</h2>
<div>
<p>[…]</p>
</div>
</div>
<div class="post">
<h2>post n°2</h2>
<div>
<p>[…]</p>
<p>[…]</p>
</div>
```

```
</div>
<div class="post">
<h2>post n°1</h2>
<div>
<p>[…]</p>
<p>[…]</p>
</div>
</div>
</div>
```

- CSS :

Listing 9-5 : extrait du fichier 09-proj.htm

```
[…]
h1 {
position: fixed;
left: 25%;
top: 0;
width: 50%;
margin: 1em auto;
text-align: center;
}
[…]
.post {
width: 50%;
margin: 6em auto 1em;
border: solid 2px #aaa;
background-color: #eee;
page-break-after: always;
}
[…]
```

Ainsi, avec cet exemple, nous passerons de l'image suivante pour un `media="screen"`…

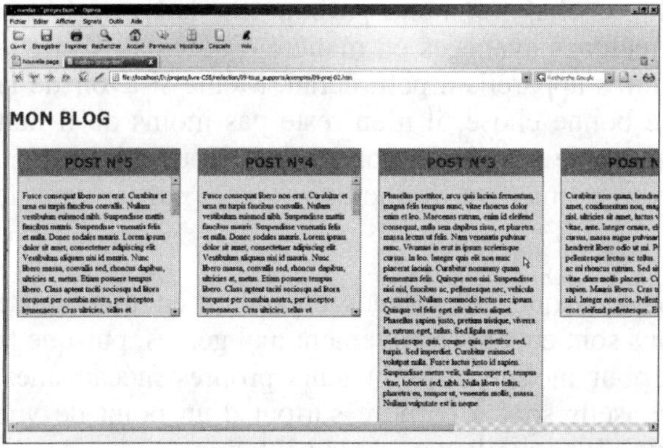

Figure 9.26 : *Affichage de l'exemple dans Opera*

… à cette succession de pages, que vous pouvez faire défiler en appuyant sur la Barre d'espace ou en naviguant avec ⇞ ou ⇟.

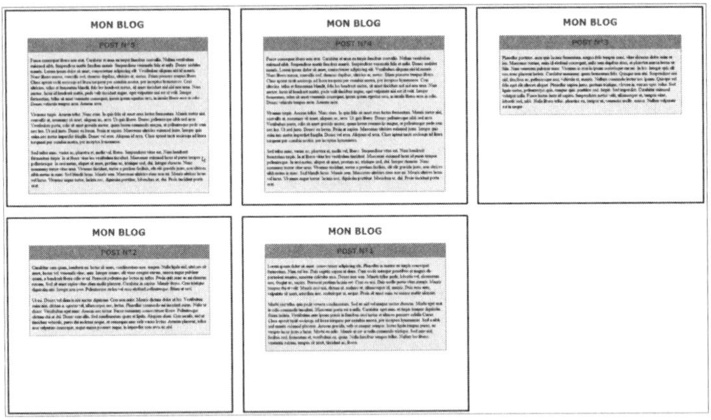

Figure 9.27 : *Les cinq pages correspondant aux cinq titres*

Ici, nous n'avons effectué que deux modifications majeures, et supprimé les dimensions de certaines boîtes :

- `position: fixed;` permet au titre du document d'être affiché en permanence sur chacune des pages.
- `page-break-after: always;` oblige un saut de page après chaque occurrence d'un élément avec la classe `.post`, dans ce cas chaque article (titre et corps de l'article) contenu dans un `div`.

Média de type petit écran (handheld)

Dans l'introduction de ce chapitre, nous parlions du fait que le 3G permettra sans doute quelques avancées en matière d'accès au Web via les mobiles, PDA et autres appareils à petit écran. Même si avoir de la bande passante est une bonne chose, il n'en reste pas moins qu'il faut pouvoir utiliser le contenu de manière ergonomique. Nous allons donc voir différentes méthodes permettant de faciliter l'accès sur ce type de périphérique.

Pour commencer, précisons que ces bonnes conduites en matière de design pour petits écrans sont encore relativement mal gérées, puisque la plupart des interfaces pour mobile utilisent leurs propres mécanismes. Par conséquent, ces conseils sont à prendre surtout d'un point de vue théorique, dans l'attente d'une meilleure implémentation.

Les contraintes dues à un petit écran impliquent ce qui suit :

- Diminuer les marges intérieures et extérieures afin de ne pas occuper tout l'espace par du vide.
- Diminuer les variations de tailles des police. Là où pour un `media="screen"`, vous pouvez diffuser des polices allant de 8 à 24 points, voire plus, il faudra rester dans des limites plus restreintes avec un rendu sur petit écran. De manière générale, rester entre 8 et 16 pixels est largement suffisant. Pour différencier les différents textes, jouez plutôt sur la graisse et la couleur des polices que sur leur taille.
- Éviter l'affichage de tous les éléments inutiles, comme pour les styles d'impression, en utilisant `display: none;` et en épurant le site.

  De même, les éléments positionnés en `absolute`, `fixed` ou ayant des coordonnées précises risquent fort de ne pas être affichés, puisqu'ils sont en dehors de la zone de rendu. Pensez donc à empêcher ces comportements, soit au cas par cas, soit en spécifiant une règle générale `* {position: static;}` ; elle réattribuera une position dans le flux courant à tous les éléments.
- Éviter les barres de défilement horizontales en utilisant la propriété `white-space: pre-wrap;`. Cela aura pour conséquence de rendre linéaire le texte, même dans le cas de balises de texte préformaté.

Appliquer également la règle `img {max-width: 100%;}` permettra de redimensionner automatiquement toutes les images qui s'avéreraient trop larges.

En outre, parce que la navigation sur un mobile peut vite devenir fastidieuse si l'ergonomie des outils de navigation n'a pas été bien pensée (ici, point de souris, éventuellement un stylet pour les PDA), il est primordial de limiter les mécanismes nécessitant une interaction précise de l'utilisateur, ainsi que tous les scripts nécessitant une interaction à la souris ou une action au clavier. Pour les listes de sélection des formulaires, par exemple, vous ne pourrez valider que la première option si un script valide le formulaire dès qu'un changement survient dans la liste de sélection. Un article disponible à l'adresse **http://openweb.eu.org/humeurs/pan_doigts/** illustre bien le problème. Un script peut apporté beaucoup, mais aussi discriminer.

Sachez enfin que tous les moteurs de rendu ne se valent pas et qu'il est recommandé d'utiliser des tailles de caractère relatives, comme les `em` ou les pourcentages. En effet, le résultat lors de l'utilisation de polices en pixels n'est pas toujours du meilleur effet.

Dans le même registre, n'utilisez pas d'images ou d'objets embarqués nécessitant trop de ressources, car même si cela fait le bonheur financier de certains opérateurs de téléphonie, télécharger des images trop lourdes pourrait revenir cher à l'utilisateur final. Réutilisez donc les images autant que possible, et optimisez-les pour réduire leur poids.

ASTUCE

Outils pour tester des feuilles de style handheld

Opera propose deux façons simples de tester le rendu des feuilles de style. La première est une fonction du navigateur qui s'active par Maj+F11 :

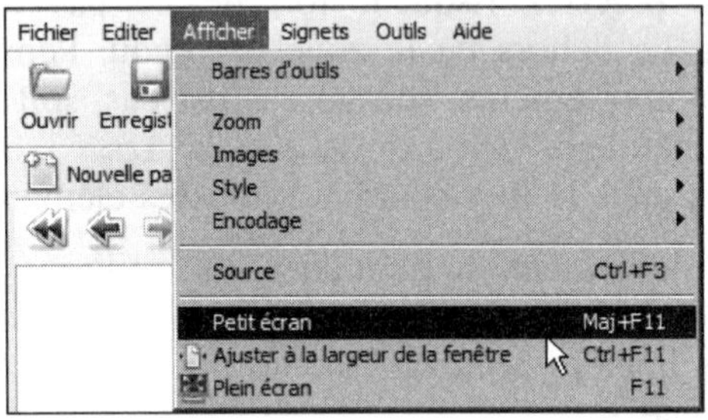

Figure 9.28 : *Mode de rendu "Petit écran" d'Opera*

La seconde est un émulateur de portable disponible en ligne à l'adresse **www.opera.com/products/mobile/operamini/demo.dml**.

Média pour malvoyants (embossed/braille)

Ces deux styles sont les équivalents de `print` et `screen` pour les aveugles. Mais si les spécifications CSS les prennent en compte dans les descripteurs de média, force est de constater que l'expérience ne va pas beaucoup plus loin, même si des documents de travail vont dans ce sens : **www.w3.org/WAI/PF/braillecss.html**.

Ces médias ne sont pas encore suffisamment supportés par les navigateurs, et l'utilisateur s'en remet donc à des logiciels tiers qui font l'interface entre les fenêtres des logiciels et les divers périphériques nécessaires à la lecture braille ou à l'embossage.

Une plage braille se présente sous forme d'une plaque perforée d'où sortent de petits picots représentant chaque caractère contenu dans la page. On comprend alors l'importance d'avoir un code HTML structuré afin de ne pas fournir d'informations superflues ou désorganisées au lecteur.

Média pour écran de terminal (tty)

Tout le monde ne dispose pas d'un écran capable d'afficher des éléments multimédia. Cela peut être dû au coût ou simplement un choix d'utilisation. Vous pouvez ainsi décider de n'utiliser que le mode console d'un système d'exploitation.

C'est le cas lorsque vous utilisez différentes consoles : l'interface graphique d'un système d'exploitation ne peut démarrer. Vous disposez d'un accès minimal au Web, même si l'interface graphique ne possède ni pointeurs, ni fenêtres.

Vous naviguerez donc avec un affichage semblable à celui-ci :

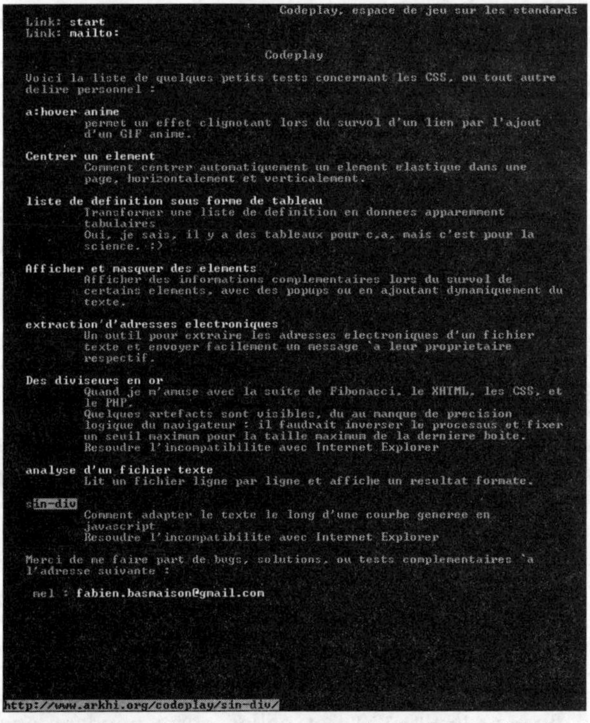

Figure 9.29 : *Un site web vu par Links (http://links.sourceforge.net/), sur Windows XP*

La principale caractéristique d'un affichage `tty` est une police à chasse fixe de type Courrier, par exemple. Il vous faudra donc prendre en compte que ce genre de périphérique ne peut généralement pas afficher les images (à quelques exceptions près), ni les couleurs.

Vous pourrez tout de même définir des couleurs pour les différents types de balises, afin de différencier les liens des abréviations, et pourquoi pas utiliser les mêmes astuces que pour le média `print`, afin d'afficher le contenu des attributs `title` après l'élément concerné.

Média de type télévision (tv)

Avec l'apparition de l'ADSL, ainsi que des modems-routeurs proposés par les fournisseurs d'accès, de plus en plus de services en ligne sont accessibles via les téléviseurs. Comment font ces fournisseurs de service pour adapter leurs sites en fonction des besoins ? Il séparent les données de la mise en page (cela semble familier).

Même si l'utilisation du `media="tv"` est encore assez peu courante (on lui préfère l'utilisation de gabarits, couplés à des langages comme PHP), cette possibilité reste tout à fait viable et recommandée. Pourquoi faire deux sites alors qu'un seul, correctement fait, suffit ?

De plus, les consoles de jeu vidéo utilisant davantage les réseaux, les navigateurs Internet embarqués deviennent fréquents, et le langage HTML est de plus en plus présent sur les télévisions. On peut notamment citer Opera mini, qui sera intégré à la prochaine console WII™ de Nintendo.

Atelier : utilisez les différents médias

Nous allons mettre en pratique les notions vues précédemment : nous allons créer plusieurs feuilles de style simples pour une même page. Le but ici est de montrer que, selon la destination d'une page web, sa mise en page peut être différente.

Recopiez le fichier *09-prnt-at.htm* dans votre éditeur de texte ou téléchargez-le sur le site de Micro Application.

Plusieurs feuilles de style sont incluses dans le document : une pour les styles généraux avec un `media="all"`, et celles correspondant aux autres médias supportés.

Dans le média `screen`, affectez une position fixe au titre de niveau 1, et faites en sorte qu'il reste en permanence en haut de la page.

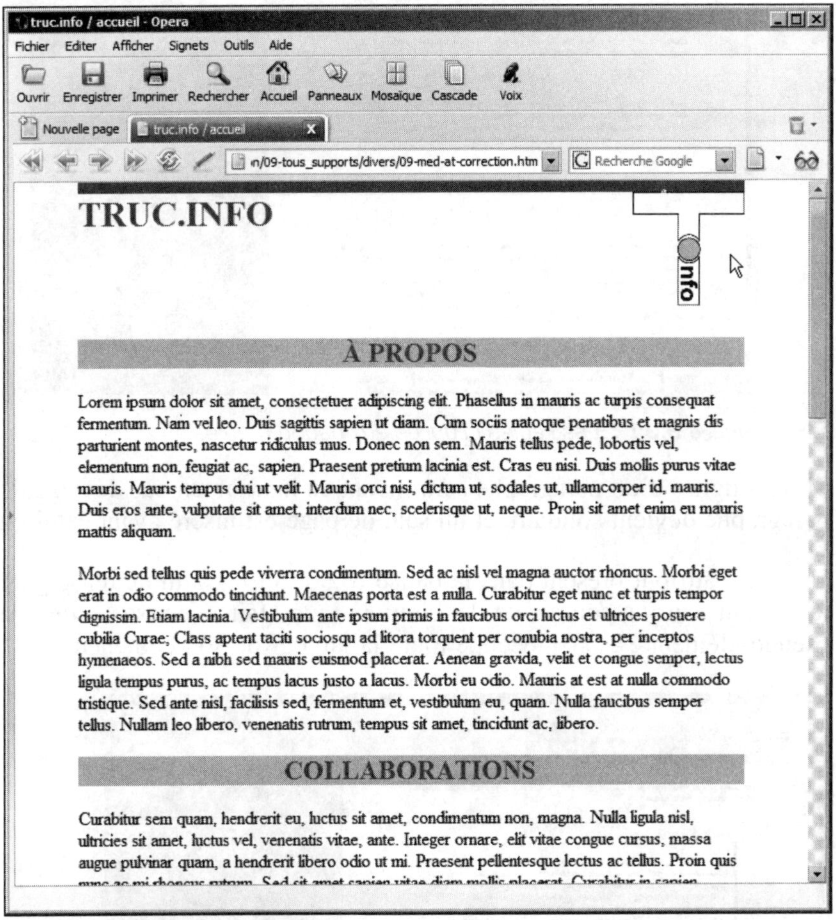

Figure 9.30 : *Le titre est en haut de page et recouvre le reste du texte*

Parmi les règles affectées au média `print`, trois propriétés se nommant `page-break-before`, `orphans` et `widows` sont utilisées. Elles permettent respectivement de :

- signaler qu'un saut de page avant chaque titre de niveau 2 n'est pas recommandé ;
- conserver au minimum quatre lignes d'un paragraphe en bas de page ;
- et quatre lignes en haut de page.

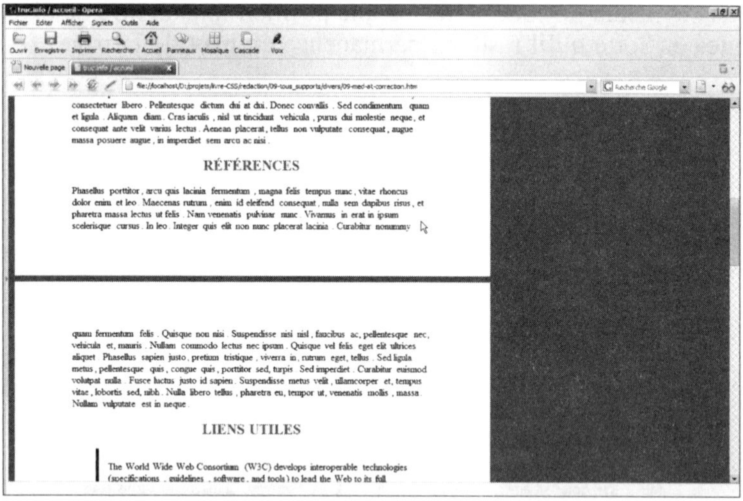

Figure 9.31 : *Les règles propres aux paged medias*

Si trois lignes d'un paragraphe se trouvent en haut ou en bas de page, le paragraphe devient solidaire et un saut de page est inséré avant celui-ci.

Utilisez l'attribut présent dans la balise `blockquote` afin de renseigner le lecteur sur la source de la citation, puis faites en sorte que le pseudo-élément `:after` occupe toute la largeur de son conteneur.

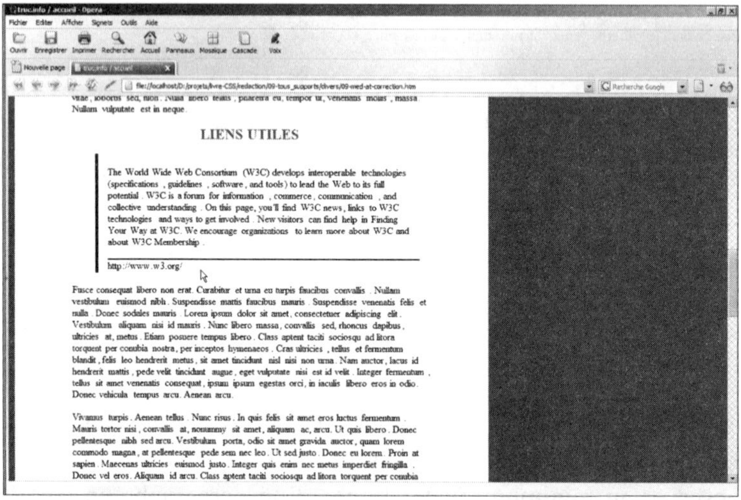

Figure 9.32 : *Le contenu du champ cite apparaît en dessous du bloc de citation*

Pour le média `projection`, forcez un saut de ligne avant chaque titre de niveau 2, puis positionnez le titre de niveau 1 et l'élément `address` de telle sorte qu'ils se retrouvent sur chacune des pages du diaporama.

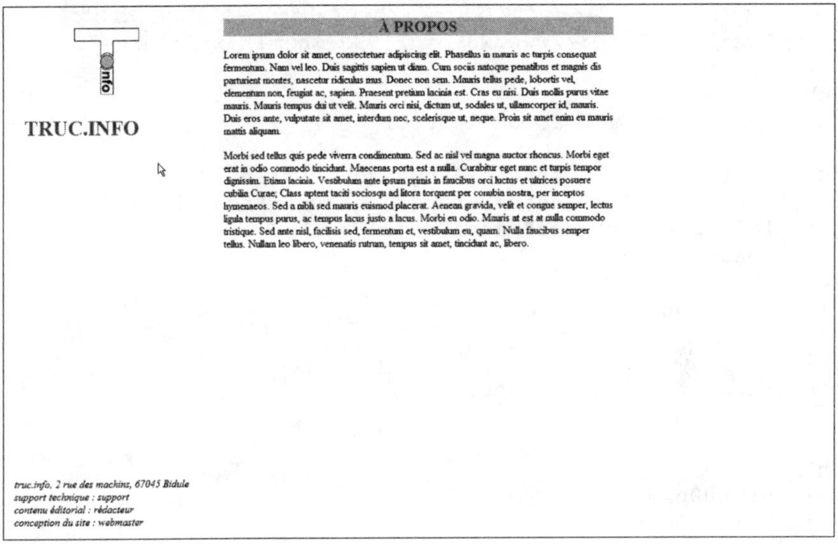

Figure 9.33 : *Les pages apparaissent comme un diaporama*

Modifiez le flottement de l'image présente dans le titre pour qu'elle passe au-dessus du texte.

Figure 9.34 :
L'image passe au-dessus du texte

Faites en sorte que le synthétiseur vocal fasse une pause de 2 secondes après chaque titre de niveau 2, et que les blocs de citation soit lus par une voix d'un homme jeune.

Solution

Listing 9-6 : contenu du fichier 09-prnt-at.htm

```
<!DOCTYPE html PUBLIC "-//W3C//DTD XHTML 1.0 Strict//EN"
✂ "http://www.w3.org/TR/xhtml1/DTD/xhtml1-strict.dtd">
<html xmlns="http://www.w3.org/1999/xhtml" xml:lang="fr"
✂ lang="fr">
<head>
<title>truc.info / accueil</title>

<meta http-equiv="Content-language" content="fr" />
<meta http-equiv="Content-type" content="text/html;" />
<style type="text/css" media="all">
#contenant {
width: 600px;
margin: 0 auto;
}
h1, h2 {
text-transform: uppercase;
color: #666;
}
h1 {
width: 600px;
height: 100px;
margin-top: 0;
border-top: solid 0.3em;
background-color: #fff;
}
h1 img {
float: right;
padding: 0;
margin: 0;
}
h2 {
width: 100%;
text-align: center;
background-color: #ccc;
}
blockquote {
padding: 0.1em 0.5em 0.1em 1em;
border-left: solid 0.3em;
background-color: #eee;
}
</style>
<style type="text/css" media="screen">
#contenant {
margin-top: 130px;
}
h1 {
/* position: .....; /* étape 1-1 */
```

```
/* top: .; /* étape 1-2 */
}
</style>
<style type="text/css" media="print">
#contenant {
margin-top: 0;
}
h2 {
/* page-break-before: avoid; /* étape 2-1 */
}
p {
/* orphans: 4; /* étape 2-2 */
/* widows: 4; /* étape 2-3 */
}
blockquote[cite]:after {
/* content: attr(....); /* étape 3-1 */
/* .......: .....; /* étape 3-2 */
border-top: solid #000 0.15em;
background-color: #ccc;
}
address {
padding-top: 1em;
border-top: solid #000 0.15em;
background-color: #ccc;
}
</style>
<style type="text/css" media="projection">
h2 {
width: 100%;
text-align: center;
background-color: #ccc;
/* page-break-before: ......; /* étape 4-1 */
}
h1, address {
width: auto;
/* position: .....; /* étape 4-2 */
margin: 1em;
border: none;
}
address {
bottom: 0;
left: 0;
}
h1 {
top: 0;
left: 0;
}
h1 img {
display: block;
/* float: ....; /* étape 5 */
margin-bottom: 1em;
```

```
}
</style>
<style type="text/css" media="speech">
body {
-xv-voice-volume: 50;
}
h2 {
/* pause-......: ..; /* étape 6-1 */
pause-after: 1s;
-xv-voice-volume: x-loud;
voice-family: child female
}
blockquote {
pause: 0;
/* voice-family: announcer, ..... ....; /* étape 6-2 */
}
</style>
</head>

<body>
<div id="contenant">
<h1><img src="logo.png" alt="logo" width="100" height="100"
✂ /> truc.info</h1>

<h2>à propos</h2>
<p>
[…]
</p>
<p>
[…]
</p>

<h2>collaborations</h2>
<p>
[…]
</p>
<p>
[…]
</p>

<h2>références</h2>
<p>
[…]
</p>

<h2>liens utiles</h2>
<blockquote cite="http://www.w3.org/" lang="en">
<p>
The <a href="http://www.w3.org/" title="page
✂ d'accueil">World Wide Web Consortium (W3C)</a> develops
✂ interoperable technologies (specifications, guidelines,
```

```
✂ software, and tools) to lead the Web to its full
✂ potential. W3C is a forum for information, commerce,
✂ communication, and collective understanding. On this
✂ page, you'll find W3C news, links to W3C technologies
✂ and ways to get involved. New visitors can find help in
✂ Finding Your Way at W3C. We encourage organizations to
✂ learn more about W3C and about W3C Membership.
</p>
</blockquote>
<p>
[…]
</p>
<p>
[…]
</p>
<p>
[…]
</p>
<address>
truc.info, 2 rue des machins, 67045 Bidule<br />
support technique : <a href="mailto:support@truc.info"
✂ class="mel">support</a><br />
contenu éditorial : <a href="mailto:redacteur@truc.info"
✂ class="mel">rédacteur</a><br />
conception du site : <a href="mailto:webmaster@truc.info"
✂ class="mel">webmaster</a>
</address>
</div>
</body>
</html>
```

9.3. Conclusion

À l'heure actuelle, les seules propriétés de média réellement bien implémentées sur de nombreux logiciels sont celles qui concernent `screen`.

Pour le média `print`, nous vous recommandons donc de conserver une mise en page simple (limitez l'utilisation des `position: fixed`) et de vous focaliser surtout sur les éléments en ligne, la gestion des blocs étant encore trop aléatoire, qu'il s'agisse des marges d'impression ou des marges intérieures et extérieures des blocs de manière générale.

Pour le média `handheld`, il est bon de garder à l'esprit les besoins de simplicité inhérents au manque d'interaction possible des appareils.

Bien sûr, cette situation est destinée à évoluer, et nous devons faire en sorte que cela soit le cas. Mais produire des sites conduisant à une mauvaise lecture ou à une mauvaise idée de ce que sont les CSS ne peut que freiner leur développement. Un bon nombre de propriétés permettent une manipulation du contenu ou des possibilités de rendu fort intéressant. Mais si ces solutions ne fonctionnent que sur un navigateur particulier, et pas suffisamment bien sur les autres, la visite de votre site sera sans doute négative et la sanction sera simple : le visiteur partira. Créez un code HTML propre et des designs soignés, mais accessibles.

9.4. Liens utiles

Voici quelques adresses intéressantes :

- **www.iabfrance.com/index.php?option=com_content&task=view&id=37** : liste des bannières standard de l'IAB France.
- **http://en.wikipedia.org/wiki/Web_banner#Standard_sizes** : une liste sur Wikipedia (en anglais).
- **www.journaldunet.com/dossiers/sites/e-pub/annuaireformats.shtml** : le journal du Net met à jour sa liste de formats et d'interactions les plus connus.
- **www.mozilla.org/support/firefox/adblock.html** : Blocking advertisement propose une feuille de style pré-rédigée permettant de bloquer automatiquement une grande majorité de bannières animées (en anglais).
- **http://my.opera.com/community/dev/voice/xv-style/talkathon.xml** : page de test présentant Opera Voice.
- **www.w3.org/TR/css3-speech/** : les spécifications (encore en évolution) du module `speech` de CSS 3.
- **www.howtocreate.co.uk/operaStuff/spokentable.css** : une feuille de style utilisateur permettant d'améliorer la lecture des tables par le synthétiseur vocal d'Opera.

D'autres liens concernant l'interopérabilité :

- **http://simplyaccessible.org/** : Simply Accessible a été créé par Derek Featherstone, développeur et conférencier spécialiste de l'accessibilité. Il explique les bases de ce domaine du développement de sites web.

- **www.accessiweb.org/** : Accessiweb est un site qui a pour but de promouvoir la recherche et les bonnes pratiques dans le domaine de l'accessibilité sur le Web.
- **www.accessiweb.org/fr/definition_accessibilite_du_web/temoignages/tanguy_loheac/** : interview de Tanguy Loheac, chargé de projet "accessibilité" à l'association Braillenet. Cet article est intéressant puisqu'il met en avant une bonne façon de coder un site : ne pas prendre en compte un handicap particulier, mais développer de manière universelle.
- **www.accessiweb.org/fr/Label_Accessibilite/criteres_accessiweb/** : une liste empirique de critères permettant une meilleure accessibilité d'un site web.
- **www.legifrance.gouv.fr/WAspad/UnTexteDeJorf?numjo=SANX0300217L** : le site Legifrance présente au public les différentes lois adoptées ou en proposition en France. Sur cette page, vous trouverez le texte complet de la loi pour l'égalité des droits et des chances, la participation et la citoyenneté des personnes handicapées. Cette loi propose notamment des articles spécifiques pour la création de sites web accessibles.
- **www.blog-and-blues.org/weblog/Accessibilite-ergonomie** : sur Blog and Blues, le blog de Laurent Denis, consultant Internet, vous trouverez des articles ayant pour thème l'accessibilité et l'ergonomie.
- **http://fr.wikipedia.org/wiki/Interopérabilité** : Wikipedia, l'encyclopédie libre et en ligne, propose un article complet sur l'interopérabilité.
- **http://developer.gnome.org/projects/gup/hig/2.0/** : GNOME est un système de bureau graphique dédié au système d'exploitation Linux. Sur cette page se trouvent les directives pour l'interface homme-machine adoptées par les développeurs de GNOME (GNOME étant un logiciel libre, n'importe quel développeur peut participer au projet). Ces directives pleines de bon sens peuvent s'avérer instructives également pour le développeur de sites web.

Chapitre 10

Ajouter un peu de dynamisme aux CSS

Une page web est constituée de trois éléments : le contenu HTML (le centre de la page), la mise en page CSS, et l'interactivité gérée par JavaScript.

JavaScript, qui n'est pas le sujet de ce livre, est toutefois traité dans ce chapitre. Il s'agit principalement de vous apprendre à gérer les styles de vos éléments HTML de manière interactive. JavaScript est également un moyen pratique de surmonter certains problèmes de compatibilité, en particulier les limitations d'Internet Explorer. Pour aborder JavaScript, nous allons employer la même approche que pour les CSS, à savoir respecter le plus possible les standards du W3C, quitte à mettre en œuvre des stratégies "d'ajustement" pour régler les problèmes d'implémentation et de compatibilité.

Nous allons créer des scripts dits "non intrusifs", c'est-à-dire que nous ne devrons pratiquement pas modifier le fichier HTML pour les faire fonctionner. Dans la mesure du possible, nous concevrons des pages accessibles aux personnes qui ne peuvent pas (ou ne veulent pas) utiliser JavaScript. Nous restons toujours dans la philosophie de la séparation contenu/mise en page/interactivité.

REMARQUE

Le vrai nom de JavaScript

Historiquement, il existait plusieurs versions de JavaScript, essentiellement dépendantes des modèles différents de Netscape et Internet Explorer. Mais l'association ECMA (European Computer Manufacturers Association) a créé une version standard de JavaScript, appelée ECMAScript, sur laquelle porte ce chapitre.

Un code JavaScript se place dans un document à la façon, ou presque, d'une feuille CSS. Pour insérer un code dans l'en-tête de page (ou n'importe où dans la page), il suffit d'utiliser la balise `<script>` de la manière suivante :

```
<script type="text/javascript">
Mon script…
</script>
```

On peut aussi mettre le script dans une page externe, comme cela :

```
<script src="/scripts/script.js"
✂ type="text/javascript"></script>
```

Notez l'extension utilisée pour le fichier contenant les scripts : *.js*.

> **Être attentif aux utilisateurs**
>
> Lorsque vous créez des scripts JavaScript, il est indispensable de garder en tête les restrictions et contraintes que l'accessibilité et l'utilisabilité imposent. Les navigateurs de type synthétiseurs vocaux utilisés par les aveugles et ceux en mode texte utilisés par certains informaticiens ne comprennent pas JavaScript. De plus, certains utilisateurs de navigateurs graphiques classiques désactivent JavaScript pour des raisons de sécurité. Conclusion : assurez-vous, en vérifiant sur un grand nombre de plates-formes, que tous les visiteurs pourront avoir accès à l'information, avec ou sans JavaScript. JavaScript doit rester un plus, et pas une obligation.

10.1. DOM (Document Object Model)

Le DOM est l'outil principal pour manipuler les éléments d'une page HTML avec JavaScript. Il s'agit d'une interface de programmation, ou API (Application Programming Interface), permettant au développeur de "dialoguer" avec la machine, plus précisément d'accéder aux balises de la page HTML (appelée également "document", d'où l'acronyme DOM) et à leur contenu, et de manipuler les éléments auxquels il accède. En ce sens, le DOM propose une représentation structurée de la page, ainsi que des méthodes pour manipuler les composants de cette page.

En résumé, le DOM est un outil qui transforme une page en un objet manipulable avec JavaScript (ou d'autres langages, le DOM étant conçu de manière ouverte et adaptable).

Actuellement, le DOM standard en est à sa version 2. La version 3 est en cours de développement au sein du W3C. Le W3C fournit toutes les actualités à ce sujet à l'adresse **www.w3.org/DOM/**.

Arbre DOM

L'arbre DOM est le modèle employé par le DOM pour représenter la structure de la page HTML que nous voulons manipuler. La forme de l'arbre, très classique en informatique (pensez par exemple à la hiérarchie des fichiers de votre système d'exploitation), permet de comprendre aisément la hiérarchie des balises et de leur contenu. Prenons par exemple ce code HTML :

```
<body>
 <div>
       <h1>Paragraphe</h1>
       <p> Lorem ipsum dolor sit amet, consectetur
       ✂ adipisicing elit, sed do eiusmod tempor
       ✂ incididunt ut labore et dolore magna aliqua. Ut
       ✂ enim ad minim veniam, quis nostrud exercitation
       ✂ ullamco laboris nisi ut aliquip ex ea commodo
       ✂ consequat. Duis aute irure dolor in
       ✂ reprehenderit in voluptate velit esse cillum
       ✂ dolore eu fugiat nulla pariatur. Excepteur sint
       ✂ occaecat cupidatat non proident, sunt in culpa
       ✂ qui officia deserunt mollit anim id est
       ✂ laborum</p>
 </div>
 <div>
       <h1>Liste</h1>
             <ul>
                 <li>élément 1</li>
                 <li>élément 2</li>
             </ul>
 </div>
</body>
```

La structure de ce code peut se représenter sous la forme d'un arbre graphique :

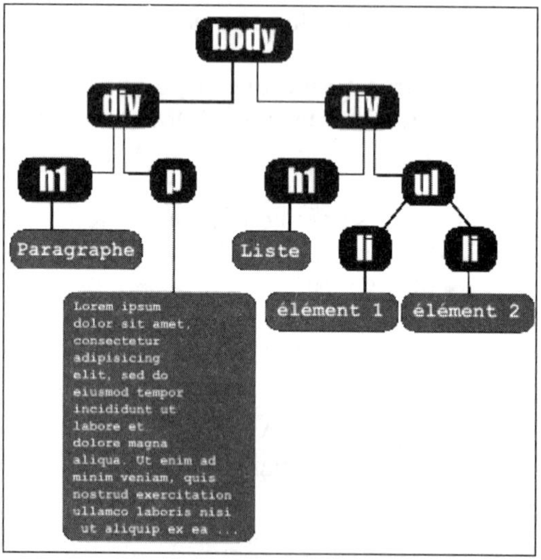

Figure 10.1 : *Représentation graphique sous forme d'arbre de la structure d'un code HTML*

> **La validité du code (X)HTML est indispensable**
>
> Pour que vos scripts fonctionnent correctement, veillez à ne laisser aucune erreur dans la structure de la page. De telles erreurs pourraient être à l'origine d'un dysfonctionnement de l'arbre HTML, et donc d'une incapacité du code à accomplir correctement sa tâche. Par exemple, le code suivant n'est pas valide et posera peut-être des problèmes :
>
> ```
> <li><a href=#>le lien</li></a>
> ```
>
> En effet, les balises ne sont pas ordonnées correctement, car <a> doit être fermée avant <li>.

10.2. Sélectionner un élément de l'arbre DOM

JavaScript offre au développeur plusieurs méthodes pour désigner l'élément de la page qui l'intéresse, et qu'il pourra manipuler plus tard. On peut atteindre un élément grâce à son `id`, grâce à son nom, ou en utilisant ses "parents" ou "enfants", c'est-à-dire les éléments qui le précèdent où qui le suivent dans la hiérarchie de l'arbre DOM.

Voyons en détail les méthodes disponibles.

Sélectionner un élément par son id

L'attribut `id` permet d'identifier un élément unique au sein d'un document HTML. Nous pouvons donc, à l'aide du DOM, sélectionner un élément de la page HTML, pour pouvoir ensuite le manipuler.

Reprenons la code précédent et ajoutons un `id` à l'un des éléments de la liste :

```
<body>
 <div>
      <h1>Paragraphe</h1>
      <p> Lorem ipsum dolor sit amet, consectetur
      ✂ adipisicing elit, sed do eiusmod tempor incididunt
      ✂ ut labore et dolore magna aliqua. Ut enim ad
      ✂ minim veniam, quis nostrud exercitation ullamco
      ✂ laboris nisi ut aliquip ex ea commodo consequat.
      ✂ Duis aute irure dolor in reprehenderit in
      ✂ voluptate velit esse cillum dolore eu fugiat nulla
      ✂ pariatur. Excepteur sint occaecat cupidatat non
      ✂ proident, sunt in culpa qui officia deserunt
      ✂ mollit anim id est laborum</p>
```

```
 </div>
 <div>
      <h1>Liste</h1>
            <ul>
                <li id="element1">élément 1</li>
                <li>élément 2</li>
            </ul>
 </div>
</body>
```

Nous pouvons à présent sélectionner cet élément en utilisant JavaScript et le DOM. Il faut écrire le code suivant à l'endroit approprié :

```
var element1 = document.getElementById('element1');
```

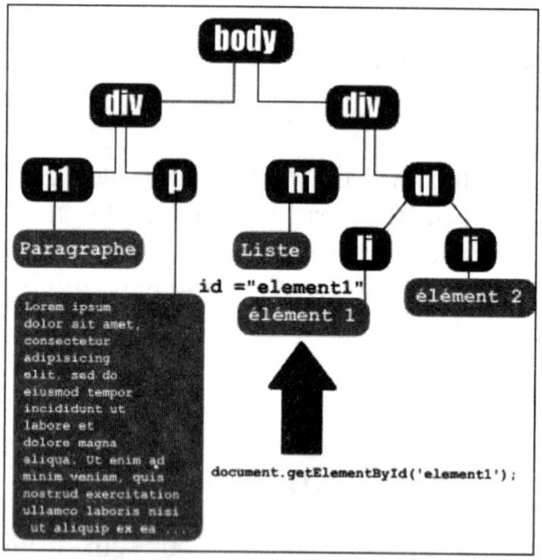

Figure 10.2 :
Sélection par id dans l'arbre DOM

ATTENTION

Point-virgule indispensable en fin d'instruction

JavaScript, comme beaucoup de langages de script, requiert la présence d'un point-virgule à la fin de chaque instruction. Cela est essentiel au bon fonctionnement des scripts.

Le mot `var` signifie que nous avons mis l'élément désigné (en l'occurrence le premier élément de la liste) dans ce qu'on appelle une variable. Une variable est une sorte de "tiroir" virtuel dans lequel nous pouvons ranger les objets dont nous nous servirons plus tard.

Le mot `document` placé juste avant `getElementById` permet de commencer l'exploration du modèle de la page en partant de la base du document. Ce mot est nécessaire pour indiquer d'où l'on part.

Le mot `Element` dans l'appel de la fonction est au singulier. Cela rappelle qu'on ne peut pas avoir deux éléments de même `id` dans une page HTML.

Nous avons à présent une variable contenant un élément HTML désigné par son `id`. Voyons à présent la méthode qui permet de désigner, non pas un seul, mais plusieurs éléments d'un document HTML.

Sélectionner un élément par son nom

Pour pouvoir produire des scripts puissants et faciles à maintenir, il faut savoir désigner, non pas un seul élément, mais plusieurs.

JavaScript propose en ce sens la fonction `getElementsByTagName`. Elle donne la possibilité de désigner les éléments par leur nom. Par exemple, il est facile de sélectionner tous les liens d'une page HTML avec le code suivant :

```
var liens = document.getElementsByTagName('a');
```

Le mot `Elements` est cette fois au pluriel, parce que l'on peut désigner plusieurs éléments avec cette fonction.

Reprenons l'exemple précédent et sélectionnons les deux éléments de la liste avec cette ligne de code :

```
var liste = document.getElementsByTagName('li');
```

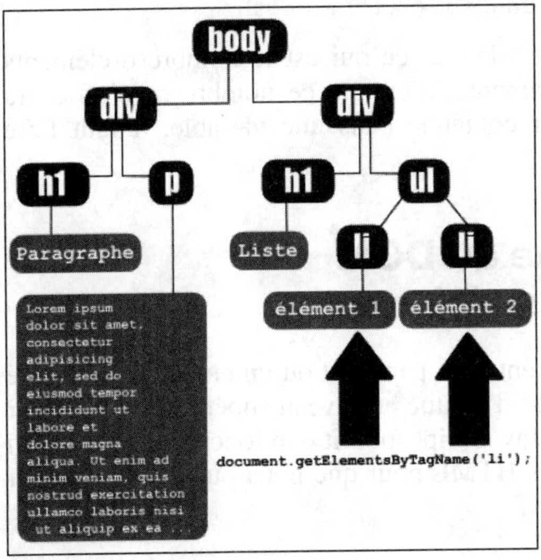

Figure 10.3 : *Sélection par le nom des balises dans le DOM*

Le résultat est un tableau contenant les éléments sélectionnés. Un tableau, en programmation, est une manière d'organiser les informations pour pouvoir les utiliser "proprement" par la suite. Nous avons donc placé dans la variable un tableau contenant les deux éléments de la liste. Pour désigner le premier élément, nous pouvons indiquer sa place dans le tableau, comme ceci :

```
var liste_element1=list[0];
```

(Dans un tableau, le premier élément est toujours désigné par le chiffre 0, et non pas par 1.)

Ce code crée une deuxième variable nommée `liste_element1`, qui va contenir le premier élément de la liste.

On peut, de manière plus élégante, raccourcir l'écriture et éviter ainsi d'utiliser une variable intermédiaire :

```
var liste_element1 =
✂ document.getElementsByTagName('li')[0];
```

On peut aussi sélectionner le deuxième élément de la liste :

```
var liste_element2 =
✂ document.getElementsByTagName('li')[1];
```

Un autre possibilité offerte par JavaScript est de compter le nombre d'éléments sélectionnés, à l'aide de la fonction `.length`. Dans notre exemple, on peut saisir l'instruction suivante :

```
var nombre_elementsListe =
✂ document.getElementByTagName('li').length;
```

Cette fonction retournera la valeur 2, ce qui est le nombre d'éléments `<li>` contenus dans le document. Attention, ce nombre ne s'affichera pas : pour afficher la valeur contenue dans une variable, il faut faire appel à une autre fonction.

Utiliser la hiérarchie du DOM pour sélectionner un élément

Chaque élément d'un document a un parent et/ou un enfant, c'est-à-dire un élément (aussi appelé "nœud") situé au niveau supérieur ou inférieur dans la hiérarchie du DOM. JavaScript fournit une fonction qui tire parti des relations entre les balises HTML pour que nous puissions travailler sur les balises de notre choix.

Reprenons notre exemple et sélectionnons la balise <ul> avec l'aide de la fonction getElementsByTagName et de la hiérarchie DOM :

```
var liste1 = document.getElementsByTagName('li')[0];
var ul = liste.parentNode;
```

Nous avons placé dans la variable div l'élément parent des balises <li>, à savoir la balise <ul>.

Il est possible de trouver plusieurs éléments div. Pour preuve, si dans notre exemple, nous voulons qu'une variable contienne le premier titre h1 et le premier paragraphe p, nous pouvons écrire :

```
var premiereDiv = document.getElementsByTagName('div')[0];
var paragrapheEtTitre = premiereDiv.childNodes;
```

La variable premiereDiv contient le premier "enfant" du document. Bien sûr, pour des raisons logiques, parentNode s'écrit au singulier (car un élément ne peut avoir qu'un seul parent) et childNodes au pluriel (car un élément peur avoir plusieurs enfants). Pour les mêmes raisons, la fonction parentNode ne renvoie qu'un seul résultat, alors que childNodes renvoie un tableau.

Nous pouvons aller directement au premier ou au dernier nœud d'un élément, en utilisant firstChild ou lastChild. Dans notre exemple, le titre est premier élément de la première div. Pour le sélectionner, écrivons :

```
var premiereDiv = document.getElementsByTagName('div')[0];
var paragraphe = premiereDiv.firstChild;
```

Le dernier élément est le paragraphe, que nous pouvons sélectionner comme cela :

```
var premiereDiv = document.getElementsByTagName('div')[0];
var paragraphe = premiereDiv.lastChild;
```

Maintenant que nous savons sélectionner les éléments d'une page HTML, il est temps d'apprendre ce qu'il est possible de faire avec ces éléments grâce à JavaScript.

10.3. Manipuler les éléments sélectionnés

Savoir sélectionner les nœuds du DOM à l'aide de JavaScript ne sert à rien si nous n'avons pas à notre disposition des outils permettant de manipuler les éléments que nous avons désignés. Heureusement, le DOM fournit des outils pratiques pour accomplir de nombreuses modifications sur le document. Voyons ces fonctions et leur utilisation avec JavaScript.

Modifier les attributs et le contenu des balises

Modifier les attributs d'une balise

La première possibilité offerte est de changer les attributs des balises sélectionnées.

Par exemple, voici un script qui sélectionne le premier élément de liste dans notre code d'exemple et modifie son attribut `id` :

```
var premierElementListe =
✂ document.getElementsByTagName('li')[0];
premierElementListe.id="uneAutreClasse";
```

Quand le navigateur interprète ce script, il affiche la page comme si le code HTML était :

```
<body>
 <div>
      <h1>Paragraphe</h1>
      <p> Lorem ipsum dolor sit amet, consectetur
      ✂ adipisicing elit, sed do eiusmod tempor incididunt
      ✂ ut labore et dolore magna aliqua. Ut enim ad
      ✂ minim veniam, quis nostrud exercitation ullamco
      ✂ laboris nisi ut aliquip ex ea commodo consequat.
      ✂ Duis aute irure dolor in reprehenderit in
      ✂ voluptate velit esse cillum dolore eu fugiat nulla
      ✂ pariatur. Excepteur sint occaecat cupidatat non
      ✂ proident, sunt in culpa qui officia deserunt
      ✂ mollit anim id est laborum</p>
 </div>
 <div>
      <h1>Liste</h1>
            <ul>
                <li id=" uneAutreClasse ">élément 1</li>
                <li>élément 2</li>
            </ul>
 </div>
</body>
```

Cela dit, le code source de la page n'a pas changé et tous les navigateurs qui ne prennent pas JavaScript en charge afficheront toujours le code HTML tel qu'il était écrit au départ.

Modifier le contenu d'une balise

JavaScript permet aussi de modifier ce qu'il y a entre les balises, c'est-à-dire le contenu lui-même.

Par exemple, pour écrire "le premier élément" à la place de "élément 1" dans notre exemple, il suffit d'utiliser la propriété `nodeValue`.

Attention cependant, il faut descendre encore d'un niveau dans la hiérarchie DOM pour atteindre le contenu des balises, et non les balises elles-mêmes. On utilise pour cela la propriété `childNodes`, avec la valeur `[0]`, bien entendu (pour désigner le premier enfant) :

```
var premierElementListe =
✂ document.getElementsByTagName('li')[0];
premierElementListe.childNodes[0].nodeValue = "le premier
✂ élément ";
```

Quand le navigateur interprète ce script, il affiche la page comme si le code HTML était :

```
<body>
 <div>
       <h1>Paragraphe</h1>
       <p> Lorem ipsum dolor sit amet, consectetur
       ✂ adipisicing elit, sed do eiusmod tempor
       ✂ incididunt ut labore et dolore magna aliqua. Ut
       ✂ enim ad minim veniam, quis nostrud exercitation
       ✂ ullamco laboris nisi ut aliquip ex ea commodo
       ✂ consequat. Duis aute irure dolor in reprehenderit
       ✂ in voluptate velit esse cillum dolore eu fugiat
       ✂ nulla pariatur. Excepteur sint occaecat cupidatat
       ✂ non proident, sunt in culpa qui officia deserunt
       ✂ mollit anim id est laborum</p>
 </div>
 <div>
      <h1>Liste</h1>
            <ul>
                <li id="element1">le premier élément</li>
                <li>élément 2</li>
            </ul>
 </div>
</body>
```

Insistons encore une fois : le code de la page n'est pas modifié, c'est juste l'affichage par le navigateur qui change.

Changer les propriétés de style

Nous avons vu que les attributs des balises HTML sont accessibles à partir du DOM et nous savons manipuler ces attributs grâce à JavaScript. De la même manière, les propriétés de style CSS peuvent être appliquées via le DOM et JavaScript.

Attention, en JavaScript, les noms des propriétés de style ont un format différent du format habituel. Il faut en effet supprimer les tirets et mettre une majuscule au début de chaque mot (sauf le premier). Par exemple, la propriété `font-family` s'écrit `fontFamily`. Nous utilisons la propriété `style` pour appliquer les CSS. Voici comment sélectionner le premier élément de la liste, puis appliquer une couleur (en l'occurrence rouge) au texte contenu dans cet élément de liste :

```
var premierElementListe =
✂ document.getElementsByTagName('li')[0];
premierElementListe.style.color = "red";
```

Pour modifier le style de police, il faudra ajouter cette ligne au script :

```
premierElementListe.style.fontFamily="sans-serif";
```

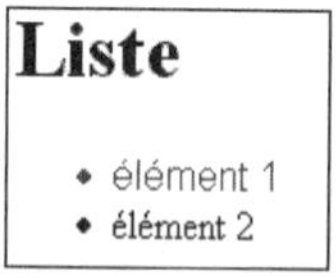

Figure 10.4 :
Changement du style d'un élément via JavaScript

Les propriétés sont quasiment toujours écrites entre guillemets car il s'agit la plupart du temps de contenu de type texte. Dans le cas d'une valeur numérique, il faut lui associer une unité (unité relative la plupart du temps).

Il existe d'autres moyens d'utiliser le DOM avec JavaScript, mais ce n'est pas le sujet de ce livre. De nombreux sites traitent de JavaScript. Consultez-les au besoin pour aller plus loin.

10.4. Événements DOM

Modifier les styles et les attributs d'un document via JavaScript n'est pas intéressant si nous le faisons de manière statique. Si nous voulons changer un attribut, faisons-le directement dans la page HTML. De même, si nous voulons changer un style CSS, nous pouvons le faire dans la feuille CSS, tout simplement. De plus, gardons en mémoire que tout changement effectué avec JavaScript ne sera pas pris en compte par les navigateurs incompatibles avec JavaScript. Il n'est donc pas heureux de confier des modifications permanentes à JavaScript.

L'intérêt de JavaScript réside dans l'interactivité, c'est-à-dire dans la capacité à répondre à une action venant de l'utilisateur. Avec ce langage, nous pouvons modifier les styles et attributs dynamiquement, en réponse à certaines actions appelées "événements". Dans cette section, nous allons apprendre à utiliser ces événements pour créer de l'interactivité sur les sites.

Événements principaux

Les événements sont déclenchés par les différents éléments du document HTML, soit à partir de la fenêtre entière (élément `windows`), soit à partir de n'importe quel balise HTML, soit à partir d'éléments spécifiques à un formulaire, etc.

Voyons les principaux événements et les balises qui peuvent les déclencher :

Tableau 10.1 : *Les principaux événements DOM*

Événement	Déclenché par l'élément	Se déclenche quand
`load`	`window`	Le chargement de la page est terminé.
`unload`	`window`	La page est déchargée (exemples : le navigateur se ferme ou l'utilisateur se rend sur une autre page).
`focus`	`label`, `input`, `select`, `textarea`, `button`	L'élément a le "focus" (l'utilisateur clique dessus ou il utilise la touche Tab pour s'y rendre).
`change`	`input`, `textarea`, `select`	L'élément perd le focus et le contenu a été modifié (attention, l'événement ne se déclenche pas immédiatement lorsque le contenu est modifié).

Tableau 10.1 : *Les principaux événements DOM*

Événement	Déclenché par l'élément	Se déclenche quand
`blur`	`label`, `input`, `select`, `textarea`, `button`	L'élément perd le focus.
`resize`	`window`	L'utilisateur redimensionne la fenêtre.
`scroll`	`window`	L'utilisateur se déplace dans la fenêtre à l'aide de la barre latérale de défilement.
`submit`	`form`	L'utilisateur valide le formulaire en cliquant sur le bouton de validation ou en appuyant sur [Entrée] dans un champ texte.
`mouseover`	N'importe quel élément visible	L'utilisateur place la souris sur l'élément.
`mouseout`	N'importe quel élément visible	L'utilisateur enlève la souris de l'élément.
`mousedown`	N'importe quel élément visible	L'utilisateur appuie sur n'importe quel bouton de la souris en étant placé sur l'élément.
`mouseup`	N'importe quel élément visible	L'utilisateur relâche le bouton en étant placé sur l'élément.
`mousemove`	N'importe quel élément visible	L'utilisateur déplace la souris n'importe où sur l'élément.
`click`	N'importe quel élément visible	L'utilisateur clique sur l'élément (similaire à un `mousedown` suivi d'un `mouseup`).
`keypress`	`label`, `input`, `select`, `textarea`, `button` (les éléments pouvant avoir le focus)	Une touche est actionnée pendant que l'élément a le focus.

Utiliser les événements à la manière du W3C

REMARQUE

Navigateurs respectueux des standards

Cette section vous permettra d'apprendre à utiliser les événements dans les navigateurs respectueux des standards. Pour rester fidèle à sa réputation, Internet Explorer a choisi l'indépendance et n'implémente pas le modèle DOM standard. Nous verrons plus loin comment résoudre ces problèmes.

Nous devons utiliser les événements pour modifier le style ou les attributs des balises HTML et créer par là même de l'interactivité. En ce sens, il faut pouvoir lier l'événement aux modifications que nous voulons faire.

Les outils que JavaScript fournit à cet effet sont les cibles d'événement et les écouteurs d'événement. Une cible d'événement est l'objet auquel l'événement est destiné (une balise HTML, essentiellement). Un écouteur est l'objet qui récupère l'événement pour y répondre par une action.

Notons qu'un même événement peut être utilisé par plusieurs écouteurs.

Pour faire fonctionner l'événement, sa cible et son écouteur, il faudra utiliser un code de ce type :

```
function passageSouris{
//ajouter votre écouteur ici
}
var element1 = getElementById('element1');
element1.addEventListener('mouseover', passageSouris,
✂ false);
```

Ce script ne fait rien pour le moment, étant donné que nous n'avons pas programmé d'action dans l'écouteur. Cela viendra dans d'autres exemples.

La fonction `addEventListener` prend trois paramètres (informations entre parenthèse, séparées par une virgule). Il s'agit du type d'événement à prendre en compte (à "écouter") et de la fonction à déclencher si l'événement est détecté Le troisième paramètre fait référence à une fonction peu utilisée du DOM, appelée "capture d'événement". En écrivant `false`, nous indiquons simplement au navigateur que nous ne souhaitons pas utiliser la capture d'événement.

Récupérer les informations d'événement

Pour pouvoir programmer correctement un écouteur, il faut pouvoir utiliser les informations envoyées par l'événement. Quand une fonction est passée à une écouteur (comme dans l'exemple précédent), elle est transmise à un objet d'événement. Cet objet possède plusieurs propriétés, notamment `target` (cible), et une référence à l'élément qui déclenche l'événement.

***Tableau 10.2** : Les principales propriétés d'objet disponibles*

Propriété d'objet événement	Signification
`target`	L'élément déclencheur de l'événement.
`type`	Une description de l'événement lui-même.
`button`	Le bouton de la souris qui a été enfoncé dans le cas d'un événement déclenché par la souris (retourne les valeurs 0 pour le bouton gauche, 1 pour celui du milieu, 2 pour celui de droite).
`keyCode`	Le code du caractère de la touche qui a été enfoncée. Cette propriété a plusieurs noms, et la dénomination officielle selon le W3C est `data`. Malheureusement, suite à une mauvaise implémentation des navigateurs, `keyCode` reste la seule qui fonctionne partout.
`shiftKey`	Détermine si la touche [Maj] a été enfoncée (retourne les valeurs `true` ou `false`).

Créons un code qui change la propriété de couleur du premier élément de liste dans notre exemple :

```
<body>
 <div>
      <h1>Paragraphe</h1>
      <p> Lorem ipsum dolor sit amet, consectetur
      ✂ adipisicing elit, sed do eiusmod tempor incididunt
      ✂ ut labore et dolore magna aliqua. Ut enim ad
      ✂ minim veniam, quis nostrud exercitation ullamco
      ✂ laboris nisi ut aliquip ex ea commodo consequat.
      ✂ Duis aute irure dolor in reprehenderit in
      ✂ voluptate velit esse cillum dolore eu fugiat nulla
      ✂ pariatur. Excepteur sint occaecat cupidatat non
      ✂ proident, sunt in culpa qui officia deserunt
      ✂ mollit anim id est laborum</p>
 </div>
 <div>
```

```
        <h1>Liste</h1>
                <ul>
                        <li id="uneAutreClasse ">élément 1</li>
                        <li>élément 2</li>
                </ul>
 </div>

<script type="text/javascript">

function listRed(e){
e.target.style.color ="red";
}
function listBlack(e){
e.target.style.color ="black";
}
var premierElementListe =
✂ document.getElementsByTagName('li')[0];
premierElementListe.addEventListener('mouseover', listRed,
✂ false);
premierElementListe.addEventListener('mouseout', listBlack,
✂ false);
</script>
</body>
```

Dans ce script, nous créons d'abord une fonction qui donne une couleur à l'élément dont elle est la cible :

```
function listRed(e){
e.target.style.color ="red";
}
```

Ensuite, une deuxième fonction redonne la couleur d'origine à sa cible :

```
function listBlack(e){
e.target.style.color ="black";
}
```

Puis nous sélectionnons l'élément cible avec la fonction `getElementsByTagName` (on aurait pu utiliser la fonction `getElementById`) :

```
var premierElementListe =
✂ document.getElementsByTagName('li')[0];
```

Enfin, nous ajoutons deux écouteurs à l'élément sélectionné (un pour le passage de la souris, l'autre pour son départ) :

```
premierElementListe.addEventListener('mouseover', listRed,
✂ false);
premierElementListe.addEventListener('mouseout', listBlack,
✂ false);
```

Nous avons également affiché le code HTML pour mettre en valeur l'ordre dans lequel nous faisons apparaître le script par rapport aux balises. En effet, nous avons placé le script après le code HTML, sinon il ne peut fonctionner. En effet, comme la page est lue dans l'ordre normal, l'élément HTML à manipuler doit exister avant le code JavaScript qui le manipule. Cela dit, cette démarche n'est pas pratique, et il est plus commode de placer les scripts en tête de page. Nous allons apprendre tout de suite comment faire.

Ajouter des écouteurs d'événement au chargement de la page

Un script situé en fin de page n'est pas vraiment pratique et ne peut pas être intégré dans l'en-tête des documents HTML. De plus, le script s'exécute dès que le navigateur a chargé la page, ce qui risque de causer des erreurs dans certains cas (si, par exemple, le script utilise des éléments qu'il n'a pas encore à sa disposition).

Pour régler ce problème, il faut indiquer au script qu'il doit s'exécuter une fois que toute la page est chargée, et pas avant. Nous utilisons en ce sens l'élément `window` associé à l'objet `load`. Rien de plus simple :

```
function listRed(e){
e.target.style.color ="red";
}
function listBlack(e){
e.target.style.color ="black";
}
function ecouteurs(e){
var premierElementListe =
✂ document.getElementsByTagName('li')[0];
premierElementListe.addEventListener('mouseover', listRed,
✂ false);
premierElementListe.addEventListener('mouseout', listBlack,
✂ false);
}
window.addEventListener('load',ecouteurs,false);
```

Nous retrouvons ici les deux fonctions `listRed` et `listBlack`. L'affectation des écouteurs qui déclenchent ces fonctions au premier élément de la liste (que nous avions déjà créée) est également placée dans une fonction.

Pour terminé le script, nous ajoutons un écouteur à l'élément `window`. Cet écouteur déclenche la fonction `ecouteur` au chargement de la page, et permet ainsi au script de s'exécuter une fois la page chargée, pas avant.

En fait, nous créons une imbrication de fonctions et d'écouteurs : l'écouteur de `window` déclenche la fonction `ecouteur`, qui elle-même déclenche les fonctions `listRed` et `listBlack`. N'hésitez pas à observer le schéma pour mieux comprendre ce mécanisme.

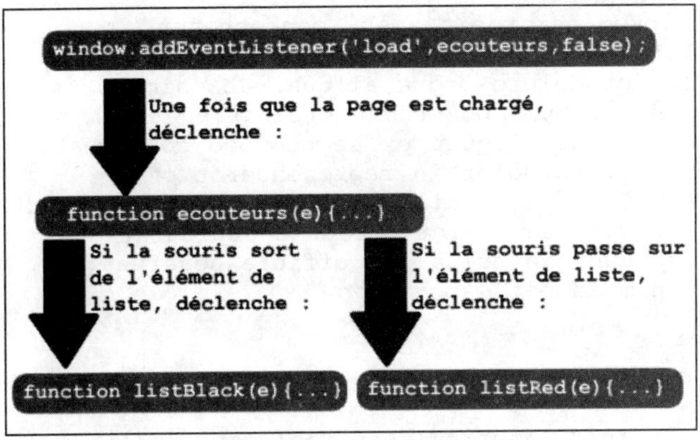

Figure 10.5 : *Schéma explicatif du script*

Ce script peut maintenant se placer en début de page, de la manière suivante :

```
<!DOCTYPE html PUBLIC "-//W3C//DTD XHTML 1.0 Strict//EN"
✂ "http://www.w3.org/TR/xhtml1/DTD/xhtml1-strict.dtd">
<html xmlns="http://www.w3.org/1999/xhtml">
<head>
<meta http-equiv="Content-Type" content="text/html;
✂ charset=utf-8" />
<script type="text/javascript">

function listRed(e){
e.target.style.color ="red";
}
function listBlack(e){
e.target.style.color ="black";
}
function ecouteurs(e){
var premierElementListe =
✂ document.getElementsByTagName('li')[0];
premierElementListe.addEventListener('mouseover', listRed,
✂ false);
```

```
premierElementListe.addEventListener('mouseout', listBlack,
✂ false);
}
window.addEventListener('load',ecouteurs,false);
</script>
<title>test javascript</title>
</head>

<body>

 <div>
      <h1>Paragraphe</h1>
      <p> Lorem ipsum dolor sit amet, consectetur
      ✂ adipisicing elit, sed do eiusmod tempor incididunt
      ✂ ut labore et dolore magna aliqua. Ut enim ad
      ✂ minim veniam, quis nostrud exercitation ullamco
      ✂ laboris nisi ut aliquip ex ea commodo consequat.
      ✂ Duis aute irure dolor in reprehenderit in
      ✂ voluptate velit esse cillum dolore eu fugiat nulla
      ✂ pariatur. Excepteur sint occaecat cupidatat non
      ✂ proident, sunt in culpa qui officia deserunt
      ✂ mollit anim id est laborum</p>
 </div>
 <div>
      <h1>Liste</h1>
            <ul>
               <li id="uneAutreClasse ">élément 1</li>
               <li>élément 2</li>
            </ul>
 </div>

</body>
</html>
```

Nous savons manipuler les styles et les attributs des balises HTML à l'aide de JavaScript et du DOM. Mais, comme d'habitude, il va falloir ruser avec Internet Explorer (jusqu'à la version 6 incluse), qui implémente à sa manière la mise en route des écouteurs et la récupération des informations d'événement.

Ajouter des écouteurs d'événement pour tous les navigateurs

Au lieu d'implémenter la méthode standard `addEventListener` pour ajouter un écouteur, Internet Explorer possède sa propre méthode, `attachEvent`. De plus, au lieu d'envoyer les objets d'événement à chacun des éléments qui déclenchent les événements, le navigateur utilise un objet d'événement global appelé `window.event`.

Heureusement, Scott Andrew (**www.scottandrew.com/weblog**) a créé un script tout simple qu'il suffit de placer après l'écouteur de fenêtre (celui qui déclenche le script une fois la page chargée). Cette fonction se charge de choisir la méthode la plus appropriée pour ajouter les écouteurs d'événement. Une fois qu'elle est en place, il faut ajouter les écouteurs en faisant appel à elle. Pour cela, il suffit d'écrire le nom de la fonction, puis de placer les paramètres, dans l'ordre : l'élément qui va déclencher l'événement, le nom de l'événement, la fonction qu'il déclenche, et enfin l'utilisation ou non de la capture d'événement (`true` ou `false`, le plus souvent `false`). L'appel de cette fonction remplace donc les ajouts d'écouteur classiques.

Voici cette fonction :

```
function addEvent(elm, evType, fn, useCapture)
// Gestion des événements pour Internet Explorer.
// par Scott Andrew
      {
        if (elm.addEventListener) {
          elm.addEventListener(evType, fn, useCapture);
          return true;
        } else if (elm.attachEvent) {
          var r = elm.attachEvent('on' + evType, fn);
          return r;
        } else {
          elm['on' + evType] = fn;
        }
      }
```

Un article complet à ce sujet se trouve à l'adresse **www.scottandrew.com/weblog/articles/cbs-events.**

Dans le cadre de notre exemple, il faut écrire cela :

```
function listRed(e){
e.target.style.color ="red";
}
function listBlack(e){
e.target.style.color ="black";
}
function ecouteurs(e){
var premierElementListe =
✂ document.getElementsByTagName('li')[0];
addEvent(premierElementListe,'mouseover', listRed, false);
addEvent(premierElementListe,'mouseout', listBlack, false);
}
```

```
addEvent(window,'load',ecouteurs,false);

function addEvent(elm, evType, fn, useCapture)
// Gestion des événements pour Internet Explorer.
// par Scott Andrew
      {
        if (elm.addEventListener) {
          elm.addEventListener(evType, fn, useCapture);
          return true;
        } else if (elm.attachEvent) {
          var r = elm.attachEvent('on' + evType, fn);
          return r;
        } else {
          elm['on' + evType] = fn;
        }
      }
```

Mais ce script fonctionne uniquement sur les navigateurs respectant les standards. La raison est simple : Internet Explorer n'implémente pas les objets d'événement de la même manière que les autres.

Utiliser les objets d'événement pour tous les navigateurs

Internet Explorer transmet les objets d'événement à l'objet global `window`. Cela est aussi à prendre en compte dans le code. Enfin, les propriétés des événements d'objet sont légèrement différentes sous Internet Explorer.

Tableau 10.3 : *Comparaison des propriétés d'objet événement entre les navigateurs*

Propriétés d'objet événement W3C	Propriété d'objet événement Internet Explorer
`target`	`srcElement`
`type`	`type`
`button` (retourne les valeurs 0 pour le bouton gauche, 1 pour celui du milieu, 2 pour celui de droite)	`button` (retourne les valeurs 1 pour le bouton gauche, 4 pour celui du milieu, 2 pour celui de droite).
`data` (non supporté, utilisez `keyCode` à la place)	`keyCode`
`shiftKey`	`shiftKey`

Nous devons donc ajouter du code pour permettre à tous les navigateurs de comprendre les instructions données. Voici le code fonctionnel :

```
function listRed(e){
if(window.event){
var cible = window.event.srcElement;
}else{
var cible = e.target;
}
cible.style.color ="red";
}

function listBlack(e){
if(window.event){
var cible = window.event.srcElement;
}else{
var cible = e.target;
}
cible.style.color ="black";
}
function ecouteurs(e){
var premierElementListe =
✂ document.getElementsByTagName('li')[0];
addEvent(premierElementListe,'mouseover', listRed, false);
addEvent(premierElementListe,'mouseout', listBlack, false);
}
addEvent(window,'load',ecouteurs,false);

function addEvent(elm, evType, fn, useCapture)
      // cross-browser event handling for IE5+, NS6+ and
      ✂ Mozilla/Gecko
      // By Scott Andrew
      {
        if (elm.addEventListener) {
          elm.addEventListener(evType, fn, useCapture);
          return true;
        } else if (elm.attachEvent) {
          var r = elm.attachEvent('on' + evType, fn);
          return r;
        } else {
          elm['on' + evType] = fn;
        }
      }
```

Analysons ces lignes, en commençant par la fin.

Nous avons un premier appel de la fonction `addEvent`, qui permet de déclencher le script au chargement de la page HTML :

```
addEvent(window,'load',ecouteurs,false);
```

Le premier paramètre est l'élément déclencheur (`window`, qui correspond à l'ensemble de la page). Viennent ensuite l'événement `load`, qui indique que l'événement se déclenchera au chargement de la page, puis la fonction `ecouteur`, qui est déclenchée par l'événement, enfin `false`, qui précise au navigateur que nous n'utiliserons pas la capture d'événement.

Intéressons-nous maintenant à la fonction `ecouteurs` :

```
function ecouteurs(e){
var premierElementListe =
✂ document.getElementsByTagName('li')[0];
addEvent(premierElementListe,'mouseover', listRed, false);
addEvent(premierElementListe,'mouseout', listBlack, false);
}
```

Comme précédemment, l'ajout d'écouteurs se fait grâce à la fonction `addEvent`, toujours pour régler les problèmes de compatibilité. Nous avons mis les paramètres appropriés, bien entendu.

Pour finir, examinons la fonction `listBlack`. Pour commencer, nous créons une condition :

```
if(window.event){
```

Ce code teste la présence de l'objet `window.event`. Celui-ci n'est présent que sur Internet Explorer. Le code qui suit est donc réservé au navigateur de Microsoft. Il crée une variable appelée `cible` contenant la cible de l'événement selon la méthode propre au navigateur.

```
var cible = window.event.srcElement;
```

Vient ensuite l'instruction qui concerne les autres navigateurs. Elle commence par `else`, ce qui signifie qu'il s'agit du comportement à suivre si la première condition n'est pas remplie :

```
}else{
var cible = e.target;
}
```

Ici, nous utilisons la méthode standard pour désigner la cible.

À ce stade, nous avons une variable qui contient la cible de l'événement, récupérée avec la méthode adéquate pour chaque type de navigateur. Il ne reste plus qu'à attribuer le style voulu à la cible :

```
cible.style.color ="black";
```

La fonction `listBlack` fonctionne de manière similaire.

Atelier : contournez les faiblesses d'Internet Explorer grâce à JavaScript

Revenons à l'un des exercices du chapitre *Hiérarchiser le contenu*. Nous avions créé un menu déroulant entièrement conçu en CSS, mais qui n'était pas fonctionnel sur Internet Explorer, à cause du manque d'implémentation de la pseudo-classe `:hover`. À présent, JavaScript permet de le rendre fonctionnel, en utilisant, non pas la classe `:hover`, mais les événements du DOM tels que Internet Explorer les comprend.

Rappelons le code de la page telle que nous l'avions laissé :

```
<!DOCTYPE html PUBLIC "-//W3C//DTD XHTML 1.0 Strict//EN"
✂ "http://www.w3.org/TR/xhtml1/DTD/xhtml1-strict.dtd">
<html xmlns="http://www.w3.org/1999/xhtml">
<head>
<meta http-equiv="Content-Type" content="text/html;
✂ charset=utf-8" />
<script type="text/javascript">

function listRed(e){
if(window.event){
var cible = window.event.srcElement;
}else{
var cible = e.target;
}
cible.style.color ="red";
}

function listBlack(e){
if(window.event){
var cible = window.event.srcElement;
}else{
var cible = e.target;
}
cible.style.color ="black";
}
function ecouteurs(e){
var premierElementListe =
✂ document.getElementsByTagName('li')[0];
addEvent(premierElementListe,'mouseover', listRed, false);
addEvent(premierElementListe,'mouseout', listBlack, false);
}
addEvent(window,'load',ecouteurs,false);

function addEvent(elm, evType, fn, useCapture)
      // cross-browser event handling for IE5+, NS6+ and
      ✂ Mozilla/Gecko
      // By Scott Andrew
```

```
        {
          if (elm.addEventListener) {
            elm.addEventListener(evType, fn, useCapture);
            return true;
          } else if (elm.attachEvent) {
            var r = elm.attachEvent('on' + evType, fn);
            return r;
          } else {
            elm['on' + evType] = fn;
          }
        }

</script>
<title>test javascript</title>
</head>

<body>

 <div>
        <h1>Paragraphe</h1>
        <p> Lorem ipsum dolor sit amet, consectetur
        ✂ adipisicing elit, sed do eiusmod tempor incididunt
        ✂ ut labore et dolore magna aliqua. Ut enim ad
        ✂ minim veniam, quis nostrud exercitation ullamco
        ✂ laboris nisi ut aliquip ex ea commodo consequat.
        ✂ Duis aute irure dolor in reprehenderit in
        ✂ voluptate velit esse cillum dolore eu fugiat nulla
        ✂ pariatur. Excepteur sint occaecat cupidatat non
        ✂ proident, sunt in culpa qui officia deserunt
        ✂ mollit anim id est laborum</p>
 </div>
 <div>
        <h1>Liste</h1>
              <ul>
                  <li id="uneAutreClasse ">élément 1</li>
                  <li>élément 2</li>
              </ul>
 </div>

</body>
</html>
```

Solution

Pour commencer, nous devons arranger les styles CSS pour pouvoir faire fonctionner le script. Cet exemple montre le rapport étroit entre les constituants d'une page HTML. Nous allons d'abord créer une nouvelle classe baptisée `.dropOn`, qui permettra de créer des sous-menus identiques sur tous les navigateurs (ou au moins les plus similaires possibles). Cette classe possédera les mêmes caractéristiques que les éléments que nous avons fait apparaître grâce à CSS dans la version précédente de cet exercice. En effet, ce script est conçu pour fonctionner uniquement sur Internet Explorer, car nous ne voulons pas perdre le bénéfice de l'effet "drop-down" créé en CSS sur les autres navigateurs.

Nous ajoutons également des styles pour les balises `<li>` :

```
li:hover ul.drop,.dropOn{
  list-style:none;
  display: block;
  position: absolute ;
  top: 20px;
  left: 0;
  right:0;
  margin: 0;
  padding:0;
}
li:hover ul.drop li,.dropOn li{
  background:#aaa;
  margin:0;
  padding:0;
  width:110px;
}
```

Remarquez la largeur des éléments `ul` dans les sous-menus, qui prend en compte la largeur des éléments de premier niveau (70 pixels), à laquelle s'ajoutent les marges (deux fois 20 pixels).

La prochaine étape consiste à donner un `id menu` à la liste de menu, pour faciliter la sélection dans le script à l'aide de la fonction `getElementById` :

```
<ul id="menu">
  <li id="accueil">
    <a href="#">Accueil</a>
    <ul class="drop">
      <li><a href="#">Qui suis-je ?</a></li>
      <li><a href="#">Mes services</a></li>
    </ul></li>
  <li id="contact"><a href="#">Contact</a>
    <ul class="drop">
      <li><a href="#">E-mail</a></li>
      <li><a href="#">Adresse</a></li>
    </ul></li>
  <li id="apropos"><a href="#">À propos</a>
    <ul class="drop">
      <li><a href="#">Biographie</a></li>
      <li><a href="#">CV</a></li>
    </ul></li>
</ul>
```

Nous pouvons maintenant rédiger le script. Pour commencer, nous allons créer une fonction qui affecte des écouteurs aux éléments désirés. Cette fonction fait appel à une nouvelle notion, très utile en programmation : les boucles.

Qu'est-ce qu'une boucle ?

Pour simplifier, il s'agit de mettre en route des actions qui vont se répéter à partir d'un point de départ, jusqu'à un point d'arrivée, et selon un critère de progression défini par le programmeur. Une boucle est introduite en JavaScript à l'aide du mot `for`, suivi des paramètres adéquats. Le premier est le point de départ, le deuxième est le point d'arrivée, et le troisième permet de faire "tourner" la boucle encore une fois. Voyons cette notion appliquée à notre exemple :

```
function ecouteurs(e){
var elementListe = document.getElementById("menu");
for (i=0;i<accueil.childNodes.length; i++) {
addEvent(elementListe.childNodes[i],'mouseover', listOn,
✂ false);
addEvent(elementListe.childNodes[i],'mouseout', listOff,
✂ false);}
}
```

Examinons la définition de la boucle :

```
for (i=0;i<accueil.childNodes.length; i++) {
```

Nous démarrons avec une variable appelée `i`, qui sera utilisée dans les actions définies par la suite. La valeur initiale de cette variable est 0 (c'est le premier paramètre), sa valeur finale correspond au nombre de menus de premier niveau (les nœuds "enfants" de la liste `ul`, c'est le deuxième paramètre : `i<accueil.childNodes.length`). Enfin, à chaque fois que les actions de la boucle sont terminées, on augmente la variable `i` de 1 (`i++`, c'est le dernier paramètre).

Que se passe-t-il à chaque passage de la boucle (on parle aussi d'"itération") ? Voyons le code :

```
addEvent(elementListe.childNodes[i],'mouseover', listOn,
✂ false);
addEvent(elementListe.childNodes[i],'mouseout', listOff,
✂ false);}
```

On ajoute deux écouteurs (en utilisant la fonction de Scott Andrew, que nous intégrerons plus tard) correspondant à l'entrée de la souris et à sa sortie dans chaque menu de premier niveau. En effet, dans la boucle, la variable `i` prend trois valeurs : 0 (la valeur initiale), 1 (0 + 1, car la définition de boucle précise qu'il faut augmenter la valeur de la variable de 1 à chaque passage dans la boucle), et 2 (on a encore ajouté 1, et le menu ne comprend que trois nœuds enfants ; la boucle s'arrête donc).

Tout se passe comme si on avait écrit ceci :

```
addEvent(elementListe.childNodes[0],'mouseover', listOn,
✂ false);
addEvent(elementListe.childNodes[0],'mouseout', listOff,
✂ false);
addEvent(elementListe.childNodes[1],'mouseover', listOn,
✂ false);
addEvent(elementListe.childNodes[1],'mouseout', listOff,
✂ false);
addEvent(elementListe.childNodes[2],'mouseover', listOn,
✂ false);
addEvent(elementListe.childNodes[2],'mouseout', listOff,
✂ false);
```

L'utilité de la boucle est flagrante : elle empêche de recopier trois fois un code pratiquement identique. Imaginez l'économie de code si la liste comptait cinquante éléments !

On fait appel aux deux fonctions : `listOn` et `listOff`. Elles sont appelées respectivement au passage de la souris sur l'élément désigné, et à son départ. Elles seront placées en début de script. Voyons la première :

```
function listOn(e){
  if(window.event){
  var cible = window.event.srcElement;
  cible.childNodes[2].className="dropOn";
  var cible2 = cible.childNodes[2];
  cible2.onmouseover=function() {
  cible2.className="dropOn";}
  }
}
```

On commence par tester la présence de `window.event`, pour savoir si l'on est bien sur Internet Explorer :

```
if(window.event){
```

L'action placée entre accolades ne sera activée que dans Internet Explorer.

Si cette condition est remplie, on sélectionne la cible de l'événement, avant de lui attribuer la classe `dropOn` :

```
var cible = window.event.srcElement;
cible.childNodes[2].className="dropOn";
```

Ensuite, on sélectionne le sous-menu que nous venons de faire apparaître :

```
var cible2 = cible.childNodes[2];
```

Cette sélection permet de préciser que, quand la souris est posée sur ce sous-menu, il doit rester apparent (en d'autres termes, il doit garder la class `dropOn`) :

```
cible2.onmouseover=function() {
cible2.className="dropOn";}
```

Cette partie du script assure que le menu ne va pas disparaître quand la souris s'en approchera.

La fonction `listOff` est relativement similaire. La différence est qu'elle agit au départ de la souris, et non à son passage sur l'élément, et qu'elle rend à ce dernier la class `drop`, qui le fera disparaître (à cause de la propriété `diplay : none;`) :

```
function listOff(e){
  if(window.event){
  var cible = window.event.srcElement;
  cible.childNodes[2].className="drop";
  var cible2 = cible.childNodes[2];
  cible2.onmouseout=function() {
  cible2.className="drop";}
  }
}
```

Le script final se présente ainsi, une fois ajoutée la fonction de S. Andrew et mis en place l'écouteur permettant d'activer le script après le chargement de la page :

```
function setClass(classe,element){
element.className=classe;
}

function listOn(e){
  if(window.event){
  var cible = window.event.srcElement;
  cible.childNodes[2].className="dropOn";
  var cible2 = cible.childNodes[2];
  cible2.onmouseover=function() {
  cible2.className="dropOn";}
```

```
  }
}

function listOff(e){
  if(window.event){
  var cible = window.event.srcElement;
  cible.childNodes[2].className="drop";
  var cible2 = cible.childNodes[2];
  cible2.onmouseout=function() {
  cible2.className="drop";}
  }
}

function ecouteurs(e){
  var elementListe = document.getElementById("menu");
  for (i=0;i<accueil.childNodes.length; i++) {
  addEvent(elementListe.childNodes[i],'mouseover', listOn,
  ✂ false);
  addEvent(elementListe.childNodes[i],'mouseout', listOff,
  ✂ false);}
}
addEvent(window,'load',ecouteurs,false);

 function addEvent(elm, evType, fn, useCapture)
      // cross-browser event handling for IE5+, NS6+ and
      ✂ Mozilla/Gecko
      // By Scott Andrew
      {
        if (elm.addEventListener) {
          elm.addEventListener(evType, fn, useCapture);
          return true;
        } else if (elm.attachEvent) {
          var r = elm.attachEvent('on' + evType, fn);
          return r;
        } else {
          elm['on' + evType] = fn;
        }
      }
```

ATTENTION

Prendre en compte le contexte et penser aux utilisateurs

Cette page fictive est une page d'accueil destinée à mettre en valeur trois rubriques principales. Les pages de rubrique (*Accueil*, *Contact* et *À propos*) devront rendre les sous-rubriques correspondantes apparentes. Par exemple, les sous-rubriques *Qui suis-je ?* et *Mes services* doivent apparaître une fois ouverte la rubrique *Accueil*. Sinon, les utilisateurs d'Internet Explorer (qui supporte mal les CSS, et donc l'effet drop-down construit au chapitre *Hiérarchiser le contenu*) qui auront désactivé JavaScript et ne pourront pas voir le menu drop-down que nous venons de construire n'auront jamais accès aux sous-rubriques en question.

Vous savez à présent manipuler les styles CSS, les classes, sélectionner les éléments par leurs noms et leur `id` dans un document HTML, le tout à l'aide de JavaScript. Soyez prudent : testez plusieurs fois vos pages avec Internet Explorer, et en désactivant JavaScript. Pour désactiver JavaScript dans Internet Explorer, allez dans le menu **Outils/Options Internet**, puis sous l'onglet **Sécurité**, cliquez sur le bouton **Personnaliser le niveau**. Dans la fenêtre qui apparaît, cochez l'option *Désactiver* pour la fonction *Active Scripting*.

Avec un peu d'imagination et d'inventivité, vous pourrez créer vous-même vos scripts pour contourner les problèmes de compatibilité d'Internet Explorer, pour créer des animations (attention à la surcharge, et n'oubliez pas qu'une image *.gif* discrète fait l'affaire dans bien des cas), etc.

RENVOI

*Le Web est plein de ressources concernant JavaScript et le chapitre **Webographie** vous donnera un petit aperçu de ce qui est disponible.*

Chapitre 11

Les bonnes pratiques

11.1. Référencement

Un code mis en page avec les CSS est mieux structuré. L'avantage des standards et surtout la séparation entre contenu et mise en page sont importants pour le référencement. L'influence positive de l'utilisation des CSS en la matière n'est pas négligeable.

11.2. Aide

Construire des feuilles de style n'est pas toujours évident. Personne n'est à l'abri d'une mauvaise implémentation des CSS dans les navigateurs. Heureusement, vous n'êtes pas seul. Bien souvent, des professionnels du Web mettent au point de nouvelles techniques standard de mise en page, utilisant telle ou telle fonctionnalité des CSS. L'avantage d'une telle communauté est que, si un jour ou l'autre vous tombez sur un problème, vous pourrez toujours rencontrer quelqu'un qui pourra vous aider.

Les solutions d'un certain nombre de bogues connus ont été publiées. Au lieu de peiner pendant deux semaines sur le "3 pixels gap" d'Internet Explorer, passez sur un forum pour poser votre question. Un webdesigner expérimenté pourra vous sortir de l'impasse.

11.3. Normes et sémantique

Malgré les étapes difficiles que vous pourriez rencontrer, il est important de respecter les normes. Grâce à elles, le Web est uniforme, ou du moins, tente de l'être, et peut évoluer tout en se complexifiant et en restant structuré. Si tout le monde n'en faisait qu'à sa tête, le Web ne serait qu'une jungle anarchique.

Des CSS bien conçues s'appuient sur un code sémantique. On entend par là un code qui utilise les balises, HTML dans ce cas, à bon escient. La sémantique n'est pas une science exacte et de nombreux débats font rage pour savoir quelle balise utiliser pour faire un menu. Les échanges sont longs et argumentés. Mais il n'est pas besoin d'être un expert en accessibilité ou un grand maître de la parole. En général, un peu de réflexion permet de faire les bons choix. Donnons quelques exemples.

- Pour un titre de niveau 1 :

```
<h1>Mon titre</h1>
```

Si l'on veut rester logique, ce titre doit être unique. En effet, un document ne peut avoir qu'un seul titre principal, sinon, il vaut mieux faire deux documents.

- Pour un paragraphe :

```
<p>Il n'est pas surprenant de voir l'utilisation de
✂ cette balise dans le cadre d'un paragraphe.</p>
```

- Pour une citation longue :

```
<blockquote cite="http://ploum.frimouvy.org/?2006/06/
✂ 08/112-le-dernier-vaisseau">" Lorsque le vaisseau
✂ spatial explosa, les hommes s'insurgèrent et
✂ décidèrent que c'en était assez. Envoyer trois
✂ hommes et un robot sur un satellite ou une planète
✂ ne valait décidément pas de tels sacrifices. Le
✂ budget annuel de la recherche spatiale fut
✂ réinvesti dans la lutte contre la faim dans le
✂ monde et le développement des pays les plus
✂ pauvres. " Ploum</blockquote>
```

- Pour une liste de commissions :

```
<ul>
    <li>Beurre</li>
    <li>Farine</li>
    <li>Eau</li>
</ul>
```

Ces exemples ne peuvent, à eux seuls, montrer ce qu'est une utilisation correcte des balises. La question qu'il faut en général se poser est " est-ce j'utilise cette balise conformément aux prescriptions d'emploi établies ?".

RENVOI

Vous trouverez une liste des balises HTML ainsi qu'une brève description au chapitre Trucs, astuces et compléments.

11.4. Accessibilité

L'accessibilité, c'est construire un site web accessible à tous. De nombreuses actions et progrès ont été fait dans ce sens. On a vu ainsi émerger un bon nombre d'initiatives ou de lois (WAI – Web Accessibilité Initiative, Section 508 – Loi des États-Unis sur l'accessibilité). Il est important de ne pas se fermer des portes inutilement parce que l'on n'a pas tenu compte de certains paramètres.

RENVOI *Au chapitre* ***Trucs, astuces et compléments****, nous vous donnerons quelques pistes à ce sujet.*

La Web Accessibility Initiative énonce dix principes qu'il faut respecter pour faire des sites accessibles. Ce ne sont pas des règles incontournables, mais des recommandations importantes dès lors que l'on souhaite créer un site valide.

- Utilisez les attributs `alt` dans chaque image pour la décrire.
- Évitez les "images map" et préférez un découpage des images.
- Décrivez les vidéos et fournissez si possible les transcriptions.
- Utilisez des textes clairs et descriptifs pour vos liens. Oubliez donc les "cliquez ici".
- Utilisez les balises `<hn>` pour faire des titres (`n` représentant un nombre entier de 1 à 6).
- Si vous fournissez des graphes, précisez un attribut `longdesc`, qui pointera vers une description longue.
- N'utilisez pas les frames.
- Si vous utilisez les tableaux, faites en sorte qu'ils soient lisibles ligne par ligne et fournissez un résumé de leur contenu.
- Validez votre travail. Mais ce n'est pas parce qu'il passe par le validateur que votre site est accessible.

Les États-Unis possède une loi pour la mise en page, appelée "section 508". Elle vise à fournir un accès à tous sans discrimination. Elle s'applique à bien des sites web. Elle n'interdit pas la mise en page par tableaux ou par CSS. Elle liste des points auxquels le concepteur doit penser.

L'apprentissage des CSS est continu ; personne ne peut affirmer qu'il connaît entièrement et complètement les CSS.

RENVOI *Dans le chapitre* ***Webographie****, vous trouverez des adresses de site de veille technologique qui vous permettront de rester au fait des avancées en matière de CSS.*

11.5. Ateliers

À travers ce livre, vous avez appris à mettre en page un site web. Nous vous proposons maintenant un exercice complet permettant de mettre en œuvre vos connaissances.

Mise en page deux colonnes

Nous vous proposons de construire une mise en page avec une colonne sur la droite, un en-tête, une place pour le contenu et enfin un pied de page. Vous avez vu tous les éléments qui vous seront utiles à cet effet.

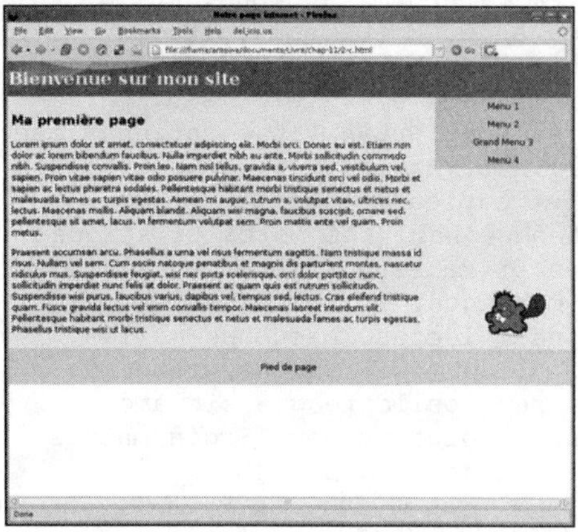

Figure 11.1 : *Résultat final*

Voici tout d'abord la page en question.

- Code HTML :

```
<!DOCTYPE html PUBLIC "-//W3C//DTD XHTML 1.0 Strict//
✂ EN" "http://www.w3.org/TR/xhtml1/DTD/xhtml1-strict
✂ .dtd">
<html xmlns="http://www.w3.org/1999/xhtml" lang="fr"
✂ xml:lang="fr">

<head>
  <meta http-equiv="Content-type" content="text/html;
  ✂ charset=iso-8859-1" />
  <title>Notre page Internet</title>
    <style type="text/css">

    </style>
</head>
<body>
```

```
<div id="evitement">
    <a href="#menu">Aller à la navigation</a>
    <a href="#contenu">Aller au contenu</a>
</div>

<div id="entete">
    <h1>Bienvenue sur mon site</h1>
</div>

<div id="conteneur">
<div id="contenu">
    <h2>Ma première page</h2>
    <p>Lorem ipsum dolor sit amet, consectetuer
    ✂ adipiscing elit. Morbi orci. Donec eu est. Etiam
    ✂ non dolor ac lorem bibendum faucibus. Nulla
    ✂ imperdiet nibh eu ante. Morbi sollicitudin
    ✂ commodo nibh. Suspendisse convallis. Proin leo.
    ✂ Nam nisl tellus, gravida a, viverra sed,
    ✂ vestibulum vel, sapien. Proin vitae sapien vitae
    ✂ odio posuere pulvinar. Maecenas tincidunt orci
    ✂ vel odio. Morbi et sapien ac lectus pharetra
    ✂ sodales. Pellentesque habitant morbi tristique
    ✂ senectus et netus et malesuada fames ac turpis
    ✂ egestas. Aenean mi augue, rutrum a, volutpat
    ✂ vitae, ultrices nec, lectus. Maecenas mollis.
    ✂ Aliquam blandit. Aliquam wisi magna, faucibus
    ✂ suscipit, ornare sed, pellentesque sit amet,
    ✂ lacus. In fermentum volutpat sem. Proin mattis
    ✂ ante vel quam. Proin metus.</p>

    <p>Praesent accumsan arcu. Phasellus a urna vel
    ✂ risus fermentum sagittis. Nam tristique massa id
    ✂ risus. Nullam vel sem. Cum sociis natoque
    ✂ penatibus et magnis dis parturient montes,
    ✂ nascetur ridiculus mus. Suspendisse feugiat, wisi
    ✂ nec porta scelerisque, orci dolor porttitor nunc,
    ✂ sollicitudin imperdiet nunc felis at dolor.
    ✂ Praesent ac quam quis est rutrum sollicitudin.
    ✂ Suspendisse wisi purus, faucibus varius, dapibus
    ✂ vel, tempus sed, lectus. Cras eleifend tristique
    ✂ quam. Fusce gravida lectus vel enim convallis
    ✂ tempor. Maecenas laoreet interdum elit.
    ✂ Pellentesque habitant morbi tristique senectus et
    ✂ netus et malesuada fames ac turpis egestas.
    ✂ Phasellus tristique wisi ut lacus.</p>
</div>

<div id="menu">
    <ul>
        <li><a href="">Menu 1</a></li>
        <li><a href="">Menu 2</a></li>
        <li><a href="">Grand Menu 3</a></li>
```

```
            <li><a href="">Menu 4</a></li>
        </ul>
    </div>

    <div id="pieddepage">
        <p>Pied de page</p>
    </div>

    </div>

    </body>
    </html>
```

Mettez le site en forme.

Réduisez les marges de la page à 0. Déplacez les liens d'évitement hors de la page. Construisez un en-tête sur toute la longueur de la page et sur 50 pixels de haut. Construisez un conteneur prenant toute la largeur de la page. Dans ce conteneur, placez le contenu à 75 % de la page sur le côté gauche et le menu sur le reste, mais positionné sur la droite. Mettez ce dernier en forme pour que les liens paraissent comme des boutons. Placez le pied de page en bas de la page.

Solution

Voyons maintenant la solution pas à pas. Pour chaque partie de code, une image montrera le résultat.

```
/* Mise en page */

html, body {
    margin: 0;
}
```

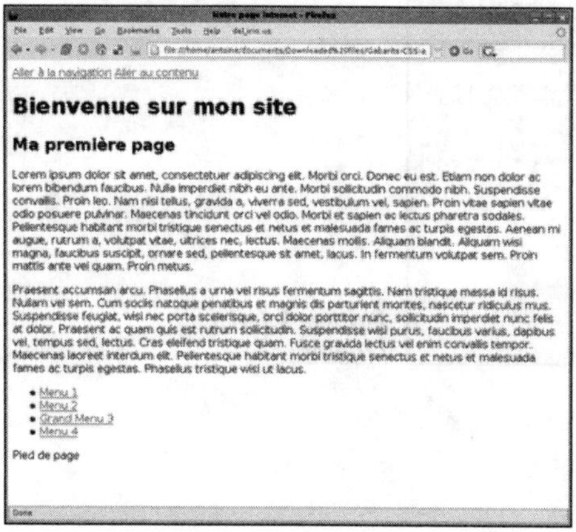

Figure 11.2 : *Résultat*

```
#evitement {
    position: absolute;
    left: -999em;
}
```

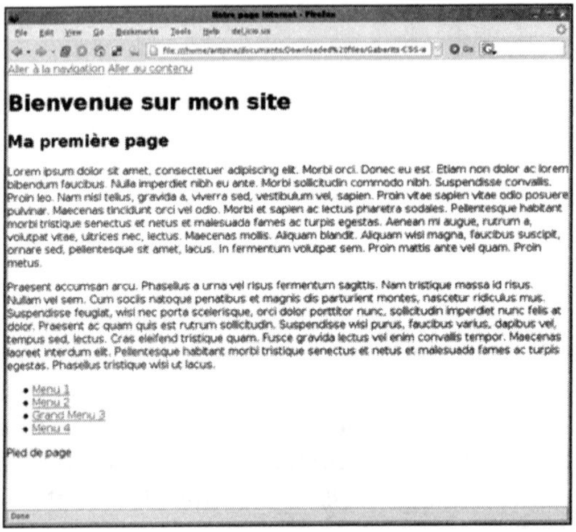

Figure 11.3 : *Résultat*

```
#entete {
    width: 100%;
    height: 50px;
}
```

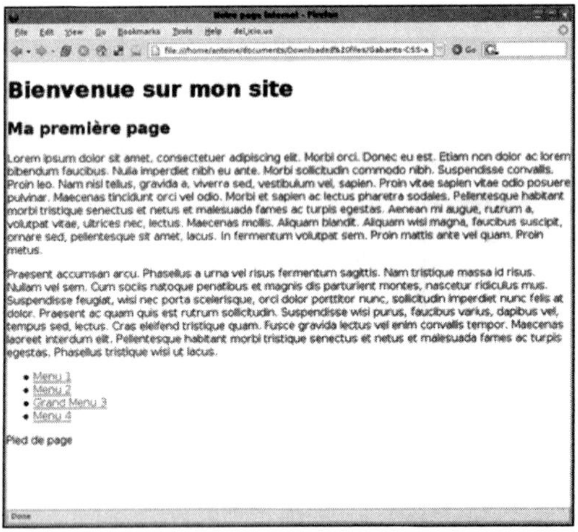

Figure 11.4 : *Résultat*

```
#entete h1 {
    margin: 0;
    padding: 0;
}
```

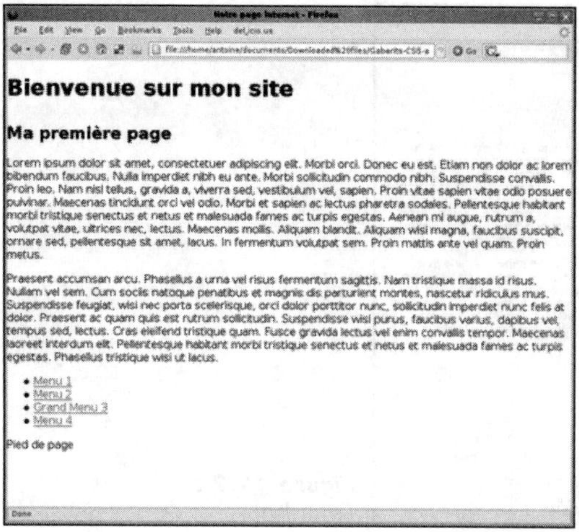

Figure 11.5 : *Résultat*

```
#conteneur {
    width: 100%;
}
```

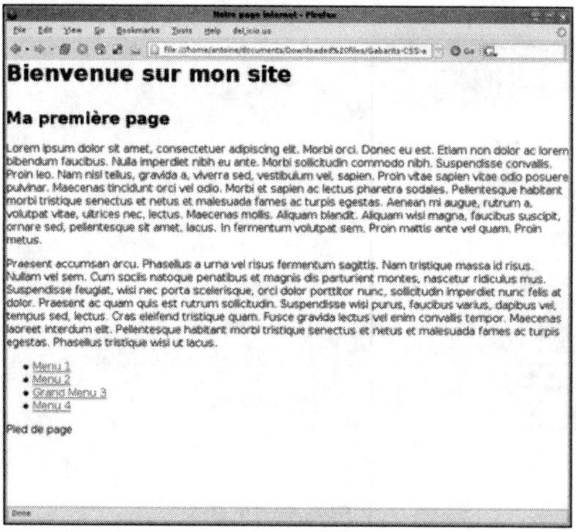

Figure 11.6 : *Résultat*

```
#contenu {
    width: 74%;
    padding: 0.5em;
    float: left;
}
```

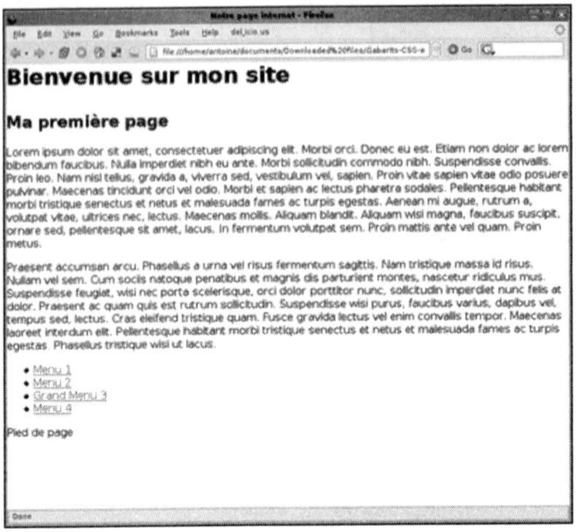

Figure 11.7 : *Résultat*

```
#menu {
    width: 24%;
    float: right;
}
```

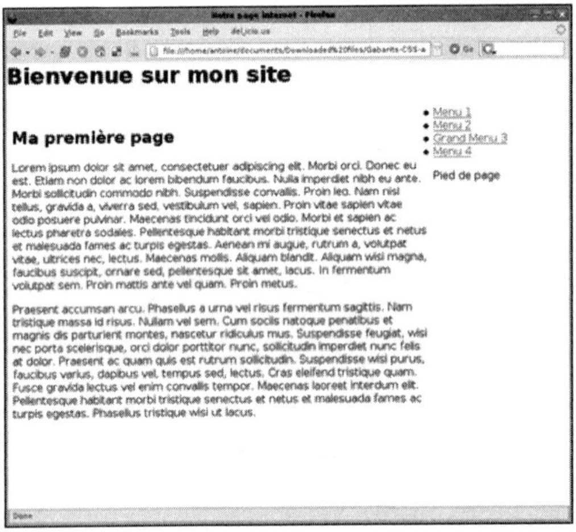

Figure 11.8 : *Résultat*

```
#menu ul {
    width: 100%;
    margin: 0;
    padding: 0;
}
```

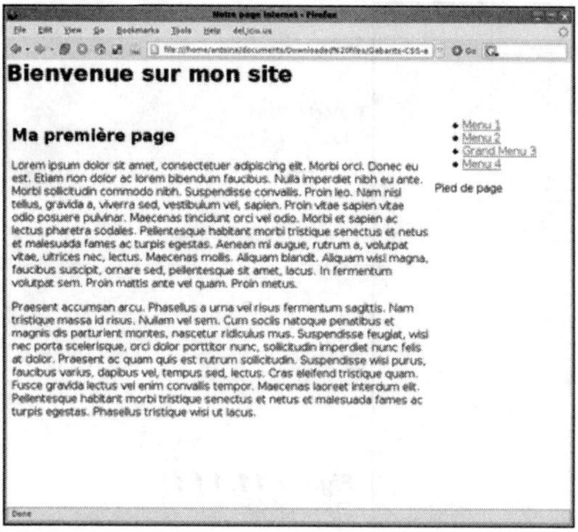

Figure 11.9 : *Résultat*

```
#menu li {
    height: 2em;
    margin: 0;
    padding: 0;
}
```

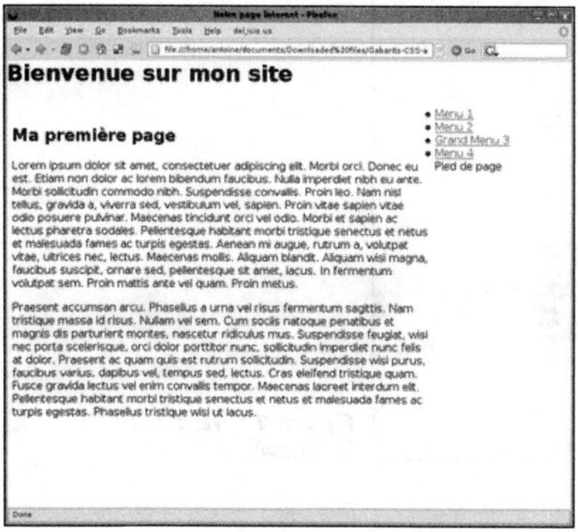

Figure 11.10 : *Résultat*

```
#menu li a {
    line-height: 2em;
    display: block;
    height: 100%;
    width: 100%;
}
```

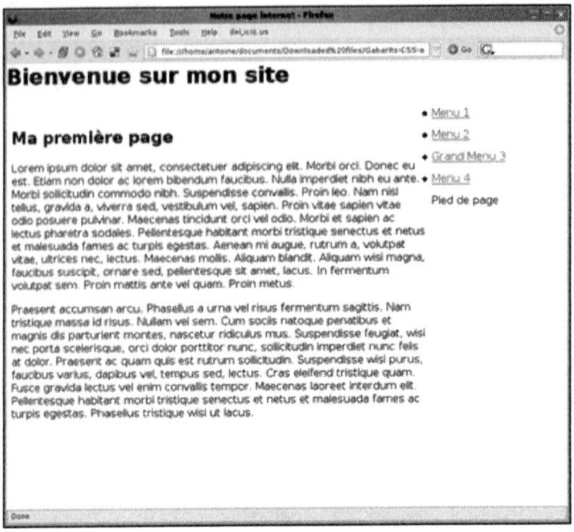

Figure 11.11 : *Résultat*

```
#menu ul , #menu li {
    list-style-type: none;
}
```

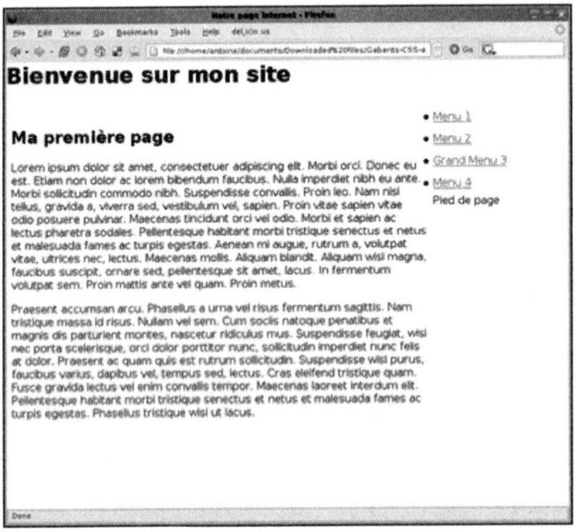

Figure 11.12 : *Résultat*

```
#pieddepage {
    clear: both;
    height: 3em;
    padding: 0.5em;
}
```

Figure 11.13 :
Résultat

Maintenant, vous avez une mise en page. Techniquement, elle est intéressante, mais l'utilisateur final la trouvera un peu fade sans doute. C'est pourquoi, vous allez vous occuper de mettre de la couleur et des images.

Mettez dans l'en-tête une couleur de code hexadécimal `#b070c8` et l'image de fond suivante :

Figure 11.14 :
L'image de fond à placer

Placez le petit castor dans le coin inférieur droit du conteneur principal. Ajoutez aussi la couleur `#f4f0f4` à votre conteneur. Donnez la couleur `#e4d0ec` au menu. Mettez les liens en noir. À leur survol, changez la couleur de fond : choisissez `#b070c8`. Enfin, pour le pied de page, optez pour la couleur `#e5e1e7`.

```
/* Couleurs et images */

#entete {
    background: url("fond.png") no-repeat 0 0;
    background-color: #b070c8;
}
```

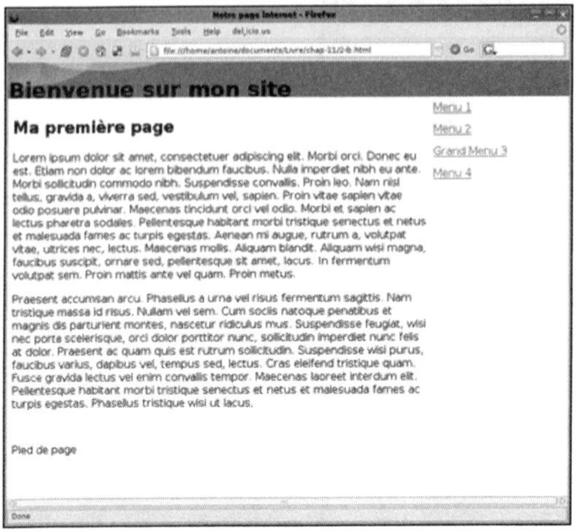

Figure 11.15 : *Résultat*

```
#conteneur {
    background: url("fond-02.png") no-repeat 95% 80%;
    background-color: #f4f0f4;
}
```

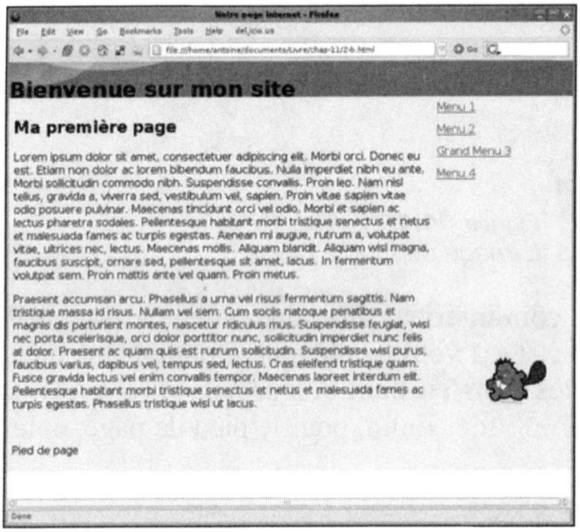

Figure 11.16 : *Résultat*

```
#menu {
    background-color: #e4d0ec;
}
```

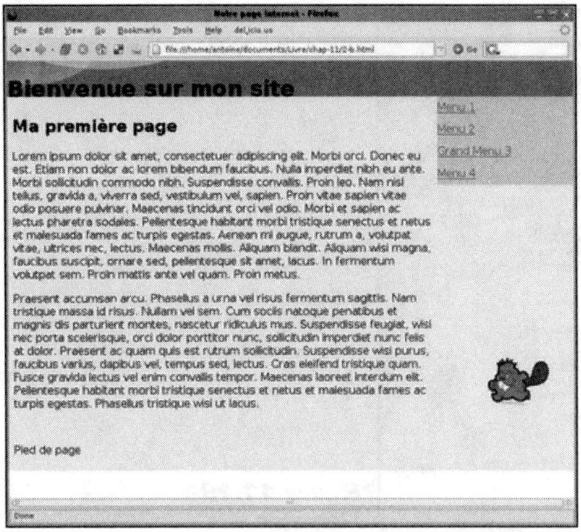

Figure 11.17 : Résultat

```
#menu li a {
    color: black;
}
```

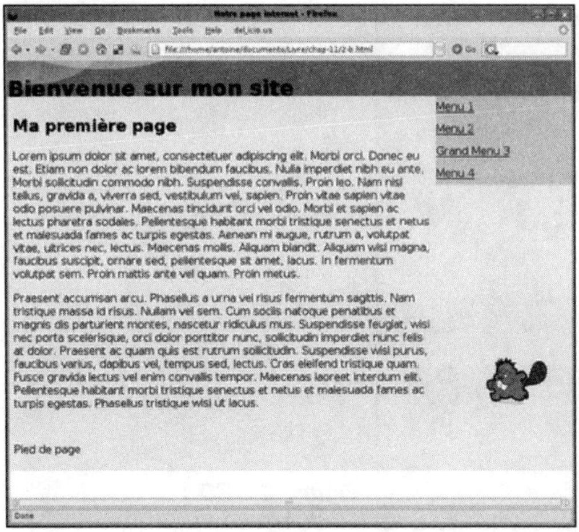

Figure 11.18 : Résultat

```
#menu li a:hover {
    background-color: #b070c8;
}
```

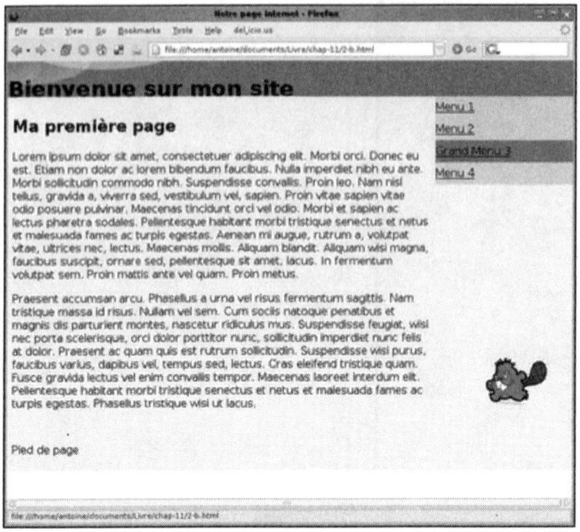

Figure 11.19 : *Résultat*

```
#pieddepage {
    background-color: #e5e1e7;
}
```

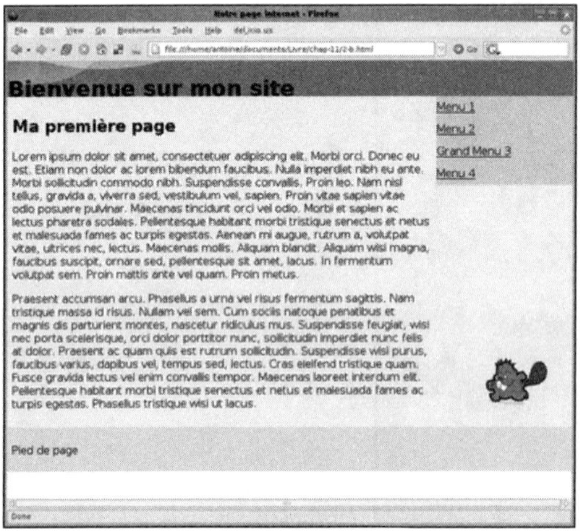

Figure 11.20 : *Résultat*

Vous allez vous occuper des polices de caractères et de leur mise en forme.

Appliquez une police sans-serif à tout le document, avec une taille de `0,9em`. Donnez une couleur blanche au titre principal, faites en sorte qu'il soit centré verticalement et enfin, affectez-lui une police serif. Centrez en hauteur et en largeur les textes du menu et supprimez le soulignement des liens. Centrez le texte du pied de page.

```
/* Typographie */

html, body {
    font-family: sans;
    font-size: 0.9em;
}
```

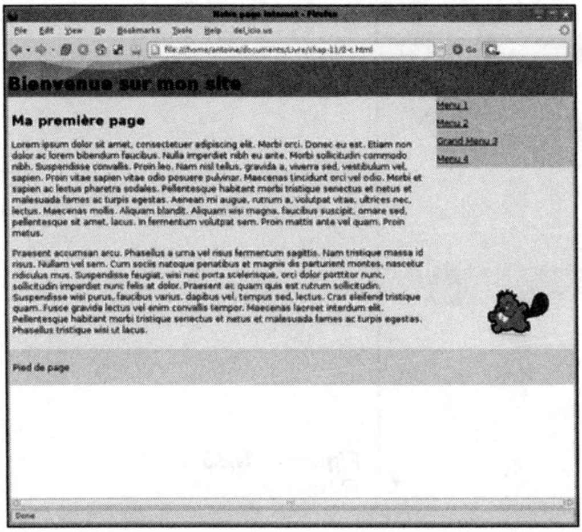

Figure 11.21 : *Résultat*

```
#entete h1 {
    color: white;

    line-height: 50px;
    font-family: "Bitstream Vera Serif";
}
```

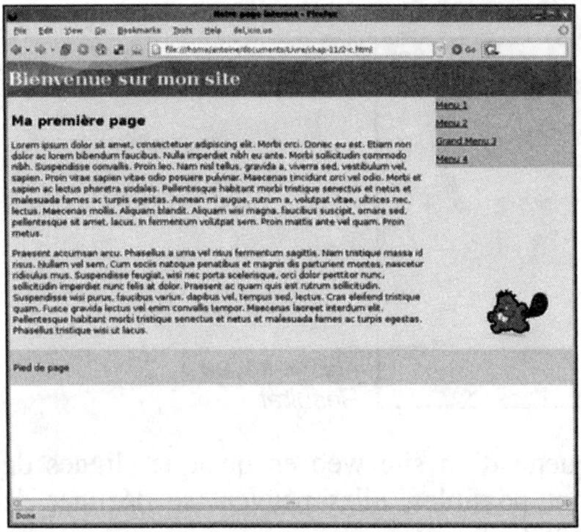

Figure 11.22 : *Résultat*

```
#menu li a {
    line-height: 2em;
    text-decoration: none;
    text-align: center;
}
```

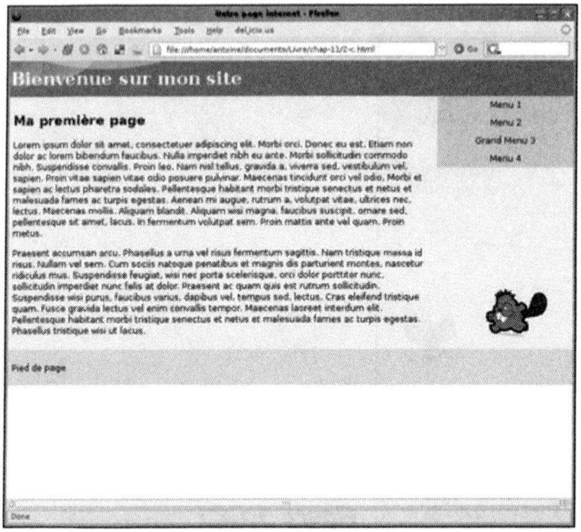

Figure 11.23 : *Résultat*

```
#pieddepage {
    text-align: center;
}
```

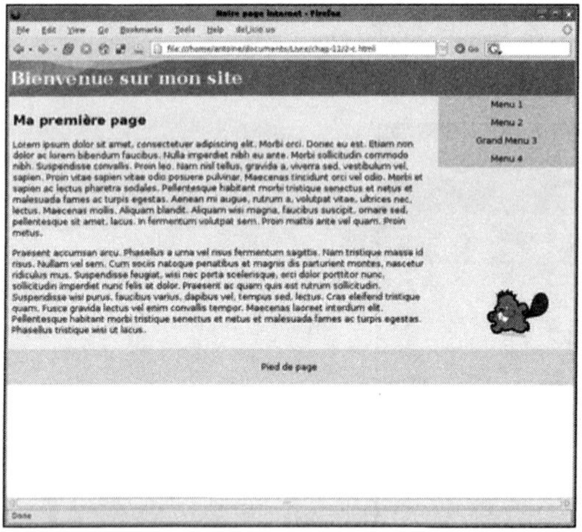

Figure 11.24 : *Résultat*

Vous avez construit la maquette d'un site web en quelques lignes de CSS. Bien des variantes sont possibles, elles peuvent se décliner de multiples façons. Voici le code CSS complet :

```
/* Mise en page */

html, body {
    margin: 0;
}

#evitement {
    position: absolute;
    left: -999em;
}

#entete {
    padding: 1px;
    width: 100%;
    height: 50px;
}

#entete h1 {
    margin: 0;
    padding: 0;
}

#conteneur {
    width: 100%;
}

#contenu {
    width: 74%;
    padding: 0.5em;
    float: left;
}

#menu {
    width: 24%;
    float: right;
}

#menu ul {
    width: 100%;
    margin: 0;
    padding: 0;
}

#menu li {
    height: 2em;
    margin: 0;
    padding: 0;
}

#menu li a {
    line-height: 2em;
```

```
        display: block;
        height: 100%;
        width: 100%;
}

#pieddepage {
        clear: both;
        height: 3em;
        padding: 0.5em;
}

/* Couleurs et images */

#entete {
        background: url("fond.png") no-repeat 0 0;
        background-color: #b070c8;
}

#conteneur {
        background: url("fond-02.png") no-repeat 95% 80%;
        background-color: #f4f0f4;
}

#menu {
        background-color: #e4d0ec;
}

#menu li a {
        color: black;
}

#menu li a:hover {
        background-color: #b070c8;
}

#pieddepage {
        background-color: #e5e1e7;
}

/* Typographie */

html, body {
        font-family: sans;
        font-size: 0.9em;
}

#entete h1 {
        color: white;
        line-height: 50px;
        font-family: "Bitstream Vera Serif";
}
```

```
#menu li a {
    line-height: 2em;
    text-decoration: none;
    text-align: center;
}

#pieddepage {
    text-align: center;
}

/* Autres */

#menu ul , #menu li {
    list-style-type: none;
}
```

Mise en page à largeur fixe

Vous allez procéder à une autre mise en forme, construite de la même manière, afin que vous puissiez comparer et apprécier différents points. Vous mesurerez la puissance des CSS et l'avantage de séparer contenu et mise en forme.

Vous partirez du même code HTML. La mise en forme est de largeur fixe : 700 pixels.

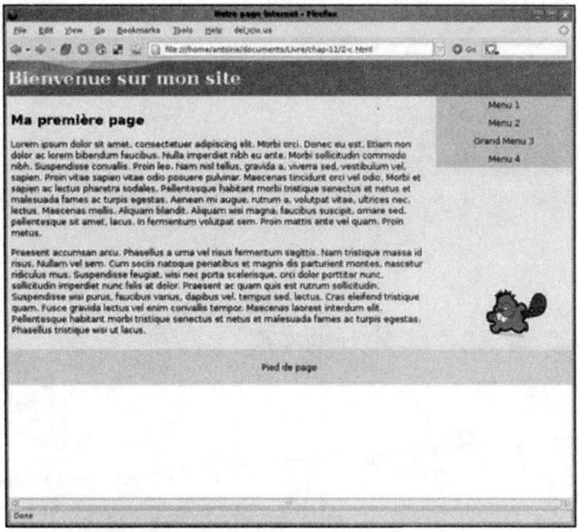

Figure 11.25 : Résultat final

Commencez par la mise en page comme précédemment.

Supprimez les marges superflues dans la balise <body>. Cachez les liens d'évitement. Construisez un en-tête d'une hauteur de 155 pixels et d'une largeur de 700 pixels. Annulez les marges du titre présent dans l'en-tête. Réduisez la largeur du conteneur à 700 pixels. Placez le contenu sur la droite, avec une largeur de 490 pixels. Modifiez la hauteur du titre du contenu à `2em`. Modifiez les marges des paragraphes du contenu à `0,5em`. Placez le menu avec une largeur de 200 pixels sur la gauche. Mettez-le en forme comme précédemment. Enfin, placez le pied de page en bout de course.

Solution

Voyons les solutions pas à pas.

```
/* Mise en page */

html, body {
    margin: 0;
    text-align: center;
}
```

Figure 11.26 : *Résultat*

```
#evitement {
    position: absolute;
    left: -999em;
}
```

Figure 11.27 : *Résultat*

```
#entete {
    height: 155px;
    padding: 1px;
    width: 700px;
    margin: auto;
}
```

Figure 11.28 : *Résultat*

```
#entete h1 {
    margin: 0;
    padding: 0;
}
```

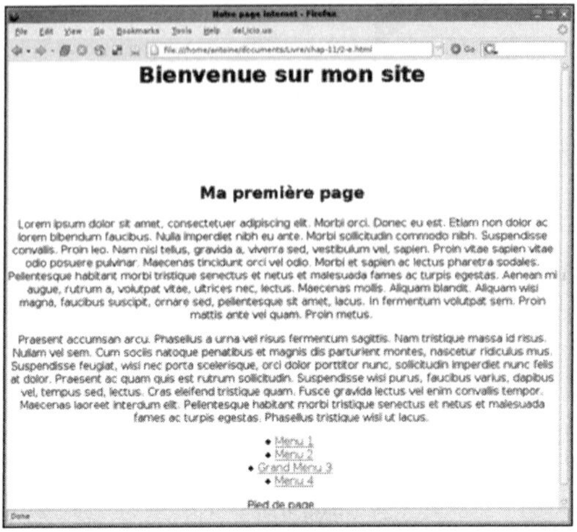

Figure 11.29 : *Résultat*

```
#conteneur {
    padding: 1px;
    margin: auto;
    width: 700px;
}
```

Figure 11.30 : *Résultat*

```
#contenu {
    width: 490px;
    padding: 0;
    float: right;
}
```

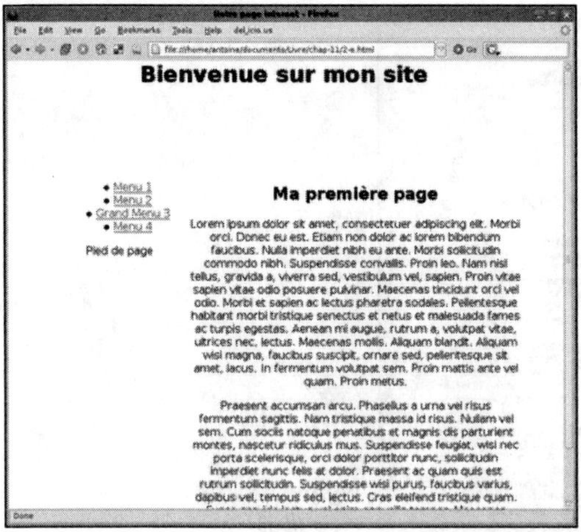

Figure 11.31 : Résultat

```
#contenu h2 {
    height: 2em;
}
```

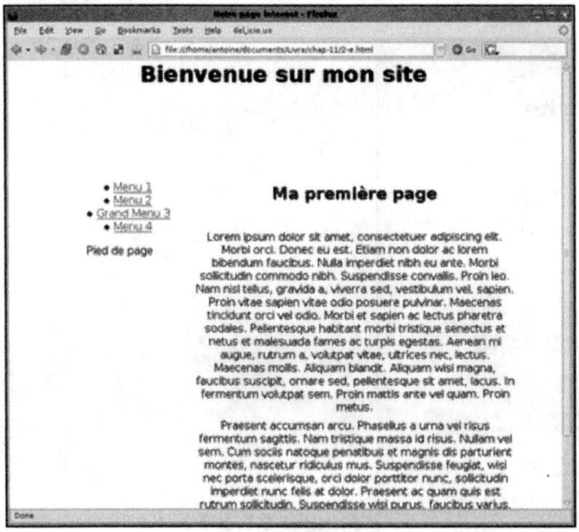

Figure 11.32 : Résultat

```
#contenu p {
    margin: 0.5em;
}
```

Figure 11.33 : *Résultat*

```
#menu {
    width: 200px;
    float: left;
}
```

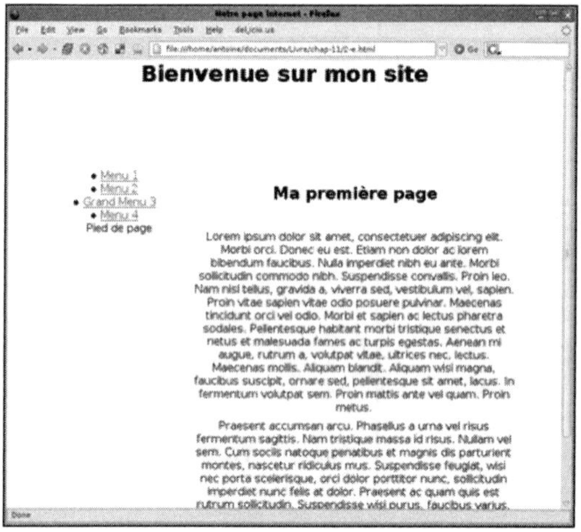

Figure 11.34 : *Résultat*

```
#menu ul {
    width: 100%;
    margin: 0 0 0 5px;
    padding: 0;
}
```

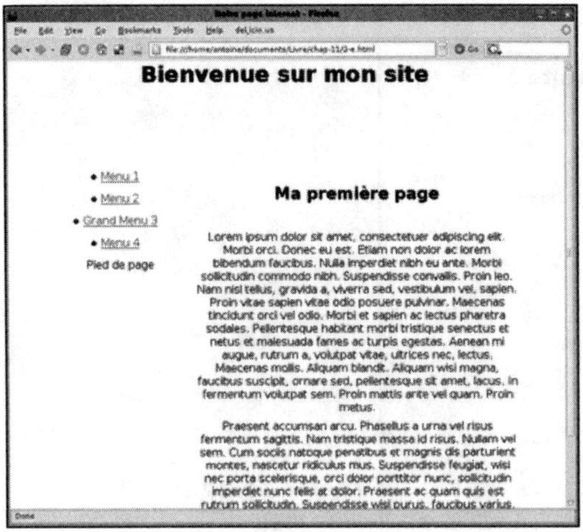

Figure 11.35 : *Résultat*

```
#menu li {
    height: 2em;
    margin: 0 0 0 0;
    padding: 0;
}
```

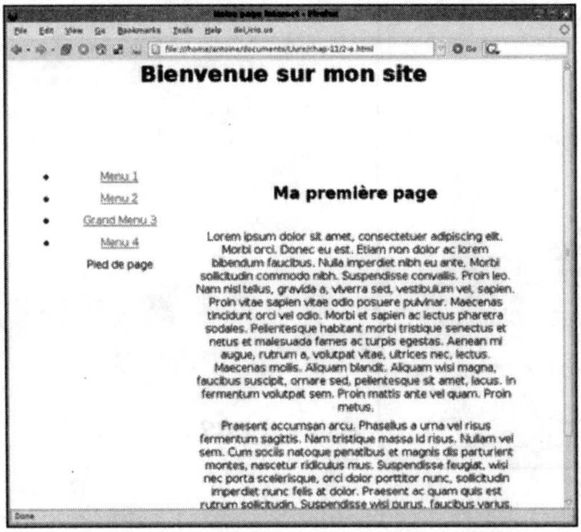

Figure 11.36 : *Résultat*

```
#menu li a {
    display: block;
    height: 100%;
    width: 100%;
}
```

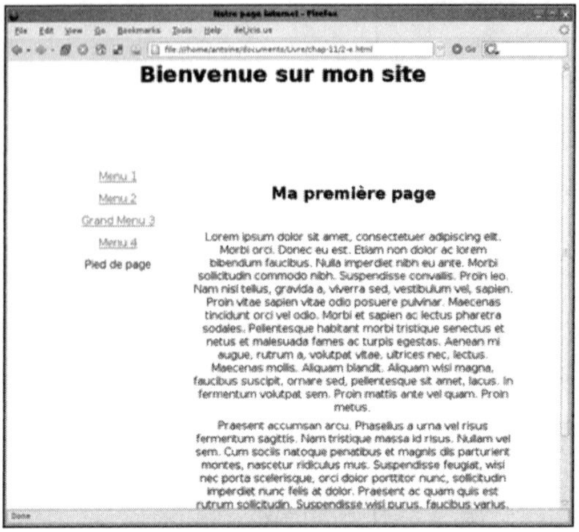

Figure 11.37 : Résultat

```
#menu ul , #menu li {
    list-style-type: none;
}
```

Figure 11.38 : Résultat

```
#pieddepage {
    clear: both;
    height: 3em;
    padding: 0.5em;
}
```

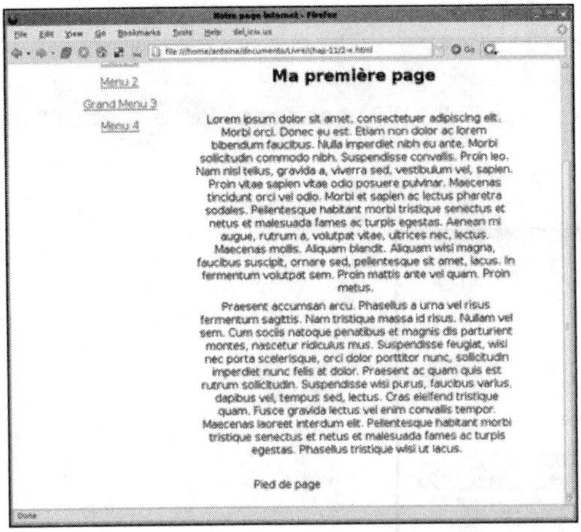

Figure 11.39 : *Résultat*

Occupez-vous de mettre en forme le texte. Pour ce faire, vous changerez les polices, les tailles et les alignements.

Appliquez une police sans-serif à tout le document dans une taille de `0,9em`. Centrez verticalement le titre dans l'en-tête. Passez le titre en graisse normale et changez sa police pour une serif. Justifiez le texte du contenu. Centrez le titre de second niveau. Changez la taille à `1,5em` et la graisse. Annulez le soulignement des liens du menu et centrez le texte verticalement. Centrez le texte du pied de page.

```
/* Typographie */

html, body {
    font-family: sans;
    font-size: 0.9em;
}
```

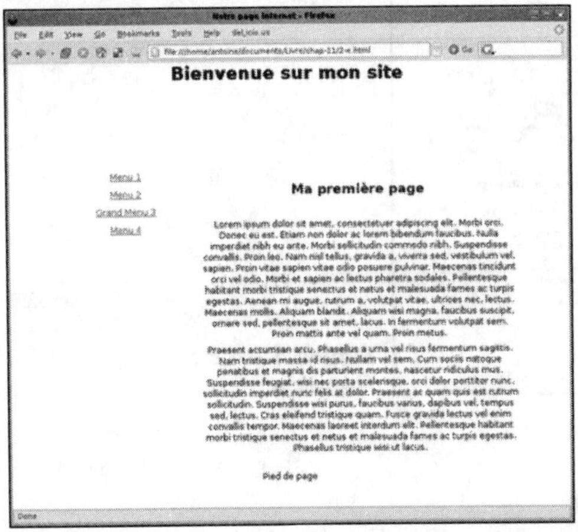

Figure 11.40 : *Résultat*

```
#entete h1 {
    line-height: 155px;
    font-weight: normal;
    font-family: "Century Gothic" ,"Bitstream Vera Serif",
    ✂ serif;
}
```

Figure 11.41 : *Résultat*

```
#conteneur {
    text-align: left;
}
```

Figure 11.42 : *Résultat*

```
#contenu {
    text-align: justify;
}
```

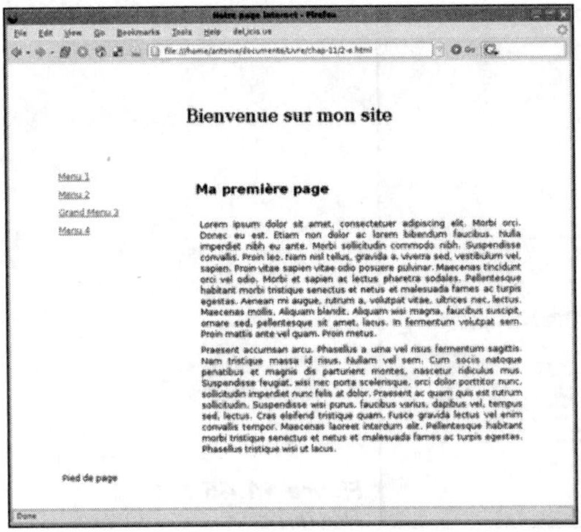

Figure 11.43 : *Résultat*

```
#contenu h2 {
    text-align: center;
    font-size: 1.5em;
    font-weight: normal;
}
```

Figure 11.44 : *Résultat*

```
#menu li a {
    text-decoration: none;
    line-height: 2em;
}
```

Figure 11.45 : *Résultat*

```
#pieddepage {
    text-align: center;
}
```

Figure 11.46 : *Résultat*

Maintenant, vous allez terminer la mise en page par l'ajout d'images, de couleurs et de bordures.

Mettez l'image ci-contre en fond du document, de manière à former une mosaïque.

Figure 11.47 : *Motif à placer*

Placez l'image suivante dans l'en-tête, de manière qu'elle soit centrée et à 5 pixels du bord, avec un arrière-plan de couleur blanche. Placez des bordures de 1 pixel de large et de couleur `#0f1820`, sur les côtés gauche et droit de l'en-tête. Modifiez la couleur du titre principal en blanc. Modifiez la couleur de fond du conteneur en blanc. Placez cette image sous le titre secondaire, de manière centrée.

Figure 11.48 : *Barre de soulignement à placer sous le titre*

Changez la couleur des liens en `#0f1820`. À leur survol, mettez le fond dans cette couleur et la police en couleur blanche. Mettez le texte du pied de page en gris clair.

```
/* Images, couleurs et bordures */

html, body {
    background: url("motif.gif") repeat 0 0;
}
```

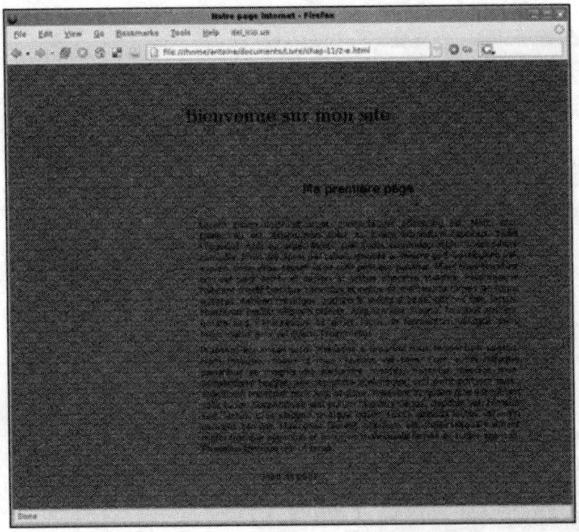

Figure 11.49 : *Résultat*

```
#entete {
    background: #fff url("mer.jpg") no-repeat 50% 5px;
    border-left: 1px solid #0f1820;
    border-right: 1px solid #0f1820;
}
```

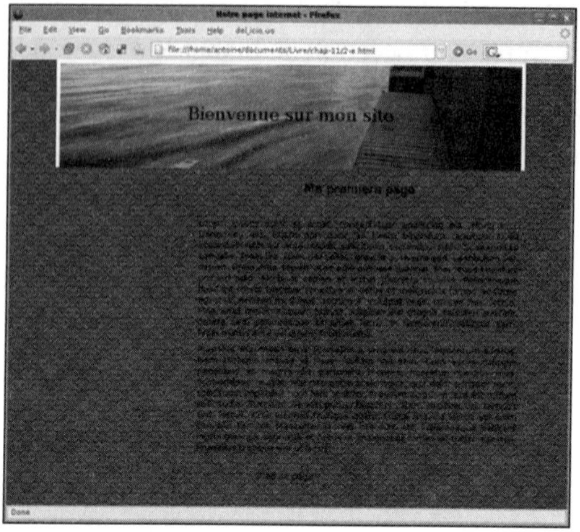

Figure 11.50 : *Résultat*

```
#entete h1 {
    color: white;
}
```

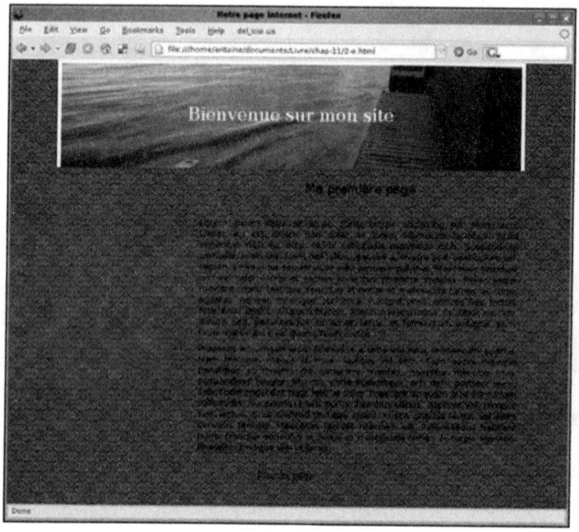

Figure 11.51 : *Résultat*

```
#conteneur {
    background-color: white;
    border-left: 1px solid #0f1820;
    border-right: 1px solid #0f1820;
    border-bottom: 1px solid #0f1820;
}
```

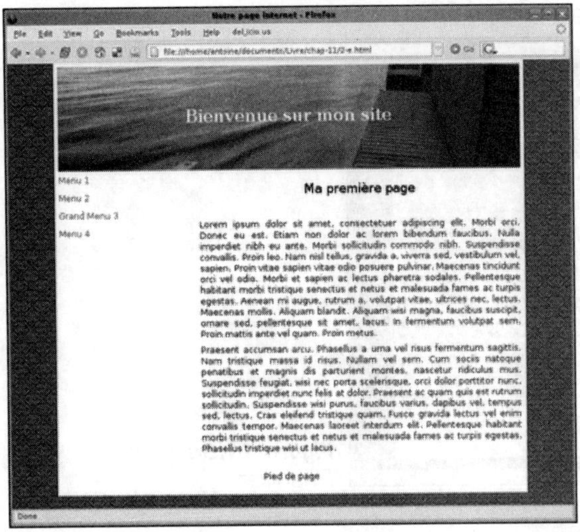

Figure 11.52 : *Résultat*

```
#contenu h2 {
    background: url("soul.png") no-repeat 50% 1.0em;
}
```

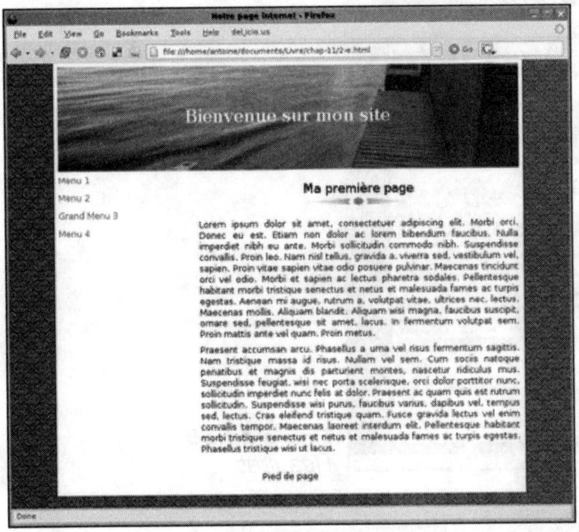

Figure 11.53 : *Résultat*

```
#menu li a {
    color: #0f1820;
}
```

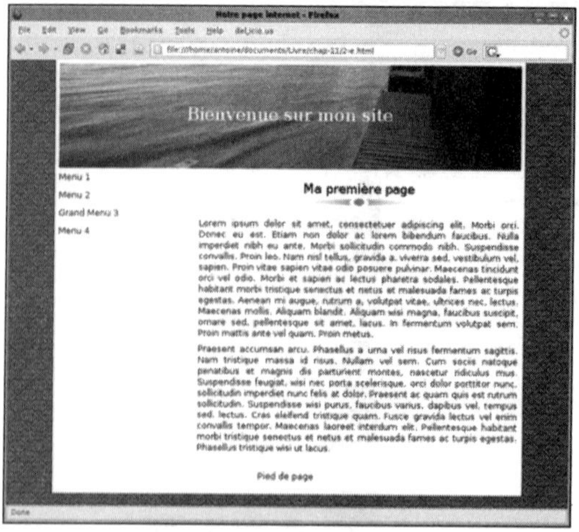

Figure 11.54 : *Résultat*

```
#menu li a:hover {
    color: white;
    background-color: #0f1820;
}
```

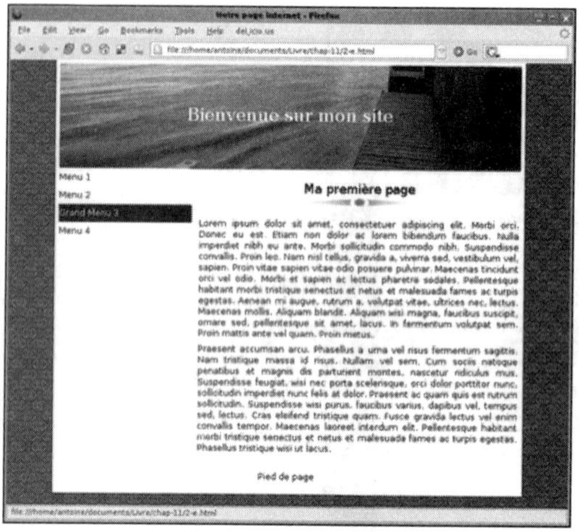

Figure 11.55 : *Résultat*

```
#pieddepage {
    color: #bfbfbf;
}
```

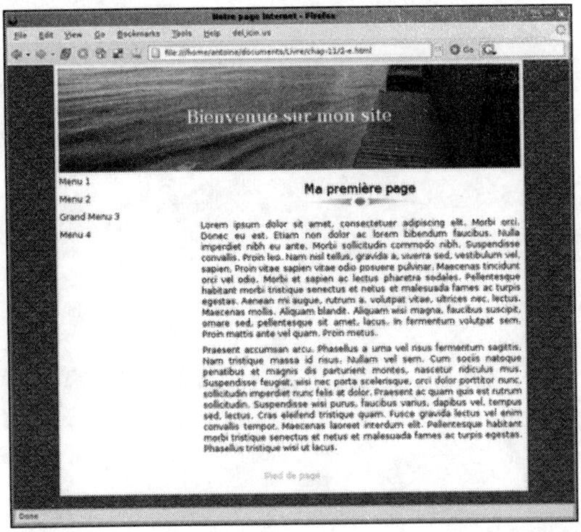

Figure 11.56 : *Résultat*

L'exercice est terminé. Vous avez remarqué que la feuille de style est organisée en sections. Nous vous conseillons de procéder ainsi car il est plus facile de s'y retrouver. Nous vous invitons maintenant d'améliorer ces maquettes pour créer un site unique. Voici le code CSS complet :

```
/* Mise en page */

html, body {
    margin: 0;
    text-align: center;
}

#evitement {
    position: absolute;
    left: -999em;
}

#entete {
    height: 155px;
    padding: 1px;
    width: 700px;
    margin: auto;
}

#entete h1 {
    margin: 0;
    padding: 0;
}

#conteneur {
    padding: 1px;
    margin: auto;
```

```
    width: 700px;
}

#contenu {
    width: 490px;
    padding: 0;
    float: right;
}

#contenu h2 {
    height: 2em;
}

#contenu p {
    margin: 0.5em;
}

#menu {
    width: 200px;
    float: left;
}

#menu ul {
    width: 100%;
    margin: 0 0 0 5px;
    padding: 0;
}

#menu li {
    height: 2em;
    margin: 0 0 0 0;
    padding: 0;
}

#menu li a {
    display: block;
    height: 100%;
    width: 100%;
}

#menu ul , #menu li {
    list-style-type: none;
}

#pieddepage {
    clear: both;
    height: 3em;
    padding: 0.5em;

}
```

```
/* Typographie */

html, body {
    font-family: sans;
    font-size: 0.9em;
}

#entete h1 {
    line-height: 155px;
    font-weight: normal;
    font-family: "Century Gothic" ,"Bitstream Vera Serif",
    ✂ serif;
}

#conteneur {
    text-align: left;
}

#contenu {
    text-align: justify;
}

#contenu h2 {
    text-align: center;
    font-size: 1.5em;
    font-weight: normal;
}

#menu li a {
    text-decoration: none;
    line-height: 2em;
}

#pieddepage {
    text-align: center;
}

/* Images, couleurs et bordures */

html, body {
    background: url("motif.gif") repeat 0 0;
}

#entete {
    background: #fff url("mer.jpg") no-repeat 50% 5px;
    border-left: 1px solid #0f1820;
    border-right: 1px solid #0f1820;
}

#entete h1 {
    color: white;
```

```
}

#conteneur {
    background-color: white;
    border-left: 1px solid #0f1820;
    border-right: 1px solid #0f1820;
    border-bottom: 1px solid #0f1820;
}

#contenu h2 {
    background: url("soul.png") no-repeat 50% 1.0em;
}

#menu li a {
    color: #0f1820;
}

#menu li a:hover {
    color: white;
    background-color: #0f1820;
}

#pieddepage {
    color: #bfbfbf;
}
```

Chapitre 12

Trucs, astuces et compléments

Dans ce chapitre nous parlerons tout d'abord de la déclaration de doctype dans un document. Ensuite, nous verrons les principales erreurs que les débutants rencontrent régulièrement. Bien sûr, ce n'est pas une liste exhaustive, mais les principaux éléments sont présents.

Enfin, vous trouverez deux tableaux : le premier décrit les balises HTML les plus courantes, et le second est un tableau de compatibilité des CSS.

12.1. Déclaration de doctype

De nos jours, la plupart des développeurs incluent une ligne quelque peu curieuse appelée doctype. Un doctype définit de manière rigoureuse la grammaire d'un document. Voici un exemple :

```
<!DOCTYPE html PUBLIC "-//W3C//DTD XHTML 1.0 Strict//EN"
"http://www.w3.org/TR/xhtml1/DTD/xhtml1-strict.dtd">
```

Cette ligne donne le nom du type de document et le nom d'une feuille définissant de manière rigoureuse la syntaxe et la grammaire de ce dernier. Normalement, elle ne devrait pas être obligatoire pour l'affichage correct du document. Mais en réalité, si vous ne mettez pas de doctype, le résultat risque de ne pas ressembler à ce que vous attendiez.

À l'origine, ce sont les ingénieurs de Microsoft chargés du développement d'Internet Explorer qui ont introduit la notion de "doctype switching" (changement de comportement en fonction du type de document) pour pallier le problème que posait Internet Explorer 5, à savoir une mauvaise interprétation des balises et autres codes de mise en page.

Aujourd'hui, pour être sûr que le navigateur affichera de manière plus ou moins correcte une CSS, il est important de fournir un doctype relativement récent. On peut observer des changements impressionnants avec les anciennes versions de HTML et d'Internet Explorer.

Toutefois, la problématique n'est pas cruciale dans bien des cas. Elle préoccupe principalement les experts du domaine des CSS, qui tentent de respecter au mieux les spécifications du W3C. Si vous voulez en savoir plus, nous vous conseillons de lire **http://pompage.net/pompe/doctypecontenttype/** et **http://pompage.net/pompe/declarations/**.

12.2. Erreurs courantes

Dans cette section, nous nous attacherons à décrire quelques problèmes courants fréquemment rencontrés par les débutants.

Pour commencer, validez toujours vos documents HTML et vos feuilles de style. Vous éviterez ainsi les erreurs de syntaxe. Bien sûr, les validateurs ne sont pas la panacée et toutes les pages validées ne fonctionnent pas pour autant correctement. Mais en général, leur intervention fait gagner du temps.

Afin d'isoler le problème, placez des bordures de couleur sur les balises qui vous posent problème. Vous verrez ainsi clairement les limites de ces balises et découvrirez par exemple la marge interne qui amoche votre mise en page, etc.

Concevez et testez vos pages sur les navigateurs les plus respectueux des standards, afin que les versions suivantes de ces navigateurs supportent encore votre site. De plus, le nombre d'erreurs à corriger sera moindre. Commencez par tester votre site sur Safari, Firefox, ou Opera, puis faites les ajustements nécessaires pour que tout fonctionne sur Internet Explorer ou autres.

Oubli des unités

Il est assez courant, lors de la mise en place d'une feuille de style, d'oublier les unités des tailles de marge, de hauteur, etc. Les résultats ne sont, en général, pas ceux escomptés.

Erreurs d'arrondi

Souvent, un débutant s'étonne que ses deux boîtes flottantes ne s'alignent pas. Pourtant, la somme de la largeur des deux boîtes fait bien 100 %. Cela est dû au fait que les navigateurs font des arrondis. Par exemple, vous appliquez une largeur de 30 % et de 70 % à vos blocs. Leur somme fait bien 100 %. Mais il est possible, lorsque le navigateur affichera les deux boîtes, qu'il arrondisse les valeurs à 30,5 % et 70,5 %, d'où un total de 101 %. Gardez donc de la marge et appliquez plutôt du 25 %/70 %.

Des styles qui ne s'appliquent pas aux liens

Avant d'aller plus loin, il est préférable de vérifier l'ordre des propriétés, à savoir `:link`, `:visited`, `:hover` et enfin `:active`, qui s'appliquent principalement aux liens. Le code suivant ne marchera donc pas :

- Code CSS non fonctionnel :

```
a:active {
 background-color: #ece;
}
a:visited {
 color: orange;
}
a:hover {
 color: green:
}
a:link {
 color: red;
}
```

- Code CSS fonctionnel :

```
a:link {
 color: red;
}
a:visited {
 color: orange;
}
a:hover {
 color: green:
}
a:active {
 background-color: #ece;
}
```

Quand les marges ne s'appliquent pas

Si vous tenter d'appliquer une marge supérieure à un bloc placé tout en haut ou une marge inférieure à un bloc placé tout en bas, cela ne fonctionnera pas. Ou pire, elle s'appliquera au bord supérieur ou inférieur selon le cas.

Dans cet exemple, le bloc rouge profite des marges supérieur et inférieur de 20 pixels alors que ces dernières sont appliquées au bloc bleu.

- Code HTML :

```
<div id="conteneur">
 <div>Premier bloc avec une marge de 20px sur son
 ✂ contour</div>
</div>
```

- Code CSS :

```
#conteneur {
 background-color: red;
 color: white;
}
#conteneur div {
 margin: 20px;
 background-color: blue;
}
```

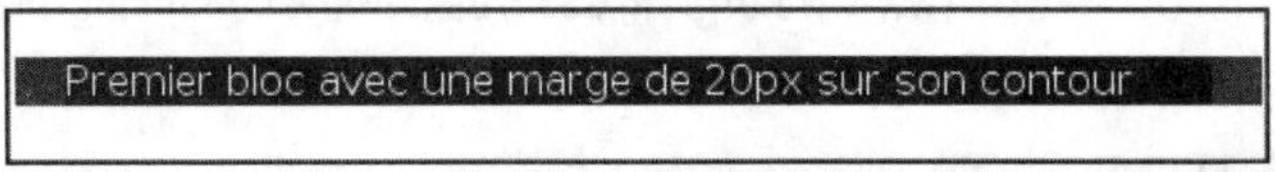

Figure 12.1 : *Les marges ne s'appliquent pas convenablement*

La solution consiste à donner une marge interne, non nulle, au bloc conteneur, ici le bloc rouge. Le code devient :

- Code CSS :

```
#conteneur {
 background-color: red;
 color: white;
 padding: 1px;
}
#conteneur div {
 margin: 20px;
 background-color: blue;
}
```

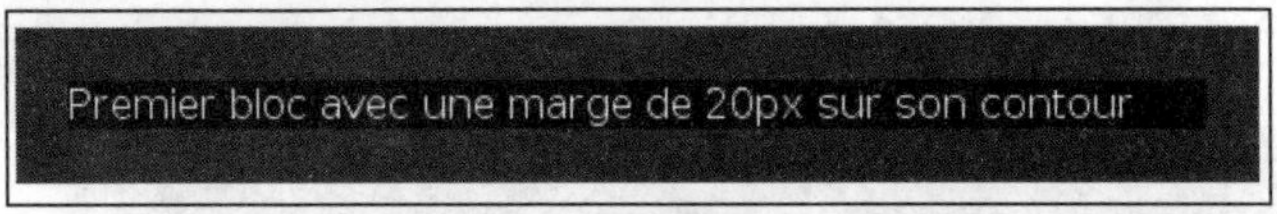

Figure 12.2 : *Les marges s'appliquent correctement*

Une autre façon de procéder est de placer une bordure sur le contour du conteneur. Ainsi, les marges apparaissent à l'endroit désiré. Cela est dû au fait que les bordures "ferment" en quelque sorte la boîte, évitant ainsi que les marges des blocs enfants ne s'appliquent.

- Code CSS :

```
#conteneur {
 background-color: red;
 color: white;
```

```
 border: 1px solid red;
}
#conteneur div {
 margin: 20px;
 background-color: blue;
}
```

Quand les marges ne s'appliquent qu'à moitié

Quand deux marges sont accolées, elles ne s'additionnent pas mais se confondent. Toutefois, cela n'est pas un bogue et est conforme aux spécifications du W3C (**www.w3.org/TR/CSS2/box.html#collapsing-margins**). Prenons le code suivant :

- Code HTML :

```
<div id="conteneur">
 <div>Premier bloc avec une marge de 20px sur son
 ✂ contour</div>
 <div>Second bloc avec une marge de 20px sur son
 ✂ contour</div>
</div>
```

- Code CSS :

```
#conteneur {
 background-color: red;
 color: white;
 padding: 1px;
}
#conteneur div {
 margin: 20px;
 background-color: blue;
}
```

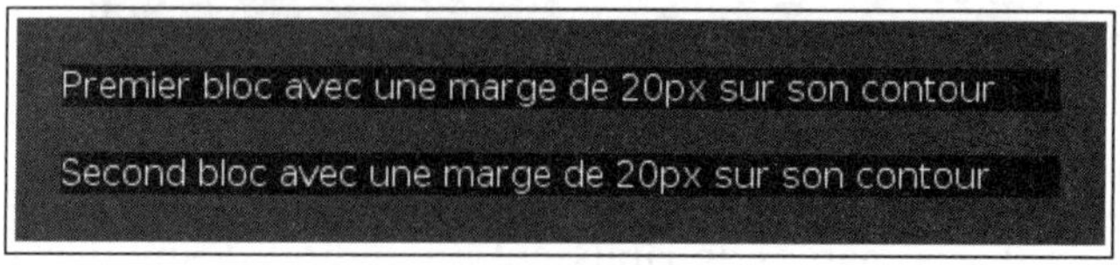

Figure 12.3 : *Les marges ne s'additionnent pas*

Nous nous attendons à trouver entre les deux blocs une marge de 40 pixels (20 pixels + 20 pixels). Il faut donc appliquer la marge uniquement sur l'élément du bas ou sur celui du haut. Ainsi, nous avons une marge de 40 pixels entre les deux.

- Code HTML :

```
<div id="conteneur">
 <div>Premier bloc avec une marge de 20px sur son
 ✂ contour</div>
 <div class="sous">Second bloc avec une marge
 ✂ supérieure de 40px</div>
</div>
```

- Code CSS :

```
#conteneur {
 background-color: red;
 color: white;
 padding: 1px;
}
#conteneur div {
 margin: 20px;
 background-color: blue;
}
#conteneur div.sous {
 margin: 40px 20px 20px 20px;
 background-color: blue;
}
```

Quand les flottants débordent de leur conteneur

Il est normal, selon les spécifications du W3C, que les flottants sortent de leur conteneur. Mais parfois, ce comportement n'est pas souhaitable. Il existe plusieurs variantes pour remédier à ce problème. Voyons tout d'abord le code HTML de base et le rendu dit "normal".

- Code HTML :

```
<div id="conteneur">
 <p>Lorem ipsum dolor sit amet, consectetuer
 ✂ adipiscing elit. In in nibh. Pellentesque
 ✂ habitant morbi tristique senectus et netus et
 ✂ malesuada fames ac turpis egestas.</p>
 <div>
 Lorem ipsum dolor sit amet, consectetuer adipiscing
 ✂ elit. In in nibh. Pellentesque habitant morbi
 ✂ tristique senectus et netus et malesuada fames ac
 ✂ turpis egestas.
 </div>
</div>
```

- Code CSS :

```
#conteneur {
 width: 450px;
 border: 5px solid blue;
}
#conteneur p {
 width: 300px;
 float: left;
}
#conteneur div {
 width: 100px;
 border: 5px solid red;
 float: right;
}
```

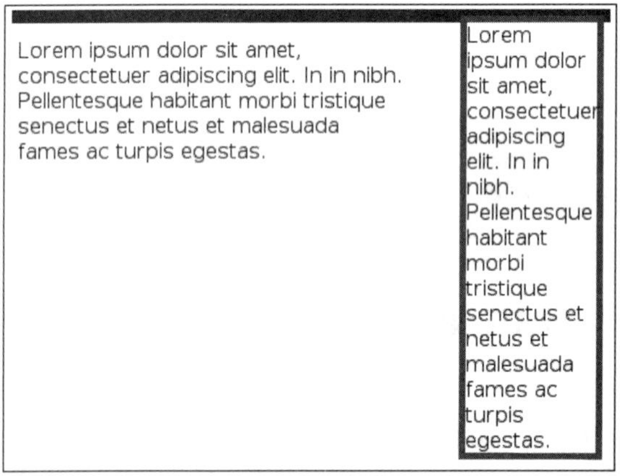

Figure 12.4 : *Le rendu conforme aux spécifications*

La première solution consiste à placer un élément supplémentaire en fin de conteneur sur lequel nous appliquerons la propriété `clear` avec la valeur `both`. Le code devient donc :

- Code HTML :

```
<div id="conteneur">
 <p>Lorem ipsum dolor sit amet, consectetuer
 ✂ adipiscing elit. In in nibh. Pellentesque
 ✂ habitant morbi tristique senectus et netus et
 ✂ malesuada fames ac turpis egestas.</p>
 <div>
  Lorem ipsum dolor sit amet, consectetuer adipiscing
  ✂ elit. In in nibh. Pellentesque habitant morbi
  ✂ tristique senectus et netus et malesuada fames
  ✂ ac turpis egestas.
 </div>
<hr />
</div>
```

- Code CSS :

```
#conteneur {
 width: 450px;
 border: 5px solid blue;
}
#conteneur p {
 width: 300px;
 float: left;
}
#conteneur div {
 width: 100px;
 border: 5px solid red;
 float: right;
}
hr {
 clear: both;
}
```

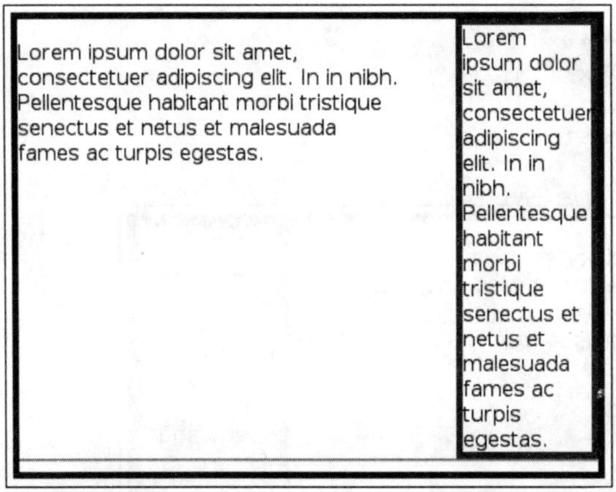

Figure 12.5 : *Le rendu avec le conteneur qui s'agrandit*

Nous aurions pu utiliser une `<div>` avec par exemple la classe `spacer` et les mêmes propriétés que celles que nous avons déclarées pour la balise `<hr />`.

Une seconde méthode consiste à utiliser la propriété `overflow` avec la valeur `auto`. L'ennui est que, pour Internet Explorer, nous devons préciser une hauteur.

- Code HTML :

```
<div id="conteneur">
 <p>Lorem ipsum dolor sit amet, consectetuer
 ✂ adipiscing elit. In in nibh. Pellentesque
 ✂ habitant morbi tristique senectus et netus et
 ✂ malesuada fames ac turpis egestas.</p>
```

```
<div>
 Lorem ipsum dolor sit amet, consectetuer adipiscing
 ✂ elit. In in nibh. Pellentesque habitant morbi
 ✂ tristique senectus et netus et malesuada fames
 ✂ ac turpis egestas.
</div>
</div>
```

- Code CSS :

```
#conteneur {
 width: 450px;
 border: 5px solid blue;
 height: 100px;
 overflow: auto;
}
#conteneur p {
 width: 300px;
 float: left;
}
#conteneur div {
 width: 100px;
 border: 5px solid red;
 float: right;
}
```

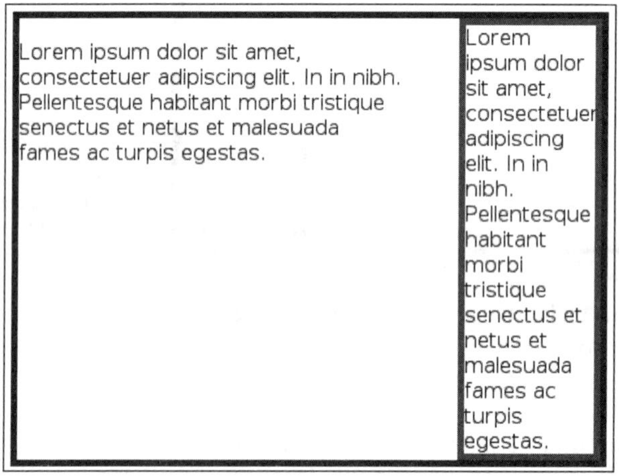

Figure 12.6 : *Le rendu avec le conteneur qui s'agrandit sans qu'il soit nécessaire de modifier le code HTML*

Enfin, la troisième technique ne fonctionne pas encore sous Internet Explorer car elle fait appel au pseudo-élément `:after`.

- Code HTML :

```
<div id="conteneur">
```

```
 <p>Lorem ipsum dolor sit amet, consectetuer
 ✂ adipiscing elit. In in nibh. Pellentesque
 ✂ habitant morbi tristique senectus et netus et
 ✂ malesuada fames ac turpis egestas.</p>
 <div>
  Lorem ipsum dolor sit amet, consectetuer adipiscing
  ✂ elit. In in nibh. Pellentesque habitant morbi
  ✂ tristique senectus et netus et malesuada fames
  ✂ ac turpis egestas.
 </div>
</div>
```

- Code CSS :

```
#conteneur {
 width: 450px;
 border: 5px solid blue;
 height: 100px;
}
#conteneur:after {
 content: "";
 display: block;
 clear: both;
}
#conteneur p {
 width: 300px;
 float: left;
}
#conteneur div {
 width: 100px;
 border: 5px solid red;
 float: right;
}
```

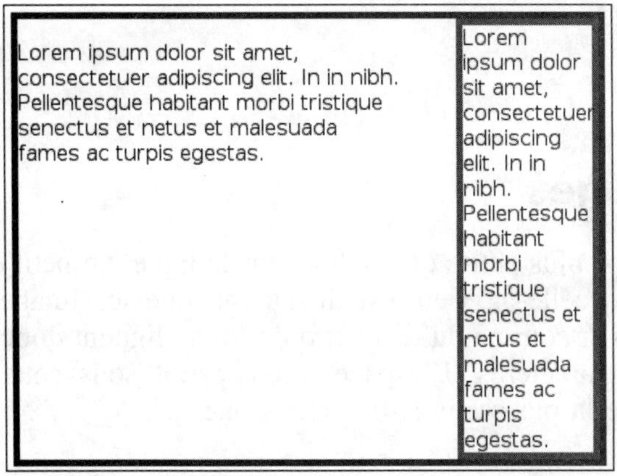

Figure 12.7 : *Le rendu avec le conteneur qui s'agrandit sans qu'il soit nécessaire de modifier le code HTML sous Firefox*

Alignement des listes

Selon les navigateurs, les marges interne et externe ne sont pas les mêmes. Pour éviter toute surprise, il est courant de les mettre toutes deux à 0 au préalable. En effet, les navigateurs basés sur le moteur Gecko (Mozilla, Firefox, Epiphany…) appliquent un `padding-left` de 40 pixels et les navigateurs tels que Internet Explorer et Opera appliquent une `margin-left` de 40 pixels.

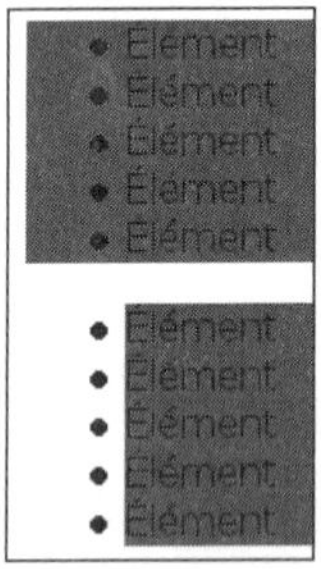

Figure 12.8 :
Au-dessus, le rendu sous Firefox et en dessous, le rendu sous Internet Explorer

- Code HTML :

```
<ul>
 <li>Éléments</li>
 <li>Éléments</li>
 <li>Éléments</li>
 <li>Éléments</li>
</ul>
```

- Solution CSS :

```
ul, li {
 margin: 0;
 padding: 0;
}
```

Espace et images

Quand une image est plus petite que la hauteur de ligne, un petit espace blanc se place sous celle-ci. Cela est dû au fait que les images sont considérées en HTML comme du texte et qu'elles s'alignent donc sur la ligne de base des caractères. L'espace qui apparaît sous cette ligne permet de laisser de la place aux lettres telles que "p", "q", "j".

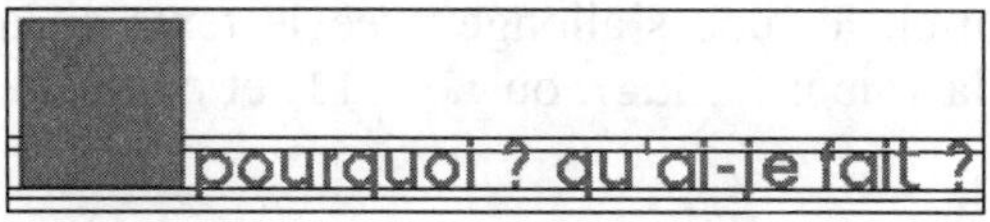

Figure 12.9 :
Nous pouvons clairement voir l'espace sous les lettres

Pour résoudre ce problème, il existe plusieurs solutions.

- Code HTML :

```
<div>
 <img src="image.ext" />
</div>
```

Figure 12.10 :
Un espace s'est créé sous l'image qui est ici un carré blanc

La première solution consiste à demander au navigateur de considérer l'image non plus comme un élément `inline` (qui va donc s'aligner sur la ligne de base du texte), mais comme un élément `block`.

- Code CSS :

```
img {
 display: block;
}
```

La seconde solution consiste à modifier la hauteur de la ligne de base et du texte. Les codes suivants sont donc équivalents :

- Code CSS – variante 1 :

```
div {
 font-size: 1px; /* La valeur 0 est rejetée par
 ✂ certains navigateurs */
}
```

- Code CSS – variante 2 :

```
div {
 line-height: 1px;
}
```

Hauteur minimale pour un bloc

Internet Explorer ne prend pas en charge la propriété `min-height`, qui permet de définir une taille minimale pour un bloc. Comme bien souvent, il existe plusieurs techniques, mais elles sont toutes basées sur l'exploitation d'une mauvaise interprétation des CSS dans Internet

Explorer. En effet, dans celui-ci, le bloc s'allonge avec le texte si la propriété `overflow` n'a pas la valeur `hidden` ou `scroll`, et ce quelle que soit la hauteur précisée.

- Code HTML :

```
<div id="bloc">
 Notre bloc
</div>
```

- Code CSS – variante 1 :

```
div#bloc {
 height: 100px; /* Hauteur minimale du bloc */
}
html>body div#bloc { /* Cette partie ne sera pas lue
✂ par Internet Explorer */
 min-height: 100px;
 height: auto;
}
```

- Code CSS – variante 2 :

```
div#bloc {
 height: auto !important;
 height: 100px;
 min-height: 100px;
}
```

- Code CSS – variante 3 :

```
div#bloc {
 height: auto;
 min-height: 100px;
 _height: 100px; /* Lu uniquement par IE sous Windows
 ✂ */
}
```

- Code CSS – variante 4 :

```
div#bloc {
 height: auto;
 min-height: 100px;
}
* html div#bloc {
 height: 100px; /* Lu uniquement par IE (sous Windows
 ✂ et Mac) */
}
```

Les 3 pixels d'Internet Explorer

Le "IE 3 Pixel Jog" est un bogue assez répandu auquel sont confrontés les débutants.

- Code HTML :

```
<div id="conteneur">
 <div id="boite-flottante">Float</div>
  Lorem ipsum dolor sit amet, consectetuer adipiscing
  ✂ elit. Morbi euismod     lacus ut ipsum.
  <p id="texte">
   Lorem ipsum dolor sit amet, consectetuer
   ✂ adipiscing elit. Morbi             euismod lacus
   ✂ ut ipsum.
  </p>
  <div id="jog-box">
   Lorem ipsum dolor sit amet, consectetuer
   ✂ adipiscing elit. Morbi             euismod lacus
   ✂ ut ipsum. Proin pellentesque quam ac sapien.
   ✂ Nunc             vitae lectus et augue porttitor
   ✂ posuere.
  </div>
  <div style="clear: both;"></div>
</div>
```

- Code CSS :

```
#conteneur {
 position: absolute;
 left: 30px;
 top: 5em;
 border: 4px solid;
 border-color: #fe6 #cb4 #a92 #ed5;
 width: 240px;
 background: #ec8;
}
# boite-flottante {
 float: left;
 width: 65px;
 height: 17em;
 border: 6px solid #68f;
 font-size: 1.2em;
 font-weight: bold;
 color: #46d;
}
#texte {
 border: 2px solid #000;
}

#jog-box {
```

```
    border: 4px solid #f66;
    margin-left: 90px;
  }
```

Apparemment, Internet Explorer ajouterait un espace de 3 pixels (un `padding` pour être précis) lorsqu'une boîte et un `float` sont adjacents. Nous pouvons le voir sur l'image suivante :

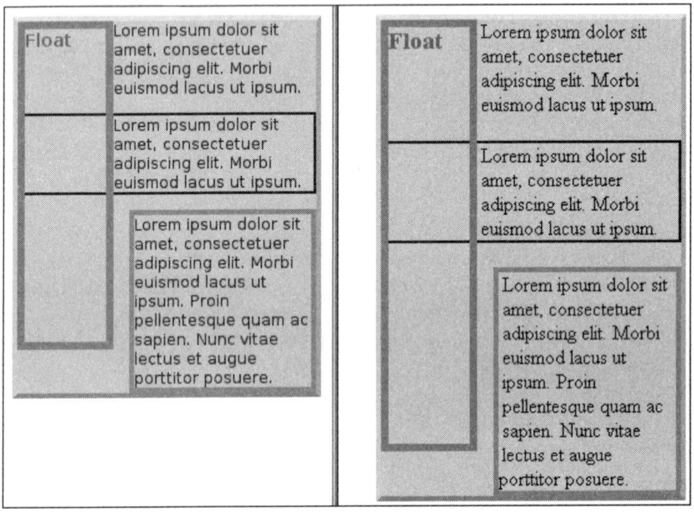

Figure 12.11 : *À droite, la version de la page visible sous Firefox, et à gauche, le rendu sous Internet Explorer*

Le bogue est dû au `float` car, si nous zoomons sur la boîte à côté du flottant, les 3 pixels s'estompent.

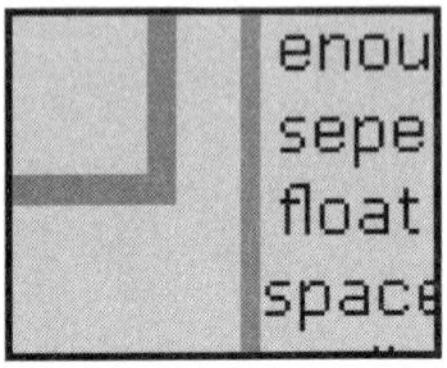

Figure 12.12 : *Un détail du bogue*

Il faut "simplement" inclure une marge de 10 pixels entre les deux boîtes (celle qui flotte et celle qui ne flotte pas) pour faire disparaître ce bogue.

- Code CSS :

```
/* Ce commentaire permet de cacher ceci pour IE5-Mac.
✂ Seul IE-Windows prendra ceci en compte. \*/

* html #floatbox {
```

```
  margin-right: 10px;
  }

* html p {
  height: 1%;
  margin-left: 0;
  }

/* Fin du hack */
```

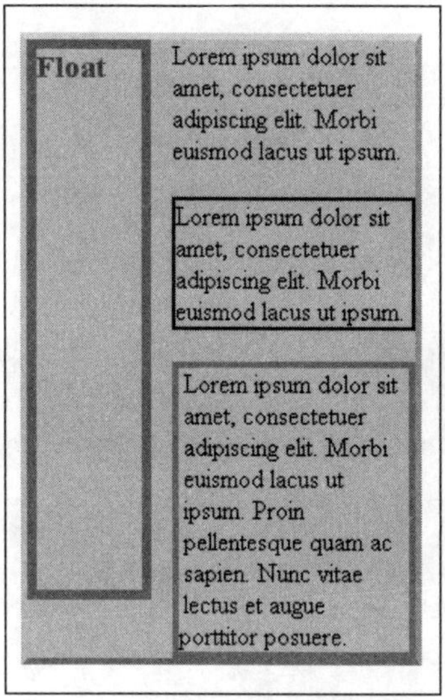

Figure 12.13 :
Résultat sous Internet Explorer, après résolution du bogue

Quand Internet Explorer n'applique pas tout de suite le style

Parfois, sous Internet Explorer, la feuille de style ne s'applique pas tout de suite et il y a un "flash" pendant lequel l'utilisateur peut voir le document sans style. Ce bogue arrive quand vous importez votre feuille de style à l'aide de la balise `@import`. Pour résoudre le problème, il suffit d'intégrer la feuille de style à l'aide d'une autre balise.

RENVOI

La solution est détaillée au chapitre Présentation.

12.3. Tableau descriptif des principales balises HTML

Ce tableau est tiré des spécifications de HTML 4.01. Nous avons supprimé les balises obsolètes. Le document original est visible sur **www.w3.org/TR/html401/index/elements.html**. En règle générale, une bonne connaissance des balises permet d'éviter de multiples classes inutiles lors de la conception d'un site web.

Tableau 12.1 : *Principales balises HTML et leur description*

Balise	**Description**	**Fermeture**
a	Ancre	<a><a/>
abbr	Abréviation, par exemple WWW, HTTP, etc.	<abbr></abbr>
acronym	Acronyme (abréviation qui se lit sans s'épeler)	<acronym></acronym>
address	Informations sur l'auteur	<address></address>
area	Aire d'image "cliquable" côté client	<area></area>
base	URI de base du document	<base></base>
bdo	Modification du sens de l'écriture, de droite à gauche généralement	<bdo></bdo>
blockquote	Citation longue	<blockquote> </blockquote>
body	Corps du document	<body></body>
br	Saut de ligne forcé	
button	Bouton poussoir	<button />
caption	Légende d'une table	<caption></caption>
cite	Document ou auteur de la citation	<cite></cite>
code	Code informatique	<code></code>
col	Colonne d'une table	<col></col>
colgroup	Groupe de colonnes d'une table	<colgroup></colgroup>

Tableau 12.1 : Principales balises HTML et leur description

Balise	Description	Fermeture
dd	Description d'une définition	<dd></dd>
del	Texte supprimé	<del></del>
dfn	Définition d'un mot	<dfn></dfn>
div	Conteneur de langue/style générique de type bloc	<div></div>
dl	Liste de définition	<dl></dl>
dt	Terme de définition	<dt></dt>
em	Emphase	<em></em>
fieldset	Groupe de champs de formulaire	<fieldset></fieldset>
form	Formulaire interactif	<form></form>
frame	Sous-fenêtre	<frame></frame>
frameset	Subdivision de fenêtre	<frameset></frameset>
h1	Titre de niveau 1	<h1></h1>
h2	Titre de niveau 2	<h2></h2>
h3	Titre de niveau 3	<h3></h3>
h4	Titre de niveau 4	<h4></h4>
h5	Titre de niveau 5	<h5></h5>
h6	Titre de niveau 6	<h6></h6>
head	En-tête de document	<head></head>
hr	Ligne horizontale	<hr />
html	Élément racine d'un document	<html></html>
iframe	Sous-fenêtre en ligne	<iframe></iframe>
img	Image	<img />
input	Champ de formulaire	<input />
ins	Texte inséré, par opposition au texte supprimé	<ins></ins>
kbd	Texte que doit saisir l'utilisateur	<kbd></kbd>

Tableau 12.1 : Principales balises HTML et leur description

Balise	Description	Fermeture
label	Nom d'un champ de formulaire	<label></label>
legend	Légende du jeu de champs	<legend></legend>
li	Élément de liste	<li>
link	Lien indépendant du média	<link />
map	Image "cliquable" côté client	<map></map>
meta	Méta-informations génériques	<meta />
noframe	Conteneur du contenu de remplacement pour une restitution sans sous-fenêtre	<noframe></noframe>
noscript	Balise pour le contenu de remplacement pour une restitution sans script	<noscript></nocript>
object	Objet incorporé générique	<object></object>
ol	Liste ordonnée	<ol></ol>
optgroup	Groupe d'options	<optgroup></optgroup>
option	Option sélectionnable	<option></option>
p	Paragraphe	<p></p>
param	Valeur de propriété nommée	<param></param>
pre	Texte préformaté	<pre></pre>
q	Citation en ligne	<q></q>
samp	Exemple de sortie d'un programme, script, etc.	<samp></samp>
script	Déclaration de script	<script></script>
select	Sélecteur d'option	<select></select>
span	Conteneur de langue/style générique de type en ligne	<span></span>
strong	Forte emphase	<strong></strong>
style	Indication de style	<style></style>

Tableau 12.1 : *Principales balises HTML et leur description*

Balise	Description	Fermeture
sub	Mise en indice	
sup	Mise en exposant	
table	Table	<table></table>
tbody	Corps de table	<tbody></tbody>
td	Cellule de donnée d'une table	<td></td>
textarea	Champ de texte multiligne	<textarea></textarea>
tfoot	Pied de table	<tfoot></tfoot>
th	Cellule d'en-tête d'une colonne de table	<th></th>
thead	En-tête de table	<thead></thead>
title	Titre d'un document	<title></title>
tr	Ligne de table	<tr></tr>
ul	Liste non ordonnée	<ul></ul>
var	Instance d'une variable ou argument de programme	<var></var>

12.4. Tableaux de compatibilité des propriétés CSS

Voici les abréviations utilisées dans les tableaux qui suivent :

- "O" pour "Oui" (prise en charge totale) ;
- "P" pour "Partiel" (prise en charge partielle) ;
- "N" pour "Non" (pas de prise en charge) ;
- "NT" pour "Non testé".

Les tableaux sont issus du site **www.webdevout.net/browser_support_css.php**, écrit par David Hammond (**nanobot@gmail.com**) et publiés avec l'accord de l'auteur.

Unités

Tableau 12.2 : Tableau de compatibilité des unités				
Unités	**Internet Explorer 6**	**Firefox 1.5**	**Opera 8.5**	**Safari 2.0**
Couleur	O	O	O	O
Compteur	N	O	P	N
Nombre	O	O	O	O
Longueur	O	O	O	O
Pourcentage	O	O	O	O
Chaîne de caractères	P	O	O	O
URI	O	O	O	O

!important

Tableau 12.3 : Tableau de compatibilité de !important				
Importance	**Internet Explorer 6**	**Firefox 1.5**	**Opera 8.5**	**Safari 2.0**
`!important`	P	O	O	O

At-rules

Tableau 12.4 : Tableau de compatibilité des at-rules				
At-rule	**Internet Explorer 6**	**Firefox 1.5**	**Opera 8.5**	**Safari 2.0**
`@charset`	P	O	O	N
`@import`	P	O	O	O
`@media`	P	O	P	O
`@page`	N	N	O	N
`@page:left`	N	N	P	N

Tableau 12.4 : *Tableau de compatibilité des at-rules*				
At-rule	**Internet Explorer 6**	**Firefox 1.5**	**Opera 8.5**	**Safari 2.0**
`@page:right`	N	N	P	N
`@page:first`	N	N	O	N

Sélecteurs

E et F représentent des balises HTML quelconques.

Tableau 12.5 : *Tableau de compatibilité des sélecteurs*				
Sélecteur	**Internet Explorer 6**	**Firefox 1.5**	**Opera 8.5**	**Safari 2.0**
`*`	P	O	P	O
`E`	P	O	O	O
`E F`	P	O	O	O
`E + F`	N	O	O	O
`[attr]`	N	O	O	O
`[attr="valeur"]`	N	O	P	O
`[attr~="valeur"]`	N	O	P	O
`[attr|="valeur"]`	N	O	P	O
`.class`	P	O	O	O
`#id`	P	O	O	O

Pseudo-classes

Tableau 12.6 : *Tableau de compatibilité des pseudo-classes*				
Pseudo-classe	**Internet Explorer 6**	**Firefox 1.5**	**Opera 8.5**	**Safari 2.0**
`:active`	P	O	P	O
`:first-child`	N	P	P	P

Tableau 12.6 : *Tableau de compatibilité des pseudo-classes*				
Pseudo-classe	**Internet Explorer 6**	**Firefox 1.5**	**Opera 8.5**	**Safari 2.0**
`:focus`	N	O	O	O
`:hover`	P	O	P	O
`:lang(C)`	N	O	O	N
`:link`	P	O	O	O
`:visited`	P	O	O	O

Pseudo-éléments

Tableau 12.7 : *Tableau de compatibilité des pseudo-éléments*				
Pseudo-élément	**Internet Explorer 6**	**Firefox 1.5**	**Opera 8.5**	**Safari 2.0**
`:after`	N	P	P	O
`:before`	N	P	P	O
`:first-letter`	P	P	P	O
`:first-line`	P	O	O	O

Propriétés de base

Tableau 12.8 : *Tableau de compatibilité des principales propriétés*				
Propriété	**Internet Explorer 6**	**Firefox 1.5**	**Opera 8.5**	**Safari 2.0**
`background`				
Général	P	O	P	O
`background-color`	P	O	P	O
`background-image`	P	O	P	O
`background-repeat`	P	O	P	P
`background -attachment`	P	O	P	O

Tableau 12.8 : *Tableau de compatibilité des principales propriétés*

Propriété	Internet Explorer 6	Firefox 1.5	Opera 8.5	Safari 2.0
`background-position`	O	O	P	P
`inherit`	N	O	O	O
`border`				
Général	P	O	O	O
`inherit`	N	O	O	O
`border-collapse`				
Général	P	O	O	O
`collapse`	O	O	O	O
`separate`	O	O	O	O
`inherit`	N	O	O	O
`border-color`				
Général	P	O	O	O
`transparent`	P	O	O	O
`inherit`	N	O	O	O
`border-spacing`				
Général	N	O	O	O
`inherit`	N	O	O	O
`border-style`				
Général	P	O	O	O
`none`	O	O	O	O
`hidden`	N	O	O	O
`dotted`	P	O	O	O
`dashed`	O	O	O	O
`solid`	O	O	O	O
`double`	O	O	O	O
`groove`	O	O	O	O

Tableau 12.8 : *Tableau de compatibilité des principales propriétés*				
Propriété	**Internet Explorer 6**	**Firefox 1.5**	**Opera 8.5**	**Safari 2.0**
`ridge`	O	O	O	O
`inset`	O	O	O	O
`outset`	O	O	O	O
`inherit`	N	O	O	O
`border-width`				
Général	P	O	O	O
`thin`	O	O	O	O
`medium`	O	O	O	O
`thick`	O	O	O	O
`inherit`	N	O	O	O
`bottom`				
Général	P	O	O	O
`auto`	O	O	O	O
`inherit`	N	O	O	O
`caption-side`				
Général	N	O	P	O
`top`	N	O	O	O
`bottom`	N	O	O	O
`inherit`	N	O	O	O
`clear`				
Général	P	O	O	O
`none`	O	O	O	O
`left`	O	O	O	O
`right`	O	O	O	O
`both`	O	O	O	O
`inherit`	N	O	O	O
`clip`				

Tableau 12.8 : *Tableau de compatibilité des principales propriétés*

Propriété	Internet Explorer 6	Firefox 1.5	Opera 8.5	Safari 2.0
Général	N	O	O	O
rect (<top>, <right>, <bottom>, <left>)	N	O	O	O
auto	N	O	O	O
inherit	N	O	O	O
color				O
Général	P	O	O	O
inherit	N	O	O	O
content				
Général	N	O	O	O
none	N	N	N	O
normal	N	O	O	O
counter (<counter>)	N	O	P	O
attr (<attr>)	N	O	O	O
open-quote	N	O	O	O
close-quote	N	O	O	O
no-open-quote	N	O	O	O
no-close-quote	N	O	O	O
inherit	N	O	O	O
cursor				
Général	P	O	P	O
auto	O	O	O	O
crosshair	O	O	O	O
default	O	O	O	O
pointer	O	O	O	O
move	O	O	O	O

Tableau 12.8 : *Tableau de compatibilité des principales propriétés*				
Propriété	**Internet Explorer 6**	**Firefox 1.5**	**Opera 8.5**	**Safari 2.0**
e-resize	O	O	O	O
ne-resize	O	O	O	O
nw-resize	O	O	O	O
n-resize	O	O	O	O
se-resize	O	O	O	O
sw-resize	O	O	O	O
s-resize	O	O	O	O
w-resize	O	O	O	O
text	O	O	O	O
wait	O	O	O	O
help	O	O	O	O
progress	O	O	O	O
inherit	N	O	O	O
direction				
Général	P	O	O	O
ltr	O	O	O	O
rtl	O	O	O	O
inherit	O	O	O	O
display				
Général	P	O	O	O
inline	O	O	O	O
block	P	O	O	O
list-item	O	P	O	O
run-in	N	N	O	O
inline-block	P	N	O	O
table	N	O	O	O
inline-table	N	N	O	O

Tableau 12.8 : *Tableau de compatibilité des principales propriétés*				
Propriété	**Internet Explorer 6**	**Firefox 1.5**	**Opera 8.5**	**Safari 2.0**
`table-row-group`	N	O	O	O
`table-header -group`	P	O	O	O
`table-footer -group`	P	O	O	O
`table-row`	N	O	O	O
`table-column -group`	N	O	N	O
`table-column`	N	O	N	O
`table-cell`	N	O	O	O
`table-caption`	N	O	O	O
`none`	O	O	O	O
`inherit`	N	O	O	O
`empty-cells`				
Général	N	O	O	O
`show`	N	O	O	O
`hide`	N	P	P	O
`inherit`	N	O	O	O
`float`				
Général	P	O	O	O
`left`	P	O	O	O
`right`	P	O	O	O
`none`	O	O	O	O
`inherit`	N	O	O	O
`font`				
Général	P	O	O	O
`caption`	O	O	O	N
`icon`	O	O	O	N

Tableau 12.8 : *Tableau de compatibilité des principales propriétés*

Propriété	Internet Explorer 6	Firefox 1.5	Opera 8.5	Safari 2.0
`menu`	O	O	O	N
`message-box`	O	O	O	N
`small-caption`	O	O	O	N
`status-bar`	O	O	O	N
`inherit`	N	O	O	NT
`font-family`				
Général	P	O	O	O
`serif`	O	O	O	O
`sans-serif`	O	O	O	O
`cursive`	O	O	O	O
`fantasy`	O	O	O	O
`monospace`	O	O	O	O
`inherit`	N	O	O	O
`font-size`				
Général	P	O	O	O
`xx-small`	O	O	O	O
`x-small`	O	O	O	O
`small`	O	O	O	O
`medium`	O	O	O	O
`large`	O	O	O	O
`x-large`	O	O	O	O
`xx-large`	O	O	O	O
`larger`	O	O	O	O
`smaller`	O	O	O	O
`inherit`	N	O	O	O
`font-style`				
Général	P	O	O	O

Tableau 12.8 : *Tableau de compatibilité des principales propriétés*

Propriété	Internet Explorer 6	Firefox 1.5	Opera 8.5	Safari 2.0
normal	O	O	O	O
italic	O	O	O	O
oblique	O	O	O	O
inherit	N	O	O	O
font-variant				
Général	P	O	O	O
normal	O	O	O	O
small-caps	O	O	O	O
inherit	N	O	O	O
font-weight				
Général	P	O	O	O
normal	O	O	O	O
bold	O	O	O	O
bolder	O	O	O	O
lighter	O	O	O	O
100	O	O	O	O
200	O	O	O	O
300	O	O	O	O
400	O	O	O	O
500	O	O	O	O
600	O	O	O	O
700	O	O	O	O
800	O	O	O	O
900	O	O	O	O
inherit	N	O	O	O
height				
Général	P	O	O	O

Tableau 12.8 : *Tableau de compatibilité des principales propriétés*				
Propriété	**Internet Explorer 6**	**Firefox 1.5**	**Opera 8.5**	**Safari 2.0**
`auto`	O	O	O	O
`inherit`	N	O	O	O
`left`				
Général	P	O	O	O
`auto`	P	O	O	O
`inherit`	N	O	O	O
`letter-spacing`				
Général	P	O	O	O
`normal`	O	O	O	O
`inherit`	N	O	O	O
`line-height`				
Général	P	O	O	O
`normal`	O	O	O	O
`inherit`	N	O	O	O
`list-style`				
Général	P	O	O	O
`inherit`	N	O	O	O
`list-style-image`				
Général	P	O	O	O
`none`	O	O	O	O
`inherit`	N	O	O	O
`list-style-position`				
Général	P	O	O	O
`inside`	O	O	O	O
`outside`	O	O	O	O
`inherit`	N	O	O	O
`list-style-type`				

Tableau 12.8 : *Tableau de compatibilité des principales propriétés*				
Propriété	**Internet Explorer 6**	**Firefox 1.5**	**Opera 8.5**	**Safari 2.0**
Général	P	O	O	O
`disc`	O	O	O	O
`circle`	O	O	O	O
`square`	O	O	O	O
`decimal`	O	O	O	O
`decimal-leading -zero`	N	O	O	O
`lower-roman`	O	O	O	O
`upper-roman`	O	O	O	O
`lower-greek`	N	O	O	O
`lower-latin`	N	O	O	O
`upper-latin`	N	O	O	O
`armenian`	N	O	O	O
`georgian`	N	O	O	O
`lower-alpha`	O	O	O	O
`upper-alpha`	O	O	O	O
`none`	O	O	O	O
`inherit`	N	O	O	O
`margin`				
Général	P	O	P	O
`auto`	P	O	O	O
`inherit`	N	O	O	O
`max-height`				
Général	N	O	O	O
`none`	N	O	O	O
`inherit`	N	O	O	O
`max-width`				

Tableau 12.8 : *Tableau de compatibilité des principales propriétés*

Propriété	Internet Explorer 6	Firefox 1.5	Opera 8.5	Safari 2.0
Général	N	O	O	O
`none`	N	O	O	O
`inherit`	N	O	O	O
`min-height`				
Général	N	O	O	O
`inherit`	N	O	O	O
`min-width`				
Général	N	O	O	O
`inherit`	N	O	O	O
`outline`				
Général	N	O	O	O
`inherit`	N	O	O	O
`outline-color`				
Général	N	O	O	O
`invert`	N	O	O	O
`inherit`	N	O	O	O
`outline-style`				
Général	N	O	O	O
`inherit`	N	O	O	O
`outline-width`				
Général	N	O	O	O
`inherit`	N	O	O	O
`overflow`				
Général	P	P	O	O
`visible`	P	O	O	O
`hidden`	P	O	O	O
`scroll`	P	O	O	O

Tableau 12.8 : *Tableau de compatibilité des principales propriétés*				
Propriété	**Internet Explorer 6**	**Firefox 1.5**	**Opera 8.5**	**Safari 2.0**
`auto`	P	O	O	O
`inherit`	N	O	O	O
`padding`				
Général	P	O	O	O
`inherit`	N	O	O	O
`position`				
Général	P	O	O	O
`static`	O	O	O	O
`relative`	O	O	O	O
`absolute`	P	O	O	O
`fixed`	N	O	O	O
`inherit`	N	O	O	O
`quotes`				
Général	N	O	P	O
`none`	N	O	N	O
`inherit`	N	O	O	O
`right`				
Général	P	O	O	O
`auto`	O	O	O	O
`inherit`	N	O	O	O
`table-layout`				
Général	P	O	O	O
`auto`	O	O	O	O
`fixed`	O	O	O	O
`inherit`	N	O	O	O
`text-align`				
Général	P	O	O	O

Tableau 12.8 : *Tableau de compatibilité des principales propriétés*				
Propriété	**Internet Explorer 6**	**Firefox 1.5**	**Opera 8.5**	**Safari 2.0**
left	O	O	O	O
right	O	O	O	O
center	O	O	O	O
justify	O	O	O	O
inherit	N	O	O	O
text-decoration				
Général	P	P	P	O
none	O	O	O	O
underline	O	O	O	O
overline	O	O	O	O
line-through	O	O	O	O
blink	N	O	O	O
inherit	N	O	O	O
text-indent				
Général	P	O	O	O
inherit	N	O	O	O
text-transform				
Général	P	O	O	O
capitalize	O	O	O	O
uppercase	O	O	O	O
lowercase	O	O	O	O
none	O	O	O	O
inherit	N	O	O	O
top				
Général	P	O	O	O
auto	O	O	O	O
inherit	N	O	O	O

Tableau 12.8 : *Tableau de compatibilité des principales propriétés*

Propriété	Internet Explorer 6	Firefox 1.5	Opera 8.5	Safari 2.0
`vertical-align`				
Général	P	O	O	O
`baseline`	P	P	O	O
`sub`	P	P	O	O
`super`	P	P	O	O
`top`	P	P	O	O
`text-top`	P	P	O	O
`middle`	P	P	O	O
`bottom`	P	P	O	O
`text-bottom`	P	P	O	O
`inherit`	N	O	O	O
`visibility`				
Général	P	O	O	O
`visible`	O	O	O	O
`hidden`	O	O	O	O
`collapse`	N	O	P	O
`inherit`	N	O	O	O
`white-space`				
Général	P	O	O	O
`normal`	O	O	O	O
`pre`	O	O	O	O
`nowrap`	O	O	O	O
`pre-wrap`	N	N	O	O
`pre-line`	N	N	N	O
`inherit`	N	O	O	O
`width`				
Général	P	O	O	O

Tableau 12.8 : *Tableau de compatibilité des principales propriétés*				
Propriété	**Internet Explorer 6**	**Firefox 1.5**	**Opera 8.5**	**Safari 2.0**
`auto`	P	O	O	O
`inherit`	N	O	O	O
`word-spacing`				
Général	P	O	O	O
`normal`	O	O	O	O
`inherit`	N	O	O	O
`z-index`				
Général	P	P	P	O
`auto`	O	O	O	O
`inherit`	N	O	O	O

Propriétés d'impression

Tableau 12.9 : *Tableau de compatibilité des propriétés d'impression*				
Propriété	**Internet Explorer 6**	**Firefox 1.5**	**Opera 8.5**	**Safari 2.0**
`orphans`	N	N	P	NT
`page-break-after`	P	O	O	N
`page-break-before`	P	O	O	N
`page-break-inside`	N	N	O	N
`widows`	N	N	P	N

Chapitre 13

Webographie

Le Web fourmille d'informations très utiles pour apprendre à exploiter les CSS, et approfondir ses connaissances dans le domaine (il y a toujours de nouvelles choses à apprendre !). Dans ce chapitre, nous allons passer en revue les sites les plus intéressants, que ce soit d'un point de vue technique ou créatif (pour chercher l'inspiration, sans pour autant négliger l'accessibilité et les bonnes pratiques vues tout au long de ce livre).

Vous trouverez ici de quoi étoffer la liste de vos favoris et les réponses à vos questions.

13.1. Portails et communautés

CSS est une communauté, rassemblée dans de nombreux portails et listes de discussion.

Nous en présentons quelques-uns ici.

OpenWeb (Openweb.eu.org)

C'est la référence francophone pour les standards du Web en général. On y parle des CSS, bien sûr, mais également de (X)HTML, DOM (Document Object Model, modèle permettant l'utilisation de scripts sur des documents XML, HTML...), PNG (format d'image recommandé pour le Web, très efficace mais mal supporté par Internet Explorer) et RSS. On peut aussi y trouver des liens vers les différents outils de validation disponibles sur le Web (notamment sur le site du W3C).

Des tutoriaux relatifs aux standards ainsi que des articles plus informels (rubrique *Humeur*) viennent encore enrichir ce site.

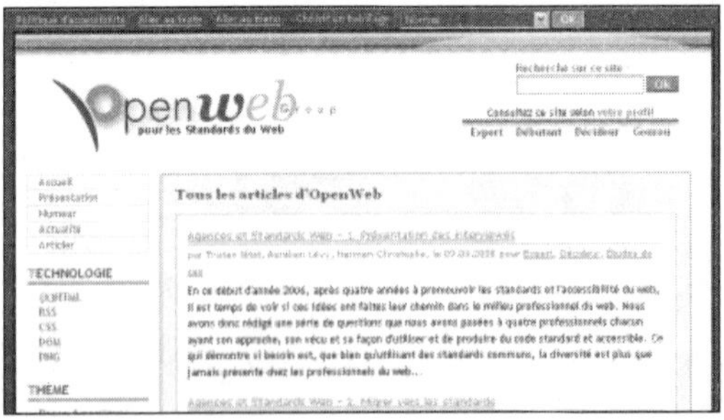

Figure 13.1 : *OpenWeb*

Alsacréations (alsacreations.com)

Ce site regroupe les tutoriaux de Raphaël Goetter (qui est à l'origine de ces pages), mais également d'autres auteurs tout aussi compétents venus lui prêter main-forte. Un forum très actif vient enrichir le site et ajouter des informations qu'il est toujours utile d'aller piocher. Des offres d'emploi dans toute la France et l'outre-mer viennent compléter le contenu. Enfin, gardez précieusement l'adresse de la FAQ (Frequently Asked Questions, questions fréquemment posées) sur les CSS, tout simplement indispensable : **http://forum.alsacreations.com/faq/**.

Modeste à ses débuts, ce site, qui reste un pionnier du webdesign avec les standards du Web en France, est aujourd'hui très complet.

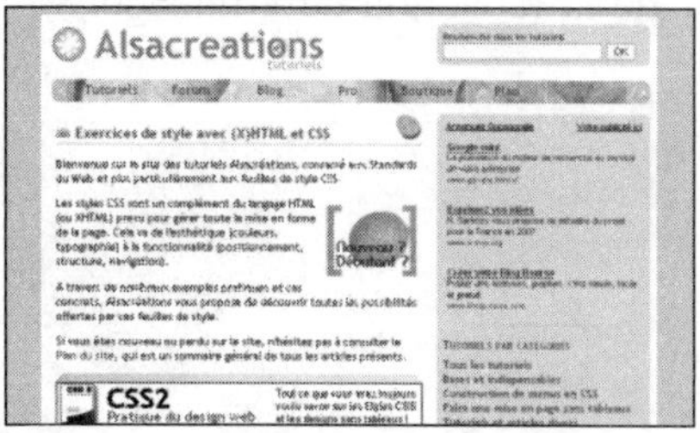

Figure 13.2 : *Alsacréations*

MediaBox (media-box.net/)

Ce site comprend plusieurs parties : un blog sur le multimédia, des pages promotionnelles pour différents services (formation, hébergement), un forum où vous pourrez discuter avec l'un des auteurs, Antoine Cailliau, et surtout un wiki (site aux informations complétées et corrigées par tous les utilisateurs qui le souhaitent). Ce wiki contient de nombreux "trucs" et tutoriaux sur les différents logiciels utilisés en webdesign (Dreamweaver, Flash), mais également en HTML et CSS (l'ensemble des propriétés CSS est présentée à l'adresse **http://wiki.media-box.net/documentation/css**).

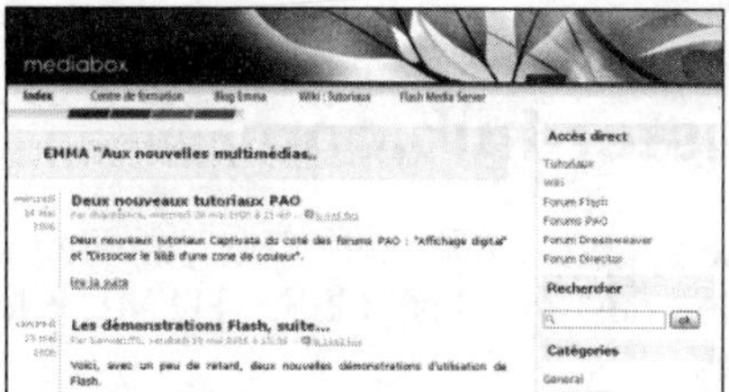

Figure 13.3 : *MediaBox*

Pompage (pompage.net)

Pompage est un site qui rassemble de nombreux acteurs du Web francophone. Son principe est de traduire (avec l'autorisation des auteurs) des articles techniques ou culturels sur le webdesign, les CSS et les standards du Web. Beaucoup d'articles de A List Apart (**alistapart.com**) y sont traduits.

Une liste de discussion (inscription sur **http://pompage.net/liste/**) permet de demander de l'aide en ligne, et d'entretenir une communauté active et vivante. Il existe également un wiki sur les CSS : **www.publishtogether.com/pompeurs/PagePrincipale**.

Les auteurs de ce livre sont membres de la rédaction de Pompage.

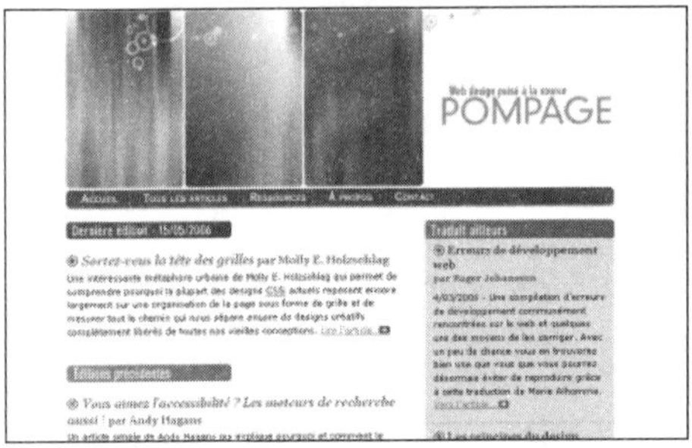

Figure 13.4 : *Pompage*

Figure 13.5 : *Le wiki des "pompeurs"*

Webmaster-Hub (webmaster-hub.com)

Ce forum permet aux webmasters professionnels ou amateurs d'échanger leur expérience sur le design, les CSS, HTML, le référencement ou autres sujets relatifs.

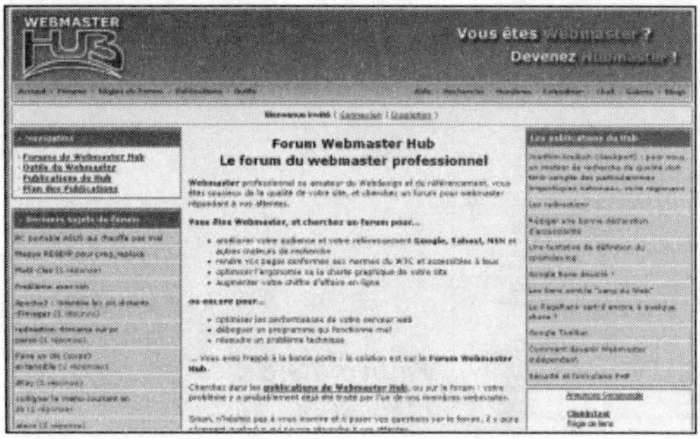

Figure 13.6 : *Webmaster-Hub*

Éducation, société et technologie (edu.ca.edu)

On trouve sur ce site des ressources destinées à des élèves québécois qui se forment à la création web. La qualité des ressources disponibles fait de ce site une adresse utile à tout webmaster ou webdesigner.

Figure 13.7 : *Éducation, société et technologie*

HTMLdog (htmldog.com)

Pour les anglophones, ce site regroupe de nombreux tutoriaux traitant de HTML et des CSS, intelligemment regroupés par niveaux (débutant, intermédiaire, avancé). Tout ce qu'il faut pour une progression en douceur vers les standards.

Figure 13.8 : *HTMLdog*

A List Apart (alistapart.com)

Également réservé aux anglophones, ce site est un magazine à l'attention des créateurs de sites web ("for people who make website" est le slogan). Des billets d'humeur ainsi que des articles techniques ou traitant de design, de culture ou de programmation, forment le contenu de ce site, qui est à la pointe de la "culture web".

Figure 13.9 : *A List Apart*

By designers for designers (bd4d.com/home)

Ce site est créé à l'intention des graphistes. Il réunit une communauté de créatifs où chacun peut présenter ses derniers travaux et parler design librement.

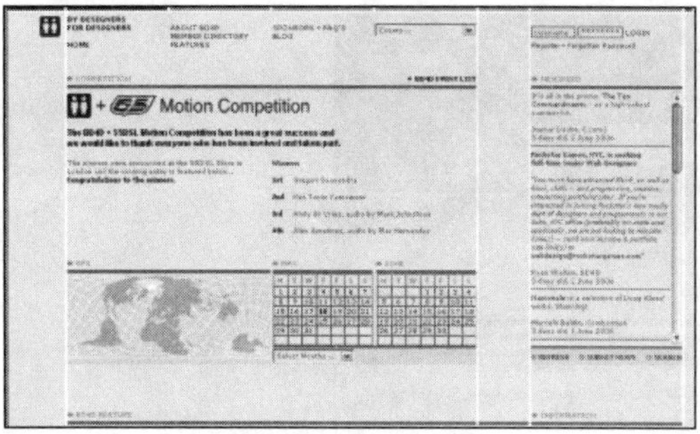

Figure 13.10 :
By designers for designers

Vitamin (thinkvitamin.com)

Vitamin compte de nombreux articles ayant pour sujet la programmation (côté serveur ou client), le design, etc. le tout focalisé sur les nouvelles technologies et modèles économiques du Web, tendance Web 2.0.

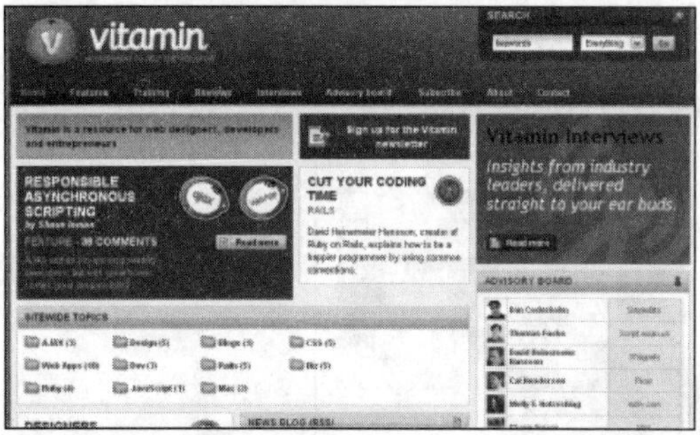

Figure 13.11 :
Vitamin

The Web Standards Project (webstandards.org)

Sans le travail de cette organisation, ce livre ne serait peut-être pas entre vos mains. Ce sont en effet les membre du WASP (Web Standards Project) qui ont encouragé les designers à utiliser les standards, et les éditeurs de navigateurs à les implémenter dans leurs moteurs de rendu. De nombreux membres du WASP sont impliqués de près ou de loin dans le W3C ou dans A List Apart.

__Figure 13.12 :__ The Web Standards Project

CSS Beauty (cssbeauty.com)

Une énorme communauté réunie autour des CSS, avec des exemples, des tutoriaux, et même des offres d'emploi, malheureusement pour la plupart en Amérique du Nord. Cela dit, le contenu reste une mine d'informations passionnante.

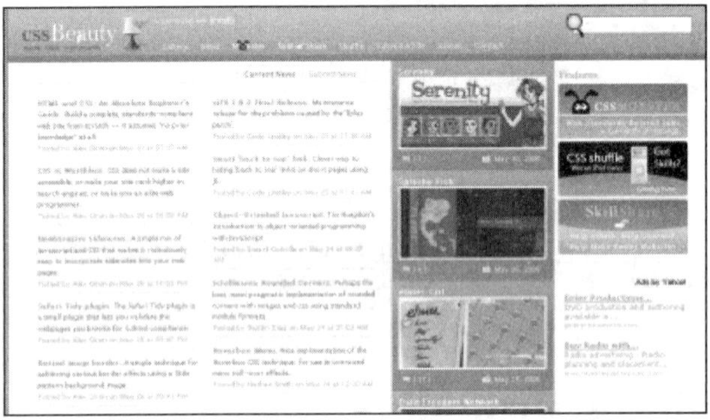

__Figure 13.13 :__ CSS Beauty

The Web 2.0 Workgroup (web20workgroup.com)

Le Web 2.0 est, pour certains, un terme marketing prétentieux. Pour d'autres, c'est une nouvelle manière de voir et d'utiliser le Web. En tous cas, il y aura forcément quelque chose à en tirer, et autant ne prendre que le meilleur ! C'est tout l'objectif de ce site, qui regroupe des blogs ayant pour sujet le Web 2.0.

On y trouve notamment des sites comprenant des designs en CSS déjà prêts, très utiles pour se tenir informé de l'actualité du Web.

Ces blogs sont tous rédigés en anglais.

Figure 13.14 :
Web 2.0 Workgroup

FrontPage et CSSDiscussList (css-discuss.incutio.com)

Il n'est pas question ici du logiciel de Microsoft, mais d'un wiki et d'une liste de discussion associée, dirigés par Éric Meyer, un spécialiste mondialement reconnu des CSS, par ailleurs actif au sein du W3C. Malgré un design minimal (mais néanmoins fonctionnel), c'est une mine d'informations passionnante et riche, et une communauté (anglophone) très active. Notons en particulier une page contenant un récapitulatif de tous les hacks CSS : **http://css-discuss.incutio.com/?page=CssHack**.

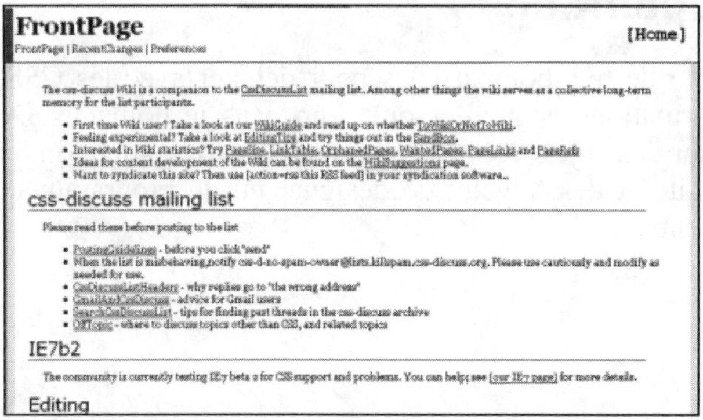

Figure 13.15 :
FrontPage

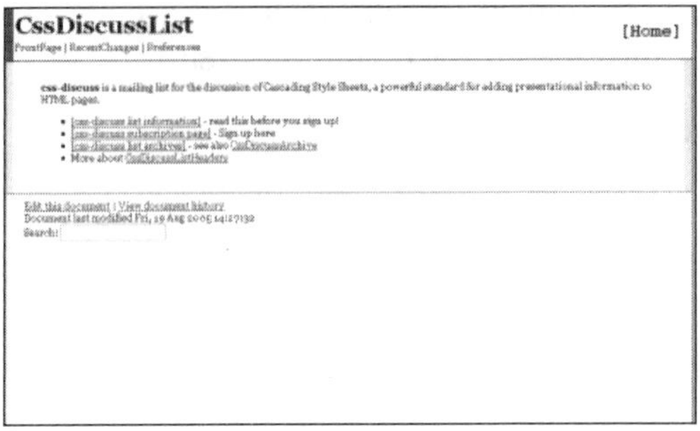

Figure 13.16 :
Pour s'inscrire à la liste CSSDiscuss

Digital Web magazine (digital-web.com)

Encore un magazine pour les webdesigners, avec une ligne éditoriale plus sérieuse dans le ton que A List Apart, et un contenu d'une qualité éprouvée par de multiples relectures avant publication.

Figure 13.17 :
Digital Web

SitePoint (sitepoint.com)

On trouve sur ce site de très bons articles pour débuter avec les CSS, mais aussi des informations pour aller plus loin dans le domaine. De nombreux papiers sur des sujets connexes, comme la programmation ou la promotion d'un site et des travaux de designer ou de programmeur auprès de futurs clients.

Figure 13.18 :
SitePoint

W3C (w3.org)

Ce site (anglophone), que de nombreux designers négligent souvent à cause de son contenu un peu technique et d'un graphisme minimaliste, contient pourtant de nombreuses informations très intéressantes, en particulier pour ceux qui veulent créer un site de qualité maximale (outils de validation, spécifications), mais également pour ceux qui désirent savoir ce que le futur du Web nous réserve. Les pages à retenir : un article complet pour créer une première feuille CSS (**www.w3.org/Style/Examples/011/firstcss.fr.html**, disponible en français et dans d'autres langues), et les w3schools, un ensemble de tutoriaux très bien faits sur de nombreux sujets, allant de JavaScript aux CSS en passant par des langages serveur comme PHP : **www.w3schools.com/**.

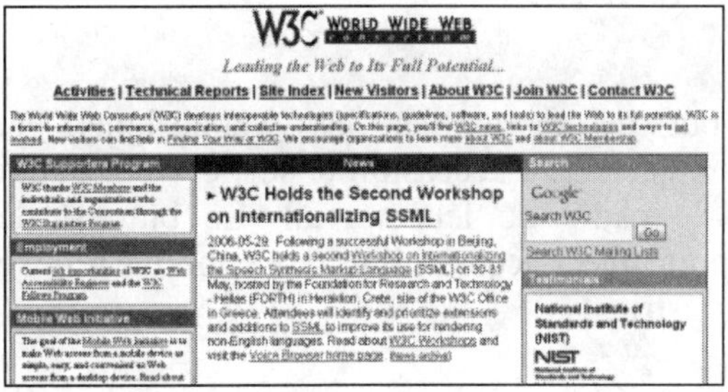

Figure 13.19 :
Le site du W3C

Code Bitch (macedition.com/cb/)

Un site plutôt consacré au côté programmation du Web, mais très riche en informations.

On pourra notamment y trouver des renseignements sur les CSS dans les navigateurs Macintosh : **www.macedition.com/cb/resources/**.

Figure 13.20 :
Code Bitch

13.2. Sites traitant d'accessibilité et d'utilisabilité

La qualité du Web passe aujourd'hui par un accès facilité à l'information. De nombreux sites proposent des ressources pour aider les concepteurs dans la création de sites de qualité, lisibles par tous.

The Guild of Accessible Web Designers (gawds.org)

Ce site se donne pour but de rassembler les webdesigners et développeurs conscients des enjeux de l'accessibilité sur le Web, et qui la mettent en œuvre dans le cadre de leur travail. Le but est de communiquer sur ce sujet, pour que l'accessibilité devienne un réflexe pour tous les acteurs de l'industrie.

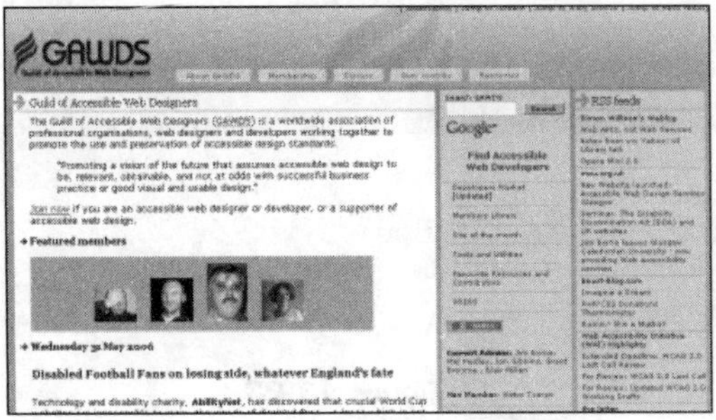

Figure 13.21 : *The Guild of Accessible Web Designers*

AccessIT (washington.edu/accessit/)

AcessIT est le site du Centre national américain pour l'accessibilité des technologies de l'information dans l'éducation. Focalisé sur le sujet de plus en plus actuel de l'accès facilité pour tous à l'information, ce site propose une base de données qui ne cesse de croître. Études de cas, bonnes pratiques, tout ce qu'il faut aux étudiants et enseignants, mais aussi à tous les webmasters, pour échanger et diffuser une information utilisable par tous.

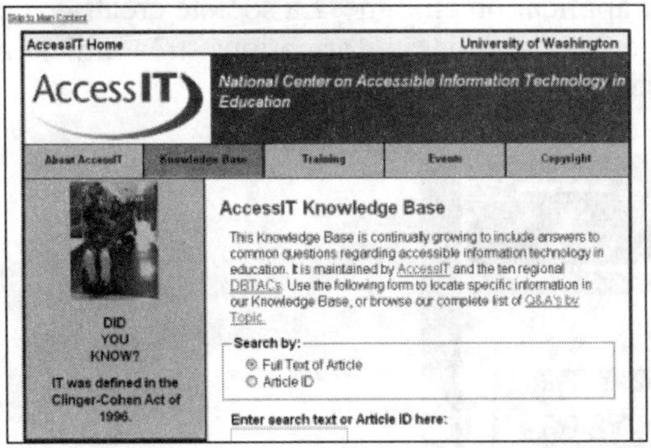

Figure 13.22 : *AccessIT*

Webcredible (webcredible.co.uk/)

Cette entreprise anglaise propose des services pour aider les entreprises et organisations à créer des sites accessibles. Sur le site sont proposées des ressources sur le sujet en libre accès : **www.webcredible.co.uk/user-friendly-resources/**.

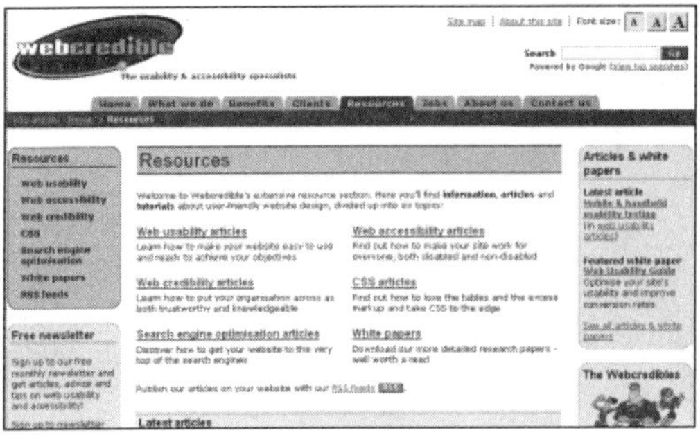

Figure 13.23 : Webcredible

OpQuast (opquast.com)

Un ensemble de bonnes pratiques pour la création de sites web, présentées et validées par des professionnels. Ce projet est une mine de ressources pour créer des sites, non seulement conformes aux standards, mais efficaces dans leur approche, visibles sur les moteurs de recherche, et accessibles. Des outils de validation (encore en version bêta à l'écriture de ce livre) sont également développés par l'équipe qui gère ce site. Pour tous ceux qui aiment le travail bien fait et qui sont soucieux du succès de leur site ou de leur application en ligne. La société créatrice de OpQuast, Temesis, publie également des informations très utiles à l'adresse **www.temesis.com/publications/articles/**.

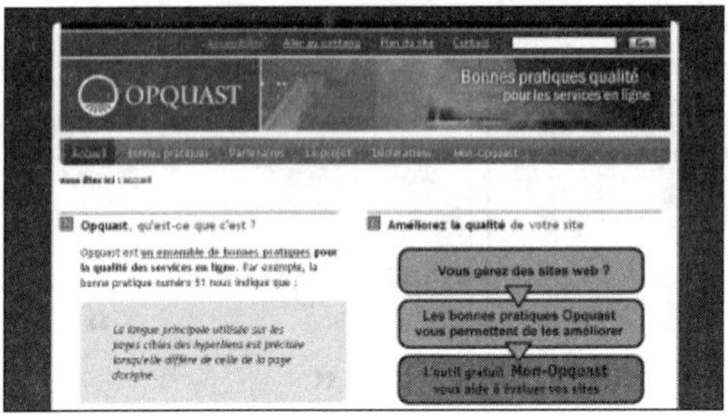

Figure 13.24 : OpQuast

Kalitee (kalitee.org)

Ce site a pour but de répandre les bonnes pratiques du Web dans l'espace francophone. À cette fin, de nombreuses ressources sont disponibles.

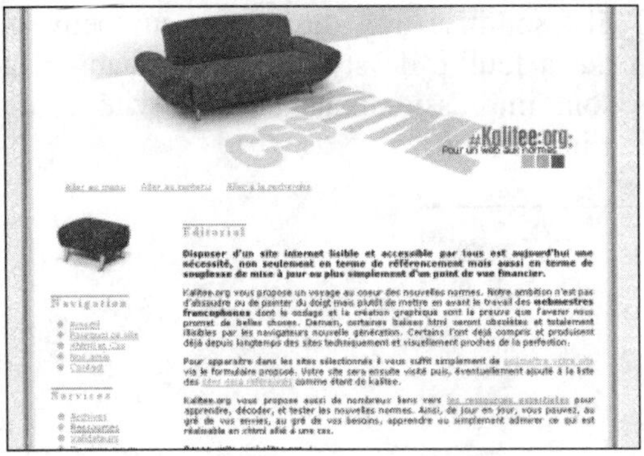

Figure 13.25 : Kalitee

Accessiweb (accessiweb.org)

Ce site est la référence francophone sur l'accessibilité sur le Web. Il présente des ressources, des actualités, ainsi que des groupes de travail.

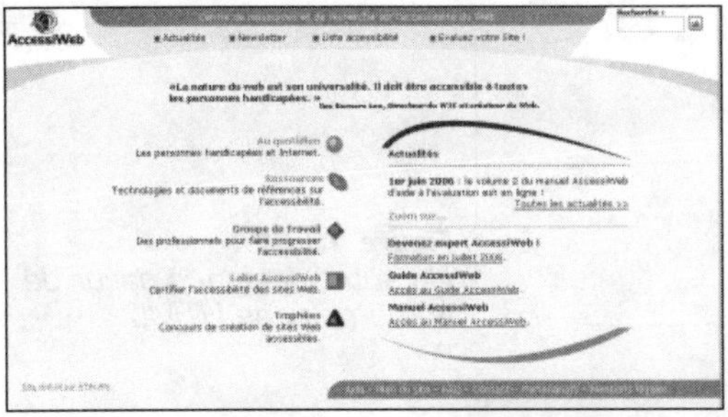

Figure 13.26 : Accessiweb

13.3. Galeries de sites respectant les standards

Pour montrer l'intérêt des standards du Web, rien de mieux que des exemples réels et fonctionnels. De nombreux sites proposent une présentation des meilleures pages respectant les standards du Web, chacune à sa manière.

CSSZenGarden (csszengarden.com)

Ce site, créé par le designer canadien Dave Shea, se propose de démontrer l'efficacité et la puissance des styles CSS. Le principe est simple : une seule page HTML, soumise aux designers, qui peuvent proposer leur propre version de la feuille de style pour en changer la mise en page. Les résultats sont impressionnants de créativité et de diversité. Idéal pour chercher l'inspiration.

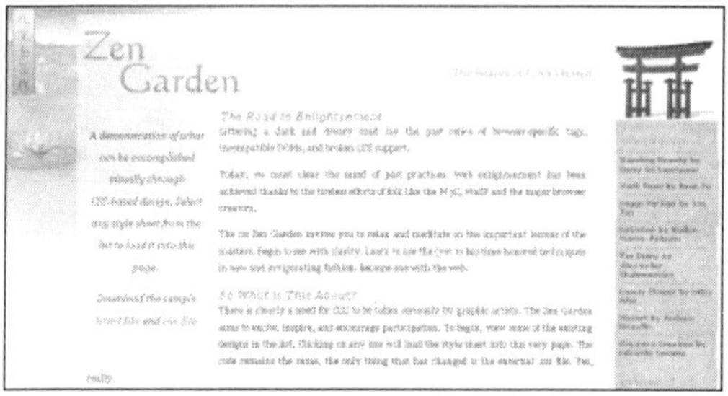

Figure 13.27 : *Le design par défaut de CSSZenGarden*

Figure 13.28 : *Un autre design, à partir de la même page HTML*

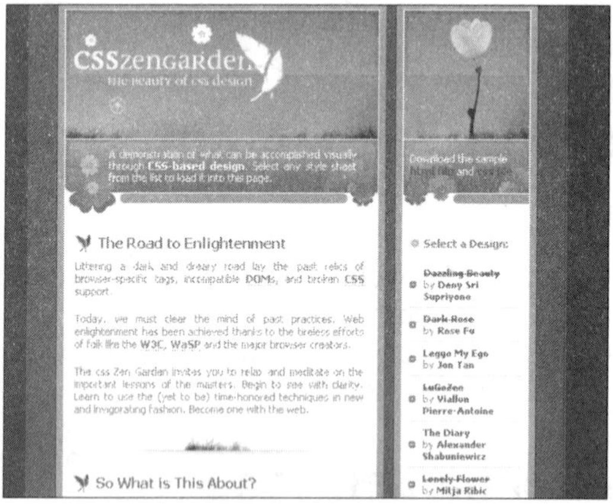

Figure 13.29 : *Encore un autre design*

CSS Mania (cssmania.com)

Il s'agit d'une galerie de sites CSS récents, dont l'intérêt principal réside dans les mises à jour régulières. Intéressant et inspirant !

Figure 13.30 :
CSS Mania

Web Standards Awards (webstandardsawards.com)

Web Standards Awards regroupe cent sites recommandés pour la qualité de leur code et de leur design, d'après les standards du W3C. L'activité a cessé, mais les archives avec les présentations des lauréats sont toujours disponibles.

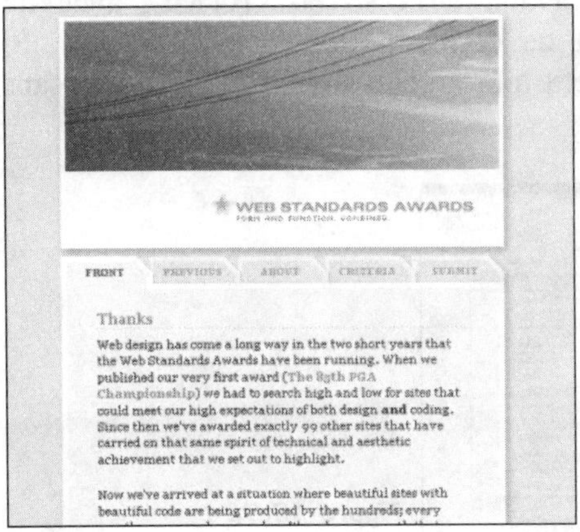

Figure 13.31 :
Web Standards Awards

Unmatched Style (unmatchedstyle.com)

Un palmarès de sites respectant les standards du Web, choisis pour leur qualité technique et graphique. Unmatched Style se donne pour mission de promouvoir les standards du Web, en proposant de nombreux exemples de sites qui prouvent que les standards fonctionnent dans un contexte de production réel. Un puits d'inspiration immense pour les webdesigners.

Figure 13.32 : Unmatched Style

CSS Drive (cssdrive.com)

Un autre site présentant des travaux en CSS et XHTML, avec un système de notation permettant de connaître les plus plébiscités. Si l'inspiration vous manque, un petit tour à cette adresse vous aidera sans doute.

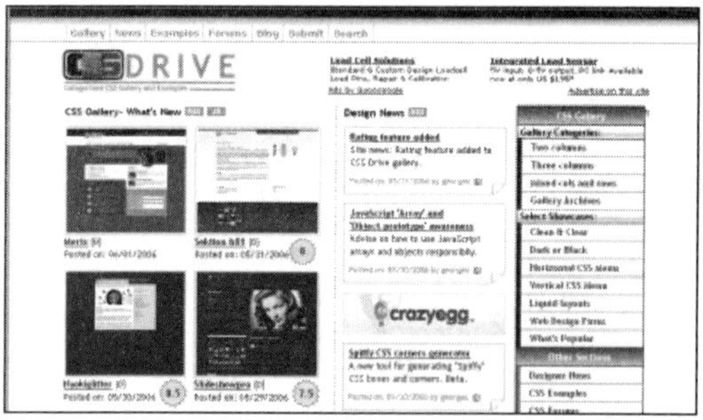

Figure 13.33 : CSS Drive

Liquid Designs (cssliquid.com)

Cette adresse prouve que les designs flottants (qui suivent la taille de la fenêtre du navigateur) ne sont pas un objectif inaccessible. Il contient de nombreux exemples de sites existants, qui fonctionnent sur ce principe, ainsi que de nombreuses ressources pour créer un design fluide. Vous allez changer votre façon de créer des mises en page.

Sur ce site, nous avons notamment trouvé un lien vers Thought Mecanics (**www.thoughtmechanics.com**), très politisé, mais avec un affichage des images intelligent (leur taille change en fonction de la taille de la fenêtre). Un exemple à retenir.

Figure 13.34 : *Liquid Designs*

Dark Eye (dark-i.com)

Cette galerie dynamique comprend des caractéristiques et des critères de recherche de sites inédits.

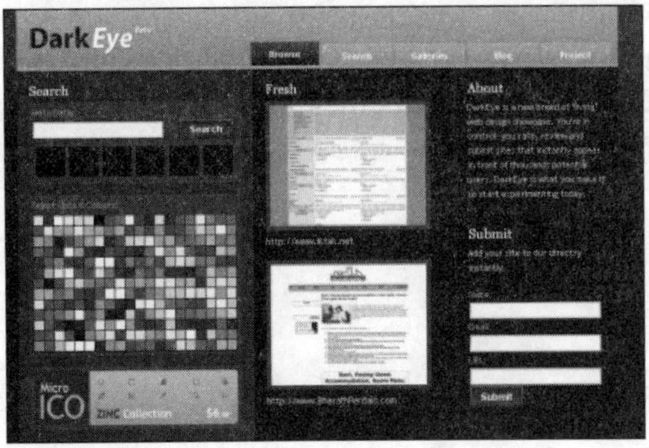

Figure 13.35 : *Dark Eye*

13.4. Blogs et sites personnels

La blogosphère parle beaucoup des standards. Nous vous présentons quelques-uns des acteurs de ce microcosme virtuel.

Standblog (standblog.org)

Ce blog, tenu par Tristan Nitot, président de Mozilla Europe, est l'un des plus populaires.

Pour tout savoir sur les standards du Web (et les humeurs de Tristan à ce sujet), Mozilla, etc.

Figure 13.36 : *Standblog*

Real World Style (realworldstyle.com)

Mark Newhouse travaille comme webmaster au National Optical Atronomy Observatory, Centre national d'astronomie aux États-Unis. Dans le cadre de son activité, il a rencontré des difficultés que tous les designers CSS connaissent un jour. Dans son blog, il publie les solutions qu'il a trouvées à ces problèmes. Il écrit également dans d'autres sites, comme A List Apart ou Digital Web.

Figure 13.37 :
Real World Style

Mezzoblue (mezzoblue.com)

Dave Shea, un des chefs de file du Web Standards Project et créateur du CSSZenGarden, rédige dans ce blog des articles didactiques ou concernant le webdesign. Pour débuter avec les CSS, lisez l'article disponible à l'adresse suivante :
www.mezzoblue.com/archives/2004/04/30/a_roadmap_to/index.php.

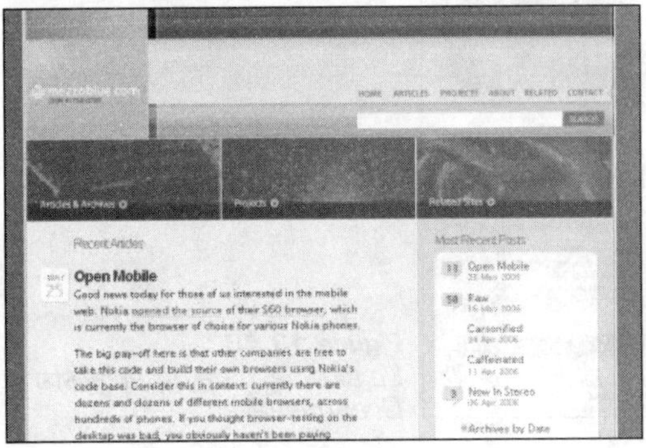

Figure 13.38 :
Mezzoblue

Molly (Molly.com)

Molly E. Holzschlag est l'une des auteurs et conférencières les plus demandées dans le domaine du webdesign. Elle a travaillé avec des entreprises prestigieuses (notamment Microsoft), et fait figure de référence dans son domaine. Elle est également membre du Web Standards Project.

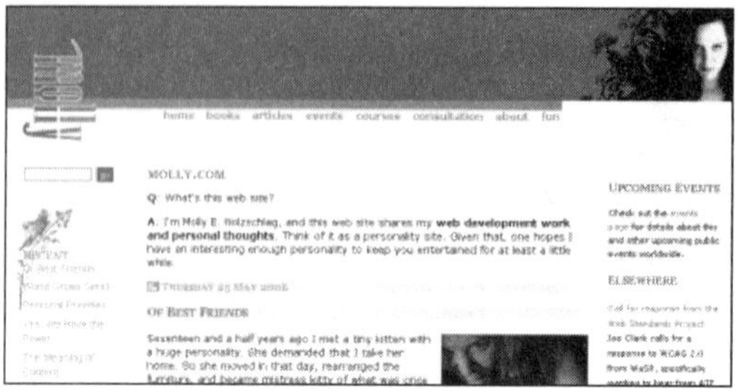

Figure 13.39 :
Molly

Dreamweaver-PHP – Yeca (dreamweaver-php.com)

Ce blog contient des tutoriaux sur PHP et MySQL, JavaScript, CSS, XHTML, mais il intéressera en particulier les utilisateurs de Dreamweaver. En effet, ce site comprend de nombreux articles permettant de mettre en œuvre ces technologies à l'aide du logiciel phare de Macromedia.

Figure 13.40 :
Le site de Yeca, spécialiste Dreamweaver

Gou Blog (gou.blogspot.com)

Un très bon blog sur le design, les CSS et l'actualité du Web.

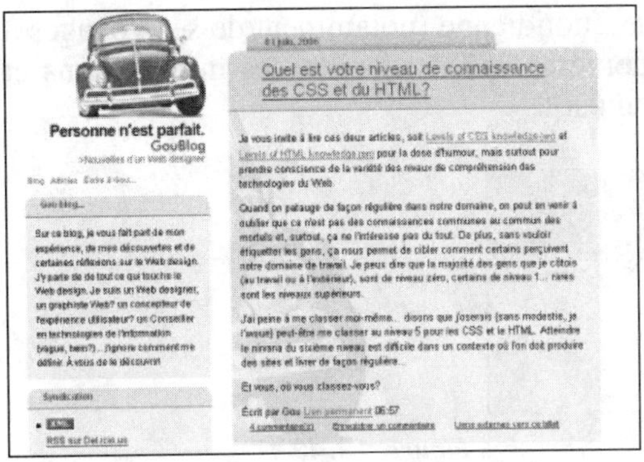

Figure 13.41 :
Gou Blog

Quirksmode (quirksmode.org)

Ce site, maintenu par Peter-Paul Koch, développeur web indépendant à Amsterdam, contient plus de cent cinquante pages d'informations et de trucs sur les CSS et JavaScript, centrées en particulier sur les problèmes de compatibilité entre les navigateurs. Il est rédigé en anglais.

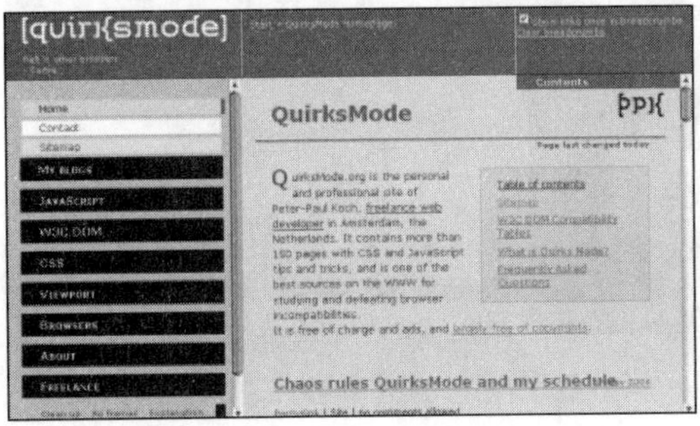

Figure 13.42 :
Quirksmode

Meyerweb (meyerweb.com)

Quand on veut une information fiable et exacte, on va se renseigner chez les spécialistes. Or, Éric Meyer est l'un d'eux : c'est l'un des plus grands connaisseurs des CSS, il a d'ailleurs participé avec le W3C à la conception de la suite des tests d'implémentation des CSS sur les navigateurs.

Sur son blog il parle de sa vie quotidienne (notamment de ses voyages à travers le monde pour des conférences), et distille des informations et petits trucs sur les CSS. Un must !

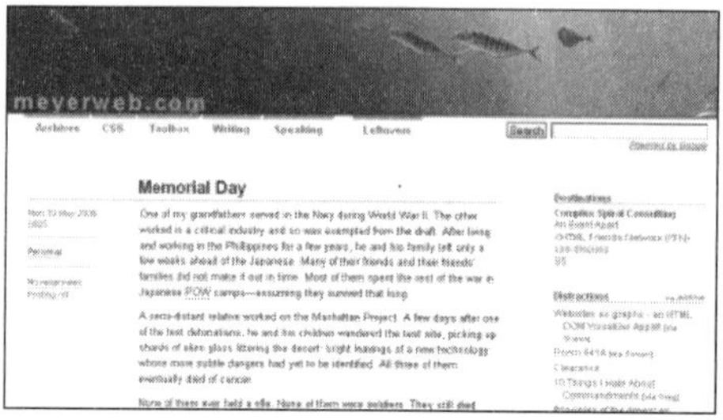

Figure 13.43 :
Meyerweb, le blog d'Éric Meyer

Jonathan Snook (snook.ca/jonathan/)

Ce développeur-designer a créé un blog dont la structure graphique originale affiche des articles sur divers sujets, dont les CSS et divers langages. De même, il y parle design, accessibilité et utilisabilité.

Figure 13.44 :
Blog de J. Snook

The man in blue (themaninblue.com/)

Un très beau site créé par Cameron Adams, designer et spécialiste JavaScript et CSS.

On y trouve un portfolio bien conçu, dans lequel il fait des merveilles avec JavaScript et les CSS, des articles passionnants sur les feuilles de style, etc.

C. Adams est l'un des fondateurs et juges des Web Standards Awards.

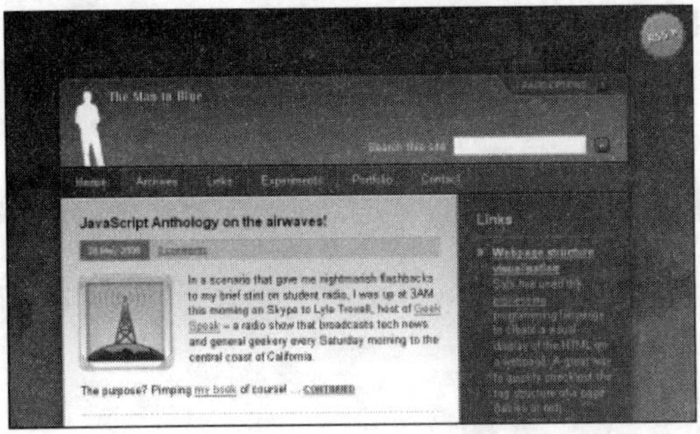

Figure 13.45 :
The man in blue

Fred Cavazza (fredcavazza.net)

Accessibilité, CSS et actualité du Web sont les sujets de ce blog à la pointe des dernières nouveautés. La simplicité est le fer de lance de cet auteur, à l'écriture claire.

Un système d'archives par mots-clés permet de se retrouver dans les nombreux articles du site. Elles sont également classées par mois et par catégorie. Des ressources et de nombreux liens viennent compléter le tout.

Figure 13.46 :
Le site de Fred Cavazza

Blog and Blues – Laurent Denis (blog-and-blues.org)

Ce consultant chez Temesis (la société qui a créé et qui maintient OpQuast) rédige dans son blog un ensemble d'articles bien conçus sur le Web, XHTML, les CSS et l'accessibilité. La simplicité est l'une des qualités de ce site. Les webmasters apprécieront. Laurent Denis écrit également des articles sur OpenWeb et est actif au sein d'Alsacréations.

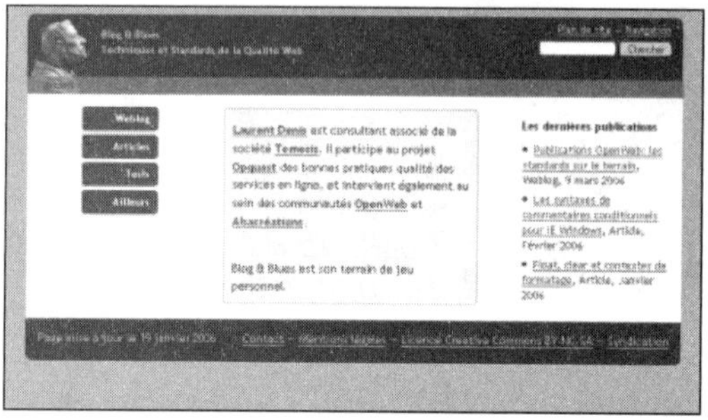

Figure 13.47 :
Blog and Blues

CodePlay (arkhi.org/codeplay/)

Ce site est un espace d'expérimentations créé par Fabien Basmaison, par ailleurs co-auteur de ce livre. Il y teste les technologies que le Web met à disposition, en y mêlant des CSS, quelques lignes de PHP et d'ECMAScript, ainsi qu'un peu de mathématiques, selon son humeur du moment.

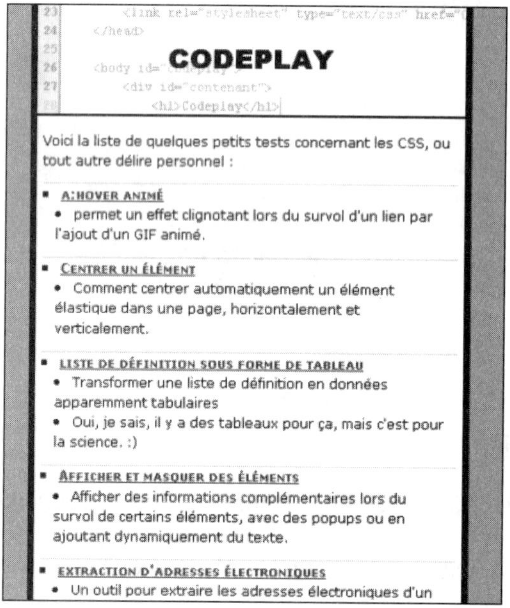

Figure 13.48 :
CodePlay, par Fabien Basmaison

AC-Graphic.net et le blog d'Antoine Cailliau (ac-graphic.net et antoine.media-box.net)

Antoine est un autre co-auteur de ce livre. Sur AC-Graphic, il propose ses services de création web, et démontre ses talents de graphiste et de programmeur.

Sur son blog, il partage ses pensées sur sa vie quotidienne, Linux et le Web.

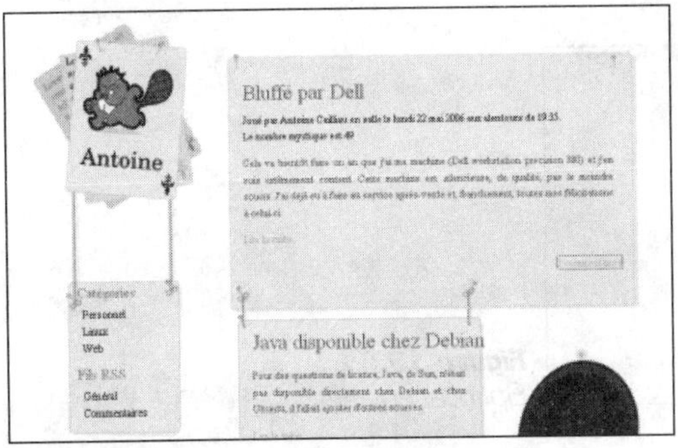

Figure 13.49 : *Le blog d'Antoine Cailliau*

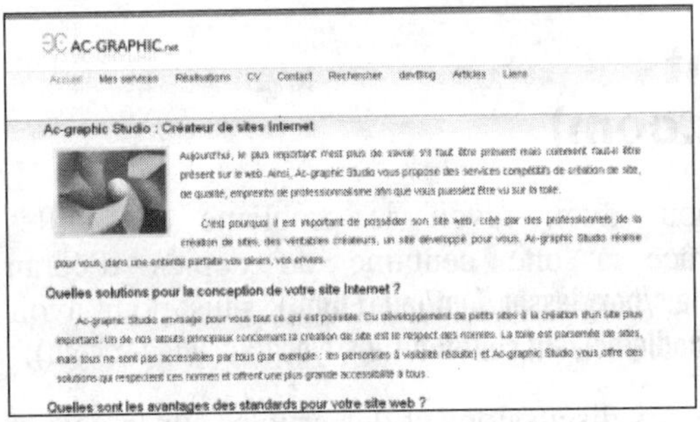

Figure 13.50 : *AC-Graphic, le site qui présente le travail d'Antoine Cailliau*

Dubocdesign (dubocdesign.com)

Jean-Rémy "JR" Duboc, troisième auteur de cet ouvrage, et designer-développeur indépendant dans la région de Metz/Luxembourg, propose sur son site un portfolio de son travail, des articles sur les CSS et autres langages relatifs au Web, ainsi que des éléments sur les nouvelles tendances du Web, et également des tutoriaux.

13.5. Sites de webdesigners

Passons aux sites de designers qui utilisent les standards du Web dans leur travail.

Splintered (splintered.co.uk)

Patrick H. Lauke est l'un des webdesigners les plus réputés. Il présente sur ce site sobre et efficace son travail et les actualités du Web.

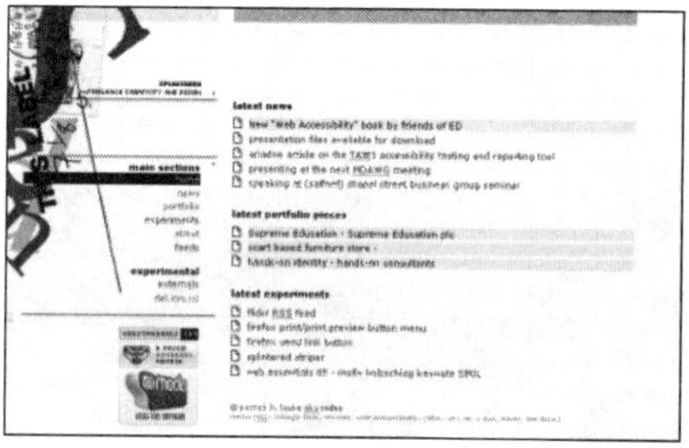

Figure 13.51 : *Splintered*

The Noodle Incident (thenoodleincident.com)

Owen Briggs est connu pour avoir révélé le problème des tailles de caractères en CSS grâce à une centaine de copies d'écran (**www.thenoodleincident.com/tutorials/box_lesson/font/index.html**), puis pour avoir résolu ce problème (**www.thenoodleincident.com/tutorials/typography/index.html**).

Son site minimaliste propose des discussions et des articles sur le design en général, et les CSS en particulier.

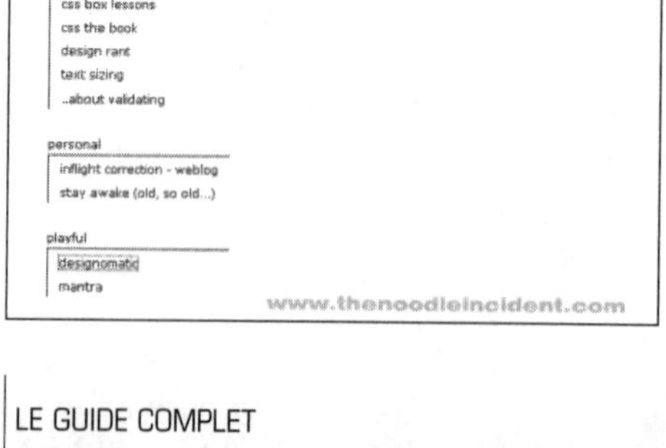

Figure 13.52 : *The Noodle Incident*

Hicks Design (hicksdesign.co.uk)

Le talentueux créateur du logo du navigateur de Firefox et Thunderbird présente ici ses travaux, dans un site au graphisme soigné. Peu de ressources purement CSS ici, mais de très beaux exemples graphiques.

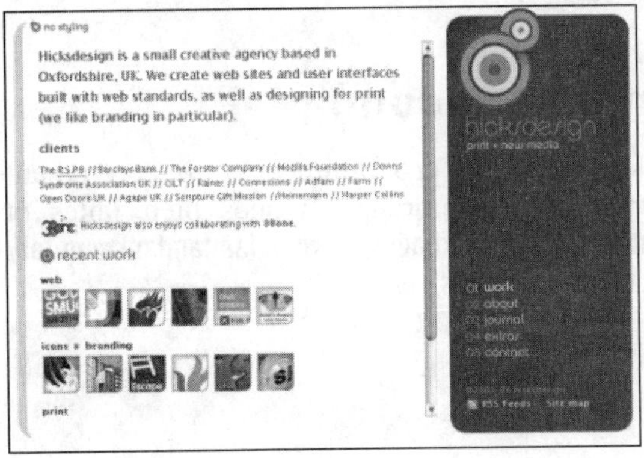

Figure 13.53 : *Hicks Design*

38 One (38one.com)

Dans un site travaillé, sobre et bien organisé, Denis Radenkovic présente ses travaux en design web, papier, et décoration d'intérieur.

Originalité : on peut trouver sur ce site un "logolog", blog présentant différents logos au fil des jours. Une source d'inspiration riche !

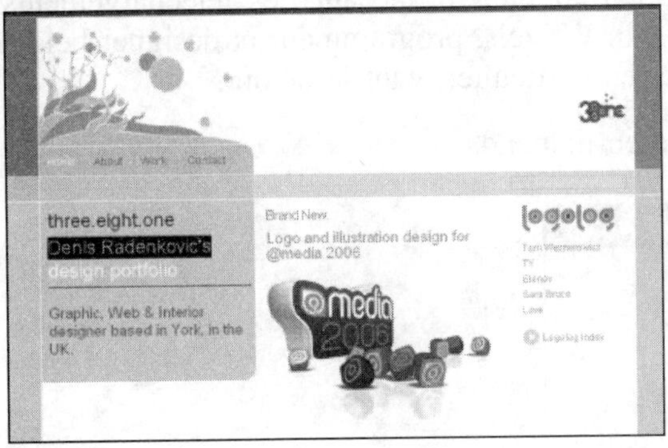

Figure 13.54 : *38 one*

13.6. Trouver des images libres pour un site

Trouver des images libres de droits ou sous licence Creative Commons n'est pas toujours facile. Nous avons sélectionné des sites qui en proposent et en facilitent l'usage.

FamFamFam (famfamfam.com)

Ce site, en plus d'être le blog d'un programmeur web et étudiant anglais, Mark James, contient de nombreuses icônes bien faites et gratuites (**www.famfamfam.com/lab/icons/flags/**, **www.famfamfam.com/lab/icons/mini/** et **www.famfamfam.com/lab/icons/silk/**).

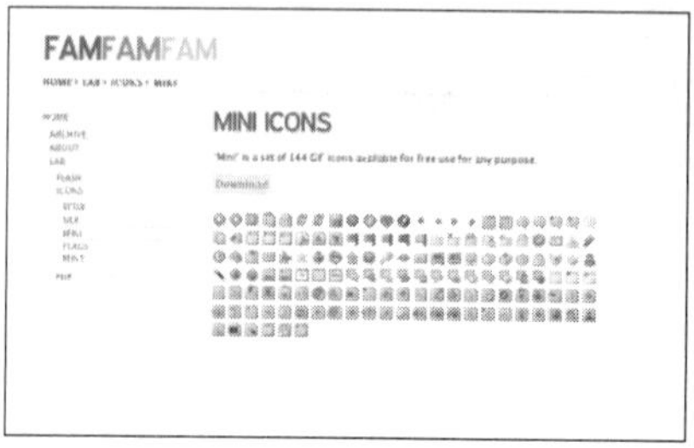

Figure 13.55 : *FamFamFam*

Drunkey Love (el73.be/drunkey-love/downloads/)

Cette page est une section d'un blog proposant des téléchargements gratuits de créations de Kevin Wetzels, programmeur et designer belge. Le set d'icônes de son cru, en particulier, vaut le détour.

Le reste du blog est rédigé en flamand.

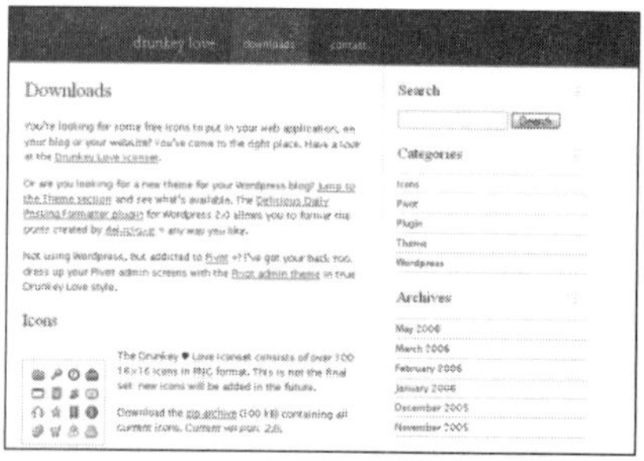

Figure 13.56 : *Drunkey Love*

Squidfingers (squidfingers.com/patterns/)

Ce blog graphiquement réussi (avec notamment une utilisation intéressante de la propriété `overflow:auto`) propose de nombreux motifs graphiques librement utilisables.

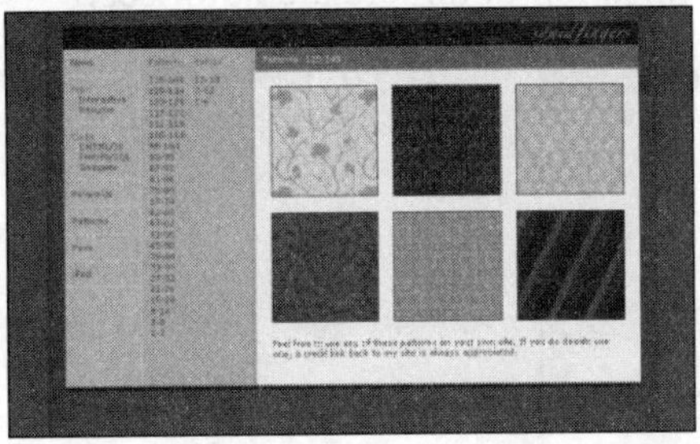

Figure 13.57 : *SquidFire*

BGmaker (http://bgmaker.ventdaval.com/)

Une curiosité. Il s'agit d'une application Flash qui permet de créer une image GIF utilisable comme image de fond d'un site, en remplissant tout simplement des carrés (représentant des pixels) avec des couleurs. Le résultat s'affiche en temps réel sur le fond de la page, ce qui offre une vision claire du futur rendu dans un contexte réel.

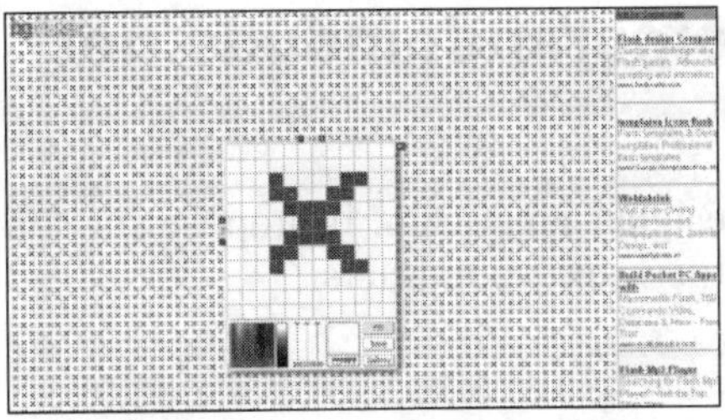

Figure 13.58 : *BGmaker en action*

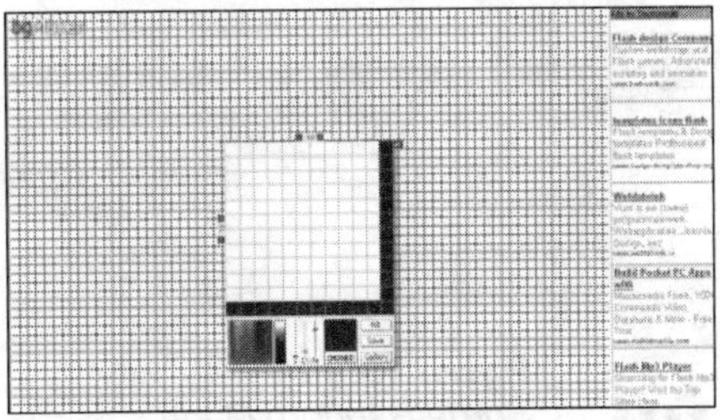

Figure 13.59 : *Un autre motif*

Strawbee (strawbee.com/2005/11/06/tiny-little-icons/)

De mignonnes petites icônes sont disponibles sur le site de Tom Maisey, étudiant voyageur. Les belles photos qu'il a prises en Inde sont sous licence Creative Commons, avec utilisation commerciale autorisée.

Figure 13.60 : *Strawbee*

Some Random Dude (somerandomdude.net/srd-projects/bitcons/)

P. J. Onori est un développeur et designer américain. Il propose sur son site, entre autres, des icônes très utiles aux webmasters.

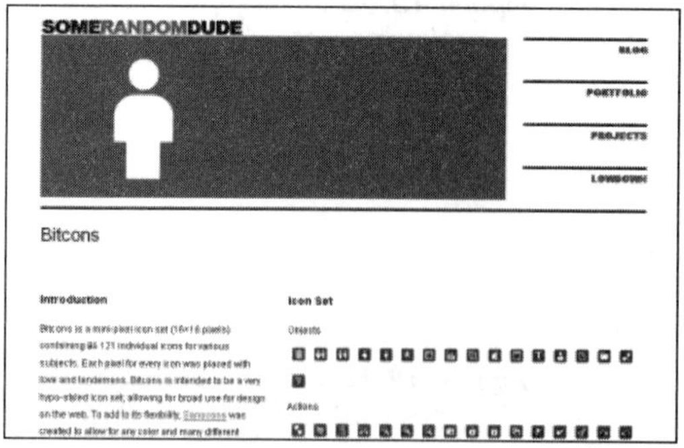

Figure 13.61 : *Some Random Dude*

Chapitre 14

Index

!

A

B

C

D

E

F

G

H

I

L

M

N

O

P

R

S

T

U

V

W

Z

Notes

Notes

Notes

Notes

Notes

Notes

Notes

Notes

Notes

Notes

Notes

Notes

Notes

Notes

Notes

Notes

Notes

Notes

Notes

Notes

Notes

Notes

Notes

Notes

Notes

Composé en France par Jouve
11, bd de Sébastopol - 75001 Paris

Achevé d'imprimer sur les presses de
l'Imprimerie France Quercy à Mercuès
N° d'impression : 63468/
Dépôt légal : août 2006

Imprimé en France